U0837771

中国汽车工程学会
汽车工程图书出版专家委员会 推荐出版

轻量化手册②

HANDBUCH LEICHTBAU

# 轻量化
# 材料和属性

[德]弗兰克·亨宁（Frank Henning）
[德]埃尔韦拉·穆勒（Elvira Moeller） 主编
北京永利信息技术有限公司 译
陈 瑶 审

北京理工大学出版社
BEIJING INSTITUTE OF TECHNOLOGY PRESS

**版权专有　侵权必究**

**图书在版编目（CIP）数据**

轻量化材料和属性/（德）亨宁，（德）穆勒主编；北京永利信息技术有限公司译. —北京：北京理工大学出版社，2015. 3

（轻量化手册；2）

ISBN 978-7-5682-0014-1

Ⅰ. ①轻…　Ⅱ. ①亨… ②穆… ③北…　Ⅲ. ①汽车轻量化-研究　Ⅳ. ①U462. 2

中国版本图书馆 CIP 数据核字（2014）第 291353 号

**北京市版权局著作权合同登记号　图字：01-2014-0361 号**

Copyright © 2011 Carl Hanser Verlag, Munich/FRG

All rights reserved.

Authorized translation from the original German language edition published by Carl Hanser Verlag, Munich/FRG

出版发行 / 北京理工大学出版社有限责任公司

社　　址 / 北京市海淀区中关村南大街 5 号

邮　　编 / 100081

电　　话 / (010)68914775(总编室)

82562903(教材售后服务热线)

68948351(其他图书服务热线)

网　　址 / http://www. bitpress. com. cn

经　　销 / 全国各地新华书店

印　　刷 / 保定市中画美凯印刷有限公司

开　　本 / 787 毫米×1092 毫米　1/16

印　　张 / 17

彩　　插 / 8

字　　数 / 352 千字

版　　次 / 2015 年 3 月第 1 版　2015 年 3 月第 1 次印刷

定　　价 / 128. 00 元

责任编辑 / 梁铜华

文案编辑 / 梁铜华

责任校对 / 周瑞红

责任印制 / 王美丽

图书出现印装质量问题，请拨打售后服务热线，本社负责调换

# 前言

新产品开发中的很大一部分是基于特定应用而进行的新材料开发。在所谓的"轻量化材料"领域中,从20世纪初期的第一个研究方法开始至今,已经出现了许多创新的开发,而且其中的一部分目前仍被使用,另一些方法还需证明其具有适于轻量化方案和批量生产的潜力。从大约80 000种基于金属和塑料的不同工程材料中寻找适合特定应用的某种材料是一件非常复杂的事。如果想另辟蹊径,就需要通过要求特性识别出最合适的材料,并且加以应用。出于这个原因,本书以下部分将用一个章节的内容对轻量化典型应用中材料的系统选择加以详细介绍。之后将对常用轻量化材料组进行详细介绍(图0.1)。在金属材料中,首先是钢材。虽然它属于较重的金属,但特别是经过高强度和超高强度改性之后,其相对于其他轻量化材料具有更卓越的轻量化潜力。随着近几年新型多相钢和复杂相钢的开发,这方面已经有了更进一步的发展。TRIP钢、TWIP钢或马氏体时效钢目前已经进入工业生产,并可以将钢材用于承受高机械载荷的轻量化结构。轻金属铝、镁和钛由于低密度的特性似乎已经具有减重潜力。然而,事实上,与钢材相比,其强度和刚度较低,所以只有在材料设计上继续不断地努力,才能扩展它们的应用范围。

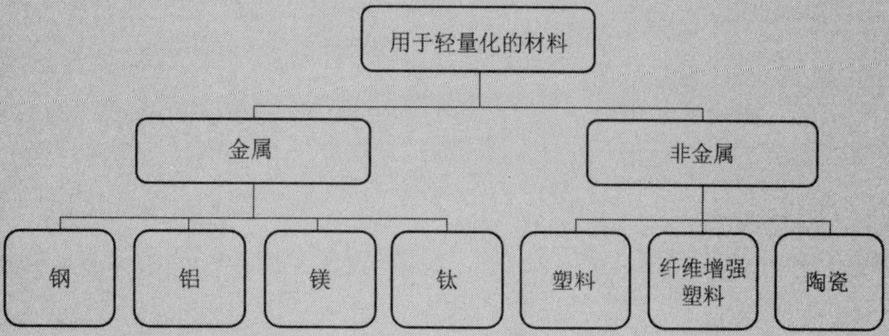


图0.1 轻量化中所使用材料的概述

在20世纪30年代成功开发了应用于航空领域的铝和镁合金。这些基本上仍沿用至今,且在此期间逐渐渗透到了汽车领域。此外,已建立起了尤其是可用于最高工作温度的新合金体系。镁的易受腐蚀性被进一步降低,强度和密度之间的比率进一步增加。钛的相化学特性与钢类似,允许使用热机械处理调整金相组织状态。通过这种方式,可以对复杂的特性曲线进行特定的设置。相比之下,钛的处理比较严格。当铸件有气孔时需要通过高成本的热机械精加工来消除,因为只有这样才能使铸件具有良好的机械性能。出于这个原因,很早就已经对几何形状复杂的钛零件建立了粉末冶金的工艺。虽然相比之下该工艺较为昂贵，但是接近于成品形状的加工使得制造高性能组件成为可能。由于密度低且具有较高的热机械稳定性，陶瓷材料也同样适用于轻量化应用。只要在应用中其脆性不成为障碍，就可以将单片陶瓷本身应用于结构件中。此外，陶瓷纤维复合材料还具有一定的损伤耐受性，如今已经被用于汽车和航空航天领域中的轻量化制动盘中。聚合物是具有最低密度和最高产量一类材料的代表。在机械载荷和热载荷只发挥次要作用的领域中，它也可以作为整体材料来使用，否则的话，需要通过诸如碳纤维、玻璃纤维、芳族聚酰胺纤维以及天然纤维等广泛的纤维增强方式提高机械性能，从而使热固性或热塑性基体的绝对刚性达到轻金属的级别。

因此，系统轻量化中的各种应用需要采用理想材料，而混合结构需要采用不同的组合材料，然后从不同材料的组合过渡到材料复合或复合材料。在这种情况下，往往称其为混合材料，而在此之前其并没有确切的术语定义。复合材料的组合通常会被认为是与整体材料不同类型的材料。这里所出现的问题往往涉及不同材料连接界面上的特性。

# 目录

# 1

# 轻量化材料的选择

*Kay Weidenmann, Alexander Wanner*

## 1.1 材料及其特性

据各种估算，目前工程师可使用 40 000 ~ 80 000 种通过非常具体的特性范围加以区分的材料和材料状态（Ashby 等人，2002）。除了诸如强度、刚度、延展性或者疲劳强度、韧性等机械性能之外，特性范围还包括对结构应用不那么重要的、通常被称为化学或物理性质的特征。这些化学或物理特性包括诸如磁化能力、电阻以及热容、耐腐蚀性等磁特性和电学特性。最后提到的特性正好说明，因为机械性能会受到非机械因素的影响，因此化学特性和物理特性也会对结构应用发挥重要的作用。

从机械学的角度来看，结构设计是产品设计中的一个较重要步骤，而另一个必要的步骤就是材料的系统选择过程。其最初的目标是确定所要使用材料的要求特性，然后进行实际材料的选择，以从多种可用材料中滤出最适合的候选材料。在 20 世纪 50 年代和 60 年代，在重量优化轻量化结构中第一次考虑到了材料的系统选择（Gerard，1956；Shanley，1960）。

如图 1.1 所示，工程材料可被划分为不同的材料等级（Ashby、Jones，2005）。除了金属、聚合物、陶瓷和玻璃之外，还包括天然材料以及按照文献（Ashby，2006）的理论分类的弹性体。这种材料是具有热固性塑料和热塑性塑料（塑性体）特性聚合物子类的典型代表。同一种材料类型的材料具有一定的共同点：它们往往具有相似的化学结构，因此也具有相似的化学性质。它们可以通过类似的方式进行加工，并且通常还拥有类似的应用领域。将不同类型的材料结合在一起可以得到具有特定材料等级的复合材料。泡沫体往往具有特定的材料等级（Gibson、Ashby，1997），但严格来说，其只是泡沫构成基质的一种形态（金属、聚合物或陶瓷）。

**金属**

金属具有极高的刚度，因而也具有非常高的弹性模量。通过适当的合金元素和

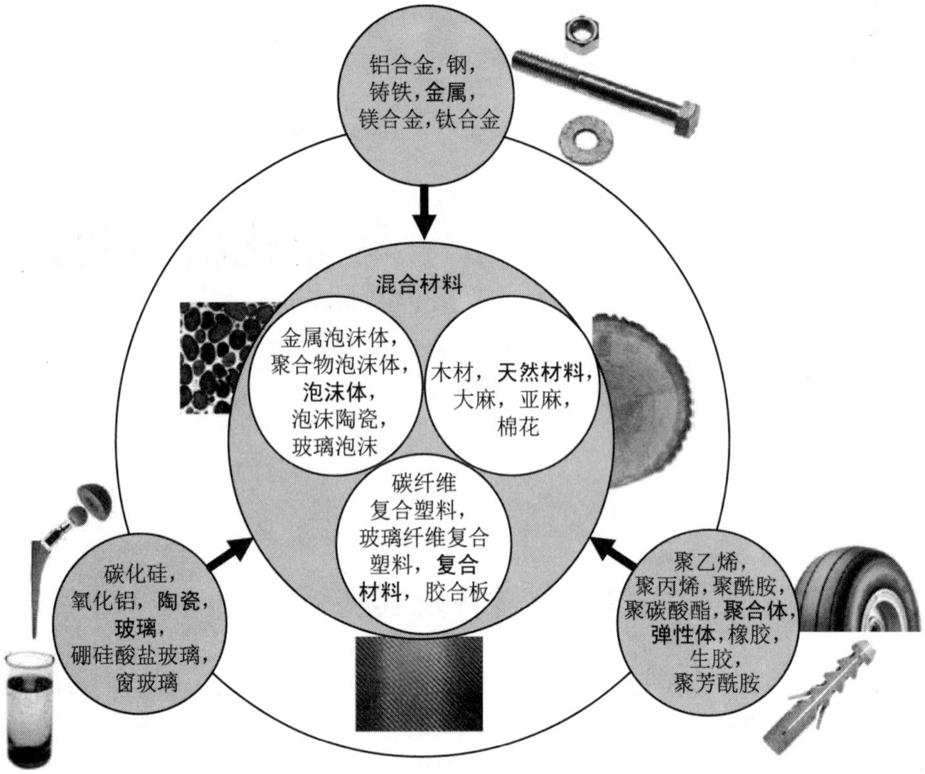


图 1.1 材料等级概览



相应的热处理，金属的机械性能可以在很宽的边界内发生改变。这主要会影响到机械性能。这也是人们为什么很少寻找特定的金属，而是更多寻找特定热处理状态下的合金的原因。通常可以通过热处理调整强度和延展性之间的平衡。特别是金属成型加工工艺，它需要材料具有足够的塑性变形能力。与此相反，在断裂伸长率较低时，也就需要材料处于高强度的状态。由于其延展性，金属会趋于疲劳。此外，它们还具有所有材料类型中最差的耐腐蚀性。这些方面在轻量化中都起着重要的作用。

**陶瓷和玻璃**

由于晶格中很强的离子键或共价键结合力，陶瓷和玻璃同样也具有较高的刚性，从而具有较高的弹性模量。陶瓷不能塑性变形，且无法防止裂纹扩展。最后所提到的这个方面导致了其拉伸强度与抗压强度之间的明显差异。因为只有在非常高的压力载荷下才会产生裂缝和裂纹扩展，因此陶瓷的抗压强度比它的抗拉强度要高 15 倍左右。这种耐高压及其高硬度的特性所以陶瓷主要被作为耐磨轴承材料来使用。由于它们的机械特征值散射带都非常宽，所以陶瓷在其他结构中的应用很有限。脆性材料的失效是由固有缺陷决定的，不像金属能够通过塑性变形来稳定。因此，对于陶瓷，载荷下的体积尺寸也起着重要的作用。体积越大，它存在较大缺陷的概率就越高，并且拉伸强度也就越低。由于散射带很宽，因此陶瓷材料结构的运行可靠性也很难设计。尽管如此，陶瓷还是具有一个轻量化应用感兴趣的特性范围。

**聚合体和弹性体**

与上述等级的材料相比，聚合体是材料范围另一端的代表。其弹性模量相对较低，在0.1~10 GPa（热塑性塑料和热固性塑料），甚至更低（弹性体）。由于聚合体同时具有良好的强度和大约1 g/cm$^3$的低密度，这些轻量化相关的具体特征值仍然非常有吸引力。相对于其他工程材料，热塑性塑料的熔融温度或热固性塑料和弹性体的分解温度也较低。这使其应用条件被限制在接近室温的环境下。另一方面，材料具有较强的蠕变趋势，从而导致在室温下就会影响到其机械特性。此外，一些聚合物材料还显示出在冰点温度左右时会过渡到脆性材料的特性。如果遵守这些边界条件或计划的应用不太重要，则聚合物材料还是有很大优势的。这种优势还包括，即使是几何形状非常复杂和功能集成的情况下，也较易于加工和成型。另外，聚合物具有非常高的耐腐蚀性，并且可以被染色。这非常有助于产品设计。

图 1.2　聚合物复合材料使得刚度优化后轻量化组件的大批量生产更具成本效益①

**复合材料**

如果要求实现某种材料等级中的一种材料无法实现的特性，则复合材料可以提供这种可能性。它可以产生组合特性，从而符合给定特性的要求。然而，应当记住的是，复合材料还具有一些不利的特性。其中包括必须通过应用可能性证实合理性的原则上较高的价格。复合材料一般是通过其基质来进行分类的，因此被划分为聚合物基复合材料、金属基复合材料和陶瓷基复合材料。前者目前在轻量化中具有最高的应用潜力，因为与未增强的基体相比，通过诸如玻璃纤维或碳纤维等增强元素可以使聚合物的机械性能提高到最高水平。这一点在代表工程技术重要设计变量的刚度上体现得尤其明显。因为此类复合材料可以使用常规的聚合物加工方法，所以它们具有最佳加工性的优点。陶瓷基复合材料在建筑业中被广泛用作钢筋混凝土。另外，其还被用于高温应用场合的制动盘或加热元件。由于这些材料的制造成本相当高，金属基复合材料在轻量化中的应用还未被很好地开发。然而，特性范围表明，特别是在散热器、发动机制造和摩擦学应用中，其制造成本相对较高。

① 图片来源：德国弗劳恩霍夫化学技术研究所。

由于材料特性的范围较大，原则上来说，总是可以找到针对特定应用的解决方案，而且往往不止一个；但遗憾的是，材料的选择通常会由于缺乏基础知识而无法系统地进行，大部分情况下是根据经验来选择材料。在下面的章节中，将对选择策略以及根据这个策略如何系统地选择材料并如何同时通过外部约束解决材料选择问题加以讨论。为此，首先需要从多个侧面观察所有材料类型的材料特性并客观地加以比较，以系统地选择材料。

## 1.2 材料选择的一般问题

### 1.2.1 信息来源

目前在像 MatWeb 这样不同的开放数据库中至少已经有与材料的密度、机械性能、热性能和其他物理性能相关的数据。此外，例如在德国，还有铝和钢工业协会，近年来一直在收集详细材料数据库并提供使用。在文献（Reuter，2008）中可以找到关于数据库和数据源的一个很好的概述。然而，这种被限制在单个材料组的数据库仍有缺点，即缺乏系统选择所需材料的总体性考虑。

在提出问题时，似乎很难进入具体步骤：很难获得关于硬化特性、疲劳特性或超出室温时特性的相关信息。对此通常只有分散而非结构化的信息，例如在科学期刊或材料制造商客户信息中的论文中。



下面的 1.2.2 和 1.2.3 节所示系统方法并不仅限于所提出问题的范围和材料，但是结果的质量始终是通过数据库确定的。在这个数据库的基础上可以系统地进行材料选择。

### 1.2.2 材料特性的描述和对比

描述材料特性的最简单方式就是表格。原则上，可以通过表格对几种材料进行相互比较，但在处理大量信息时，表格马上就显现出无法一目了然的缺陷。此外，表格中首先并不包含判断字符，只是简单地将特性列在一起。当然，可以设想创建特定特性的分级列表，但某特定应用通常需要的是各种有利特性的组合，而不仅仅是某一种确定的特性。在过去的近 20 年中，Ashby 已经开发出材料特性和材料特性曲线的图示对比表示形式，通过这种形式可以进行材料选择（Ashby，1989；Ashby，2006）。例如：在双对数图中相对列出两个相关的特性，对于材料的选择是非常有用的。比强度就是这样的一个例子。它是材料轻量化的关键特征值，被表示为强度与密度的比值（$\sigma_f/\rho$）。将它们列入后，就会得到一个包含不同信息密度的图表（图 1.3）。通过图示法符号最初只能看到具有较低密度和强度的诸如软木的天然材料；与之相反，钨（例如用于灯丝）在较高密度下具有较高的强度。

此外，如果要将所有材料的特性定量地填入图表中，则可以首先将其简化后划分到不同主要材料组（金属、聚合物等）的特性区域中。在图 1.3 中，在图像背景

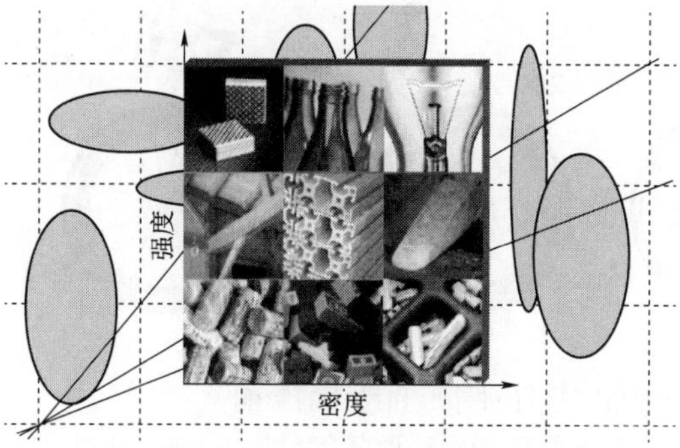


图 1.3 特性示意图：密度与强度的关系

下确定具有这种代表特性区域的图示。然后在这个区域中再寻找单个材料分组（铝合金、钢等）。图表将给出最终更详细的描述。在其中可以将各材料（EN AW-6060，EN AW-6082，……）相互区别开来。有一点可以通过这个简化图示明确：在特性图表的帮助下，可以用一个比简单表格更清晰的方式进行材料对比。在本文后面还将对特性图表加以详细讨论。

### 1.2.3 产品形成过程中的材料选择

在产品形成过程中，选择合适的材料是非常关键的。材料和加工工艺自然有着直接关系，并且在对部件和系统进行功能设计和布局设计时会同时影响到其可能性和限制。图 1.4 以一个四面体的形式给出了材料选择与产品开发其他方面的相互关系。

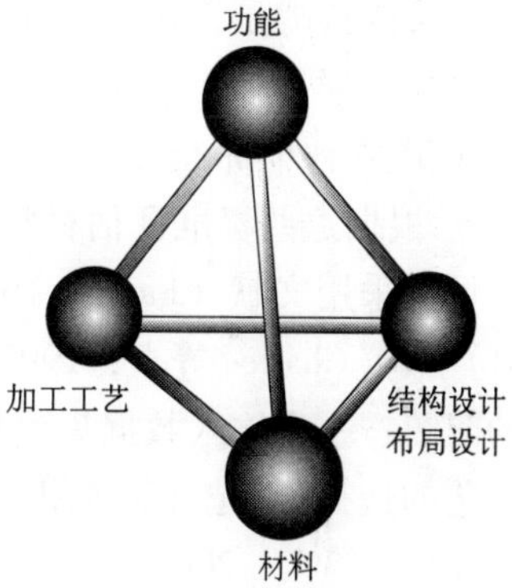


图 1.4 材料选择与产品开发其他方面的互相作用

现在以自行车车架为例来说明这种关系。极轻型自行车车架可使用高强度铝合金或碳纤维增强塑料（CFRP）来制造（图 1.5）。铝合金车架可以用市场上作为半成品的棱柱形管件焊接而成。在技术上，高强度焊接对于铝合金来说是可行的，但不能用于碳纤维增强塑料材料。在所示的例子中，碳纤维复合材料的车架结构是由整体生产工艺来制造的。其重点是在一个芯结构上卷绕碳纤维，通过卷绕碳纤维而形成整个车架的形状。由此可以使增强组件（即碳纤维）几乎连续地卷绕在整个框架上，并且可以完全避免像焊接或粘接接缝那样的传统连接点。这两个自行车车架在很多方面都有区别，并且所有主要区别都以某种方式与材料的选择有着因果关系或与其密切相关。

由于材料的选择是与产品形成过程中的所有其他方面交织在一起的，它通常不会发生在工艺的开始时或结束时，而是伴随于所有阶段中。在方案设计阶段就进行预选是非常有帮助的，这样可以在随后的过程中对其不断加以细化。下面将以轻量化相关问题的例子就此预选过程中所采用的系统方法加以讨论。

（a） （b）

图 1.5 自行车车架实例中材料选择对外形和尺寸的影响①

（a）铝合金棱柱形管件，通过焊接连接；（b）碳纤维/环氧树脂纤维复合材料，采用整体生产工艺

# 1.3 选择策略

## 1.3.1 要求特性和材料评估

面临的挑战是，在一个确定的要求特性的基础上，从众多可用的材料中筛选出最有前途的候选者。相应的选择策略包括两个步骤：

- 设立评估标准，然后在其辅助下评估材料是否符合要求。
- 根据这些标准评估材料，从而能够对所选择材料的适宜性进行分类。

可以采用文献（Farag，1989）（Lewis，1989）（Dieter，1991）（Bréchet 等人，2001）或（Charles 等人，1997）建议的不同选择策略。图 1.6 是显示了所有这些策略的简图：一个输入数据集（要求特性）被传输到输出的数据集中（材料和可能制造工艺的选择）。选择策略相当于传输例程。下面将对这 3 种选择策略分别加以介绍（Ashby 等人，2002）。

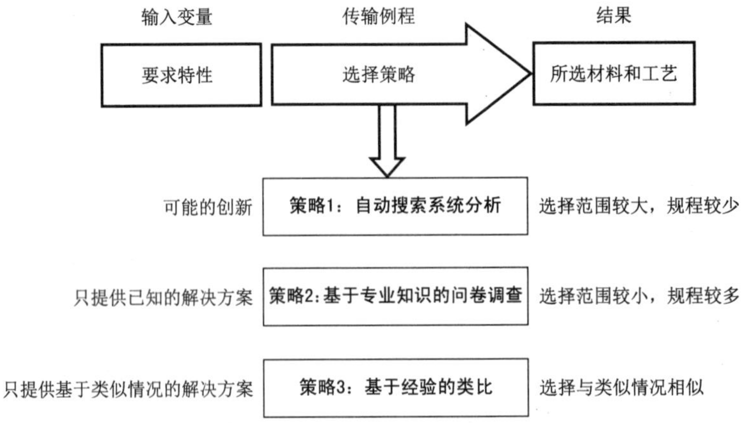


图 1.6 选择过程的流程图：选择策略作为要求特性和候选列表之间的传输例程②

① 图片来源：Storck 自行车。

② Ashby 等人，2002。

**归纳推理或类比**

归纳推理或类比都是基于现有经验的。要求特性基于某个特定的问题。传输例程寻找与给定问题情况有一个或多个共同性的解决方案和已经存在的部分解决方案。与部分解决方案相结合找出目前问题可能的解决方案，然后检验其是否适合。这一策略的应用重点是对已经解决了的相关实际问题要有所了解。因此，这种策略并不是创新性的，因为原则上只能在已知解决方案基础上提供解决方案。另一方面，这种方法的风险极低。

**问卷策略**

问卷策略是指在提出问题的帮助下，指导没有经验的用户实施材料选择。对其的研究建立在已有的专门知识水平上。用户必须从问题的答案中发现新的问题，然后从这个新问题的答案中找出更新的问题迭代上一次的问题，直到找到问题的最终解决方案。原则上，只有当能够非常清楚地表达问题时，这种方法才可行。这种选择策略同样也没什么创新性，因为只是在现有知识范围内进行调查。如果某种材料或过程没有出现在问卷中，也就不能将此选项保留在解决方案中。

**自由结构化搜索**

自由的结构化搜索为最大的应用范围和可能性提供了针对目前所提出问题的创新性解决方案。因此，这种方法需要可使用工程方法进行分析的精确特定信息，例如所希望形状（部件设计）的精确数据以及可承受载荷的定量数据等。通过这个要求特性可以提出 4 个问题：

- 功能：零部件的任务是什么？

车身框架的准备（例如飞机机身），力和力矩，热量和电能的传输……

- 目标：需要对哪些特性进行优化？对哪些尺寸必须进行最小化/最大化？

结构应尽可能轻，成本应尽可能低，确保高安全性……

- 边界条件：必须满足哪些条件？

有限的结构空间，给定应力下的可靠性，工作温度、环境……

- 自由度：可以自由选择哪些设计变量？

零部件的长度、截面积、重量……

**进一步的流程步骤**

随后的材料选择过程分为 3 个步骤：筛选、排序和文档记录。在第一步的筛选中，可以将所有不符合要求特性的材料排除。例如：不能使用高于其相对较低熔点的聚合物，因此对于高温应用，应在这一步骤中将这种材料排除。虽然这一步是将不合适的候选材料排除，但并不对原则上适合的候选材料的相对适用性下结论。因此，下一步就是排序，将剩下的候选材料按照其适用性进行排序。在这个步骤中，所谓的材料指数发挥着重要的作用。这将在后面的部分进行详细说明。在最后一个步骤中，从进一步收集的信息中为每一个排名在前的候选材料创建文档，然后在这些文档的帮助下做出最后的决定。只有在选择步骤中才考虑局部事项，例如对特定材料的经验、给定的生产工艺或材料的可用性。图 1.7 再次总结了材料的选择过程。在实践中，通常会出现把重点都放在材料选择的最后一步，或者只进行材料选择的最后一步的情况。这种实践过程中常见的做法通常无法得出最优的结果，因为解决方案的范围本身会由于没有事先加以筛选而被限制。

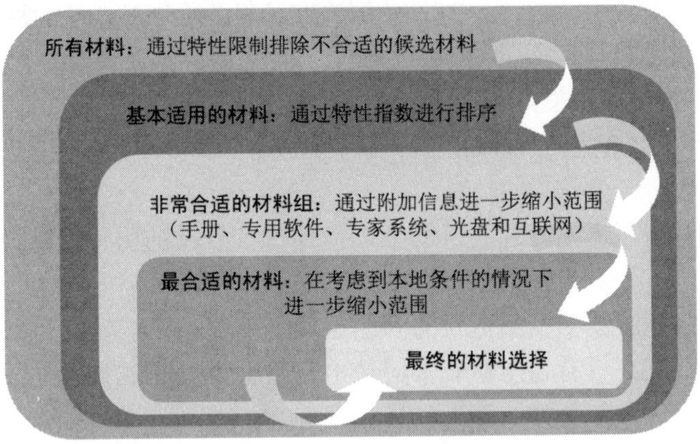


图 1.7　根据文献（Ashby，1999）中的理论进行材料选择的流程

### 1.3.2　用于材料评估的材料指数

材料指数是材料特性组合的衡量值，表示材料对特定应用的适用性。



零部件的设计一般是由 3 个因素决定的：功能（$F$）、几何形状（$G$）和材料（$M$）。由于一个零部件的性能（$P$）是由这 3 个因素决定的，因此可以将它们理解为以下数学函数的变量。

$$P=f(F,G,M)$$

材料选择的最好情况就是函数的最大值或最小值。如果将函数、几何形状和材料都看作单独的因素（它们在很多情况下确实如此），则上述方程可以变形为具有 3 个独立数学函数的形式：

$$P=f_1(F)f_2(G)f_3(M)$$

这 3 个数学函数本身都可以被视为因数。由此可以在不必已知所有函数和几何形状相关细节的情况下，独立地进行材料选择，即确定最优材料。因数 $f_3$（$M$）被称为材料指数，而其他两个因数的乘积被称为结构指数。材料指数可以通过每一个提出的要求特性确定（Ashby，2006）。

虽然自由结构化搜索具有上述优势，并且可以同时优化多个目标和限制的规定参数（Ashby，2000）（Bréchet 等人，2001）以及混合材料的选择（Sirisalee 等人，2006），但它也需要用户具有一定的前提条件：必须精确表达出要求特性，并且将其转化为一个（或多个）材料指数。此外，用户必须能够访问材料数据，并能够从中得出正确的结论（Ashby 等人，2002）。

## 1.4　通过材料指数进行材料选择

正如轻量化结构这一名称所体现的那样，其重量应尽可能低，同时还必须能够满足某些设定（最低）要求的刚性和机械强度。因此，在选择材料时，重点要放在密度 $\rho$ 上。如果涉及所观察零部件的刚度，则应将重点放在弹性模量 $E$ 上。图 1.8 显示了所有结构材料的这两个材料特征值的范围。无孔材料的弹性模量范围包括约 5 个数量级，密度差不多包括两个数量级。

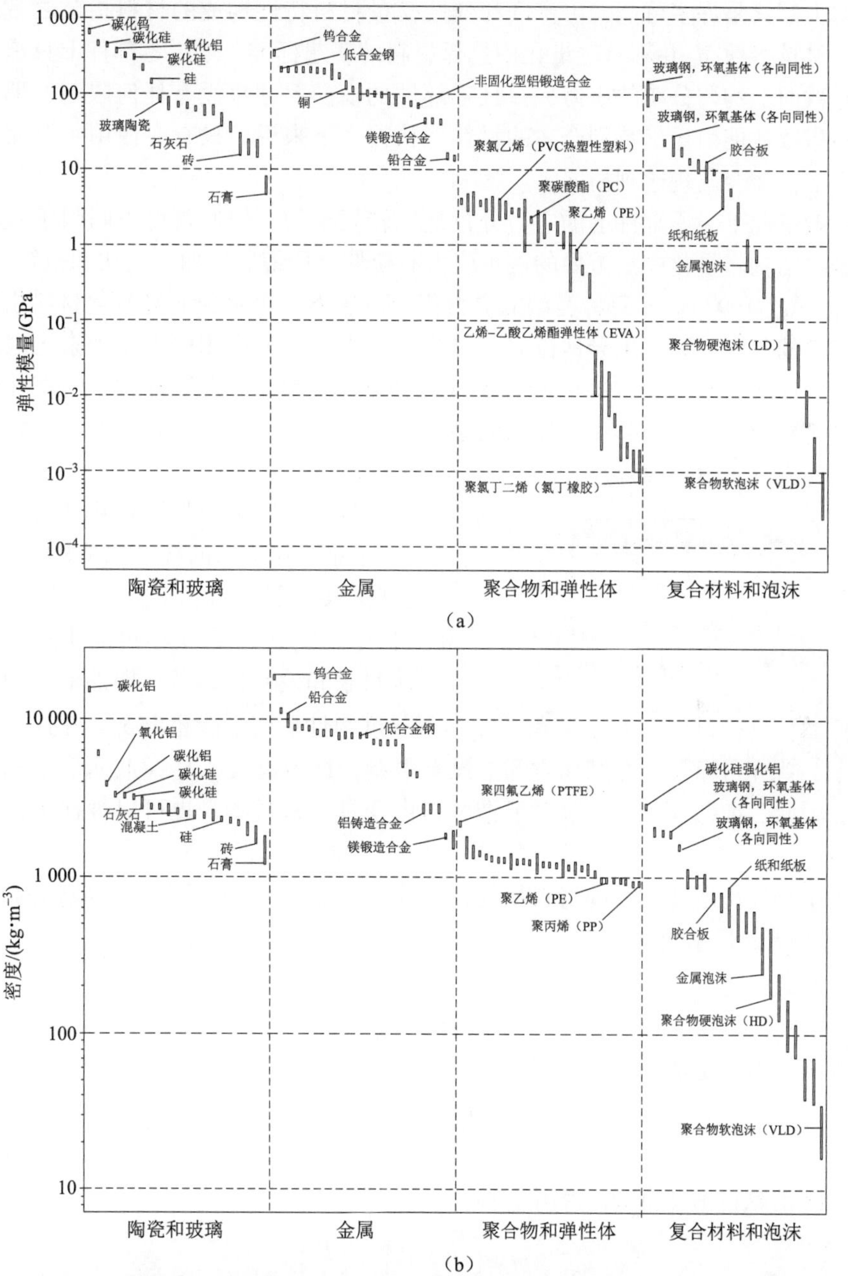


图 1.8　材料密度和弹性模量的比较（无孔材料的带宽几乎覆盖了 2~5 个数量级）①

---

① 图片来源：CES Edu Pack 材料科学软件，格兰塔设计公司。

现在哪些材料可能适合用于轻巧而坚固的零部件呢？通常可以将已经提到的比弹性模量直观地用作选择标准，即商：

$$M_1=\frac{E}{\rho}$$

这个商只是许多可能的由密度和弹性模量材料特性构成的材料指数之一。如下所述，材料指数 $M_1$ 并不是轻量化中选择材料的普遍标准。如果零部件上只承受单轴的和横截面上均匀分布的应力，并且零部件的横向尺寸也没有任何限制，那么，这个材料指数就能引导出特别合适的材料。从技术上来说，只有在使用一个简单支杆的情况下，才会出现这种情况。

一般情况下，零部件上的应力分布是比较复杂的，但通常可以归因于基本应力的组合。结构轻量化中最重要的基本应力有拉伸、压缩、弯曲、剪切和扭转（Gere、Timoshenko，1997）。对每种类型的应力都可以导出一个单独的轻量化材料指数。当一个特定的基本应力占主导地位时，因为这个应力成为应用的限制因素，因此可以将相应的材料指数作为选择标准（Ashby，2006）。因此，在选择材料时，并不总是需要考虑到所有的应力类型。如果能够满足多个条件，就只需要考虑最终相关的或相关的应力（Ashby，2000）。

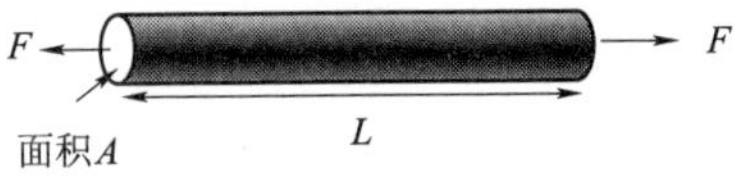

图 1.9　承载拉应力的杆，其长度为 L 且横截面面积为 A

可以系统地得出特定应用的主要材料指数。一个承受拉应力的杆（图 1.9）的功能是承载高达某一最大载荷 $F_{max}$。轻量化结构的相关目标是使其质量 $m$ 尽可能小。背景信息（要求目录和设计任务书）提供了下列边界条件：杆的长度被设定为 $L_0$，载荷 $F_{max}$ 下的长度弹性形变不能超出 $\delta_c$。在这一简单的背景下，首先可以假定在结构空间上没有限制，即没有关于杆横截面形状和面积的限制。因此，横截面面积 $A$ 就是所谓的自由变量。材料本身也可以被视为另一个自由变量。

为了推导出所要寻找的材料指数，要首先设定一个目标方程。在我们的案例中，应使杆质量 $m$ 最小化。

适用公式为：

$$m=AL_0\rho$$

刚度要求（边界条件）可使用下列公式来表示：

$$\frac{F_{max}L_0}{AE}\leqslant\delta_c$$

通过消除自由变量 $A$，得出：

$$m\geqslant\left(\frac{F_{max}L_0^2}{\delta_c}\right)\cdot\left(\frac{\rho}{E}\right)$$

这个不等式的右侧在这里被慎重地分为两个因数：第一个因数包含了通过边界条件设定的所有参数。在第二个因数中，汇总了根据材料的不同而变化的，并且只能通过选择材料来确定的特性值。从公式中还可以看出，杆质量 $m$ 的下限越小，商 $\rho/E$ 也就越小。因此，需要寻找一种材料指数 $\rho/E$ 尽可能小的材料或者材料指数 $E/\rho$ 尽可能大的材料。后者对应于上面已经列出的材料指数 $M_1$。

下面以配方的形式对识别材料指数的一般方法进行概述。

**识别材料指数的方法（Ashby，2006）**

- 识别功能、边界条件、目标和自由变量。
- 设定“目标方程”。
- 如果除了材料选择外还存在另一个变量，则通过限制这个变量的边界条件将其找出。
- 从目标方程中消除这个变量。
- 读取将要最大化或最小化的特性组合。

作为第二个例子，我们对如图 1.10 所示简图中的零部件加以观察，其主要承载弯曲应力，反之应证明具有设定的最小强度。可以将其视为一个承载弯曲载荷，并具有正方形实心横截面和边长为 $b$ 的梁（图 1.10）。

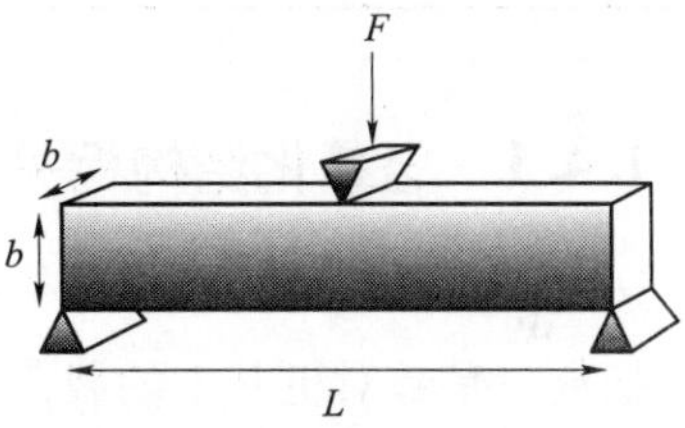


图 1.10 承载弯曲应力的梁

（其长度为 $L$，横截面面积为 $A=b^2$）

在这种情况下，轻量化结构的目标方程为：

$$m=AL\rho=b^2L\rho$$

这要求梁在载荷 $F_{max}$ 下的变形不得超出最大为 $\delta_c$ 的挠度（边界条件）。此刚度要求可以通过以下公式来表示：

$$\frac{F_{max}L^3}{CEI}\leqslant\delta_c,$$

其中，$C$ 是一个与具体载荷形式（3 点、4 点、点载荷、线载荷等）相关的常数，而 $I$ 是相关中心线的平面惯性矩。后者在截面为正方形的梁的情况下为：

$$I=\frac{b^4}{12}$$

在消除了自由变量 $b$ 之后，可以得到：

$$m\geqslant\left(\sqrt{\frac{12L^5F_{max}}{C\delta_c}}\right)\cdot\left(\frac{\rho}{\sqrt{E}}\right)$$

因此，适用于承载弯曲应力的轻量化结构零部件应当使用材料指数尽可能高的材料。材料指数的计算公式：

$$M_2=\frac{\sqrt{E}}{\rho}$$

表 1.1 列出了铝合金、钛合金、钢和一种典型碳纤维层压材料的材料指数 $M_1$ 和 $M_2$。3 种金属材料的 $M_1$ 值几乎没有差别，即如果拉伸应力占主导地位，则这些材料都同样适用于轻量化结构；但是，铝合金比钛合金或钢明显更适于承载弯曲应力的零部件：铝合金的 $M_2$ 值比钛合金的高约 30%，比钢要高 70% 左右。从各个方面来

看，碳纤维复合材料层压板的材料指数都明显比其他所有材料更具优势。这一比较是使用材料指数确定材料在特定应用条件下相对适用性的一个例子。

**表 1.1　通过材料指数对各种材料进行比较**

| 材　料 | 碳纤维层压材料 | 铝合金 | 钛合金 | 钢 |
|---|---|---|---|---|
| 弹性模量 $E$/GPa | 60 | 70 | 115 | 200 |
| 密度 $\rho$/ (mg · m$^{-3}$) | 1.6 | 2.7 | 4.5 | 7.9 |
| $M_1=\frac{E}{\rho}\Big/$ (GPa · m$^3$ · mg$^{-1}$) | 38 | 26 | 26 | 25 |
| $M_2=\frac{\sqrt{E}}{\rho}\Big/$ (GPa$^{0.5}$ · m$^3$ · mg$^{-1}$) | 4.84 | 3.10 | 2.38 | 1.79 |

## 1.4.1 轻量化结构相关的材料指数

通过之前介绍的两个材料指数 $M_1$ 和 $M_2$ 并无法解决所有轻量化的材料选择问题。一个指数只是针对更基本的载荷类型和边界条件，而另一个指数在选择材料时并不总是以刚度为导向。经常会出现其他要求作为材料选择重点的情况，例如某个确定的机械负载能力，或单位重量或单位体积的某种弹性蓄能能力。表 1.2 总结性地给出了部分轻量化结构的材料指数列表。



**表 1.2　通过材料指数对各种材料进行比较**

| 功　能 | 确定的 | 不确定的 | 指定刚度下的材料指数 | 指定容许载荷下的材料指数 |
|---|---|---|---|---|
| 杆（拉伸应力） | 最大负载<br>长度 | 横截面面积 | $\frac{E}{\rho}$ | $\frac{R_{eS}}{\rho}$ |
| 梁（弯曲应力） | 最大负载<br>长度 | 横截面面积 | $\frac{E^{1/2}}{\rho}$ | $\frac{R_{eS}^{2/3}}{\rho}$ |
| 板（弯曲应力） | 最大负载<br>长度<br>宽度 | 厚度 | $\frac{E^{1/3}}{\rho}$ | $\frac{R_{eS}^{1/2}}{\rho}$ |
| 轴（扭转应力） | 最大扭矩<br>长度 | 横截面面积 | $\frac{G^{1/2}}{\rho}$ | $\frac{R_{eS}^{2/3}}{\rho}$ |
| 柱（压应力）<br>由弹性纵向弯曲或塑性压缩变形导致的故障 | 最大负载<br>长度 | 横截面面积 | $\frac{E^{1/2}}{\rho}$ | $\frac{R_{eS}}{\rho}$ |

在前 3 种情况中，可以非常清楚地看出应力类型在材料指数的推导中起着至关重要的作用。直觉上，人们倾向于把比刚度 $E/\rho$ 作为通用材料指数。事实上，对于这种简单的情况，如表 1.1 所示，钢、铝、钛和镁等轻量化材料是差不多的。这也是为什么要在以下章节中对这些合金组进行详细研究的原因。然而，一旦弯曲应力被作为载

荷，情况就完全不同了。这时低密度材料具有更高的材料指数，因此也更适合于这种情况。这种差别在一个带有恒定弯曲高度的板上甚至比在梁上表现得更加明显。因此，现在可以预料，镁会被广泛应用于车身中最适合承载弯曲载荷的板材中。但是，情况并不是这样的！其主要原因是它的可加工性较差，因而无法在加工中广泛使用。这只是镁由于满足不了其他边界条件而被从候选材料中淘汰的一个很好的例子。

在预设载荷能力的情况下可以得出类似的图。这就是我们所说的比强度。它同样也与载荷的类型相关。表 1.2 中，屈服极限总是作为材料指数的输入参数给出。金属材料的屈服极限是一种常用的物理量。对于其他的材料，例如陶瓷，如前面所提到的，与拉伸强度相比，可以承载更高的压力。因此，它主要被应用于承载压应力的情况，而其材料指数在这方面也显示出较高的值。最重要的是应力类型相关的特征值。通过材料指数系统选择材料绝非仅限于轻量化。在考虑到材料的其他特性之后，材料指数几乎可被用于任何应用中。

### 1.4.2 材料选择图表

如前一节所述，选择规定刚度下的轻量化零部件材料时，有两个很重要的材料特性：弹性模量和密度。图 1.8 中根据这一特性“一维”地对比了最重要的结构材料；而如果在二维弹性模量密度卡中观察材料的位置（图 1.11），则比考虑轻量化结构材料应用方面更有意义。



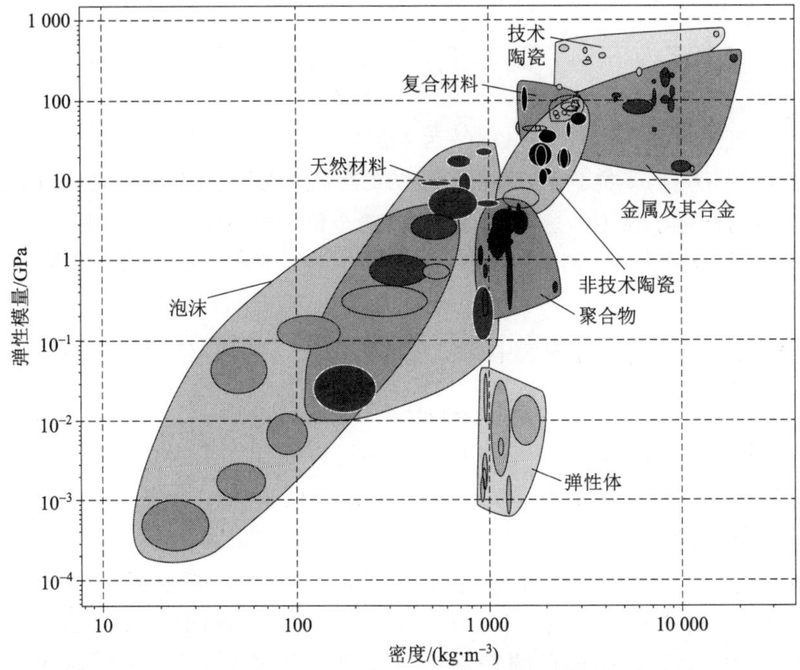


图 1.11 材料选择图表的例子（双对数弹性模量密度卡）①

① 图片来源：CES Edu Pack 材料科学软件，格兰塔设计公司。

因为材料在几乎每一个主要特性方面都可能会有几个数量级的差别，所以选择这种以对数来表示的图卡也就更有意义。此外，对数标度还具有可以根据辅助直线选择材料的优点。其中，辅助直线的斜率直接与材料指数相关。在图 1.12 所示的弹性模量密度图中通过例子显示了材料指数 $M=E^{1/2}/\rho$ 的这类曲线集合。

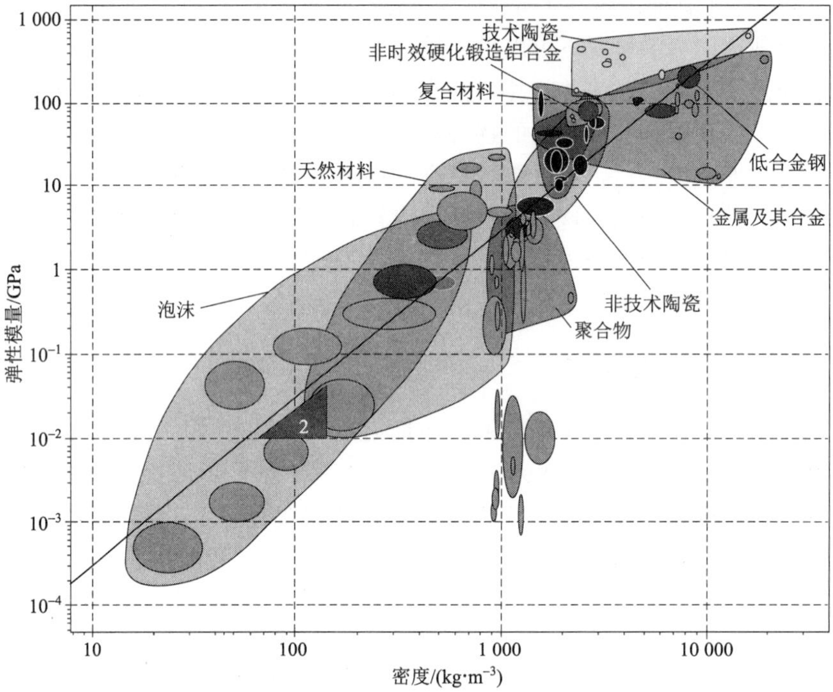


图 1.12　材料选择图表的应用（在以斜率为 2 绘制的直线上的所有材料本身具有与钢相同的材料指数 $M_2=E^{1/2}/\rho$。位于这条线左侧和上方的所有材料具有更高的 $M_2$ 值，因此更适合于刚性的轻量化零部件。这其中包括例如铝合金和纤维增强塑料，也包括许多受到其他标准限制的材料，例如金刚石（价格及可用性）和铍（非常不利于健康））①

在对数表示的材料选择图表中，材料指数 $M=\frac{\sqrt{E}}{\rho}$ 首先必须转换为：

$$E=\rho^2 M^2 \Rightarrow \log E=2\log M+2\log \rho$$

然后在材料选择图表（$\log E$ 与 $\log \rho$）中可以得到一个斜率为 $n=2$ 和线性函数在 $y$ 轴的截距 $a=2\log M$ 的直线。对于一系列不同的 $M$ 值，所得到的并不是一条直线，而是一个直线集合。

实线的斜率为 $n=2$，其表示材料指数常数 $M=E^{1/2}/\rho$ 的选定直线。因此，位于这条线上和构成这条线本身的所有材料，均同样好（或者同样差）地适用于具有指定刚度要求的、承载弯曲载荷的轻量化零部件（对照表 1.2 中的零部件“梁”）。

① 图片来源：CES Edu Pack 材料科学软件，格兰塔设计公司。

线与线之间的材料指数值是不同的。沿一条直线，只有自由变量的值是变化的。

图 1.12 更详细地显示了弹性模量密度图表的扩展版本。

位于斜率为 $n=2$ 的这条线左侧和上方的所有材料都比钢具有更高的 $E^{1/2}/\rho$ 值。根据表 1.1 中的数据，在这个搜索范围内有碳纤维增强塑料、钛合金和铝合金。

在 M. F. Ashby 编写的教科书《机械设计中的材料选择》中可以找到有用的材料选择图表集合。这本书被视为系统材料选择领域中的权威著作（Ashby，1999、2006）。

## 1.5 多重边界条件和相互竞争的目标

### 1.5.1 多重边界条件

像任何选择过程一样，材料选择会因为多重边界条件或相互竞争的目标而变得复杂（Goicoechea 等人，1982）（Keeney、Raifa，1993）。前面提到的自行车车架就是多重边界条件的一个例子（图 1.5）。在实践中，“尽可能轻”的目标会受到两个不同要求所限定范围的限制：它应具有确定的最小刚度和确定的最小容许载荷。如果再次以弯曲应力占主导，那么通过刚度条件可以得出最小质量 $m$：

$$m \geqslant m_2 = \sqrt{\frac{12L^5 L_{\max}}{C\delta_c}}\left(\frac{\rho}{\sqrt{E}}\right)$$



通过强度条件可以得出最小质量的类似条件。在此不对其进行推导，而直接得出：

$$m \geqslant m_3 = \left(\frac{6F_{\max}L^{5/2}}{C_2}\right)^{2/3}\left(\frac{\rho}{R_{eS}^{2/3}}\right)$$

现在，简单的策略是计算出所有材料在载荷给定情况下的最小质量 $m_2$ 和 $m_3$，并进行相互比较。这样马上就会清楚地知道，对于某些材料，$m_2$ 是最小相关质量，而对于另一些，$m_3$ 是最小相关质量。最适合的材料是在满足限制条件下具有最小重量的那个。在满足这两个边界条件的情况下，零部件的最小重量是由两个边界条件确定的质量中较大的那个来确定的。这种方法被称为分析法。它的替代方法是图解法。为此，将两个质量 $x=m_2$ 和 $y=m_3$ 彼此相对放入一个图中。然后，图中过原点的直线会显示出何处的哪个边界条件占主导地位：过原点直线的上方可以确定每种材料在第二个边界条件（即强度要求）下的质量。下方是它的刚性条件。为了能够获得最佳的解决方案，需要引入沿坐标原点方向连续推移的边界线（即朝着零部件重量更小的方向）。最后所剩余的材料范围就是最佳的解决方案。然而，这两种所提到的方法都具有严重的缺点：为了计算 $m_2$ 和 $m_3$ 需要各种材料无关的参数。如下所示方法可以解决这一问题。在多重边界条件的情况下，材料选择可以再次借助材料指数来进行。

根据已经做出的假设，在所述自行车车架中，弯曲应力占主导地位，可以将第一个边界条件（刚度要求）引入材料指数 $M_2 = E^{1/2}/\rho$ 中，将第二个（强度要求）引入材料指数 $M_3 = (R_{eS})^{2/3}/\rho$ 中（表 1.2）。假设由钛合金 TiAl6V4 制成的钛合金自行车车架刚好能够满足刚度和承载能力的要求，并且还要寻找更合适的材料。钛合金可以通过指数值 $M_2^{Ti}$ 和 $M_3^{Ti}$ 表示其特性。通过在图 1.13 所示图表中绘制出商 $M_3/M_3^{Ti}$ 与商 $M_2/M_2^{Ti}$ 的关系，可以将图表划分为“较坚固”“较硬”“较坚固且较硬”和“太软或无法承重”4 个区域。图表中的所有解决方案都具有相同的重量。

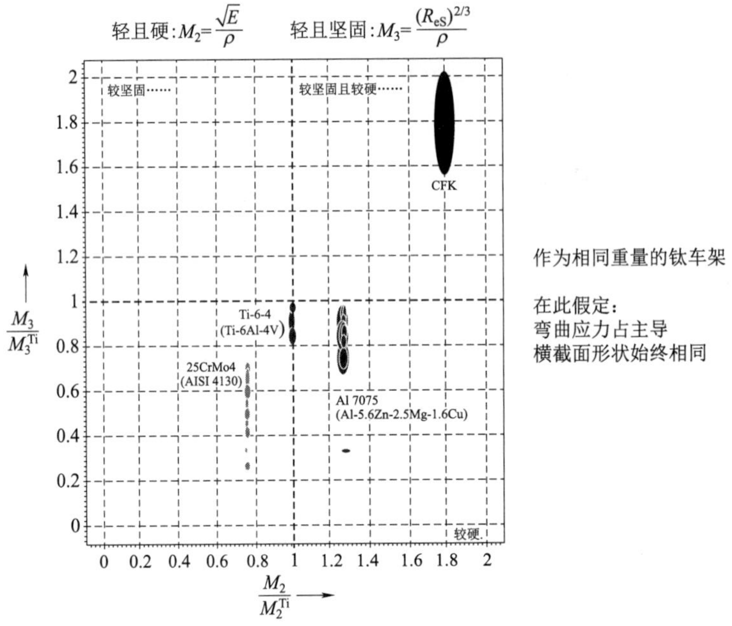


图 1.13　多重边界条件下的材料选择，以重量轻、刚性高且可承重的自行车车架为例

从图 1.13 中可以看出在相同重量下使用高强度的铝合金 7075 可以同时实现刚度的增加，然而不能减小重量，否则的话，会立即超出承载能力的最低要求；而使用碳纤维材料时则不同：在相同的重量下，可以实现超过 80% 的较高刚度和超出 10% ~ 50% 的更高强度。这意味着，使用这种材料可以减轻重量。钢车架明显要比所有其他解决方案差。在相同重量下，它比所有其他解决方案的刚度和强度都小。

### 1.5.2　相互竞争的目标

在实践中，经常会有多个相互竞争的目标，因此在材料选择时必须相互妥协。轻量化中重要目标主要有：

- 重量尽可能小；
- 体积尽可能小（较小的结构空间）；
- 成本尽可能低；
- 负面环境影响尽可能小。

此外，在一个目标得到优化的同时，通常会导致其他目标变差。出于这个原因，在选择材料时，必须找到一个能够对各种目标加以权衡的策略。

当我们再次观察上述自行车车架的例子时，可以很快就发现其中也存在目标冲突。如果我们在刚度要求的边界条件下优化梁的最小重量或成本，则会发现这可能会导致相反的效果：特别便宜的材料，例如钢材所具有的 $M_2$ 指数太高；反过来，特别轻而又硬的材料，例如钛或碳纤维增强塑料的成本较高。

下面将介绍一个在相互竞争的目标下进行材料选择的策略。例如：在为一个外壳寻找材料时，在给定的内部尺寸和刚度下，相互竞争的目标是材料应当尽可能轻且尽可能薄。现实中，可以发现有许多这种情况，例如便携式电子设备的外壳。在整车轻量化中还存在着这样的问题，例如变速箱（见图 1.14），由于其尺寸而具有很大减轻重量的潜力，但是其通常只有有限的安装空间可用。特别是在整车轻量化中，经常会出现目标冲突和多重边界条件的情况（Field、de Neuville，1988）。

图 1.14　目标冲突的应用示例：尽可能轻且薄壁的齿轮箱①

如图 1.15 所示，两个目标“质量尽可能轻”和“壁尽可能薄”会导致不同的材料指数。如果所讨论的例子首先是载荷占主导地位的，则在这种情况下是考虑壳体上的弯曲应力。显而易见，目标冲突是：最薄的解决方案可能并不一定是最轻的。

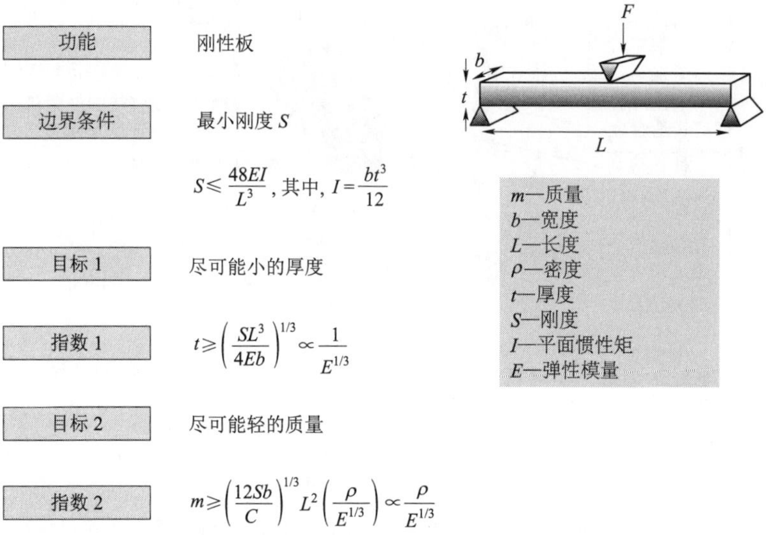


图 1.15　给定刚度下，选择尽可能轻质且薄壁的壳体材料存在目标冲突，因为目标“壁尽可能薄”和“质量尽可能轻”会导致不同的材料指数

① 图片来源：采埃孚股份公司。

再次以此为前提寻找一种替代材料，并且最好是引入相对指数。假设壳体目前都是由材料 $W_0$ 制成的，那么，相同给定刚度下材料 $W$ 制成的壳体最小壁厚与由材料 $W_0$ 制成的壳体最小壁厚相差 $P_1=\frac{t}{t_0}=\left(\frac{E_0}{E}\right)^{1/3}$ 倍。

与材料 $W_0$ 原始解决方案的最小重量相差 $P_2=\frac{m}{m_0}=\left(\frac{\rho}{E^{1/3}}\right)\left(\frac{E_0^{1/3}}{\rho_0}\right)$ 倍。

在图 1.16 所示的图表中显示了不同材料在给定刚度下所能达到的壁厚和重量。其中，选取 ABS 塑料（丙烯腈-丁二烯-苯乙烯）作为对比材料。ABS 是一种耐冲击的热塑性塑料。它经常在电气和计算机领域中被用于注塑成型的壳体。可以得到一个包含有所谓权衡曲线（Trade-off Curve）的示意图。最小化 $P_1$（壁厚）的解决方案不会自动最小化 $P_2$（重量）；反之亦然。既能够优化因子 $P_1$，又能够优化因子 $P_2$ 的一组优化解决方案构成了这个权衡曲线。权衡曲线广泛采用的名称是帕累托前沿（Pareto-Front）。它是以研究国民经济中目标冲突的意大利经济学家 Vilfredo Pareto 的姓命名的（Pareto，1906）。ABS 本身距离最优解决方案还很远。由此所得出的解决方案，既有助于减轻重量，又能够降低壁厚。虽然这两方面都不是最优的，但在总体上它是个最优的解决方案。这个解决方案一般位于尽可能靠近权衡曲线拐



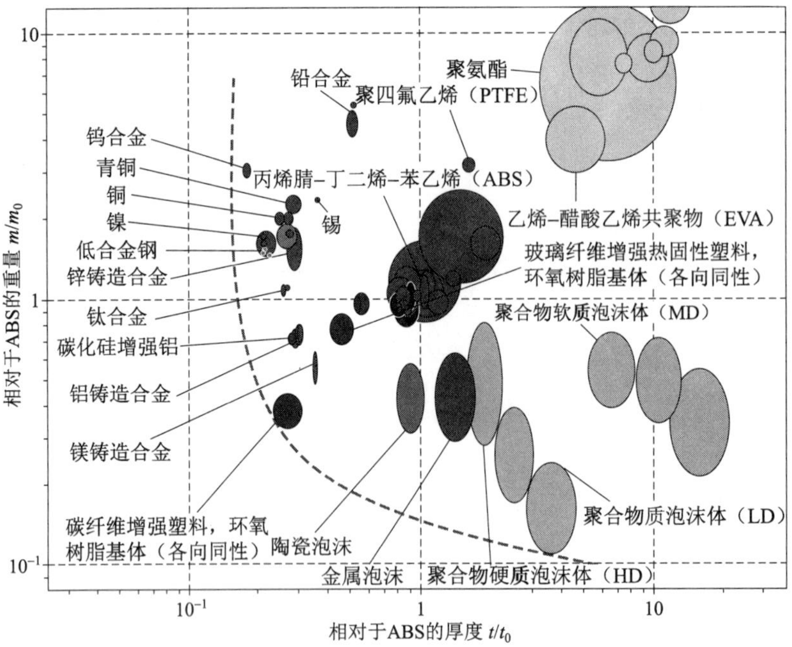


图 1.16 给定刚度下，尽可能轻同时壁又薄的壳体的材料选择存在着目标冲突，因为目标“壁尽可能薄”和“质量尽可能轻”会导致不同的材料指数①

① 图片来源：CES Edu Pack 材料科学软件，格兰塔设计公司。

点的位置。从所述示例中可以看出，壁非常薄的壳体可以由钢制造，特别轻的外壳可以由聚合物泡沫制成。然而，薄壁和重量轻的权衡组合只能采用铝合金、镁合金以及各种复合材料（玻璃纤维增强塑料或碳纤维增强塑料，以及颗粒增强铝材）。对于汽车变速箱而言，优先考虑铝、镁铸造合金。在铝的基础上可以生产更节省空间的变速箱，而在镁的基础上可以生产出在一定程度上更轻的变速箱。这些材料允许在“质量尽可能轻”（机动车性能和燃油消耗）和“壁尽可能薄”（机动车内有限的安装空间）这两个目标之间有一个很好的权衡。

## 1.6 部件形状的影响

### 1.6.1 基本问题

表 1.1 显示了弯曲应力下“轻且硬”的情况，碳纤维增强塑料材质自行车车架的相关材料指数 $E^{1/2}/\rho$ 是钛车架的两倍。通过这种简单的了解，可以假设默认两种情况下横截面形状是相同的；但在实际情况下，这是不可能的。这同样不仅适用于图 1.5 中明确所示铝车架和碳纤维车架的比较，甚至对钢车架也适用。除了材料轻量化之外，其也与形状轻量化相关，因此也就提出了一个问题：是否有一种方法能够将形状轻量化和材料轻量化联系起来？一些材料适合生产薄壁空心型材，而另一些更适于生产实心部件。在选择材料时，只有考虑到这些方面，才能在结构上真正选择出适用的材料。



### 1.6.2 形状和效率

形状并非在所有应力类型下都非常重要。例如：在拉应力下，仅横截面面积是重要的，但它的形状对于承载能力或刚度就不那么重要了。当加载方向相反时，形状的影响开始发挥作用：如果一个压杆太细，将会被折弯、损坏。在这种情况下，通过所选择的形状可以对弯曲稳定性产生决定性的影响。在图 1.17 中根据文献（Ashby，1999）的理论给出了各种标准件和应力类型的示意图。在形状影响起重要作用的情况下，可以通过相应的平面惯性矩得出结构力学上的结果。形状和效率

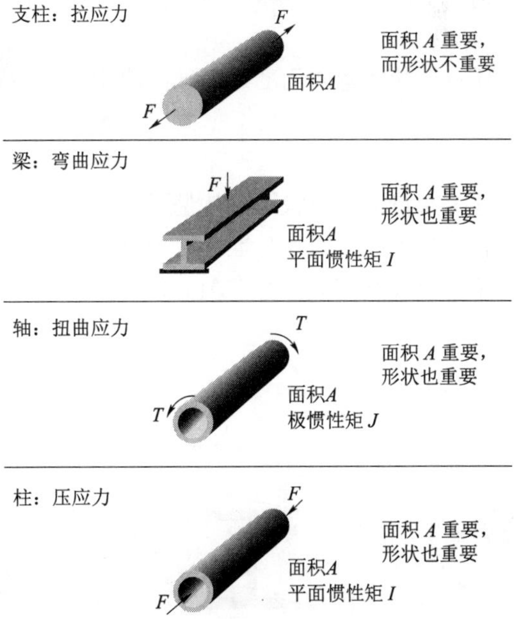


图 1.17 标准零部件和标准应力类型

这两个因素首先只是描述了横截面形状，并且在零部件最大可能的刚度或者强度下评估用料情况。如果用料极少，则称为效率较高。同时从实践中可以发现，并非所有的材料都可被加工成所希望的形状。因此，这不是唯一的原因，因为没有经济的加工工艺可用，而且在某些情况下，几乎没有任何技术可能性可以实现某些形状。

在选择材料时，要考虑到形状相关的两点可能性：首先，必须知道并理解各个横截面形状的材料特定限制。其次，还要有同时适用于材料选择和形状选择的方法。下面将对这些方法进行详细介绍（Ashby，1991）。

### 1.6.3　形状因数

形状因数表示在相同材料横截面面积下，一个确定形状与横截面面积为圆形的实心棒相比，其承载载荷的状况如何？圆形实心棒是具有中性截面的“标准几何形状”。其他形状的性能以其为基准。因此，圆形实心截面的形状因数为1。具有更高效率的所有形状的形状因数大于1。这个基本定义不仅适用于刚度，而且同样适用于强度。在下文中，将对形状有效弯曲刚度进行示例性的描述。

**形状有效弯曲刚度**

首先，我们对图1.18所示“成型”横截面的弯曲刚度加以考虑。为简化起见，可以将其视为一个管或双T形梁的形状。经验表明，这些形状通常被用于承载弯曲应力。



如上面已经描述过的标准形状，其实心材料的面积为 $A=\pi r^2$。

相应的轴向平面惯性矩已知为：

$$I_0=\frac{\pi}{4}r^4=\frac{A^2}{4\pi}$$

轴向平面惯性矩乘以弹性模量可以得到任意形状的弯曲刚度。公式如下：

$$S=EI$$

任意形状的弯曲刚度与标准弯曲刚度之比就是弹性弯曲的形状因数：

$$\phi_B^e=\frac{S}{S_0}=\frac{EI}{EI_0}=4\pi\frac{1}{A^2}$$

这个无量纲的形状因数就是形状效率的量度。形状因数是形状的特征，但它与尺寸和面积无关，因为基准尺寸始终是具有相同横截面面积的实心型材。例如：管或双T型梁在观察其弹性弯曲时每个都具有约为10的形状因数（图1.19）。

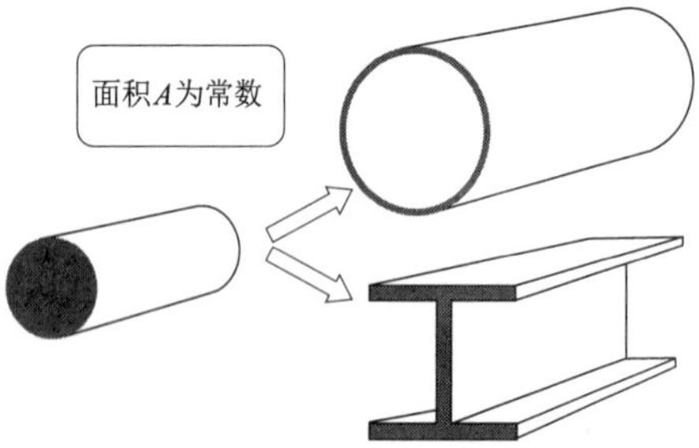


图1.18　对形状有效抗弯刚度的考虑

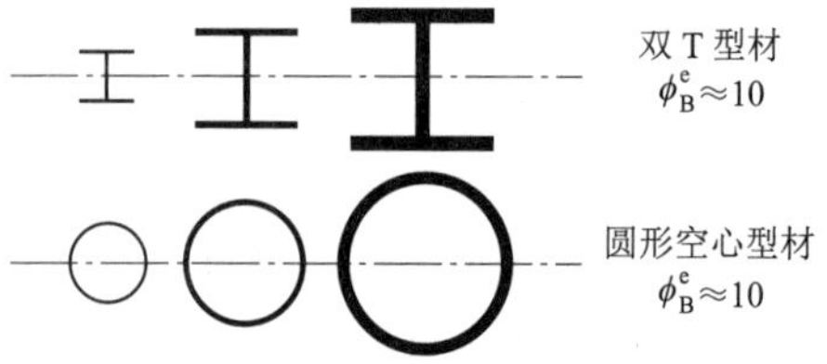


图1.19　与尺寸和面积无关的形状因数

### 1.6.4 选择材料时形状因数的作用

适当地将形状因数与材料选择指数相结合，则可以在同时考虑形状的情况下，例如对于轻且硬的弯梁示例，得出新的材料选择指数 $E^{1/2}/\rho$（Ashby，2007）。这种负载情况也会出现在所选的自行车车架的示例中。可通过如下公式计算出这个新材料指数：

$$\frac{(\phi_B^e E)^{1/2}}{\rho}=\frac{(E/\phi_B^e)^{1/2}}{\rho/\phi_B^e}=\frac{E^*}{\rho^*}$$

其结果是一个由其化学成分和一般材料特性以及其形状确定的虚拟材料。

将这一虚拟材料绘制到选择图表中。它位于与最初相同材料不同的位置，即与形状因数为1时的位置不同。这导致在材料选择图表上形成了“形状限制的移位”。

图1.20中显示了铝的这种情况。形状因数为44的虚拟铝材位于选择特征曲线的上方，因而比其他解决方案更好。特别是实心铝棒也比由其他材料制成的实心棒要好。为简单起见，现在仅将铝与其形状绘入图中。然而，最好也将其他材料及其形状因数绘入，以进行真实的比较。另外，建议使用各自的最大形状因数。对于弹性弯曲的情况，正如上面所列出的，例如铝的最大形状因数为44，钢的为65（Weaver，1998）。表1.3汇总了不同材料的其他最大形状因数和载荷情况。

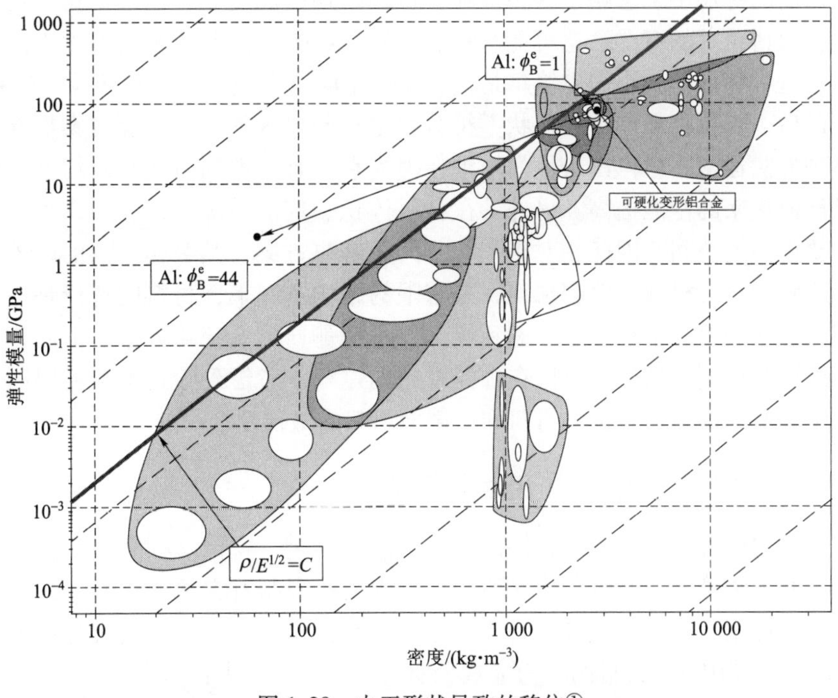


图1.20 由于形状导致的移位①

① 图片来源：CES Edu Pack 材料科学软件，格兰塔设计公司。

**表 1.3 不同负载情况和材料的形状因数上限**

| 材 料 | $\phi_B^e$ | $\phi_T^e$ | $\phi_B^f$ | $\phi_T^f$ |
|---|---|---|---|---|
| 钢 | 65 | 25 | 13 | 7 |
| 铝合金 | 44 | 31 | 10 | 8 |
| 玻璃纤维增强聚合物或碳纤维增强聚合物 | 39 | 26 | 9 | 7 |
| 聚合物 | 12 | 8 | 5 | 4 |
| 木材 | 5 | 1 | 3 | 1 |

因此，仅通过改变形状也可以开发特性图表的其他区域。一方面，形状因数允许对同一形状进行比较（对应于考虑同一形状因数的情况）；另一方面，还应评估不同的形状，例如对铝管或T形钢梁的解决方案进行评估。

## 1.7 结构空间产生的限制

### 1.7.1 基本问题

在以前的考虑中，忽略了许多情况下可用结构空间受到严格限制这一情况。对于前面多次讨论过的弯梁，这可能意味着，外径会受到限制或板的厚度不能超过某一数值。这种情况的一个简单策略是，首先使用前面已经介绍过的材料指数来选择，然后到最后一步再将那些几何形状不符合给定空间要求的所有解决方案摒弃掉。然而，这种方法通常不会得出最优的结果，因为它没有考虑到由适合结构空间的理想形状设计而带来的性能提高。另外，在材料体积一定的情况下，空心或半空心型材一般需要更多的空间，因此相对于节省空间的解决方案，其最初给人的印象是，它们是不适宜的替代材料。总起来说，在有限的结构空间下，材料的选择是一个多层次的问题。它需要一个类似于考虑到零部件形状那样的系统化方法。下面将对一种策略加以详细说明，通过它可以在选择材料的过程中考虑到给定形状的限制，从而在给定结构空间的情况下提供材料和横截面形状的最佳组合。

### 1.7.2 有限结构空间下的选择策略

现以弯曲应力下轻且硬的管件作为一个简单示例，就像这种管件在自行车车架中所承载的占主导地位的负载情况那样。结构空间限制着它的外径 $r_0$。在此结构空间中，可以使用不同壁厚的各种管件，通过这种办法使其内半径 $r_i$ 成为一个自由变量（Wanner，2010）。其目的是为了减少质量。这可表示为：

$$m=\pi(r_0^2-r_i^2)L\rho$$

其中，梁的最小刚度 $S_b$ 必须满足：$S_b\leqslant\frac{E_1EI}{L^3}$。

在此，管件的惯性矩 $I$ 为：$I=\frac{\pi}{4}(r_0^4-r_i^4)$。

最小刚度 $S_b$，长度 $L$ 和 $r_0$是结构给定的或通过外部结构空间给定。通过消除方程中的自由变量 $r_i$之后，可以得到质量的下列关系式：

$$m \geqslant \pi r_0^2 L\rho\left(1-\sqrt{\frac{4S_b L^3}{\pi r_0^4 C_1 E}}\right)$$

如果导入由边界条件得出的材料体积 $V=\pi r_0^2 L$ 和常数 $E_0$，则可以大大简化这个表达式。$E_0$为最小弹性模量。在整个结构空间都使用实心材料的情况下，这个弹性模量刚好能够满足刚度边界条件的要求。

$$E_0=\frac{4S_b L^3}{\pi r_0^4 C_1}$$

由此可以得出质量为：

$$m \geqslant V\rho\left(1-\sqrt{\frac{E_0}{E}}\right)$$

用质量除以体积，则可以得出始终小于材料密度的管件有效密度，因为这时已将空腔考虑在内。

$$\rho_{\text{eff}} \geqslant V\rho\left(1-\sqrt{\frac{E_0}{E}}\right) \Leftrightarrow E=\frac{E_0\rho^2}{(2\rho-\rho_{\text{eff}})\rho_{\text{eff}}}$$

通过这个公式可以将刚度要求与给定的结构空间联系在一起。等式右侧必须最小化，以降低有效密度，从而减轻零部件的重量。与之前处理的所有情况相比，这个公式不再简单地以材料指数和其他指数对几何形状边界条件和功能边界条件进行描述。尽管如此，仍可以由此排除不适合于问题的解决方案，同时对合适的解决方案进行定量评估。

图 1.21 中所示和现有 $\log E-\log\rho$ 图表适合作为选择图表来使用，在其中可以绘入恒定有效密度 $\rho_{\text{eff}}$的曲线（在本实例中，$E_0=40$ GPa）。为此，必须根据 $E$ 来对公式中的有效密度求解，以获得形状 $y=f(x)$。

现在，图表中出现了平行的选择线。它可以像选择直线那样推移，从而获得质量最轻的解决方案。下面将通过在镁合金和钢的两种解决方案上的应用说明这一过程。为此，在图 1.22 中再次将金属材料的区域进行放大显示。因为镁的弹性模量只是略超出 $E_0$一点儿，因此解决方案使用了一个内径非常小的厚壁管件。与此相反，薄壁钢管能够满足给定的刚度边界条件。当额外绘入根据上述观察零部件 $E$ 得出的不同 $r_i/r_0$值时，可以明显地从图中看到这一情况。

在图 1.21 中用虚线显示了材料指数 $E^{1/2}/\rho$ 的选择线。在这里，可以清楚地看出，在忽略了形状或者结构空间限制的情况下，镁合金得出的值比钢得出的值更好。

像考虑形状因数一样，在这里还应考虑容许内径不仅有一个下限（$r_i=0$），而且有一个由中空型材翘曲确定的上限。

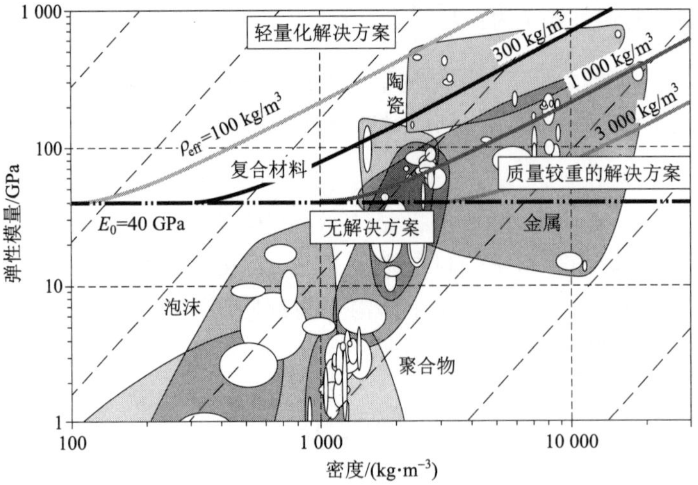


图 1.21　结构空间限制下的材料选择。边界 $E_0$ 以下没有解决方案。选择曲线向左偏移越远，质量也就越轻①

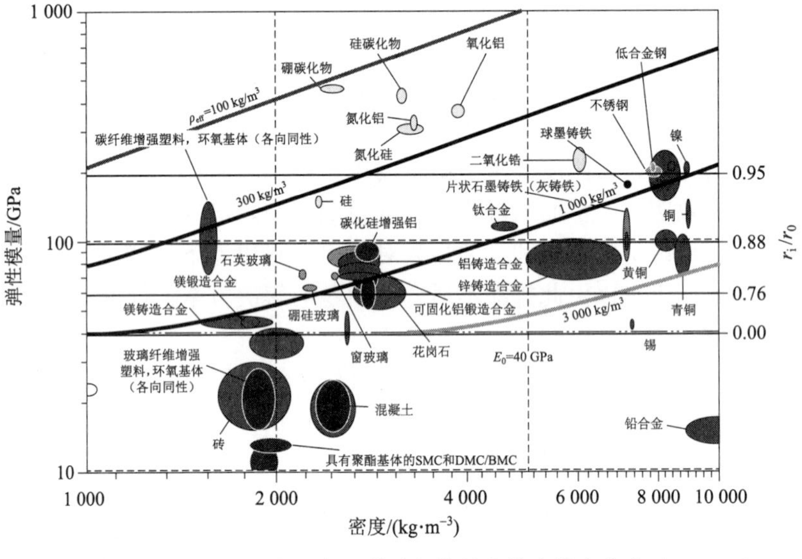


图 1.22　结构空间限制下的材料选择。薄壁钢管具有的有效密度小于 1 000 kg · m⁻³；与其相反，几乎完全实心的镁材超过了 1 000 kg · m⁻³②

## 1.7.3　其他部件和荷载条件

前面所介绍的方法原则上也适用于结构轻量化其他与应用相关的情况。表 1.4

---

① 图片来源：CES Edu Pack 材料科学软件，格兰塔设计公司。

② 图片来源：CES Edu Pack 材料科学软件，格兰塔设计公司。

汇总了在拉伸、扭曲或弯曲应力作用下的管件以及弯曲应力作用下胶合板的计算结果（忽略芯材的重量、强度和刚度）。

**表 1.4　不同荷载条件和材料的形状因数上限**

| 部件类型/荷载条件 | 预设值 | 自由变量 | 边界指数 | 轻量化的目标方程 | 横截面确定的参数 |
|---|---|---|---|---|---|
| 管件/拉伸 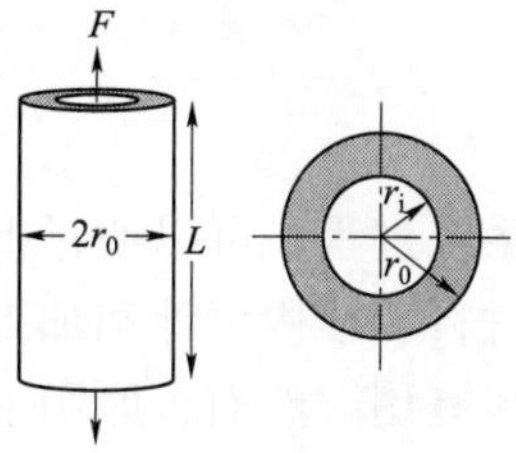  | $S$，$L$，$r_0$ | $r_i$ | $E_0=\frac{SL}{\pi r_0^2}$（刚度确定的） | $\rho_{eff}\geqslant E_0\frac{\rho}{E}$ | $\frac{r_i}{r_0}\leqslant\sqrt{1-\frac{E_0}{E}}$ |
| | $F$，$r_0$ | $r_i$ | $\sigma_0=\frac{F}{\pi r_0^2}$（刚度确定的） | $\rho_{eff}\geqslant \sigma_0\frac{\rho}{\sigma_f}$ | $\frac{r_i}{r_0}\leqslant\sqrt{1-\frac{\sigma_0}{\sigma_f}}$ |
| 管件/扭曲 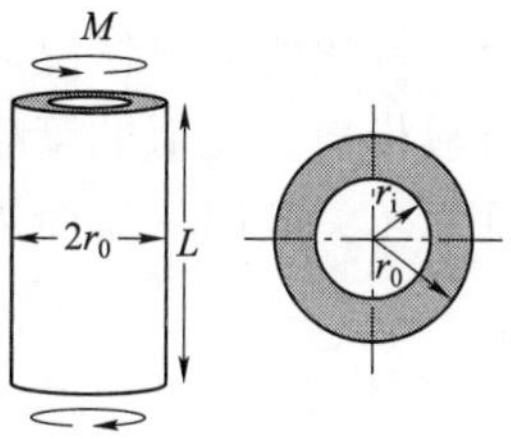  | $S_t$，$L$，$r_0$ | $r_i$ | $G_0=\frac{2S_tL}{\pi r_0^4}$（刚度确定的） | $\rho_{eff}\geqslant\rho\left(1-\sqrt{1-\frac{G_0}{G}}\right)$ | $\frac{r_i}{r_0}\leqslant\sqrt[4]{1-\frac{G_0}{G}}$ |
| | $M_t$，$r_0$ | $r_i$ | $\sigma_0=\frac{4M_t}{\pi r_0^3}$（强度确定的） | $\rho_{eff}\geqslant\rho\left(1-\sqrt{1-\frac{\sigma_0}{\sigma_f}}\right)$ | $\frac{r_i}{r_0}\leqslant\sqrt[4]{1-\frac{\sigma_0}{\sigma_f}}$ |
| 管件/弯曲 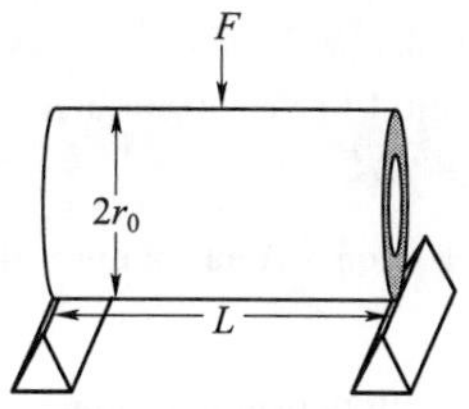  | $S_b$，$L$，$r_0$ | $r_i$ | $E_0=\frac{4S_bL^3}{\pi r_0^4C_1}$（刚度确定的） | $\rho_{eff}\geqslant\rho\left(1-\sqrt{1-\frac{E_0}{E}}\right)$ | $\frac{r_i}{r_0}\leqslant\sqrt[4]{1-\frac{E_0}{E}}$ |
| | $M_b$，$r_0$ | $r_i$ | $\sigma_0=\frac{4M_b}{\pi r_0^3}$（强度确定的） | $\rho_{eff}\geqslant\rho\left(1-\sqrt{1-\frac{\sigma_0}{\sigma_f}}\right)$ | $\frac{r_i}{r_0}\leqslant\sqrt[4]{1-\frac{\sigma_0}{\sigma_f}}$ |
| 夹层结构/弯曲 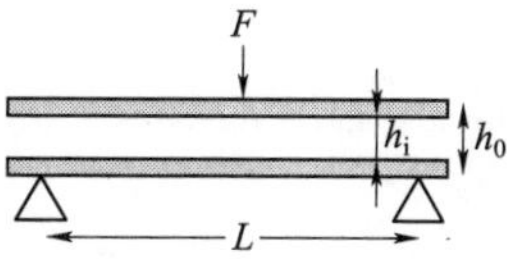  | $S_b$，$L$，$w$，$h_0$ | $h_i$ | $E_0=\frac{12S_bL^3}{wh_0^3C_2}$（刚度确定的） | $\rho_{eff}\geqslant\rho\left(1-\sqrt[3]{1-\frac{E_0}{E}}\right)$ | $\frac{h_i}{h_0}\leqslant\sqrt[3]{1-\frac{E_0}{E}}$ |
| | $M_b$,$w$,$h_0$ | $h_i$ | $\sigma_0=\frac{6M_b}{wh_0^2}$（强度确定的） | $\rho_{eff}\geqslant\rho\left(1-\sqrt[3]{1-\frac{\sigma_0}{\sigma_f}}\right)$ | $\frac{h_i}{h_0}\leqslant\sqrt[3]{1-\frac{\sigma_0}{\sigma_f}}$ |

$S$ 为抗拉刚度；$S_b$为弯曲刚度；$L$ 为部件长度；$r_i$为管内径；$r_0$为管外径；$F$ 为力；$M_t$为扭矩；$M_b$为弯矩；$h_0$为胶合板的高度；$h_i$为夹芯的高度；$w$ 为夹芯板的宽度；$C_1$，$C_2$为荷载相关的常数

上述每种情况都考虑到了刚度和强度条件。拉伸应力下管件公式也相应较为简单：正如前面已经指出的，形状在这里并不重要。

结构空间限制下的一般策略是，首先在不改变外部限制的情况下，确定一个可以改变部件内部空间的自由变量。这种方法可以得出一个新类型的目标方程，并能够同时描述形状和材料的指数。通过这些指数，就可以采用类似于前面所描述的过程进行材料选择。

## 1.8 总　结

与结构设计一样，产品形成过程中的材料选择也是一个系统过程，可以通过上述策略的辅助实现系统化。其中的关键是要有目的地协调好材料、结构设计和加工之间的相互关系。如果随后要更换这种材料，上述策略同样很有用。然而，原则上必须首先推导出一个材料指数。在个别情况下，这可能需要对应力进行一定的抽象化。在某些情况下，需要对要求特性划分优先级，以得出真正重要的目标和相应的边界条件，并以简化公式的形式来表示它们。除了例子中所示轻量化的简单情况之外，还可以推导出各种载荷情况或其他物理或化学应力下的材料指数。类似的策略也可用于制造工艺的系统选择。此外，在考虑经济或环境方面时（关键词“生命周期评估”），也可以将其放入这个选择过程中加以考虑。



## 1.9 附加信息

### 参考文献

[1] Ashby, M. F. Materials Selection in Mechanical Design. Das Original mit Übersetzungshilfen. 3. Aufl., Spektrum Akademischer Verlag/Elsevier, München, 2007.

[2] Ashby, M. F. Multi-objective Optimization in Material Design and Selection. Acta Mater, 48, 2000, S. 359-369.

[3] Ashby, M. F. Materials Selection in Mechanical Design. 2. Aufl., Butterworth-Heinemann, Oxford, 1999.

[4] Ashby, M. F. Material and Shape. Acta Metallurgica et Materialia, 39, 1991, S. 1025-1039.

[5] Ashby, M. F. On the Engineering Properties of Materials. Acta Metallurgica et Materialia, 37, 1989, S. 1273-1293.

[6] Ashby, M. F.; Bréchet, Y.; Cebon, D. Selection Strategies for Materials and Processes. Adv. Engin. Mat., 4, 2002, S. 327-334.

[7] Ashby, M. F.; Cebon, D. Case Studies in Materials Selection. 1. Aufl., Granta Design, Cambridge, 1997.

[8] Ashby, M. F.; Jones, D. R. H. Engineering Materials 1. An Introduction to Properties, Applications and Design. 3. Aufl., Butterworth-Heinemann, Oxford, 2005.

[9] Bréchet, Y.; Ashby, M. F.; Salvo, L. Sélection des Matériaux et des Procédés de Mise en Oeuvre. 1. Aufl., Presses Polytechniques et Universitaires de Lausanne, 2001.

[10] Charles, J. A.; Crane, F. A. A.; Furness, J. A. G. Selection and Use of Engineering Materials. 3. Aufl., Butterworth-Heinemann, Oxford, 1997.
[11] Dieter, G. E. Engineering Design, A Materials and Processing Approach. 1. Aufl., McGraw-Hill, New York, 1991.
[12] Farag, M. M. Selection of Materials and Manufacturing Processes for Engineering Design. 1. Aufl., Prentice-Hall, Englewood Cliffs, 1989.
[13] Field, F. R.; de Neuville, R. Material Selection-Maximizing Overall Utility. Metals Materials, 6, 1988, S. 378-382.
[14] Gerard, G. Minimum Weight Analysis of Compression Structures. 1. Aufl., New York University Press, New York, 1956.
[15] Gere, J.; Timoshenko, St. P. Mechanics of Materials. 4. Aufl., PWS Publications, Boston, 1997.
[16] Gibson, L. J.; Ashby, M. F. Cellular Solids. 2. Aufl., Cambridge University Press, Cambridge, 1997.
[17] Goicoechea, A.; Hansen, D. R.; Druckstein, L. MultiObjective Decision Analysis with Engineering and Business Applications. 1. Aufl., Wiley, New York, 1982.
[18] Keeney, R. L.; Raiffa, H. Decisions with Multiple Objectives: Preferences and Value Tradeoffs. 2. Aufl., Cambridge University Press, Cambridge, 1993.
[19] Lewis, G. Selection of Engineering Materials. 1. Aufl., Prentice-Hall, Englewood Cliffs, 1989.
[20] Pareto, V. Manuale di Economica Politica. 1. Aufl., Societa Editrice Libraria, Mailand, 1906.
[21] Reuter, M. Methoden der Werkstoffauswahl. In: E. Moeller: Handbuch Konstruktionswerkstoffe. 1. Aufl., Carl Hanser Verlag, München, 2008.
[22] Shanley, F. R. Weight-Strength Analysis of Aircraft Structures. 2. Aufl., Dover Publications, New York, 1960.
[23] Sirisalee, P.; Ashby, M. F.; Parks, G. T.; Clarkson P. J. Multi-criteria Material Selection and Multi-Materials in Engineering Design. Adv. Engin. Mat., 8, 2006, S. 48-56.
[24] Wanner, A. Minimum-weight Materials Selection for Limited Available Space. Material and Design, 31, 6, 2010, S. 2834-2839.
[25] Weaver, P. M.; Ashby, M. F. Material Limits for Shape Efficiency. Prog. Mater. Sci., 41, 1998, S. 61-128.

### 网址

[1] www.matweb.com.
[2] www.grantadesign.com.

2

# 钢材

*Wolfgang Bleck*

## 2.1 钢是多用途材料



用于结构应用的现代材料具有能够同时满足多种要求的特征。这些要求源自对材料的利用、材料的制造工艺、资源现状，以及材料的可重复利用性。以车身制造的材料为例，由于不同材料组别之间存在明显的竞争，因此可以非常清楚地说明这一点。

可通过车身制造的发展趋势确定对车身材料利用的要求：轻量化结构、被动安全性和耐腐蚀性。车身制造中材料应用的前提条件首先是相应板材和带材的制造技术要求。它包括了资源可用性、连铸能力、热成型性、冷成型性、可加工性、可涂装性以及环境兼容性，还要考虑废物处理和封闭回收系统的可能性，需要评估材料循环过程中所有生产阶段的经济性。因此，现代材料开发不能仅从产品生命周期的部分方面考虑，而是要在产品开发过程的初级阶段就进行跨学科的合作。与工业化有关的新型材料的开发一般始终与工艺技术紧密相关，这样才能实现有效的经济化生产。

钢是一种以铁元素为主要成分的材料，具备一系列化学、物理、机械和磁性特性。与其他材料相比，其强度较高，即使在低温下其断裂韧性也很高。钢的表面硬度较高，通过适当添加合金，可以耐受腐蚀性极强的介质。它既可以软磁性形式存在，也可以硬磁体形式存在。通过固态相变可以形成很多晶体结构。钢材中不同的结构成分组合为材料优化提供了各种可能性。各种材料特性可以通过合金元素、成型工艺和热处理技术加以改变，以适应要求的使用特性。

铁元素可以和周期表中近 75 种元素组合形成合金或合金化合物。考虑到不同的合金等级（仅仅铁和锰元素形成的合金，粗略划分，就可以制造出 10 种不同合金等级的材料）和合金组合，可以有多种化学成分组合的可能性。目前使用的大概有

2 000 种不同的钢种。这仅仅是可能的铁合金种类的一小部分。

以下将介绍一种高强度钢的材料技术。它特别适用于轻量化结构。由于材料的多样性，本章仅通过一个例子来进行说明。本节按照工业上可制造的半成品进行分类。

## 2.2 高强度扁钢制品

### 2.2.1 极薄钢板（<0.5 mm）

极薄钢板是指厚度小于 0.5 mm 的冷轧和退火处理钢板。它在包装行业被广泛用作镀锡薄板。近年开发的成型性能良好的钢材也常被用于包装业之外的行业。

由于使用的是相同的加工设备，镀锡薄板和铝板之间存在激烈的竞争。因此，需要不断优化镀锡薄板的性能，通过降低薄板厚度，达到减轻饮料罐重量以及降低成本的目的。目前，随饮料罐容量不同，两件式镀锡薄板饮料罐工艺中所采用最薄镀锡薄板的厚度在 0.195（0.331 罐）~0.215 mm（0.501 罐），比 1990 年的水平降低了近 30%（图 2.1）。饮料罐的重量也同样有所减轻（图 2.2）。这些饮料罐都是采用薄壁展薄拉延工艺（DWI）生产的，即深拉与展薄拉延工艺的组合。通过这种工艺可以在很薄的板材厚度上实现非常高的总体变形量。经过薄壁展薄拉延，薄板的较薄区域厚度可以达到 0.07 mm 左右，饮料罐上端较厚区域的厚度也仅有约 0.13 mm。由于加工技术的原因，DWI 罐的盖子使用铝材来生产。

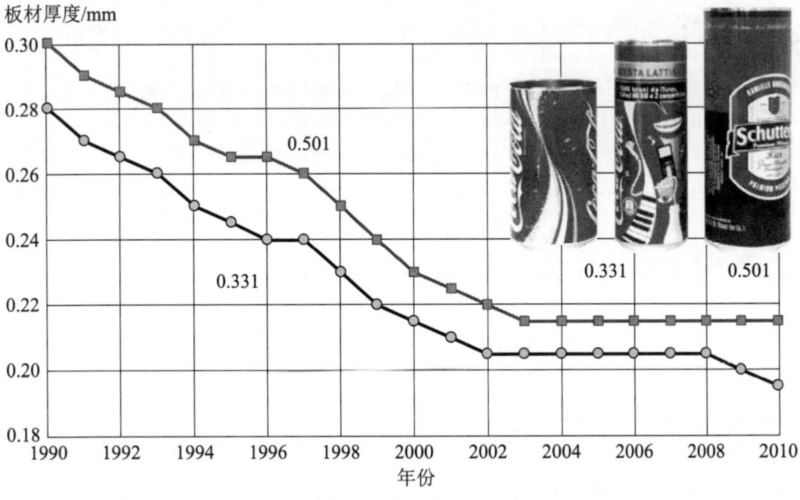


图 2.1 饮料罐用板材的厚度变化

采用薄壁展薄拉延工艺制成的镀锡薄板饮料罐，在降低其厚度时，需要提高材料的初始强度，从而补偿成品罐几何形状所决定的稳定性损失。这种补偿既可以通过强化精轧，也可以通过含有高碳钢或高锰钢或者高铝含量的钢材来实现。对于低

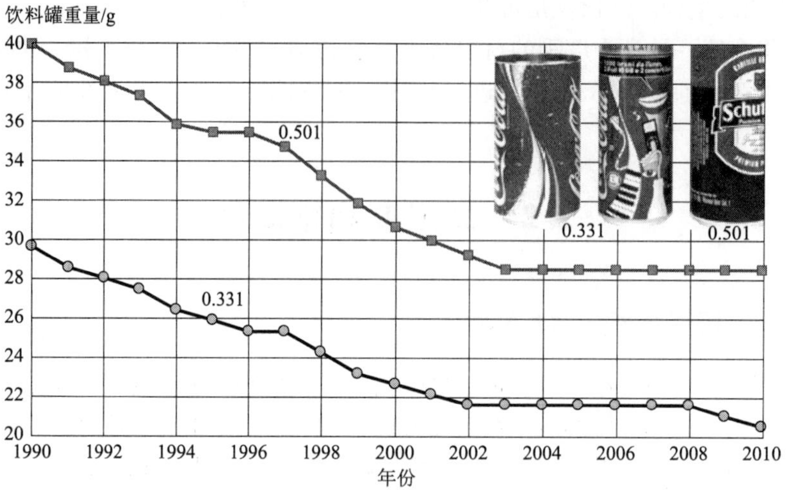


图 2.2　饮料罐重量的减轻

碳钢（Low Carbon；$C$<0.1%）和超低碳钢（Ultra Low Carbon；$C$<0.01%），其极限拉深比 $\beta_{max}$ 表示为屈服极限的函数（图 2.3）。

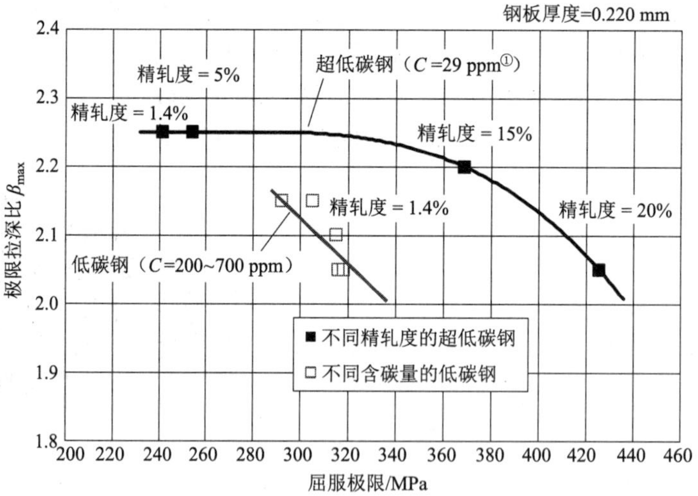


图 2.3　极薄钢板极限拉深比 $\beta_{max}$ 与屈服极限的函数关系

从屈服极限为 240 MPa 的超低碳钢开始，在精轧度提高到 20% 的情况下，材料强度可以提高到 425 MPa，但作为材料变形能力度量单位的极限拉深比却从 2.25 下降到了 2.05。在相同的屈服极限下，如图 2.3 所示，含碳量质量百分比在 0.02 ~ 0.07 的超低碳钢，极限拉深比会随着碳含量的提高而降低。由此可以得出，超低碳钢本身在较高精轧度下比含碳量较高的低碳钢具有更好的成型特性。即使是在壁厚极小的情况下，这类钢材也具有出色的成型能力，因此可从圆柱体形状的饮料罐中

① 1 ppm = $10^{-6}$。

发展成所谓的“异形饮料罐”。首先通过辊缝电阻焊接方法将矩形薄板制成圆柱体形状的饮料罐体，然后借助内部高压成型装置，让超薄侧壁呈现出不同形状（图 2.4）。

图 2.4　借助内高压成型工艺制成的“异形罐”

用于制造极薄钢板的钢材对纯度、结构的均质性和加工过程中的再次结晶能力都有最高等级的要求。图 2.5 通过屈服极限与断裂伸长率的关系图表给出了目前高强度极薄钢板的特性曲线概览。其中分别列出了一次轧压（Single Reduced）和二次轧压（Double Reduced）后的钢种。BA 和 CA 代表了不同的退火工艺［BA：Batch Annealing（批量退火）。CA：Continuous Annealing（连续退火）］。通过特殊的二次轧压工艺，可以得到一个用于生产屈服极限超过 550 MPa 产品的优化工艺；同时，产品在厚度极薄的情况下，仍能达到 10% 的高延伸率（Rasselstein 股份有限公司）。



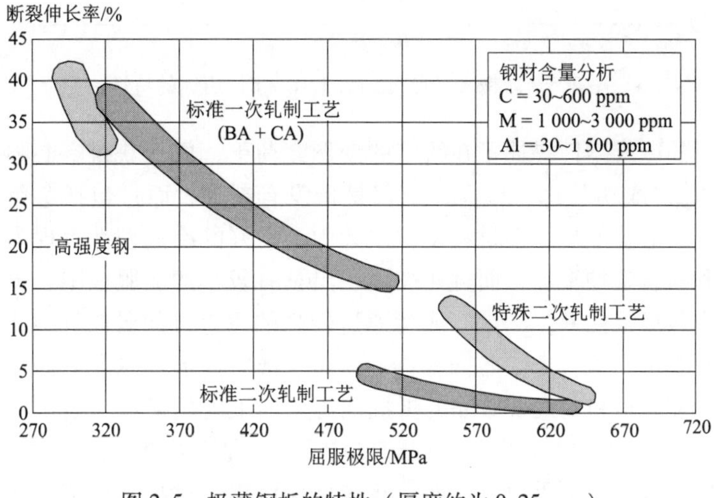


图 2.5　极薄钢板的特性（厚度约为 0.25 mm）

## 2.2.2　薄钢板（0.5～3 mm）用钢

薄钢板和薄钢带所用材料的最小厚度可以热轧至 1.0~1.5 mm（小型带钢轧机：约 1.0 mm。热轧宽带钢轧机：约 1.5 mm），或者可以在串列式轧机上冷轧至 0.5 mm。这种薄钢板面向的主要对象是汽车工业、家用电器、包装业和建筑业。

薄钢板主要通过冷成型工艺对部件进行加工，例如深拉或者拉伸成型。在冷成型示意图中，冷成型性（例如断裂延伸率）与强度（例如抗拉强度）的关系可以体现出薄钢板材料机械特性的特殊性（图 2.6）。随着强度增加，冷成型性下降。因此，在过去，当钢材的抗拉强度超过 500 MPa 时，被视为冷成型性有限。随着新技术的发展，尤其在微观结构调整方面的发展，开发出了新材料组。这些材料即使是在高强度下，仍具备良好的冷成型特性。图 2.6 中给出了铁素体单相钢、铁素体多相钢、奥氏体铬镍钢和奥氏体锰钢之间的区别。图 2.6 中所给出的材料名称将在下文中说明。

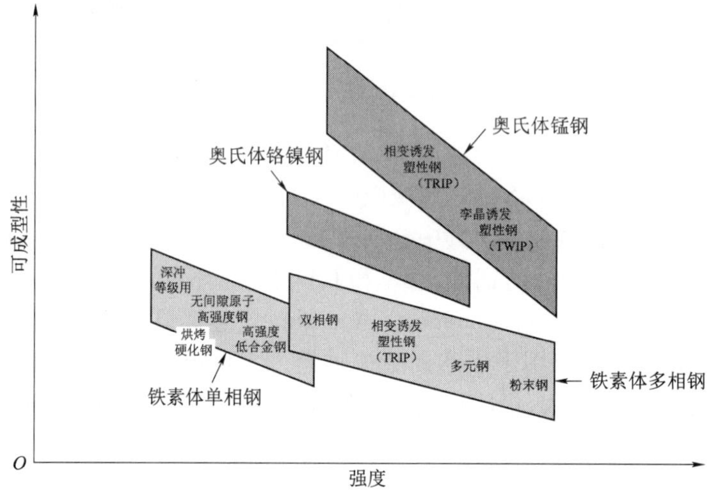


图 2.6 薄钢板（厚度约为 1.0 mm）用钢的特性



扁平板材的冷成型性描述了在给定的变形载荷下，成功获得空心零件成型件最终形状的能力。“成功”这一概念，不仅是指没有裂纹，而且包括避免出现不能接受的局部收缩或形状偏差。在材料拉伸试验中，良好的冷成型性表现为具有较高的均匀伸长率和断裂延伸率值，而且往往表现出具有较小的屈服极限，更精确地可以通过较低的屈服极限比 $R_{p0.2}/R_m$，或者通过较高的垂直方向各向异性指数 $r$ 和加工硬化指数 $n$ 来表示。垂直方向各向异性 $r$ 描述了横向变形和厚度方向变形的比，用它可以衡量深冲时材料对局部收缩的抵抗能力。加工硬化指数 $n$ 表示材料流动性方程 $K_f = \text{const.}\ \varphi^n$ 中的指数。其中的 $K_f$ 是流动应力，$\varphi$ 是形状变化的对数。较高的加工硬化能力对拉伸过程特别重要。此外，冷成型性可以通过技术检测方法，例如埃氏杯突试验、液压拉伸试验、扩孔试验或者极限变形曲线来描述。

图 2.7 给出了车身制造用高强度钢结构的对比。在这类微合金化钢中，有一种铁素体基体。它受纳米级且具有基本强度的极细微粒沉淀的影响。图 2.7 中示意性标示出的沉淀物在光学显微镜下是看不见的。这种组织可以通过晶粒大小（必要时，也可以用晶粒形状），以及电子显微镜才可以看到的析出状态来加以描述。这种单相钢的变形机理是（晶粒的）位错滑移。国际上，通常也将微合金化钢称为高

强度低合金钢（HSLA）。

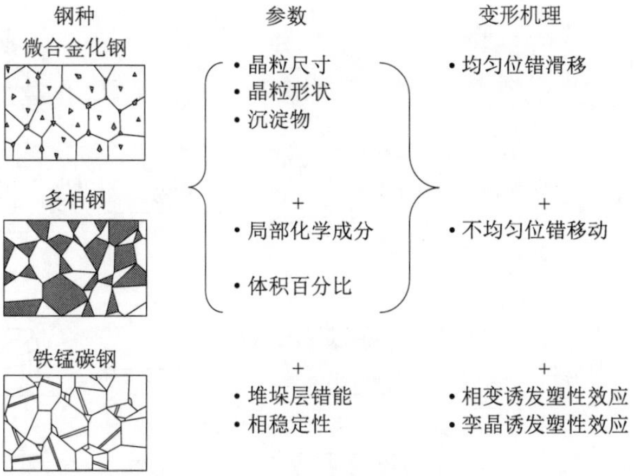


图 2.7　微观结构示意图和描述微观结构的重要参数
（图中显示了不同钢种的主要变形机理）

在多相钢中必须至少考虑两个光学显微镜尺寸等级不同的相。生产工艺的限制，往往会导致局部的化学成分有所不同。结构描述仅给出了晶粒的几何尺寸以及两相所占据的体积比例和局部的化学成分。除了均匀的位错移动，还可以看到只局限于局部区域的非均匀位错移动。这类材料通常被统称为先进高强钢（AHSS）。先进高强钢的特点在于有多个不同结构的组合。特别突出的代表材料便是双相钢。其组织结构由铁素体基体中的马氏体构成。这种材料使冷成型钢的范围扩大到较高强度材料，与高强度低合金钢相比，这类材料具有更好的变形能力。目前技术上所采用的多相材料多数为两相的组合。新方案是在结构中有针对性地调整、分配三相或更多的相，从而能够针对相应的应用进行材料定制。某些相可以像在相变诱发塑性钢（TRIP）中那样进行亚稳态调整，以在冷成型时有针对性地利用其相变。



在锰含量较高的钢中，通过光学显微镜很容易看到二次结晶孪晶的奥氏体组织。其特点是，除了均匀和非均匀位错移动（例如在显微带上）之外，还有塑形变形中机械诱导相变而产生的马氏体和机械诱导相变孪晶等现象。与塑性变形中很多新晶界不断生成和由此连续产生对位错移动的新阻力相比，各种具体形状变化，更确切地说，形状或者体积变化对 TRIP 和 TWIP 效应的影响要小，由此可对材料产生非同寻常的硬化。因此，在结构的描述中，了解相稳定性尤为重要。相稳定性主要是通过堆垛层错能测得的。

因此，除了相变诱发塑性效应（TRIP）和孪晶诱发塑性效应（TWIP）所产生的均匀位错移动以及最近所讨论的不均匀位错移动之外，钢中可利用的变形机理有时还可以用 SBIP（剪切带诱发塑性）或者 MBIP（显微带诱发塑性）表示（图 2.8）。如果结构中均匀地形成了间距为几百纳米的显微带，则不均匀位错运动是有利的。可以有目的地利用这些不同的变形机理，将材料冷作硬化特性提高到一定水平，进而实现材料变形能力和强度的最佳组合。

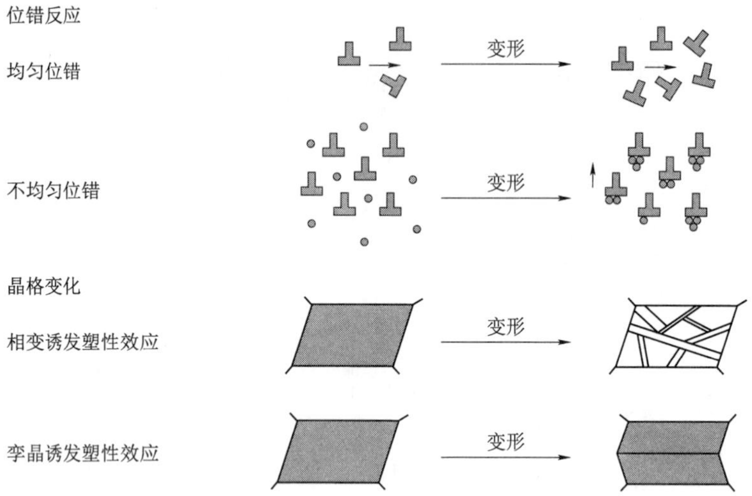


图 2.8　钢中不同变形的机理

冷成型用高强度钢可按照以下强度逐渐增大的顺序分为不同的钢种。

#### 2.2.2.1　烘烤硬化钢



烘烤硬化钢指在热处理过程中能够通过受控制的碳时效硬化使强度提高的材料。在初始状态下，碳原子在 10~20 ppm 的浓度下固溶并且均匀地分布在铁素体基体中。材料在室温下具有耐时效性。通过钢板变形产生新的位错移动，在随后的 170 ℃左右的热处理中，碳原子沉积在位错位置上。这些沉积下来的碳原子使得位错移动变得困难，且由于变形导致的冷作硬化使材料由于位错阻碍而产生的屈服极限进一步提高（图 2.9）。

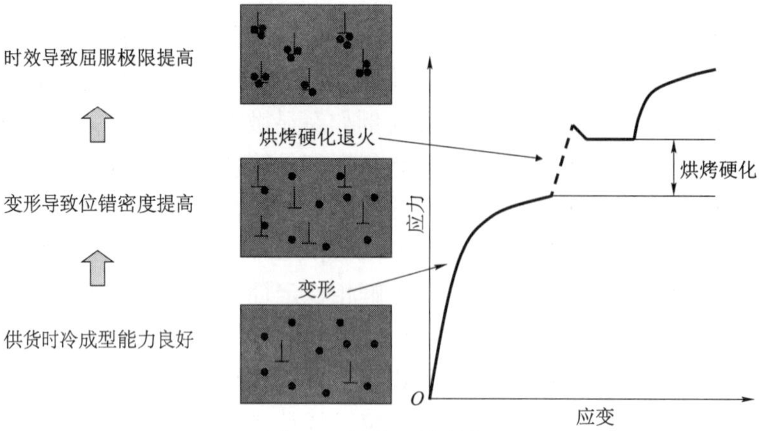


图 2.9　烘烤硬化特性

烘烤硬化钢在汽车制造中主要用于结构部件和蒙皮件。这种钢的优点是，其屈服极限相对较低，各向异性指数 $r$ 值和加工硬化指数 $n$ 值较高。其在供货状态下有良好的冷成型能力，并且后续的热处理可以在涂装中完成。在涂装烘烤过程中，由于受控制的碳时效硬化作用，材料屈服极限进一步提高。经过 170 ℃/20 min 的热处理，屈服极限可以提高 40~60 MPa。烘烤硬化效应由于时效硬化再次引起屈服极限的显著提高。

#### 2.2.2.2 磷合金钢和无间隙原子高强度钢

与软非合金钢相比，磷合金钢和无间隙原子高强度钢中含有较高含量的磷，大多数情况下同时也有较高含量的锰。这会导致混合结晶强化和晶粒细化。磷合金中的磷含量最大为 0.08%。超过这一含量会导致偏析效应。磷合金钢中的一个特殊钢种是无间隙原子高强度钢。其由于真空中深度脱碳后与微合金相结合，从而使晶界间没有松动的原子。这种结构更加易于进行深冲结晶组织的调整，从而实现深冲能力的最佳组合和屈服极限的略微提高。

#### 2.2.2.3 微合金钢（HSLA 钢）

微合金钢利用了浓度范围在 0.02%~0.10%（质量百分比）的微量合金元素钛、铌和钒的特殊优势。借助极硬碳氮化物的极细析出物，微合金元素可提高材料强度并且产生晶粒细化，同时还能够改善这类钢的加工性能。微合金钢在英语中也被称为高强度低合金钢（High Strength Low Alloy）。各向同性钢（IS）也属于这类钢种，由于各向同性钢加入了极少量的钛和铌，因此具有均匀的与方向不相关的精细组织特性。由于具有良好的特性范围，因此微合金钢的应用十分广泛（图 2.10）。



| 最大 | C | P | Nb | Mn | Si | Ti | Al | S |
|---|---|---|---|---|---|---|---|---|
| HSLA 340 | 0.10 | 0.025 | 0.090 | 1.100 | 0.50 | 0.15 | 0.015 | 0.025 |

显微结构：
- 带少量珠光体的铁素体基体
- 微合金元素的碳氮析出物

机械特性：
- 屈服极限高
- 抗拉强度高
- 深冲能力有限

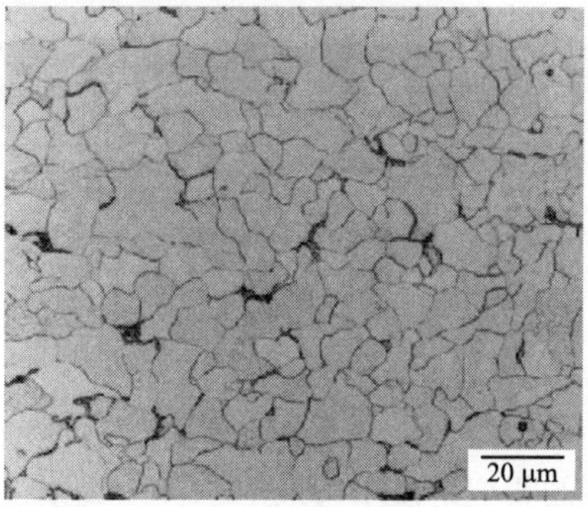


| $R_e$/MPa | $R_m$/MPa | $A_{80}$/% | $A_g$/% |
|---|---|---|---|
| 340~420 | 410~510 | > 21 | ~12 |

- $R_e$，$R_m$：最小值
- $A_{80}$，$A_g$：典型值
- 化学成分：最大值

图 2.10 微合金钢的组织结构、化学成分和性能特点

#### 2.2.2.4 双相钢（DP 钢）

双相钢由一个含有二次马氏体相的铁素体基体构成。双相钢中的马氏体相岛状

分布于晶界上，并且占有10%～30%的体积（图2.11）。由于双相钢具有较软的铁素体相，因此其屈服极限较低，而其与当中较硬的马氏体相相结合使得整个材料具有较高的抗拉强度，从而在强度和变形性之间表现出良好的折中。主要合金元素是锰和硅，在某些情况下，也添加铝或者铬形成合金。这些合金元素降低了珠光体和贝氏体形成过程中的临界冷却速率，因此在退火之后更容易形成马氏体。与抗拉强度相比，双相钢有较低的屈强比和较高的冷作硬化性，而且在未被进行平整的状态下，呈现出连续的应力应变曲线，并通过自由位错移动对铁素体相/马氏体相边界产生作用。因为位错补偿了奥氏体/马氏体转变过程中的体积变化，这些位错被称作几何必须位错（GND）。其缺点是，较硬的马氏体会在扩孔试验或者在弯曲半径较小的弯曲时产生裂纹。

| 最大 | C | B | P | Cr+Mo | Mn | Si | Nb+Ti | Al | S |
|---|---|---|---|---|---|---|---|---|---|
| DP-K 500 | 0.14 | 0.005 | 0.08 | 1.00 | 2.00 | 0.80 | 0.15 | 0.10 | 0.015 |

显微结构：
- 较软铁素体基体中较硬的岛状马氏体
- 硬度分布不均匀

机械性能:
- 屈服极限较低
- 屈强比较低（$R_{p0.2}/R_m$）
- 硬化程度较高
- $n$ 值较大
- 均匀形变率较高
- 扩孔性能中等
- 屈曲性能中等

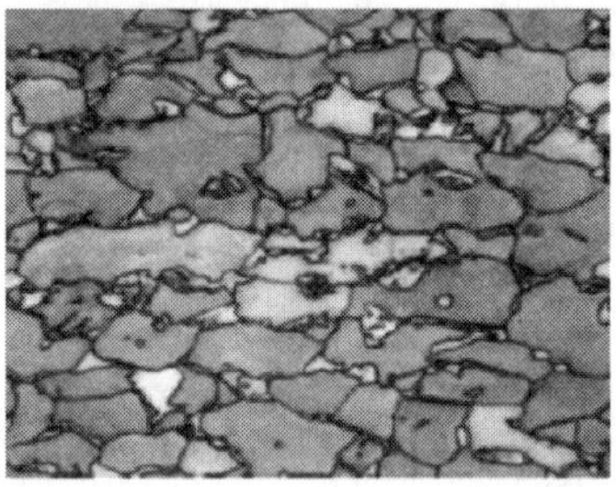

| $R_e$/MPa | $R_m$/MPa | $A_{80}$/% | $A_g$/% |
|---|---|---|---|
| 290~370 | >500 | >24 | ~18 |

化学成分：最大值

图2.11 双相钢的组织结构、化学成分和性能特点

### 2.2.2.5 相变诱发塑性钢（TRIP钢）或残余奥氏体钢（RA钢）

TRIP钢经过退火之后，组织中含有40～60体积百分比的铁素体、35～45体积百分比的贝氏体，以及5～15体积百分比的残余奥氏体（图2.12）。这种材料可以利用所谓的相变诱发塑性效应。在冷成型过程中，这种效应可以将残余奥氏体转变为马氏体，从而明显提高材料强度。这种转变的优点是，在成型过程中将更好的可变形性与提高强度相结合。在TRIP钢中添加作为主要合金元素的锰和硅，可以阻止硬质合金的形成并延缓贝氏体的形成。锰元素还可以用于稳定残余奥氏体。因为有较高的冷作硬化性能，材料也就能够达到较高的均匀形变率和抗拉强度。残余奥氏体是在生产过程中由于富碳而产生的，因此这种材料具有较高的热稳定性，但机械稳定性不高。

| 最大 | C | V | P | Mn | Si | Al | S |
|---|---|---|---|---|---|---|---|
| TRIP 700 | 0.32 | 0.20 | 0.12 | 2.50 | 2.20 | 2.00 | 0.015 |

显微结构：
- 软铁素体基体中的贝氏体和残余奥氏体

机械性能：
- 屈服极限较高
- 屈强比较高（$R_{p0.2}/R_m$）
- 硬化程度非常高
- 均匀形变率非常高，但收缩形变率较小
- 扩孔性能中等
- 屈曲性能中等

| $R_e$/MPa | $R_m$/MPa | $A_{80}$/% | $A_g$/% |
|---|---|---|---|
| 410~510 | 690~800 | >25 | ~23 |

• 化学成分：最大值

图 2.12　TRIP 钢的组织结构、化学成分和性能特点

### 2.2.2.6　复相钢（CP 钢）

CP 钢是一种多相组织，主要由贝氏体显微结构组成。因为 CP 钢的组织结构细密，因此可以生产具有较强冷成型能力的超高强度钢。由于其组织结构非常均匀细密，这种钢材具有很好的扩孔数值和出色的屈曲性能（图 2.13）。

| | C | P | Mn | Si | Al (最小) | S |
|---|---|---|---|---|---|---|
| CP 600 | 0.17 | 0.08 | 2.20 | 0.80 | 0.010 | 0.015 |

显微结构：
- 不同贝氏体相的混合，铁素体（和马氏体）
- 硬度分布均匀

机械性能：
- 屈服极限较高
- 屈强比较高（$R_{p0.2}/R_m$）
- 硬化程度中等
- 平均 $n$ 值
- 均匀形变率和断裂伸长率中等
- 扩孔性能极佳
- 屈曲性能极佳

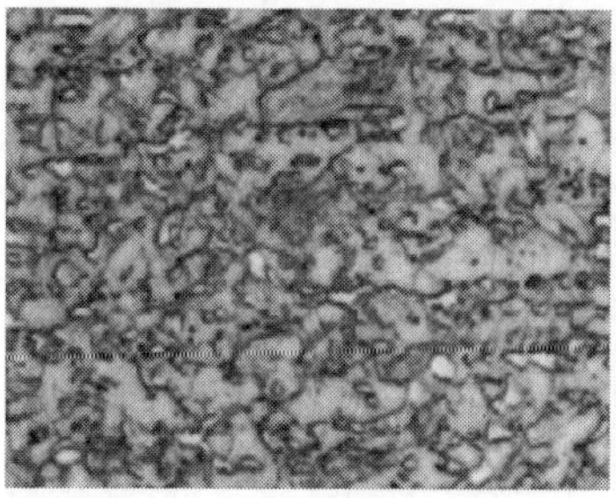

| $R_e$/MPa | $R_m$/MPa | $A_{80}$/% | $A_g$/% |
|---|---|---|---|
| 350~470 | >600 | >16 | ~8 |

• 化学成分：最大值

图 2.13　复相钢的组织结构、化学成分和性能特点

### 2.2.2.7　部分马氏体时效钢（PM 钢）

PM 钢在多相结构中含有很高比例的马氏体。除了马氏体之外，还可以含有贝氏体。与双相钢相比，PM 钢具有较高的屈强比和较高的拉伸强度。

根据国际钢铁协会的建议，新的高强度冷成型钢被划分为最小屈服极限在 210~550 MPa 的高强度钢种和最小屈服极限超过 550 MPa 的超高强度钢种。

因为通过其较高的强度可以在碰撞时吸收较高的能量，多相钢多被用于车身的结构件。与传统的钢材相比，板材的厚度有所减小，因此多相钢对车身轻量化有很大贡献，并越来越多地被用于批量生产中。

一些新钢种只以薄尺寸冷轧带钢形式供给市场。市场上有双相钢、复相钢、粉末冶金马氏体时效钢以及一大批微合金化钢，也有各种的热轧带钢。可以在表 2.1 和表 2.2 中选择符合标准 DIN EN 10268、10292 和 10336 规定的高强度冷成型钢。

**表 2.1　一些冷成型用高强度钢的化学成分和典型值**
**（括号内给出了数值针对热轧带钢还是冷轧带钢）**

| 类型 | 钢种 | 标准 | C | Si | Mn | P | S |
|---|---|---|---|---|---|---|---|
| 烘烤硬化钢 | HC180B（冷轧） | DIN EN 10292 | 0.04 | 0.50 | 0.70 | 0.060 | 0.030 |
| | HC220B（冷轧） | DIN EN 10292 | 0.06 | 0.50 | 0.70 | 0.080 | 0.030 |
| 磷合金钢 | HC220P（冷轧） | DIN EN 10292 | 0.06 | 0.50 | 0.70 | 0.080 | 0.030 |
| | HC260P（冷轧） | DIN EN 10292 | 0.08 | 0.50 | 0.70 | 0.100 | 0.030 |
| 微合金化钢 | HC340LA（冷轧） | DIN EN 10292 | 0.10 | 0.50 | 1.10 | 0.025 | 0.025 |
| | HC380LA（冷轧） | DIN EN 10292 | 0.10 | 0.50 | 1.60 | 0.025 | 0.025 |
| | HD340LA（热轧） | DIN EN 10292 | 0.10 | 0.50 | 1.10 | 0.025 | 0.025 |
| | HD380LA（热轧） | DIN EN 10292 | 0.10 | 0.50 | 1.60 | 0.025 | 0.025 |
| 双相钢 | HCT500X（冷轧） | prEN 10336 | 0.14 | 0.80 | 2.00 | 0.080 | 0.015 |
| | HCT600X（冷轧） | prEN 10336 | 0.17 | 0.80 | 2.20 | 0.080 | 0.015 |
| | HDT500X（热轧） | prEN 10336 | 0.14 | 0.80 | 2.00 | 0.080 | 0.015 |
| | HDT600X（热轧） | prEN 10336 | 0.17 | 0.80 | 2.20 | 0.080 | 0.015 |
| 相变诱发塑性钢 | HCT690T（冷轧） | prEN 10336 | 0.32 | 2.20 | 2.50 | 0.120 | 0.015 |
| | HCT780T（冷轧） | prEN 10336 | 0.32 | 2.20 | 2.50 | 0.120 | 0.015 |
| | HDT690T（热轧） | prEN 10336 | 0.32 | 2.20 | 2.50 | 0.120 | 0.015 |
| | HDT780T（热轧） | prEN 10336 | 0.32 | 2.20 | 2.50 | 0.120 | 0.015 |
| 复相钢 | HCT600C（冷轧） | prEN 10336 | 0.17 | 0.80 | 2.20 | 0.080 | 0.015 |
| | HCT800C（冷轧） | prEN 10336 | 0.17 | 0.80 | 2.20 | 0.080 | 0.015 |
| | HDT600C（热轧） | prEN 10336 | 0.17 | 0.80 | 2.20 | 0.080 | 0.015 |
| | HDT800C（热轧） | prEN 10336 | 0.17 | 0.80 | 2.20 | 0.080 | 0.015 |

表 2.2 一些冷成型用高强度钢的力学性能

| 类型 | 钢种 | $R_{p0.2}$/ MPa | $R_m$/ MPa | $A_{80}$/（%·$min^{-1}$） |
|---|---|---|---|---|
| 烘烤硬化钢 | HC180B（冷轧） | 180~230 | 300~360 | 32 |
| | HC220B（冷轧） | 220~270 | 320~400 | 30 |
| 磷合金钢 | HC220P（冷轧） | 220~270 | 320~400 | 30 |
| | HC260P（冷轧） | 260~320 | 380~440 | 28 |
| 微合金化钢 | HC340LA（冷轧） | 340~420 | 410~510 | 21 |
| | HC380LA（冷轧） | 380~480 | 440~560 | 19 |
| | HD340LA（热轧） | 320~400 | 400~500 | 22 |
| | HD380LA（热轧） | 360~460 | 430~550 | 20 |
| 双相钢 | HCT500X（冷轧） | 290~370 | 500 | 24 |
| | HCT600X（冷轧） | 330~410 | 600 | 21 |
| | HDT500X（热轧） | 290~370 | 500 | 24 |
| | HDT600X（热轧） | 330~410 | 600 | 21 |
| 相变诱发塑性钢 | HCT690T（冷轧） | 410~510 | 690~800 | 25 |
| | HCT780T（冷轧） | 450~550 | 780~900 | 23 |
| | HDT690T（热轧） | 410~510 | 690~800 | 25 |
| | HDT780T（热轧） | 450~550 | 780~900 | 23 |
| 复相钢 | HCT600C（冷轧） | 350~470 | 600 | 16 |
| | HCT800C（冷轧） | 500~640 | 780 | 10 |
| | HDT600C（热轧） | 350~470 | 600 | 16 |
| | HDT800C（热轧） | 500~640 | 780 | 10 |

图 2.14 总结了一些高强度薄板钢的应力—应变曲线。从图 2.14 中可以非常明显地看出不同的强度级别及所导致的应变率。虽然拉伸试验是确定力学性能的标准

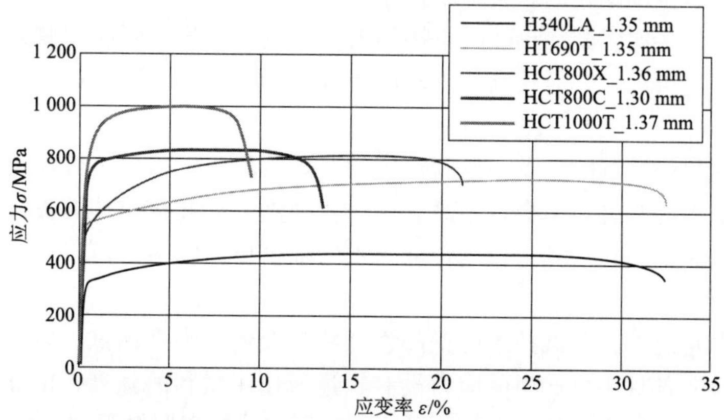


图 2.14 高强度薄板钢的应力—应变曲线

测试方法，但只根据拉伸试验值并不能确定高强度钢对各种应用情况的适用性。在此仅对现代多相材料中那些非常复杂的成型特性进行大致说明（蒂森克虏伯和奥钢联钢铁有限公司）。

### 2.2.3 较厚钢板用钢

因为钢的承重能力较佳、加工性能良好且经济性较好，其已成为商用车和自走式起重机制造行业最重要的结构材料。结构的自重对有效载荷及其经济性具有决定性的影响。出于这个原因，尽可能减小自重就成了研发的重点。

商用车和自走式起重机的许多零部件都采用高强度的厚板和热轧带钢。这些材料中包括正火钢、热轧钢、急冷钢和水淬钢（图 2.15）。这些钢最初通常都是在带钢热轧机或厚板轧机上热轧生产的。

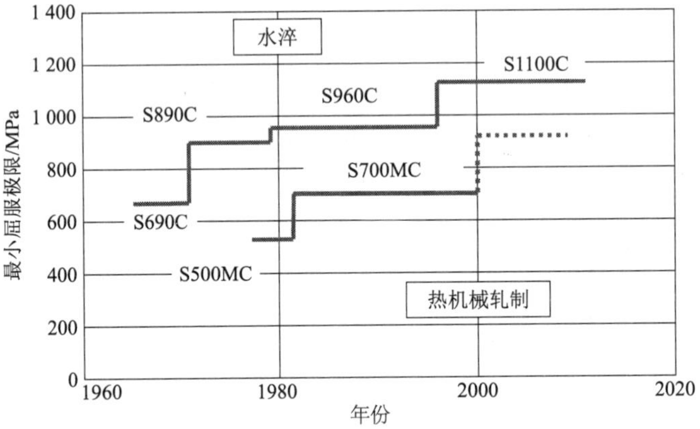


图 2.15 应用于厚钢板的高强度结构钢的年代发展

然后将板材彻底加热到 $A_{c3}$ 的温度以上开始进行回火处理。随后使用高压水进行快速冷却，从而使其组织完全转变为马氏体或贝氏体相。在正火时，通过进行适当的冷却，使其产生细颗粒的铁素体珠光体组织。

现在，人们多次尝试在热轧时直接淬火，即直接硬化，以简化硬化过程。通过这个过程可提高可淬性，而较高的可淬性可降低合金含量，从而进一步改善材料的可焊性。

在进行热机械轧制时，需要控制热轧的终轧阶段，以确保奥氏体组织在带钢热轧机输出辊道上冷却之前不会重结晶。这样，强烈变形和被拉伸的奥氏体再次转变为细颗粒的铁素体组织。其与微量合金元素的细密析出物组合可以生产出强度和韧性俱佳的钢材。

在大多数情况下，承载拉力的钢部件尺寸都要经过强度测试，以证明能够在预期工作负荷下，部件中所产生的应力没有超过所使用材料的强度，由此避免零部件出现断裂、裂纹或不允许的变形，由此也产生了对材料屈服极限和抗拉强度的要求。大多数设计方法都基于流变假设的应用，在其辅助下可以将发生在零部件中的多轴应力转换为一个等效应力，然后将其与证明强度时在单轴拉伸试验中测定的额定应力进行比较。图 2.16 显示了拉伸试验确定的最小屈服极限 355～890 MPa 不同高强度结构钢的常规应力—应变曲线。根据这些材料的屈服极限来确定部件的尺寸。

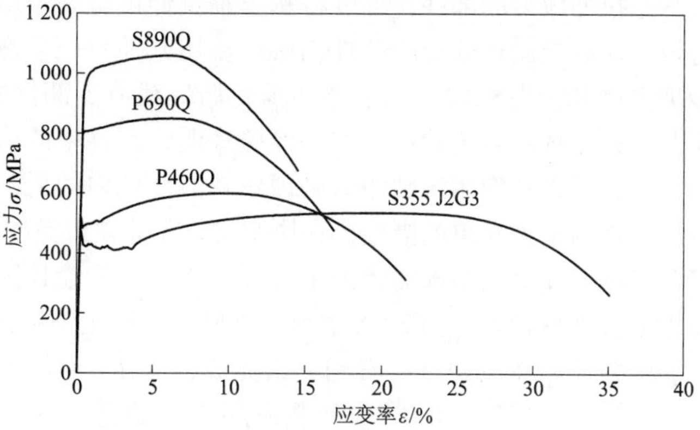


图 2.16　高强度结构钢的应力—应变曲线

承压部件与材料的强度特性无关，因为在低于屈服极限的应力下，承受压缩载荷的细长部件就可能已经失去了其稳定的平衡状态，所以它通常主要取决于扭折、翻倒或凸起相关的稳定性条件。因此，在进行这类零部件的稳定性分析时，除了结构的几何边界条件之外，通过弹性模量来表示的材料弹性尤为重要。合金的改变几乎不会造成常规钢弹性模量的改变。



非合金结构钢属于具有体心立方晶体结构的钢种。除了经典的铁素体—珠光体组织之外，回火变体中还会出现回火马氏体组织，热机械轧制钢中也会出现铁素体、珠光体和贝氏体混合组织。由于需要改善韧性，一般现代结构钢组织会调整到含有较少的珠光体或无贝氏体的状态。这些钢材的韧性明显取决于温度。这一特性可以通过冲击试验装置来加以说明。在摆锤冲击试验机中破坏回火缺口试样，从而测定其所消耗的冲击能量。图 2.17 显示了图 2.16 中所示高强度非合金结构钢的冲击能

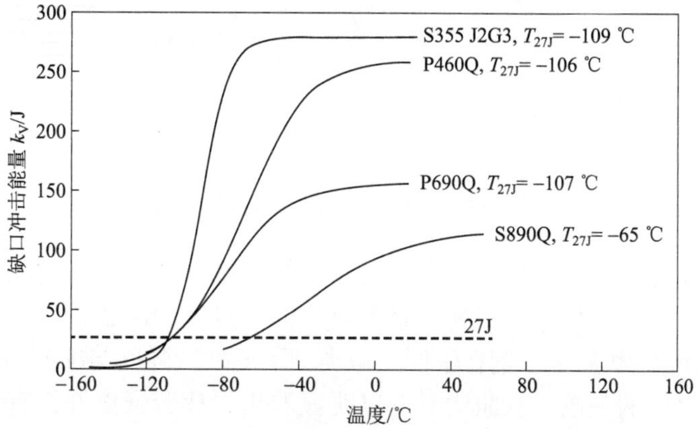


图 2.17　相变温度 $T_{27J}$ 下高强度结构钢的缺口冲击韧性—温度曲线

量与具有转变温度特征的检验温度之间的关系。这些特征可用于证明零部件的脆性断裂不敏感性。一般情况下，在目前的设计规则中已对钢结构的选材进行了规定，以确保零部件的脆性断裂不敏感性，因此不需要为此进行详细的断裂力学验证。

对于承受准静态拉伸应力的部件，可以将从单轴拉伸试验中得出的屈服极限作为材料疲劳抗力值；而承受循环载荷的部件则必须使用其他特征参数加以衡量，尤其必须考虑到疲劳强度和疲劳极限。为了评估承受循环载荷零部件的抗疲劳强度，沃勒曲线描述了与容许循环数相关的应变幅。经验表明，部件中的冶金和几何缺口会首先出现疲劳裂纹，所以在使用沃勒图时必须对缺口区域内的局部应力进行大量数值应力分析计算。作为一种简单的措施，在协调建筑行业缺口类型的欧洲标准时，确定了相关的简化措施。在这些措施的辅助下可以将由于结构设计图的几何和冶金细节而出现的应力突升考虑在内。图 2.18 显示了在欧洲为确定钢结构尺寸所使用的结构钢的时间和疲劳强度。在图中可以看到一组曲线，其在 $5\times10^6$ 个加载循环之前的斜率值为 $m=3$，而在 $5\times10^6\sim5\times10^8$ 个加载循环之间的范围内，曲线的斜率为 $m=5$。这些曲线中的每个都代表了一种缺口类型的特征，通过对应的值描述了缺口在 $5\times10^6$ 个加载循环下的应力变化范围。因此，在应用此图时，首先要从合适的目录中选择适合零部件的缺口类型；然后可以使用与耐疲劳零部件设计相匹配的时间和疲劳强度曲线。



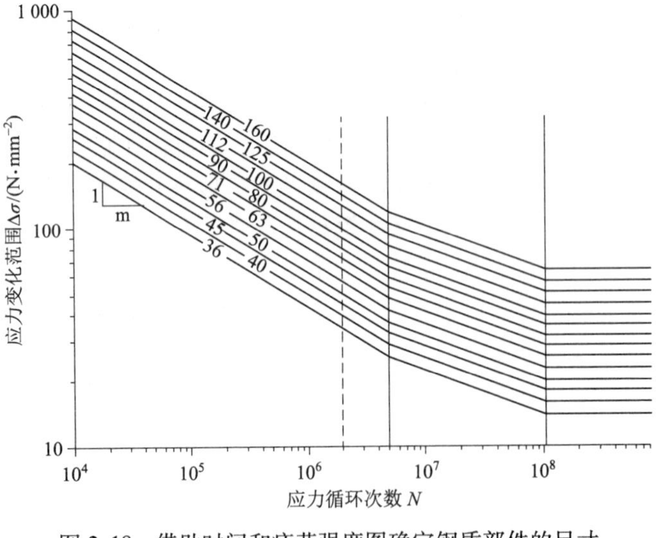


图 2.18　借助时间和疲劳强度图确定钢质部件的尺寸

应用尺寸设计图时，首先必须为所设计的结构细节选择相应的缺口类型。随后确定检查间隔或部件的尺寸。提高屈服极限和抗拉强度的冶金措施对材料疲劳参数的影响极小。图 2.19 显示了钢在不同负载类型下的疲劳强度与准静态拉伸试验中测定的抗拉强度之间的关系。从曲线上可以明显看出，疲劳强度并没有以与抗拉强度相同的斜率增加，而且随着强度的增加，屈服极限与抗拉强度之比也会增加。由此可以看出，随着屈服极限的增加，疲劳特征值仅略有升高。出于这个原因，高强度结构钢很少被用于主要承载循环载荷的部件上，毕竟所提高的强度并不能确保零部件设计成重量较轻而细的形式。通过适当的后处理，例如光滑和圆形的过渡几何形状以及表面磨削，可以产生更有利的缺口类型，从而达到提高零部件抗疲劳性能的目的。因此，在疲劳强度范围内（负载变化< $10^6$）的高强度钢应用也非常具有吸引力。

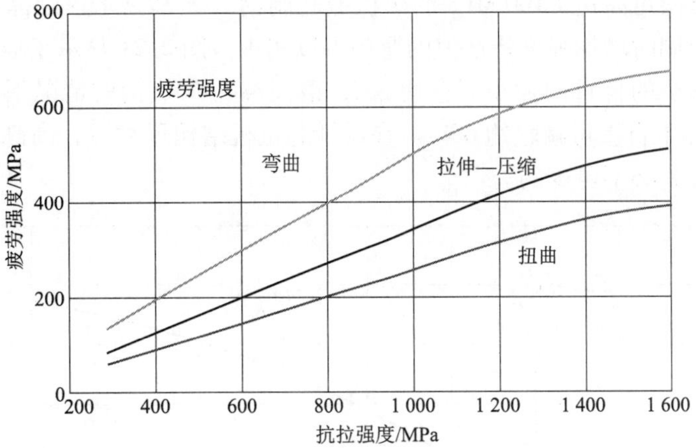


图 2.19　不同负荷下钢疲劳强度和抗拉强度之间的关系

使用非合金结构钢的其他要求还涉及诸如磨损和腐蚀特性，尤其是腐蚀特性。这通常可以通过涂层或镀锌层来进行调整。

目前，自走式起重机中超高强度钢的多种应用类型是高强度钢应用领域的范例。野外和道路上都可行驶的自走式起重机，即所谓的全地形型（All-Terrain-Type）自走式起重机越来越普及（图 2.20），且起重能力可达 800 t。在如此高的起重能力下，起重机的运输重量（自重）应尽可能小。

~1950

第一代利勃海尔塔式悬臂起重机

2000

用于安装风力发电机的自走式起重机

汽车式起重机

| 年份 | 运行质量/t | 负载/t |
|---|---|---|
| 1975 | 95 | 140 |
| 1987 | 96 | 800 |

图 2.20　自走式起重机的历史和现有示例

为了将运输重量保持在较低的程度，应首先考虑轻量化结构，因为汽车起重机作为道路使用者必须遵守道路交通和准许通行条例，而在德国最大容许轴重不得超过 12 t。为了达到这一要求，高强度结构钢的使用还存在先进的设计和现代计算方法相关的问题。除了高静态和动态载荷的可靠设计之外，承重钢结构的适用性和适用的尺寸对自走式起重机中高强度结构的应用也起着重要的作用。钢铁行业所提供的最小屈服极限可高达 1 100 MPa 的热机械轧制钢（尤其是水淬细晶粒结构钢）使得结构轻量化同时增加强度特征值的愿望得以实现。图 2. 21 显示了通过使用高强度结构钢可能减少的自重的大小。在用 S355 钢代替 S960Q 钢的情况下，相同承重能力（牵引力）下自重可减轻约 60%。在设计起重机结构尺寸时，高静态和动态应力的可靠性设计是必不可少的。

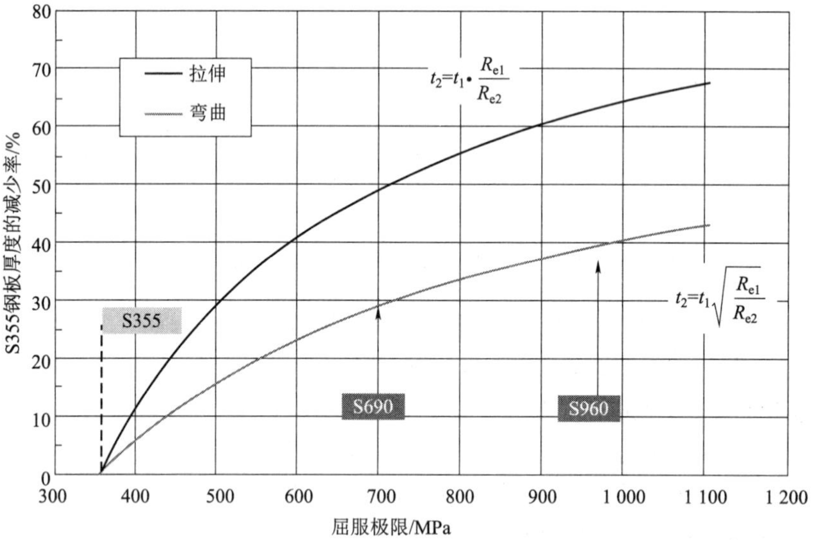


图 2. 21　在自走式起重机建造中，不同负载部件通过使用高强度结构钢减少钢板厚度的情况

然而在根据标准 DIN 15018 进行实际设计时，得出的允许应力相对较低，因此确定的疲劳强度相当保守。在实际情况下，高强度特种结构钢的焊接结构疲劳性可被划分为一般强度结构钢这一级。为了尽可能最优化使用高强度钢材，起重机制造商根据对新钢种到目前为止所掌握的所有知识制定了规则手册。然而，在评估时，对高强度结构钢在工作条件下可承受的循环载荷仍需加以说明。这特别适用于计划使用 20 年或更长时间并且往往没有精确确定负载的自走式起重机。

高强度水淬结构钢 S960Q 和 S1100Q 可被应用于大多数情况。图 2. 22 显示了它们的化学成分和典型机械特性。很显然，这两种钢大致的碳含量都仅有 0. 17%。因此，它是一种含碳量低于 0. 2% 且碳当量 CET 较低的低合金钢。这些钢具有嵌入碳化物的细密马氏体结构，因此无论钢板厚度如何，都具有非常良好的强度和韧性组合（蒂森克虏伯公司内部资料）。

I：化学成分的质量百分比

%

| 钢 | C | Si | Mn | S | P | Cr | Mo | Ni | V |
|---|---|---|---|---|---|---|---|---|---|
| S960Q | 0. 17 | 0. 42 | 1. 45 | 0. 001 | 0. 001 1 | 0. 65 | 0. 48 | — | 0. 05 |
| S1100Q | 0. 17 | 0. 30 | 1. 00 | 0. 001 | 0. 010 0 | 0. 71 | 0. 53 | 1. 95 | 0. 08 |

II：典型机械性能

| 钢 | 厚度 /mm | $R_e$ /MPa | $R_m$ /MPa | $A_5$ /% | $A_V$（横向），-40 ℃/J |
|---|---|---|---|---|---|
| S960Q | 5 | 1 026 | 1 086 | 11 | 61 |
| | 6 | 1 030 | 1070 | 12 | 59 |
| | 8 | 1 026 | 1 067 | 13 | 66 |
| | 10 | 1 015 | 1 065 | 13 | 56 |
| S1100Q | 5 | 1 205 | 1 430 | 9 | 55 |
| | 6 | 1 191 | 1 431 | 10 | 43 |
| | 8 | 1 188 | 1 415 | 9 | 45 |
| | 10 | 1 191 | 1 422 | 9 | 45 |

图 2. 22　水淬高强度结构钢的化学成分和典型机械性能



### 2. 2. 4　冲压模具钢

模压淬火通常也被称为模淬，是一种用以生产诸如侧面防撞梁、保险杠和硼合金钢制成的 B 柱等安全相关部件的创新技术。这些超高强度部件通常是用热成型工艺生产的，并且其完全马氏体组织的抗拉强度约为 1 500 MPa。

通过模压淬火，热成型过程可以被称为一体化淬火过程。它包括 4 个主要的工艺步骤：

（1）在炉中奥氏体化可以使组织结构均质化。这是随后淬火的前提条件。

（2）异型坯转换成压模。

（3）在一个狭窄的温度窗口内在模具中成型。

（4）模具内冷却的过程中在低于马氏体温度的情况下淬火。

变形是在此过程中，在温度升高的情况下，在过冷奥氏体相下进行的。与冷成型加工相比，除了提高成型性之外，模压淬火的特点还有：复杂几何形状无弹性复原，形状公差较理想，变形力降低。在工业应用中，已经创建了两个模压淬火工艺变型，即直接模压淬火和间接模压淬火（图 2. 23）。

直接模压淬火是将卷材放入切边压力机中批量生产成平板段。在保护气氛炉中，板段在平衡转变温度 $A_{c3}$（~950 ℃）以上 30~50 K 的温度下退火。随后将奥氏体化板材在冷却冲压模具中一步冲压成近净成型尺寸，同时进行淬火（ATZ 2009）。

间接模压淬火是将卷材放入预压机中批量生产，并且将其通过冷成型预压到

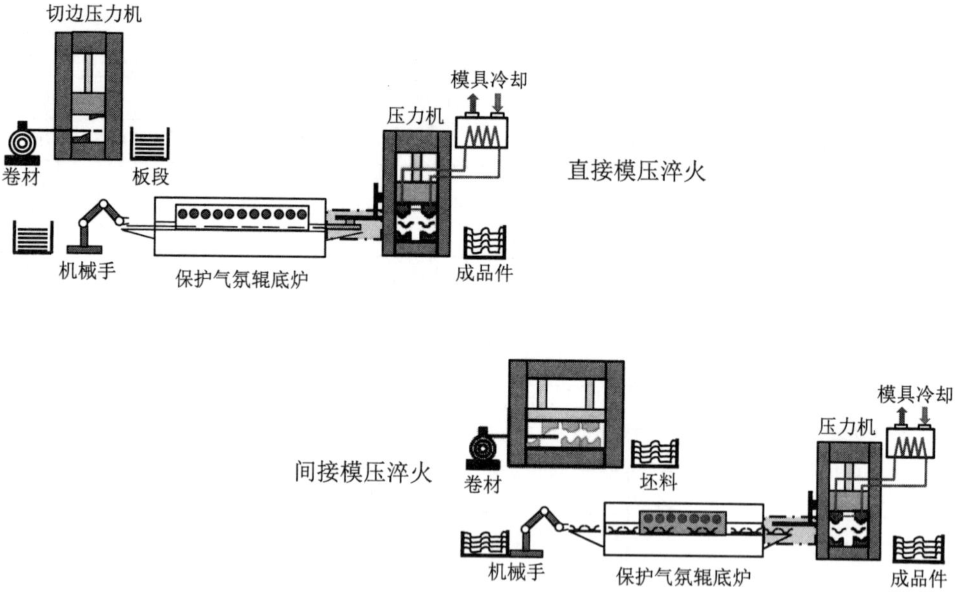


图 2.23　两种模压淬火工艺变型的示意图



90% ~95% 的近净成型尺寸。随后在辊底炉中的惰性气体气氛下进行奥氏体化，并且类似于直接模压淬火，在冷却的同时进行最终冲压。这一工艺变型的背景是，除了降低热成型模具的热机械磨损之外，还能够实现比直接模压淬火更加复杂的成型加工（钢联钢铁公司内部资料）。

模压淬火材料大多使用锰—硼合金钢 22MnB5（1. 552 8）。图 2. 24 显示了这种钢的连续时间—温度—转变图。从图 2. 24 中可以看出，冲压模具中板材的冷却必须

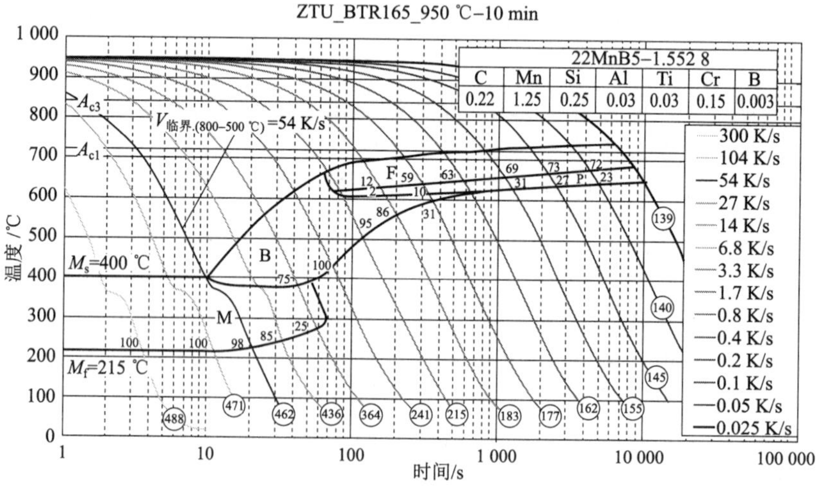


图 2. 24　模压淬火钢 22MnB5 的化学成分和转变特性
（给出了调整到 100% 马氏体组织结构的临界冷却速度）

足够快（$V_{临界}=54\ K/s$），以抑制贝氏体相变，从而实现在马氏体阶段的完全转变。钢 22MnB5 的转变特征值、马氏体转变开始温度（$M_s$）和马氏体转变终了温度（$M_f$）位于 400 ℃和 215 ℃处。通过加入 30 ppm 的硼来实现扩散相关相变的时间延迟。

从材料技术的角度来看，模压淬火的目的就是调整马氏体的组织结构，以满足安全相关部件约 1 500 MPa 的强度要求。因此，模压淬火的工艺参数包括了奥氏体化的温度和时间，转变的时间，以及变形速度和压力。图 2. 25 显示了 22MnB5 钢在铁素体—珠光体初始状态和模压淬火状态下的应力—应变曲线。通过 950 ℃下 5 min 的奥氏体化和随后水冷模中的冲压过程，这种钢初始状态下约 500 MPa 的抗拉强度提高了 2 倍，达到了约 1 600 MPa。通过模压淬火，（断裂）延伸率 $A_{80}$ 从约 20% 降低至仅 4% 。与诸如 TRIP 钢 HC 700T，奥氏体不锈钢 1. 430 1，微合金钢 H-420LAD 以及软深冲钢 DC04 等其他冷成型钢材相比，由于有马氏体组织结构，模压淬火状态下的强度明显更高。

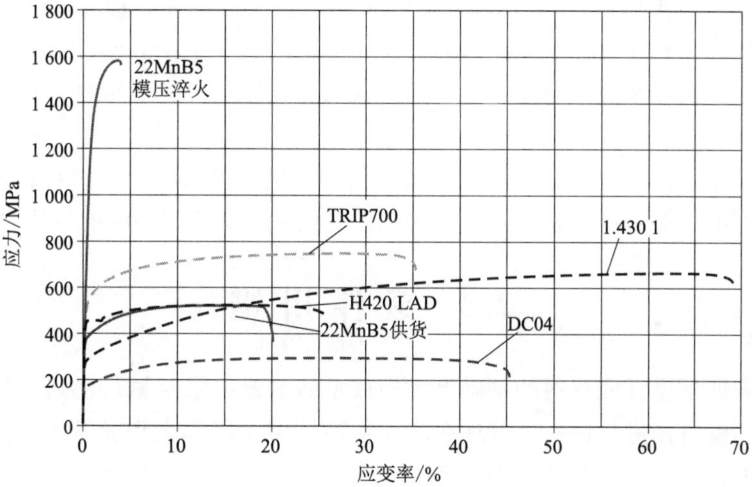


图 2. 25　对比冷成型钢，钢 22MnB5 在交付状态和模压淬火状态下的应力—应变曲线

模压淬火部件由于其优异的强度和刚度以及较高的尺寸精度而被用作汽车制造中的防碰撞部件。图 2. 26 以大众帕萨特 B6 为例介绍了模压淬火部件。所示诸如 B 柱、门槛、车顶框架、中心通道等零部件对车身刚度和乘客安全都非常重要，并且在发生碰撞时须防止异物进入车厢。具体到帕萨特 B6，由于使用模压淬火部件使车重相比之前的帕萨特 B5 降低了约 25 kg（Geiger 等人，Engels 等人，Schwartz 等人，2006）。

除了其相对于其他有竞争性方法的很多优点之外，马氏体组织的较低延性还是一个临界参数，特别是在与防侵入应用相关时。因此，在保持一定强度的同时，提高模压淬火部件的延性是在汽车行业中应用时急需解决的问题。目前的研究对象是，结合出现的多相组织，利用优化的工艺控制方法，使用拼焊板并利用局部热处理等方法，对材料方面的新分析方案进行试验。

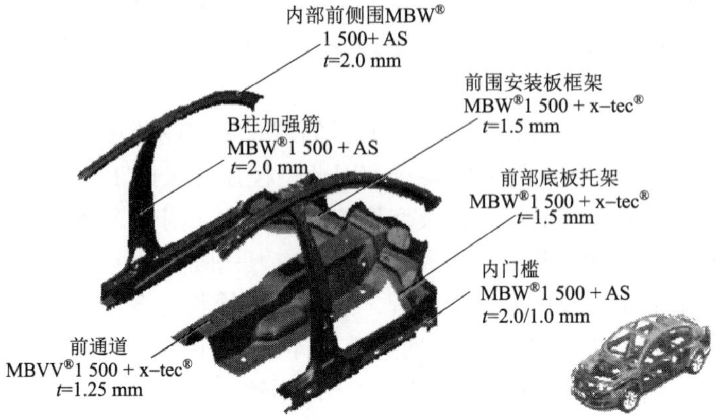


图 2.26　大众帕萨特 B6 中模压淬火部件的应用①

通过使用“拼焊板”，即不同材料的定制组合，可以通过模压淬火工艺生产出具有分级特性的部件。在发生碰撞时，B 柱使用的微合金钢和锰硼钢将与门槛之间形成高吸能的过渡区域，而驾驶员头部区域的高强度马氏体零部件可以提供最大程度的安全性。



这种技术可以与“热成型淬火”组合使用。模压淬火时，与材料和零部件区域要求相匹配的加热和淬火相关热处理为部件提供了一个特定匹配的特征曲线。

## 2.3　锻件用钢

可以在匹配设计或材料的基础上实现成型锻造产品重量减轻的可能性。下面将针对材料匹配方面进行讨论。到现在为止，除了需要以淬火和随后回火形式进行额外热处理的调质钢（例如 42CrMo4 钢）之外，锻造业中主要使用的是沉淀硬化铁素体—珠光体钢（AFP 钢，例如 38MnVS6 钢）。在这些钢中，所需要的性能可以通过控制冷却直接在锻造加热中进行调整，但与调质钢相比它们的冲击吸收能量值明显低得多。

近来有使用较高微合金 AFP-M 钢，以及开发高强度、高韧性贝氏体钢（HDB 钢）的趋势。图 2.27 中显示了这些新开发钢种可达到的抗拉强度。在任何情况下，都可以通过诸如锻造加工后的冷却控制相变，从而将组织结构调整为所需的成分。通过极小的珠光体片间距 λ，较低的铁素体含量，以及微合金元素碳氮析出物的增加，与传统的 AFP 钢相比，额外含有 Nb 和 Ti 的微合金 AFP-M 钢实现了其强度的增加。HDB 钢的强度是低温相变及其由此而形成的纯贝氏体柳叶刀形结构共同导致的结果。贝氏体钢的第二相主要包括细密分布的残余奥氏体。与硬而脆的渗碳体相

① 图片来源：蒂森克虏伯钢铁公司。

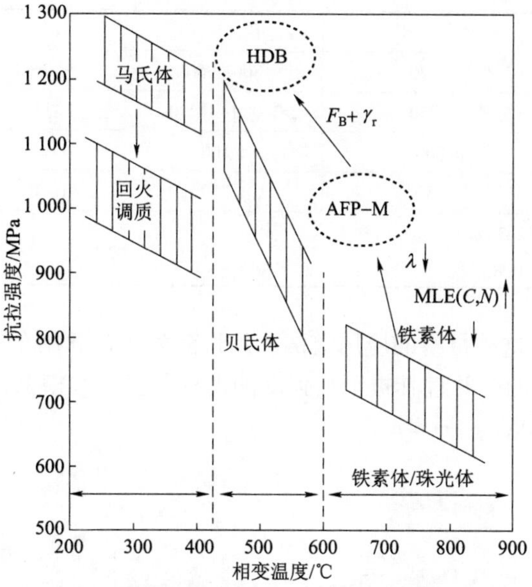


图 2.27　取决于相变温度的锻钢抗拉强度；
HDB 钢和微合金化 AFP 钢新材料方案



反，其不会降低韧性。通过在锻造温度下有针对性地进行冷却，可以形成 AFP–M 钢和 HDB 钢的特性，而不需要额外进行昂贵的热处理。

表 2.3 对比调质钢 42CrMo4 以及 AFP 钢 38MnVS6 给出了 AFP–M 钢和 HDB 钢的化学成分。新开发钢的特性为：降低了 C 含量，从而减少了碳化物的量，增加了硅含量，从而避免渗碳体析出，并且与多种元素组合形成微合金。

**表 2.3　锻钢的化学成分的质量百分比**　　%

| 项目 | C | Si | Mn | Cr | Mo | B | N | Nb | Ti | V |
|---|---|---|---|---|---|---|---|---|---|---|
| AFP 钢 38MnVS6* | ~0.38 | ~0.50 | ~1.40 | ~0.20 | ~0.03 | — | ~0.015 | — | — | ~0.10 |
| 调质钢 42CrMo4** | ~0.42 | ~0.20 | ~0.80 | ~1.0 | ~0.30 | — | 未提供 | — | — | — |
| AFP–M 钢 | 0.35 | 0.65 | 1.40 | 0.30 | 0.03 | — | 0.021 | 0.03 | 0.020 | 0.20 |
| HDB 钢 | 0.22 | 1.50 | 1.50 | 1.30 | 0.08 | 0.002 5 | 0.009 | 0.03 | 0.025 | — |

* 根据标准 DIN EN 10267。
** 根据标准 DIN EN 10083–1。

表 2.4 给出了这种钢的机械性能。在这种情况下，与常规 AFP 钢相比，在不牺牲断裂延伸率和断面收缩率的情况下，可以提高强度。

**表 2.4 锻钢的机械性能**

| 项目 | $R_{p0.2}$/MPa | $R_m$/MPa | $A_5$/% | 室温下的 $A_V$/J |
|---|---|---|---|---|
| AFP 钢 38MnVS6* | >520 | 800~950 | >12% | 未提供 |
| 调质钢 42CrMo4** | >750 | 1 000~1 200 | >11 | >35 |
| AFP-M 钢 | 800 | 1 100 | 11.5 | 14 |
| HDB 钢 | 850 | 1 250 | 16.0 | 35 |

* 根据标准 DIN EN 10267。
** 根据标准 DIN EN 10083-1。

图 2.28 给出了这种材料的应用实例。到目前为止，商用车的轮架及曲轴就是使用传统 AFP 钢生产的，并且其被更高强度的钢种替代，有横截面减小从而减轻重量的潜力（Raedt, 2006）。

（a）

（b）

图 2.28 高强度锻钢零部件的实例
（a）商用车轮架①；（b）曲轴②



其他材料方案依赖于冷成型硬化。用于螺栓连接的柳叶刀形结构马氏体材料就是一个典型例子。这种材料碳含量较低（0.03%），与 2% 的锰、2% 的铬、1% 的镍和 1% 的钼制成合金，在韧性值较理想的情况下，其屈服极限和抗拉强度分别达到 1 080 MPa 和 1 100 MPa。这些值比这种应用的类似调质钢高出了 20% 左右。

图 2.29 用于乘用车发动机的锻造轻量化平衡轴

另一种减轻重量的方法是使用锻造部件替代铸件。这方面的一个例子是由 Schaeffler 与 Hirschvogel 成型技术公司合作共同开发的轻量化平衡轴（图 2.29）。这种轴不再是铸造而成，而是由锻钢制成。通过这种工艺可以将影响零部件重量的几何形状设计得更精细：平衡轴的重量可以减少 1/3。仅此一项重量减轻就可使每台发动机的质量最多减轻 1 kg。由此可实现轴转动惯量的最小化，从而降低了驱动力和噪声。

① 图片来源：CDP Bharat Forge。
② 图片来源：ThyssenKrupp Gerlach。

由此也可以看出，在精确调整零部件、材料和制造工艺要求的情况下，成型工艺具有减轻重量的潜力且可以充分利用这一潜力（Raedt，2006）。

## 2.4 高强度钢丝用钢

在此，可以通过化学成分的组合，调整特定的组织结构和随后的冷作硬化达到较高的强度。原始材料使用具有尽可能没有杂质和中心偏析的过共析钢（碳含量>0.8%）。中心偏析包含有不可变形的夹杂物。在冷却时，会产生带有一次渗碳体的珠光体组织。通过在拉丝前进行钢丝韧化处理可以产生片间距极小的珠光体（Sorbit）。这种组织结构在高强度下具有后续拉丝所需的良好变形能力和较大的延展性；通过后续成型，借助冷作硬化，可使强度进一步增加；根据所用的工艺方法和钢丝直径，抗拉强度最高可达 4 000 MPa（图 2.30）。

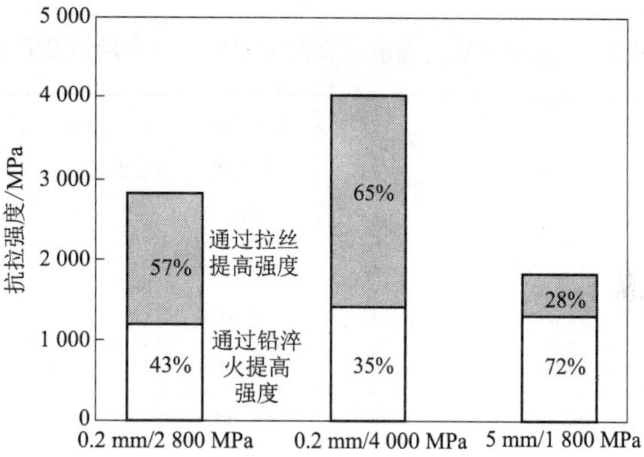


图 2.30 高强度钢丝的抗拉强度

## 2.5 高 强 度 钢

高强度钢是一种具有极高抗拉强度、屈服极限（通常>1 200 MPa）和足够结构材料韧性的钢材，分为超高强度调质钢和马氏体时效钢。表 2.5 和表 2.6 给出了一些超高强度钢的化学成分和机械性能。

**表 2.5 一些超高强度钢的化学成分的质量百分比** %

| 钢种 缩写 | 钢种 材料编号 | C | Si | Mn | Co | Cr | Mo | Ni | Ti | V |
|---|---|---|---|---|---|---|---|---|---|---|
| 调质钢 | | | | | | | | | | |
| 38NiCrMoV 7 3 | 1.692 6[a] | 0.38 | 0.25 | 0.65 | — | 0.80 | 0.35 | 1.85 | — | 0.12 |
| 41SiNiCrMoV 7 6 | 1.692 8 | 0.41 | 1.65 | 0.55 | — | 0.80 | 0.40 | 1.50 | — | 0.10 |
| X 32NiCoCrMo 8 4 | 1.697 4 | 0.32 | 0.10 | 0.25 | 4.5 | 1.0 | 1.0 | 7.5 | — | 0.09 |
| X41 CrMoV5 1[b] | 1.778 3[c] | 0.41 | 0.90 | 0.30 | — | 5.0 | 1.3 | — | — | 0.50 |
| 马氏体时效钢 | | | | | | | | | | |
| X2NiCoMo18 8 5[d] | 1.635 9 | 0.02 | 0.05 | 0.05 | 7.5 | — | 4.8 | 18.0 | 0.45 | — |
| X2NiCoMo18 9 5[d] | 1.635 8[e] | 0.02 | 0.05 | 0.05 | 9.0 | — | 5.0 | 18.0 | 0.70 | — |

续表

| 钢种 | | C | Si | Mn | Co | Cr | Mo | Ni | Ti | V |
|---|---|---|---|---|---|---|---|---|---|---|
| 缩写 | 材料编号 | | | | | | | | | |
| X 2 NiCoMoTi 18 124[d] | 1.635 6 | 0.01 | 0.05 | 0.05 | 12.0 | — | 3.8 | 18.0 | 1.60 | — |
| X 1NiCrCoMo 10 9 3[f] | | 0.01 | 0.05 | 0.05 | 3.3 | 9.0 | 2.0 | 10.0 | 0.80 | — |

a　类似于 LW 1.694 4
b　二次硬化钢
c　类似于 LW 1.778 4
d　此外约有 0.1% 的 Al
e　类似于 LW 1.635 4
f　不锈钢

**表 2.6　室温下超高强度调质钢在淬火和回火后以及马氏体时效钢在时效硬化后的机械性能**

| 钢种缩写 | 抗拉强度 $R_m$ /MPa | 0.2%-屈服极限 $R_{p0.2}$ /MPa | 断裂伸长率 $A$ /% | 断面收缩率 $Z$ /% | 缺口冲击功（DVM 试样）$A_V$ /J | 断裂韧性 $K_{Ic}$[b] /（$N \cdot mm^{-3/2}$） |
|---|---|---|---|---|---|---|
| 38NiCrMoV 7 3 | 1 850 | 1 550 | 8 | 40 | 35 | 1 600~2 600 |
| 41SiNiCrMoV 7 6 | 1 950 | 1 650 | 8 | 40 | 30 | 1 600~2 400 |
| X32NiCoCrMo8 4 | 1 550 | 1 350 | 10 | 50 | 40 | 2 400~3 800 |
| X41 CrMoV51 | 1 900 | 1 600 | 8 | 40 | 30 | 1 200~1 800 |
| X41 CrMoV51 | 1 700 | 1 400 | 9 | 45 | 35 | 2 000~2 500 |
| X41 CrMoV51 | 1 500 | 1 300 | 10 | 50 | 40 | 2 500~3 000 |
| X2 NiCoMo18 8 5 | 1 850 | 1 750 | 8 | 50 | 35 | 2 800~3 500 |
| X2NiCoMo18 9 5 | 2 100 | 2 000 | 7 | 45 | 25 | 1 800~3 000 |
| X 2NiCoMoTi 18 12 4 | 2 400 | 2 300 | 6 | 30 | 15 | 1 000~1 500 |
| X 1NiCrCoMo 10 9 3 | 1 550 | 1 500 | 10 | 55 | 45 | 3 800 |

a　纵向试样，采用直径约为 50 mm 的试棒。
b　特殊熔融材料能够达到数值的上限范围。



## 2.5.1　超高强度调质钢

和所有调质钢一样，强度的基础是通过硬化处理来调整高碳马氏体组织结构的。原则上应争取将马氏体淬透，因此这种钢具有高淬透性和相对较高的合金含量。零部件的最终强度是由回火决定的。化学成分和回火温度必须相互协调，以达到足够的韧性。如果抗拉强度高于 1 400 MPa，则在回火温度下，在避免 300 ℃马氏体脆化的情况下，应只保持在 150 ℃~200 ℃和 500 ℃以上的温度范围内。现已开发出适用于这两个温度范围的钢种。

38NiCrMoV7-3 钢和 41SiNiCrMoV7-6 钢都属于较低温度（200 ℃）下油淬火的超高强度调质钢。X32NiCoCrMo8-4 钢和 X41CrMoV5-1 钢具有特别高的回火稳定性，因此可以在 500 ℃以上的温度下进行回火处理。

### 2.5.2 超高强度马氏体时效钢

由于镍含量约为 18%，所以低碳马氏体时效钢在转化温度下有滞后现象，可对这种钢进行时效硬化处理。如图 2.31 所示，在从 800 ℃冷却到 200 ℃左右时，就会从奥氏体中形成低碳镍—马氏体，当再次加热到 500 ℃左右时就会产生可逆转化。在冷却过程中，由于奥氏体合金元素的高溶解度和马氏体的低溶解度，所以转化后产生了过饱和马氏体。当加热时，特别是在刚低于转变温度（450 ℃ ~ 500 ℃）时，材料硬化会导致序化过程和预析出。

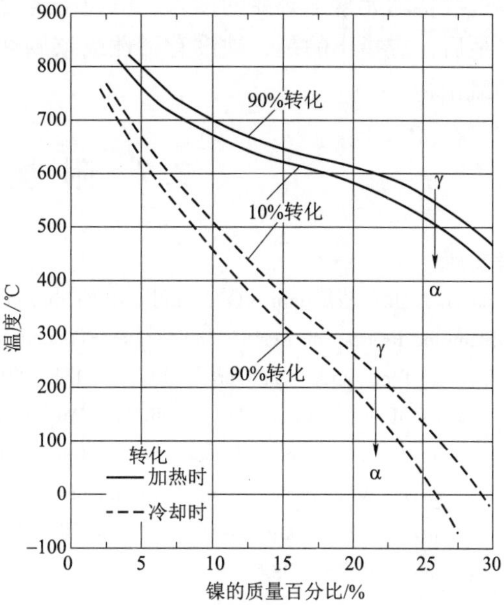


图 2.31 用于 γ/α 和 α/γ 转化的带较大迟滞的铁镍状态

由此产生的相主要包括 FeTi，$Ni_3Mo$ 和 $Fe_2Mo$。这些钢的强度包括过饱和镍马氏体（约 1 000 MPa）的基本强度和沉淀硬化导致的强度增加。

超高强度马氏体时效钢的化学成分中加入了钴、钼和钛。合金含量的大小决定了各自的强度等级。马氏体时效钢 X1NiCrCoMo 10-9-3 不锈钢中含有 9% 的铬，而这决定了其在许多环境中都具有耐腐蚀性。

马氏体时效钢被用于制造模具和机械制造、航空和航天工业以及休闲产业中的高应力部件。例如：高尔夫球棒头的击打侧就是由马氏体时效钢板加工而成的。

## 2.6 钢的回收特性

只能在循环中确保可持续使用的材料。近年来已创建了各种钢制品的详细统计，但因为不同的统计界限且缺乏评估标准，与可替代材料进行比较通常很困难。

黑色金属具有极佳的可回收性。目前世界上大约有 50% 的粗钢都是从废料中熔炼生产的。在德意志联邦共和国，双系统中极薄钢板制成的罐的回收率达到了 84%。尽管每年有大约 200 万辆乘用车报废，但报废车并没有造成环境负担。这些都是私人企业运作废钢铁产业的证据。废钢是一种重要原料，在全球范围内进行交易。

从技术的角度来看，对于大多数合金元素来说，钢的回收特性是没有问题的，因为这些钢材已被转变为熔渣或粉末，从而可以使粗钢重新成为高品质产品的原料。

有问题的是一些诸如 Cu 和 Sn 等的伴随元素。它们可能会积聚，并因此需要通过废料分离转向一些不太关键的生产途径。已经有人建议冶金处理方法中应最大限度地减少这些伴随元素不必要的加入，但经济运行尚未到位。

最后，应指出的是，铁没有毒性或致癌性，并且其降解产物是自然界里也会存在的氧化物。

## 2.7 附加信息

### 参考文献

[1] Engels, H.; Schalmin, O.; Müller-Bollenhagen, C. Controlling and Monitoring of the Hot Stamping Process of Boron Alloyed Heat Treated Steels. Proc. New Development in Steel Metal Forming Technology, Stuttgart, 2006, S. 135-150.

[2] Geiger, M.; Merklein, M.; Hoff, C. Auslegung des Prozessfensters für die Blechumformung höchstfester Vergütungsstähle bei erhöhten Temperaturen. FOSTA Forschungsbericht P644, 2006.

[3] Raedt, H.-W. Leichtbau durch Massivumformung. ATZ, 2006, S. 40-43.

[4] Schwartz, R. Entwicklungstendenzen beim Presshärten in der Automobilindustrie. Fachzeitschrift Umformtechnik, 3, 2006.

### 标准

[1] DIN EN 100083-1: Vergütungsstähle-Teil 1: Allgemeine technische Lieferbedingungen; 2006-10.

[2] DIN EN 100083-1: 调质钢——第 1 部分：一般技术交货条件；2006-10.

[3] DIN EN 10267: Von Warmformgebungstemperatur ausscheidungshärtende ferritisch-perlitische Stähle; 1998-02.

[4] DIN EN 10267：热成型温度下时效硬化的铁素体—珠光体钢；1998-02.

[5] DIN EN 10268: Kaltgewalzte Flacherzeugnisse aus Stahl mit hoher Streckgrenze zum Kaltumformen-Technische Lieferbedingungen; 2006-10.

[6] DIN EN 10268：具有较高屈服极限冷成型用钢制成的冷轧扁钢产品—技术交货条件；2006-10.

### 公司文件和网址

[1] ATZ 特刊：蒂森克虏伯的 InCar 项目。ATZ，2009 年 11 月 .

[2] 公司文件：CDP 巴拉特锻造公司 .

[3] www.bf-daun.com.

[4] www.rasselstein.com.

[5] www.thyssenkrupp.com.

[6] www.voestalpine.com.

# 3

# 铝材

*Jürgen Hirsch*，*Friedrich Ostermann*



今天，铝是继钢材之后生产规模最大且使用最多的金属。由于铝极易发生化学反应，因此铝在自然界里不是以金属元素，而是以矿物的形式存在的。虽然铝是地壳中继硅和氧之后第三大常见的元素（超过 7%），但是其在 1808 年（Humphry Davy 先生）才被发现，1886 年才随着熔盐电解的发明（Hall-Hérault 工艺）实现了工业化生产。生产的原料是从高富含铝土矿矿石（Bayer，过程）中获取的纯氧化铝。具有开采价值的铝土矿资源预计可继续满足全球 200 年的需求（BGR，1998）。

作为轻量化材料（也由于其具有多种其他特性），铝经历了令人印象深刻的发展过程（图 3.1）。目前全球每年铝的产量超过 3 500 万吨并具有很高的回收利用率

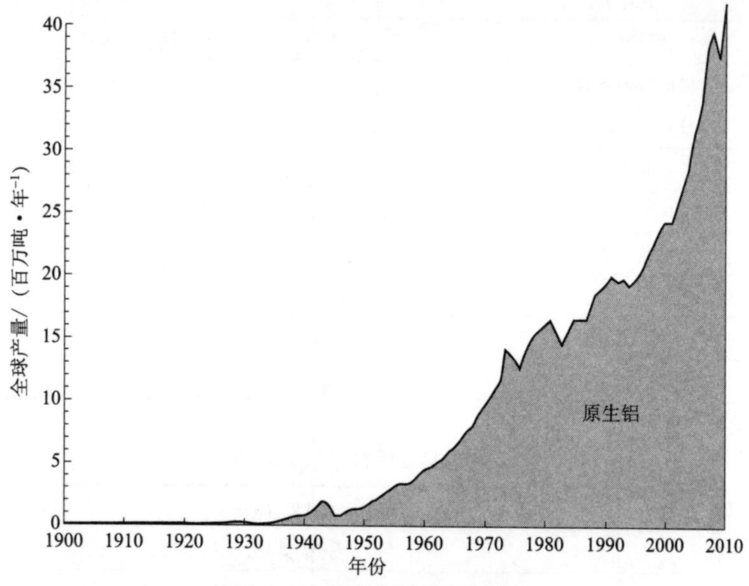


图 3.1　全球铝产量的发展情况

(约 3/4 以前生产出的铝至今还在使用，并有上升趋势!)。今天有接近 1/3 的铝材需求由“再生铝”来满足。它可通过节能且特别经济的方式从废物回收中获得，对于保护资源和节能来说很有助益。

由于在教育和应用实践中刚刚建立起“针对铝材进行设计”和“铝思维”的模式，因而预期仍有巨大的潜力。找到后续应用发展解决方案的前提条件是对材料、材料生产方法、材料加工特性和应用情况有充分的了解（Ostermann，2007）。

特别是由于经济性和研发周期缩短的原因，因而定义和生产相应应用情况下最佳的结构成为核心问题。今天可在虚拟的基础上对结构进行多次量化建模（Hirsch，2006）。对于应用实践中创造性的解决方案，包括材料许多可能的性能和特性，我们将在随后关于轻量化结构应用方面的章节中加以说明。

## 3.1　作为纯物质的铝

虽然可根据应用情况以合金技术和加工技术的方法适当改变非合金纯铝的特性，但是材料的基本特性保持不变。基本特性是物理化学特性。其轻量化结构方面最重要的特征被列在表 3.1 中。表 3.2 列出了铝与其他常用金属的比较情况。铝典型的轻量化特征是其密度较低，仅高于镁。



**表 3.1　纯铝（99.99%）的重要材料常数**

| | |
|---|---|
| 弹性模量 $E$ | 70 GPa（$\times 10^9$ N/m$^2$） |
| 抗剪模数 $G$ | 26GPa（$\times 10^9$ N/m$^2$） |
| 熔点 $T_S$ | 660 ℃ |
| 密度 $\rho$ | 2.70 g/cm$^3$ |
| 原子量 $A$ | 27.0 g/mol |
| 横向收缩系数 $\nu$ | 0.34 |
| 比热（100 ℃） | 0.224 1 cal·g$^{-1}$K$^{-1}$（938 J·kg$^{-1}$·K$^{-1}$） |
| 熔化热 | 94.7 cal·g$^{-1}$（397 kJ·kg$^{-1}$） |
| 导电性（20 ℃） | 37m/（Ω·mm$^2$） |
| 热导率（20 ℃） | 235 W·m$^{-1}$·K$^{-1}$（0.5 cal·sec$^{-1}$·cm$^{-1}$·K$^{-1}$） |
| 热膨胀（25 ℃） | 23.1 μm·m$^{-1}$·K$^{-1}$ |
| 热发射率（40 ℃） | 3.0% |
| 光反射率 | >90% |

**表 3.2　金属某些特性（密度）的对比**

| 特　性 | 单　位 | Mg | Al | Ti | Fe | Cu |
|---|---|---|---|---|---|---|
| 原子序数 | | 12 | 13 | 22 | 26 | 29 |
| 晶格结构 | | hdp | kfz | hdp/krz | krz/kfz | kfz |

续表

| 特 性 | 单 位 | Mg | Al | Ti | Fe | Cu |
|---|---|---|---|---|---|---|
| 熔化温度 | ℃ | 650 | 660 | 1 678 | 1 536 | 1 083 |
| 密度 | $g/cm^3$ | 1.7 | 2.7 | 4.5 | 7.8 | 8.9 |
| 弹性模量<br>弹性模量/密度 [$E/\rho$] | MPa | 45 000<br>26 600 | 70 000<br>25 860 | 111 000<br>24 600 | 210 000<br>26 900 | 130 000<br>14 600 |
| 热导率 $\kappa$<br>电导率/密度 [$\kappa/\rho$] | W/(m·K)<br>(20 ℃~100 ℃) | 130<br>76 | 235<br>87 | 30<br>7 | 70<br>9 | 390<br>44 |
| 导电性<br>传导性/密度 | $m/(\Omega \cdot mm^2)$ | 24<br>14 | 37<br>14 | 1.6<br>0.4 | 10<br>1.2 | 56<br>6.3 |

合金添加剂在很大程度上不会改变纯铝的材料常数，但熔化温度（在合金中一般情况下会降低且熔化范围会扩大）、导电性，在一定范围内也包括热膨胀和热导率这些特性，除外。

高热导率和导电性使铝成为发动机制造、散热器制造，以及作为导电体的一种理想化的轻量化材料（图 3.2）。与其他传导性良好的金属（例如铜）相比，密度相关的参数表现出特别适合作为轻量化材料的特性（表 3.2）。

图 3.2 焊接热交换器的结构示例（由肋条板、集流管和薄型输送介质的挤压型材组成）①

化学特性中，易氧化性对铝的实际使用具有决定性的影响。如果进行循环通风并且潮湿的或液体环境的 pH 值位于 4.5~8.5，则铝会在新鲜表面上自发形成致密

① 图片来源：Hydro。

的牢固氧化层并使材料达到一种很高的耐腐蚀性和耐气候性。耐腐蚀性随着铝纯度的升高而升高，在合金中取决于结构，也就是取决于杂质相的类型、排列和大小。例如，高强度的含铜和由此易腐蚀的宇航合金可用薄薄的一层纯铝轧制金属包层来获得防腐蚀性能。

通过接触电化学贵金属（例如钢或铜），由于具有不同的化学势，合金在腐蚀性的潮湿环境中会形成双金属腐蚀（接触腐蚀）。在未通风的部位和未干燥的狭窄缝隙中也是如此。因此，应该从设计上避免这种情况的出现或者进行额外防护，以免形成裂纹腐蚀。

# 3.2 铝　合　金

## 3.2.1 分类和专有名词汇总

用户可使用大量的经证明适用的可锻铝合金和铸造铝合金（图 3.3）。

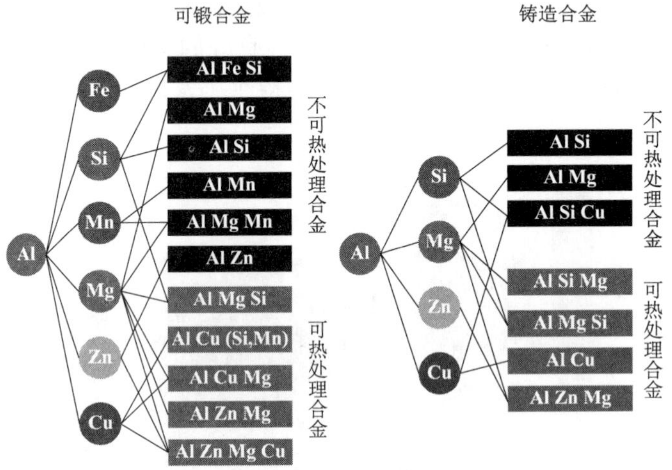


图 3.3　可锻材料和铸造材料铝合金元件和铝合金类型

除了所列的主要合金元素之外，还会少量添加个别的其他金属元素（例如 Cr，Zr，Ti，B，V，Bi，Li，Sc），以实现某些特性的改变。

为了避免因国家名称的原因造成很多合金发生混淆，国际上采用美国铝业协会的 4 位数字命名系统并通过 CEN 强制欧洲制造商使用。类似的，CEN 采用一种 5 位铸造合金命名系统（表 3.3），以这种方式实现明确的分类，必要时使用主合金元素的化学符号的命名方式来进行补充。其中，AW 为锻铝合金（Aluminium Wrought Alloys），AC 为铝铸件（Aluminium Casting）。

通过形成合金提高强度的机制是合金金属溶解的原子（置换固溶体凝固）通过热处理产生的细相颗粒沉淀（沉淀硬化），目前还有通过塑性变形提高的变形凝固和再结晶后复原率降低以及细粒度降低。它可分为：

表 3.3　符合 EN 573 或 EN 1706 标准的锻铝合金和铸造合金的 CEN 合金名称

| 合金类型<br>CEN 名称 | 数字合金名称 | 主要合金元素 | 置换固溶体凝固 | 机械硬化<br>（H 状态） | 沉淀硬化<br>（T 状态） |
|---|---|---|---|---|---|
| 锻铝合金<br>EN AW-<br>（根据 EN573） | 1××× | （>99.00% Al） | 无 | √ | 无 |
| | 2××× | Cu | √ | 无（√） | √ |
| | 3××× | Mn | √ | √ | 无 |
| | 4××× | Si | √ | 无（√） | 无 |
| | 5××× | Mg | √ | √ | 无 |
| | 6××× | Mg + Si | √ | 无 | √ |
| | 7××× | Zn | √ | 无 | √ |
| | 8××× | 其他<br>（例如 Fe） | √ | √（√） | （√） |
| 铸造合金<br>EN AC-<br>（根据 EN 1780） | 1×××× | （>99.00% Al） | 无 | 无 | 无 |
| | 2×××× | Cu | √ | 无 | √ |
| | 4×××× | Si | √ | 无 | √ |
| | 5×××× | Mg | √ | 无 | 无 |
| | 7×××× | Zn | √ | 无 | √ |
| | 8×××× | Sn | √ | 无 | 无 |
| （√）= 取决于合金成分 | | | | | |

- 不可热处理的合金；
- 可热处理的合金。

合金是在不同状态下制造的。这些状态是通过机械硬化处理和热处理设定的。除了合金名称之外，材料状态的名称对于性能的定义具有决定性意义，并且是材料标准化的基础（DIN EN 515）。

不可热处理可锻合金的强度仅以固溶体形成（EN AW-1×××，-3×××和-5×××系列）为依据并仅可通过冷作硬化（例如通过冷轧）及必要时通过软化退火改变。通过再结晶退火（软化退火，状态“0”），材料达到最低的强度水平，但同时也达到最高的热稳定性和最高的变形能力。随着冷作硬化程度的增加，强度也提高（状态 H1×，×=硬化等级），同时屈强比 $R_{p0.2}/R_m$ 也升高，但变形能力降低（图 3.4 的左侧）。

在低于再结晶极限的温度下对硬化材料退火，即所谓的恢复退火，会导致软化退火（H2×状态）。此时的可变形性（在可比较的强度水平下）比 H1×状态下略好（图 3.4 的右侧）。在合金成分较高（例如 Mg> 3%）时，出现软化退火的温度范围对组织结构有稳定的作用。这对于耐存储性和腐蚀性能有积极的影响。这种不可热处理合金的硬化状态用状态名称 H3×标记。烘漆硬化时的温度也会导致软化效应。因此，通过状态名称 H4×就可明确了解这是由硬化的不可热处理的合金制成的上漆带材和板材。详细信息请参见相关标准（DIN EN 515）。

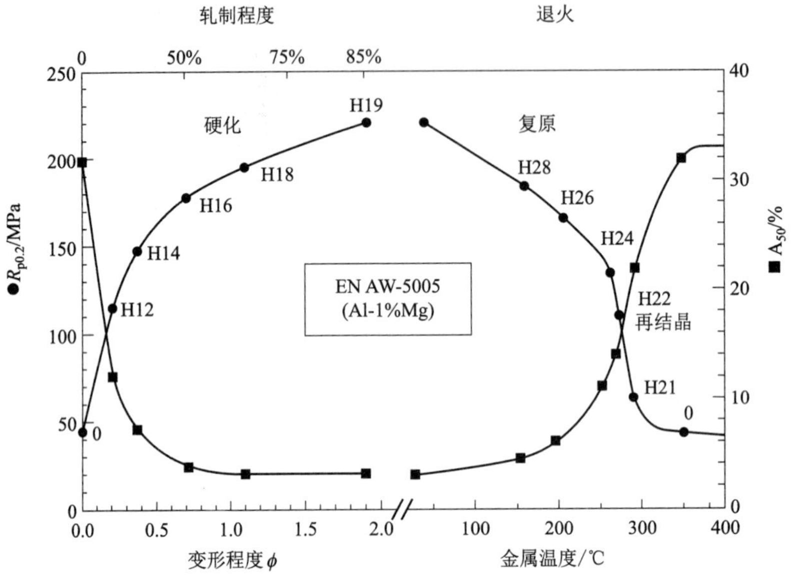


图 3.4 变形和退火后不可热处理合金的 H××状态

左侧：通过塑性变形进行硬化（冷轧）；右侧：通过热处理进行软化（复原和再结晶）



为达到一定的强度水平，需要对可热处理的合金进行热处理（包括固溶退火、淬火、自然时效或人工时效）。根据标准 DIN EN 515，可热处理合金的状态名称为“T×”，有时后面跟着一些数字。表 3.4 列出了经选择的常用的状态名称。

**表 3.4 可热处理铝合金常用的状态名称**

| 名 称 | 含 义 |
|---|---|
| T3 | 固溶处理冷作后自然时效 |
| T4 | 固溶处理加自然时效 |
| T5 | 高温成型加人工时效和热时效硬化 |
| T6 | 固溶处理加人工时效 |
| T7 | 固溶热处理后进行人工时效；改善应力裂纹和层状腐蚀性能 |
| T8 | 固溶热处理后经冷加工，然后进行人工时效 |

为了满足一定的要求外形，规定了人工时效时的中间状态（T××）。它代表了不完全的硬化或过硬化（过老化）的不同程度。图 3.5 说明了这种符合 DIN EN 515 标准的中间状态的系统分类。详细内容请参阅该标准。

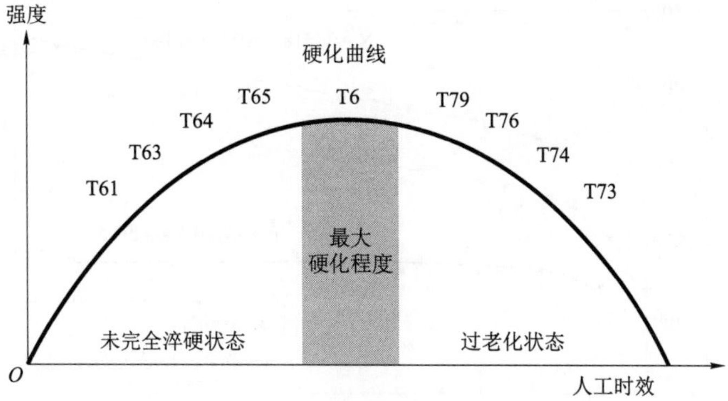


图 3.5 人工时效后可热处理合金的 T××状态

## 3.2.2 用于结构部件的可锻合金

使用铝合金作为有承重能力的结构材料要求其具有相应的强度特性。其强度应比非合金铝高 5~10 倍。然而，除了强度标准之外还应考虑其他特性。这些特性分别涉及可制造性、可加工性和应用条件或特定用户标准。下面所述的合金是一种选择建议或者以特定应用规程中的要求为标准。详细内容请咨询制造商。



### 3.2.2.1 铝—镁合金组中的中等强度结构材料（EN AW-5×××）

二元铝—镁合金是不可热处理可锻合金这一重要组别的基础。其强度值是通过作为固溶体的镁成分和某些时候额外的冷作硬化决定的。此外，铝—镁合金含有分散的元素 Mn，Cr 和 Zr，借此控制生产过程中的结晶和再结晶性能（首先在凝固时对于熔焊工艺非常重要）。由于镁具有明显的硬化效果，因此合金具有极佳的可变形性，特别是拉伸成型能力方面（图 3.6）。由于氧化层中的镁含量增加，涂层厚度增加，这也有利于这种合金组的耐腐蚀性。

**表 3.5 几种合金的 Voce 模型参数**

| 合金 / Voce 模型参数= | $K_{f0}$ | $K_{f1}$ | $\Theta_0$ | $\Theta_1$ |
|---|---|---|---|---|
| Al99.5：EN-AW 1050 | 40 | 135 | 350 | 0 |
| AlMg3Mn：EN-AW5454 | 80 | 160 | 950 | 56 |
| AlMg4.5Mn：EN-AW 5182 | 135 | 180 | 1 150 | 57 |

镁是固溶硬化最有效的合金元素。在固体状态下，铝对镁具有很高的可溶性（在 450 ℃下最大质量百分比为 17.4%），但是随着温度降低而降低，在 100 ℃下质量百分比仅约为 2%。相应地，常见的镁含量为 3%~5% 质量百分比的铝—镁结构合金位于异质 2 相位区（a-MK + $Al_8Mg_5$）。但是，离析过度饱和均质固溶体非常缓慢。相位平衡要求冷却率低于 $10^{-5}$ ℃/min（Hatch，1983）。

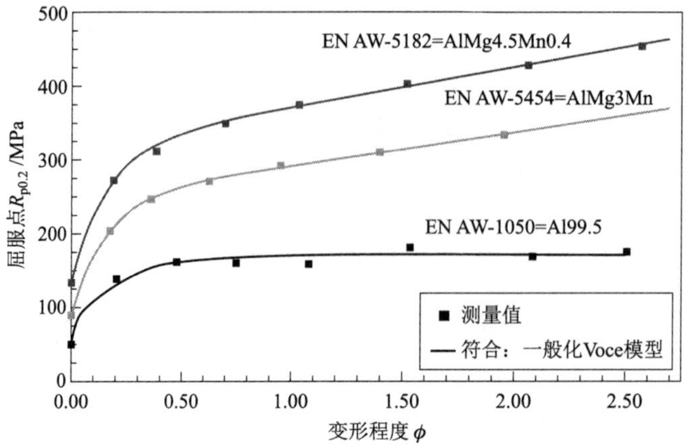


图 3.6 几种不可热处理铝—镁合金冷轧时的流变压力和硬化及其定量，根据 Voce（1947—1948）：

$$k_f = k_{f0} + (k_{f1} + \theta_f \cdot \phi)(1 - \exp(-\theta_0 \cdot \phi / k_{f1}))$$



这在实际情况下无法实现。因此，在超过约 70 ℃的温度下较长时间加热镁的质量百分比大于 3.5% 的合金会导致晶界的敏化，并由此导致不耐晶间腐蚀。这特别适合硬化状态（如果其没有通过平均温度下最终的退火阶段达到稳定，状态名称为 H1 16 或者 H321）。稳定化退火将晶界上的持续隔离层转换为不连续的（无害的）沉淀颗粒。

用铝—镁合金可生产轧制产品、挤压产品和拉拔产品。但是，在镁含量较高的情况下在热成型时也会大幅提高流动阻力，因此挤压薄壁结构型材并不经济。用于结构设计目的的铝—镁合金主要被用来制成轧制产品并作为轧制产品使用。通常还使用轧制带材在连续高频管焊设备上生产管件产品。

对薄壁板材部件进行冷成型时，处于 0/H111 状态的铝—镁合金的一个特点是形成流线。这些流线一方面因突出的屈服极限在板材表面上呈现为火焰状的吕德斯线，另一方面因动态应变时效（Portevin-LeChatelier 效应）呈现为条纹。通过特殊措施可降低该效应或通过调节变形参数（速度、温度）避免该效应（Ostermann，2007）。

对于结构设计应用来说，较高合金铝—镁合金的突出特点是具有良好的可焊接性。焊接填充金属主要使用特定的材料。

应根据不同的应用领域选择铝—镁合金。相关机械特性、可焊接性和常规耐腐蚀性的说明请参阅表 3.6，表 3.7 和表 3.8。

**表 3.6　轧制合金的特性（摘录）**

| 国际注册记录 | 符合 DIN EN573-3 标准的名称 | | 状态（DIN EN 515） | 最小值[1] | | | | 弹性模量 /MPa | $\sigma_{w,zd}$[3] /MPa | 可焊接性[6]惰性气体保护焊/钨极惰性气体保护焊 | 耐腐蚀性[5,6] |
|---|---|---|---|---|---|---|---|---|---|---|---|
| | 数字代号 | 化学符号 | | $R_{p0.2}$ /MPa | $R_m$ /MPa | $A_{50}$ /% | 布氏硬度 /HBW | | | | |
| 1050A | EN AW-1050A | EN AW-Al99.5 | 0 | 20 | 65 | 26 | 20 | 69 000 | — | B | B |
| | | | H12/H22 | 65/55 | 85 | 5/6 | 30/27 | 69 000 | — | B | B |
| | | | H14/H24 | 85/75 | 105 | 4/5 | 34/33 | 69 000 | — | B | B |
| | | | H18/H28 | 120/110 | 140 | 2/3 | 42/41 | 69 000 | — | B | B |
| 2024 | EN AW-2024 | EN AW-AlCu4Mg1 | 0 | <140[2] | <220[2] | 13 | 55 | 73 000 | — | E | E |
| | | | T3/T351 | 290 | 435 | 14 | 123 | 73 000 | 130 | E | E |
| | | | T4 | 275 | 425 | 14 | 120 | 73 000 | 130 | E | E |
| | | | T8/T851 | 400 | 460 | 6 | 138 | 73 000 | 140 | E | E |
| 5005 | EN AW-5005 | EN AW-AlMg1(B) | 0 | 35 | 100 | 20 | 29 | 69 500 | — | B | B |
| | | | H12/H22 | 95/80 | 125 | 4/6 | 39/38 | 69 500 | — | B | B |
| | | | H14/H24 | 120/110 | 145 | 3/5 | 48/47 | 69 500 | — | B | B |
| | | | H18/H28 | 165/160 | 185 | 2/3 | 58 | 69 500 | — | B | B |
| 5049 | EN AW-5049 | EN AW-AlMg2Mn0.8 | 0 | 80 | 190 | 16 | 52 | 70 000 | 35 | B | B |
| | | | H12H22 | 170/130 | 220 | 6/10 | 66/63 | 70 000 | 65 | B | B |
| | | | H14/H24 | 190/160 | 240 | 4/7 | 72/70 | 70 000 | 70 | B | B |
| | | | H18/H28 | 250/230 | 290 | 2/4 | 88/87 | 70 000 | 85 | B | B |
| 5052 | EN AW-5052 | EN AW-AlMg2.5 | 0 | 65 | 170 | 16 | 50 | 70 000 | 50 | B | B |
| | | | H12/H22 | 160/130 | 210 | 6/7 | 63/61 | 70 000 | 65 | B | B |
| | | | H14/H24 | 180/150 | 230 | 4/6 | 69/67 | 70 000 | 70 | B | B |
| | | | H18/H28 | 240/210 | 270 | 2/4 | 83/81 | 70 000 | 80 | B | B |
| 5083 | EN AW-5083 | EN AW-AlMg4.5Mn0.7 | 0 | 125 | 275 | 13 | 75 | 71 000 | 85 | B | B |
| | | | H12/H22 | 250/215 | 315/305 | 5/7 | 94/89 | 71 000 | 95/90 | B | B |
| | | | H14/H24 | 280/250 | 340 | 3/6 | 102/99 | 71 000 | 100 | B | B |
| 5086 | EN AW-5086 | EN AW-AlMg4 | 0 | 100 | 240 | 13 | 65 | 71 000 | 70 | B | B |
| | | | H12/H22 | 200/185 | 275 | 5/7 | 81/80 | 71 000 | 85 | B | B |
| | | | H14/H24 | 240/220 | 300 | 3/6 | 90/88 | 71 000 | 90 | B | B |
| | | | H18 | 290 | 345 | 1 | 104 | 71 000 | 105 | B | B |
| 5182 | EN AW-5182 | EN AW-AlMg4.5Mn0.4 | 0 | 110 | 255 | 13 | 69 | 71 000 | — | B | B |

**续表**

| 国际注册记录 | 符合 DIN EN573-3 标准的名称 | | 状态 (DIN EN 515) | 最小值[1] | | | | 弹性模量 /MPa | $\sigma_{w,zd}$[3] /MPa | 可焊接性[6] 惰性气体保护焊/钨极惰性气体保护焊 | 耐腐蚀性[5][6] |
|---|---|---|---|---|---|---|---|---|---|---|---|
| | 数字代号 | 化学符号 | | $R_{p0.2}$ /MPa | $R_m$ /MPa | $A_{50}$ /% | 布氏硬度 /HBW | | | | |
| 5454 | EN AW-5454 | EN AW-AlMg3Mn | 0<br>H12/H22<br>H14/H24<br>H28 | 85<br>190/180<br>220/200<br>250 | 215<br>250<br>270<br>310 | 15<br>5/7<br>3/6<br>3 | 58<br>75/74<br>81/80<br>93 | 70 500<br>70 500<br>70 500<br>70 500 | 65<br>75<br>80<br>95 | B<br>B<br>B<br>B | B<br>B<br>B<br>B |
| 5754 | EN AW-5754 | EN AW-AlMg3 | 0<br>H12/H22<br>H14/H24<br>H18/H28 | 80<br>170/130<br>190/160<br>250/230 | 190<br>220<br>240<br>290 | 16<br>6/10<br>4/7<br>2/4 | 52<br>66/63<br>72/70<br>88/87 | 70 500<br>70 500<br>70 500<br>70 500 | 55<br>65<br>70<br>85 | B<br>B<br>B<br>B | B<br>B<br>B<br>B |
| 6016 | EN AW-6016 | EN AW-AlSi1.2Mg0.4 | T4<br>T6 | 140/180<br>260/180 | 250/170<br>300/260 | 24<br>10 | 55<br>80 | 69 500<br>69 500 | —<br>— | B<br>B | C<br>C |
| 6061 | EN AW-6061 | EN AW-AlMg1SiCu | 0<br>T4<br>T6 | <85[2]<br>110<br>240 | <150[2]<br>205<br>290 | 16<br>14<br>7 | 40<br>58<br>88 | 70 000<br>70 000<br>70 000 | —<br>—<br>— | B<br>B<br>B | C<br>C<br>C |
| 6082 | EN AW-6082 | EN AW-AlSi1MgMn | 0<br>T4<br>T6 | <85[2]<br>110<br>260 | <150[2]<br>205<br>310 | 16<br>14<br>7 | 40<br>58<br>94 | 70 000<br>70 000<br>70 000 | —<br>60<br>95 | B<br>B<br>B | C<br>C<br>C |
| 6181A | EN AW-6181A | EN AW-AlSi1Mg0.8(A) | T4<br>T6 | <140[2]<br>>210 | >200<br>>260 | >23[4]<br>>10[4] | 55<br>82 | 70 000<br>70 000 | —<br>— | B<br>B | C<br>C |
| 7075 | EN AW-7075 | EN AW-AlZn5.5MgCu | 0<br>T6<br>T76 | <145[2]<br>470<br>385 | <275[2]<br>540<br>460 | 10<br>7<br>7 | 55<br>161<br>137 | 72 000<br>72 000<br>72 000 | —<br>160<br>140 | E<br>E<br>E | E<br>E<br>E |

1）符合 DIN EN 485-2 标准的最小值。适用于不超过约 3 mm 的常见材料厚度；较大厚度时的数值请参阅标准

2）最大值

3）疲劳强度（基准值），来源：FKM 规程。$\sigma_{w,zd} \approx 0.30 \times R_m$

4）断裂伸长率 $A_{80}$

5）一般耐腐蚀性

6）数值标准：A=优秀；B=很好；C=良好；D=及格；E=不推荐；F=不适合

**表 3.7 挤压合金的特性（摘录）**

| 国际注册记录 | 符合 DIN EN573-3 标准的名称 | | 状态（DIN EN 515） | 最小值[1] | | | | 弹性模量 /MPa | $\sigma_{w,zd}$[3] /MPa | 可焊性[4] 惰性气体保护焊(MIG)/钨极惰性气体保护焊(WIG) | 耐腐蚀性[4)5)] |
|---|---|---|---|---|---|---|---|---|---|---|---|
| | 数字代号 | 化学符号 | | $R_{p0.2}$ /MPa | $R_m$ /MPa | $A_{50}$ /% | 布氏硬度 /HBW | | | | |
| 6005A | EN AW-6005A | EN AW-AlSiMg（A） | T6（实体型材）<br>T6（空心型材） | 225<br>215 | 270<br>255 | 6<br>6 | 90 | 69 500<br>69 500 | 80<br>75 | B<br>B | C<br>C |
| 6060 | EN AW-6060 | EN AW-AlMgSi | T5 | 120 | 160 | 6 | 75 | 69 500 | 50 | B | B |
| | | | T6 | 150 | 190 | 6 | 85 | 69 500 | 55 | B | B |
| | | | T66[2] | 160[2] | 215[2] | 6[2] | | 69 500 | 65 | B | B |
| 6061 | EN AW-6061 | EN AW-AlMg1SiCu | T6 | 240 | 260 | 7 | 95 | 70 000 | 80 | B | C |
| 6082 | EN AW-6082 | EN AW-AlSi1MgMn | T6 | 260 | 310 | 8 | 95 | 70 000 | 95 | B | C |
| 7003 | EN AW-7003[6] | EN AW-AlZn6Mg0.8Zr | T6 | 280 | 320 | 12 | 105 | 72 000 | 96 | A | B |
| 7020 | EN AW-7020 | EN AW-AlZn4.5Mg1 | T6 | 290 | 350 | 8 | 120 | 70 000 | 105 | B | D |
| 7108A | EN AW-7108[6] | EN AW-AlZn5Mg1Zr | T6 | 320 | 360 | 12 | 115 | 72 000 | 108 | A | B |

1）符合 DIN EN 755-2 标准的最小值。适用于最大约 5 mm 的常规材料厚度；较大厚度的数值请参阅标准

2）不超过 3 mm 壁厚的最小值

3）疲劳强度，来源：FKM 规程。$\sigma_{w,zd} \approx 0.30 \times R_m$

4）数值标准：A=优秀；B=很好；C=良好；D=及格；E=不推荐；F=不适合

5）一般耐腐蚀性

6）数据来自液态铝合金结构：典型数据表 700330 及 710850（2004 年修订）

**表 3.8 锻造合金的特性（摘录）**

| 国际注册记录 | 符合 DIN EN 573-3 标准的名称 | | 状态（DIN EN 515） | 试验方向[1] | 最小值[2] | | | | | |
|---|---|---|---|---|---|---|---|---|---|---|
| | 数字代号 | 化学符号 | | | $R_{p0.2}$ /MPa | $R_m$ /MPa | $A_{50}$ /% | 布氏硬度 /HBW | 弹性模量 /MPa | $\sigma_{w,zd}$[3] /MPa |
| 2014 | EN AW-2014 | EN AW-AlCu4SiMg | T6 | L | 380 | 440 | 6 | 140 | 73 000 | 130 |
| | | | | T | 370 | 430 | 3 | | 73 000 | 130 |
| 2024 | EN AW-2024 | EN AW-AlCu4Mg1 | T4 | L | 260 | 420 | 8 | 120 | 73 000 | 125 |
| 5083 | EN AW-5083 | EN AW-AlMg4.5Mn0.7 | H112 | L | 120 | 270 | 12 | 70 | 71 000 | 80 |
| | | | | T | 110 | 260 | 10 | | 71 000 | 80 |

续表

| 国际注册记录 | 符合 DIN EN 573-3 标准的名称 | | 状态（DIN EN 515） | 试验方向1) | 最小值2) | | | | | |
|---|---|---|---|---|---|---|---|---|---|---|
| | 数字代号 | 化学符号 | | | $R_{p0.2}$ /MPa | $R_m$ /MPa | $A_{50}$ /% | 布氏硬度 /HBW | 弹性模量 /MPa | $\sigma_{w,zd}$ 3) /MPa |
| 6082 | EN AW-6082 | EN AW-AlSi1MgMn | T6 | L | 260 | 310 | 6 | 95 | 70 000 | 95 |
| | | | | T | 250 | 290 | 5 | | 70 000 | 90 |
| 7075 | EN AW-7075 | EN AW-AlZn5.5MgCu | T6 | L | 430 | 510 | 7 | 150 | 72 000 | 155 |
| | | | | T | 410 | 480 | 4 | | 72 000 | 145 |
| 7075 | EN AW-7075 | EN AW-AlZn5.5MgCu | T73 | L | 385 | 455 | 6 | 137 | 72 000 | 135 |
| | | | | T | 360 | 420 | 4 | | 72 000 | 125 |

1）L=平行于纤维方向；T=垂直于纤维方向

2）符合 DIN EN 586-2 标准的最小值。适用于不超过约 50mm 的常规材料厚度；较大厚度的数值请参阅标准。

3）疲劳强度，来源：FKM 规程。$\sigma_{w,zd} \approx 0.30 \times R_m$

**应用领域**

铝—镁材料由于具有良好的成型性而被用作板材成型件和结构件。这包括汽车制造。但是由于有形成流线的危险，因而主要用在非装饰性的车内范围内。在白车身上主要使用下列铝—镁合金：EN AW-5754 [Al Mg3]，EN AW-5042 [Al-Mg3.5Mn] 和 EN AW-5182 [Al Mg4.5Mn0.4]，并都在软材料状态 0/H1 11 下。



已证实铝—镁合金尤其适用于船舶制造。因其具有突出的低温特性，故也被用在低温技术领域内。在有各种规定的应用领域内只建议或允许使用经选择的合金和材料状态（表 3.9）。在进行没有规定应用领域的合金选择时，可根据使用条件从这个列表中获得有益的建议。

**表 3.9 在轨道车辆制造、船舶制造、油罐车制造、结构工程和压力装置制造领域内建议或允许使用的铝—镁合金**

| 铝—镁合金 | 轨道车辆制造 | 船舶制造 | 油罐车制造 | 结构工程 | 压力容器制造 |
|---|---|---|---|---|---|
| | DIN 5513，DIN EN 13981 | 德国劳氏船级社（GL）标准 | DIN EN 14286 | DIN 4113-1 | DIN EN 12392 |
| EN AW-5052 [AlMg2.5] | | | | | 0/H111，H112，H12/H32 |
| EN AW-5049 [AlMg2Mn0.8] | | | | 0/H111，H112 H14，H24，H34 | 0/H111，H112，H12/H32 |
| EN AW-5454 [AlMg3Mn] | 0/H112 | 0/H111，H112，H32/H321 | 0/H111 | | 0/H111，H112，H12/H32 |

续表

| 铝—镁合金 | 轨道车辆制造 | 船舶制造 | 油罐车制造 | 结构工程 | 压力容器制造 |
|---|---|---|---|---|---|
| EN AW-5154A [AlMg3.5（A）] | | | | | H112，H12/H32 |
| EN AW-5754 [AlMg3] | H111，H112，H12，H22 | 0/H111，H112，H32/H321 | 0/H111 | 0/H111，H112，H14，H24 | H112，H12/H32 |
| EN AW-5086 [AlMg4] | | 0/H111，H112，H116，H32/H321 | 0/H111 | | 0/H111，H112，H116 |
| EN AW-5182 [AlMg4.5Mn0.4] | | | 0/H111 | | |
| EN AW-5186 [AlMg4.5Mn0.4Zr] | | | 0/H111 | | |
| EN AW-5083 [AlMg4.5Mn0.7] | H111，H112，H22 | 0/H111，H112 H116，H321 | 0/H111，H116，H321 | 0/H111，H112，H12，H22/H32，H116 | 0/H111，H112，H116 |
| EN AW-5383 [AlMg4.5Mn0.7Zr] | | 0/H111，H112 | 0/H111，H116 | | |
| EN AW-5059 [AlMg5.5Mn0.8ZnZr] | | 0/H111，H112，H116，H321 | 0/H111 | | |

### 3.2.2.2 Al-MgSi（EN AW-6×××）合金组的中等强度的结构材料

铝—镁硅合金组仅包括可热处理的合金。除了不可热处理的铝—镁合金之外，它是一般性轻量化结构中最重要的材料。铝—镁硅合金不易形成流线，因某些合金具有良好的成型特性，因而被用于汽车制造中具有装饰要求的成型件上（例如车身外部零件和车身拖挂零件）。由于具有极好的可挤压性，这些合金特别适用于生产形状复杂的结构型材。它们可进行熔焊并具有良好的耐腐蚀性，因此在正常气候条件下无须做表面保护就可用于部件上。用于装饰性用途时可以给这些合金镀上阳极层或涂上有机涂层。

一般情况下在“高温时效”状态（T6）下供应或使用铝—镁硅合金型材。对于需要进一步冷成型的成型件（例如板材），应根据所使用的合金并在成型程度较大时采用“低温时效”状态（T4），然后让部件承受高温时效（例如 16 h/160 ℃）。根据需求，为达到成型目的也可以使用未完全淬硬的中间状态（例如 T61-T65，见图 3.5）。

**应用领域**

铝—镁硅合金材质的结构材料被证明适合用在很多应用领域中。除了用于建筑业、电子技术和许多日常用品（例如梯子、家具）之外，还主要用于运输和交通技术。例如像 ICE 1~3 这类轨道车辆的所谓整体结构，如果不使用经济的铝—镁硅合金的大型挤压型材，则是无法实现的。对于有规定的应用领域，建议并允许使用表3.10中所列的合金和材料状态。为了满足用于汽车制造的板材部件的要求而开发出了具有所需强度和最大可成型性的铝—镁硅合金，并需要调节汽车制造工艺流程。在T4状态下加工EN AW-6016薄板材并在烘漆的同时进行高温时效。为了改善板材特性的时效能力并在相对短的时间内加速烘漆时效硬化，也以稳定化的T4+状态供货。其他专用于汽车制造某些应用的铝—镁硅合金请参见表3.11。

**表3.10　轨道车辆制造、船舶制造、结构工程和压力装置制造中建议和允许使用的铝—镁硅合金**

| 铝—镁硅合金 | 半成品类型 1) | 轨道车辆制造 | 船舶制造 | 结构工程 | 压力容器制造 2) | |
|---|---|---|---|---|---|---|
| | | DIN 5513<br>DIN EN 13981 | 德国劳氏船级社(GL)标准 | DIN 4113-1 | DIN EN 12392 | |
| EN AW-6060[AlMgSi] | P | T66 | | T6,T66 | T4/T6 | 120/160 ℃ |
| EN AW-6351[AlSiMg0.5Mn] | P | | | | T4/T6 | 120/160 ℃ |
| EN AW-6063[AlMg0.7Si] | P | T66 | | T6,T66 | | |
| EN AW-6063A [AlMg0.7Si(A)] | P | | | | T4/T6 | 120/160 ℃ |
| EN AW-6106[AlMgSiMn] | P | T6 | T6 | T6 | T5 | 160 ℃ |
| EN AW-6005[AlSiMg] | P | T6 | | | | |
| EN AW-6005A[AlSiMg(A)] | P | T6 | T6 | T6 | | |
| EN AW-6008[AlSiMgV] | P | T6 | | | | |
| EN AW-6061[AlMg1SiCu] | W,P,Schm. | T6 | T6 | T6,T651 | T4/T6 | 120/160 ℃ |
| EN AW-6082[AlSiMgMn] | W,P,Schm. | T6,T651 | T6 | T6,T651,T61,T6151,T5 | T4/T6 | 120/160 ℃ |

1）半成品类型W=轧制产品，P=挤压产品，Schm.=锻制零件
2）说明最大使用温度

**表3.11　汽车制造专用的铝—镁硅合金**

| 合金名称 | 状态 | 板材 | 型材 | 锻制零件 | 应用 |
|---|---|---|---|---|---|
| EN AW-6016 [Al Si1.2Mg0.4] | T4 (T6) | √ | | | 外部蒙皮 |
| AA6014 [ (Al MgSiV) ] | T4 (T6) | √ | | | 外部蒙皮 |
| EN AW-6106 [Al MgSiMn] | T4 (T6) | √ | | | 外部蒙皮 |
| EN AW-6181A [Al Si1Mg0.8 (A) ] | T4 (T6) | √ | | | 内部蒙皮 |
| AA6009 [Al Si0.8Mg0.6CuMn] a) | T4 (T6) | √ | | | 内部蒙皮 |
| AA6022 [Al Si1.3Mg0.6CuMn] a) | T4 (T6) | √ | | | 外部蒙皮 |
| AA 6111 [Al Si0.9Mg0.7CuMn] a) | T4 (T6) | √ | | | 外部蒙皮 |

续表

| 合金名称 | 状态 | 板材 | 型材 | 锻制零件 | 应用 |
|---|---|---|---|---|---|
| EN AW-6060［AlMgSi］ | T4/T6 | | √ | | 构件 |
| AA6014［（Al MgSiV）］ | T4/T6/T7 | | √ | | 构件 |
| EN AW-6106［Al MgSiMn］ | T4/T6 | | √ | | 构件 |
| EN AW-6005A［Al SiMg（A）］ | T6 | | √ | | 构件 |
| EN AW-6082［Al Si1MgMn］ | T6 | | √ | √ | 构件、底盘部件、轿车车轮 |
| a）国外制造商制造的车身板材 | | | | | |

机械特性、可焊接性和一般耐腐蚀性的数据请参见表 3.6，表 3.7 和表 3.8。

在选择合金时要注意，对于对断裂韧性有较高要求的应用情况应选择含有规定的足够数量 Mn 和 Cr 这两个附加元素的铝—镁硅合金。这可降低晶粒间断裂特性的风险。对于较高强度级别合金材质的、承受较高工作温度负荷（例如约 100 ℃）的部件来说，Pb 杂质的含量要低于 30 ppm（质量百分比为 0.003%），以避免铅脆性形成裂纹。

#### 3.2.2.3 Al-ZnMg（EN AW-7×××）合金组的中等强度的结构材料

不含铜的铝—锌镁合金属于具有良好耐腐蚀性的、可良好焊接的中等至高强度合金。这种合金类型的特点是具有较大的固溶退火温度范围和与此相关的非常低的淬火敏感性。因此，该种合金适合用于强度均匀的较厚的结构，但是这种合金通过随后在室温下或者在 120 ℃～145 ℃的较高温度下的淬火可达到所有铝合金中最高的焊缝强度。

这种合金组在 T4 状态和经过不恰当的热处理（固溶退火后迅速冷却，冷却速度大于 30 ℃/min，硬化不足）以及焊接后易形成应力腐蚀和层状腐蚀，这是一个需要面临的问题。不采取随后热处理的型材冷弯由于具有较高的残余固有应力可能会造成应力腐蚀。对于临界应用情况建议进行专业咨询。带热压成型结构的挤压型材是有利的。

合金 AW-7020，AW-7003 和 AW-7108（表 3.7）具有实际应用的意义。后两个型号具有良好的挤压性，且由于具有良好的能量吸收能力，故可用于制造汽车的碰撞元件和保险杠（图 3.10）。由于含有 Cr 和 Mn，因而 AW-7020 合金不太适合制成易损的型材横截面和空心型材；相反，这种合金最适合用于结构工程的焊接结构、施工设备和机械制造中。

#### 3.2.2.4 AW-2×××和 AW-7×××系列高强度铝—铜和铝—锌镁铜合金

从传统意义上讲，这些高强度和超高强度合金适用于制造飞机和宇宙飞船。由于对材料质量、结构设计和加工有极高的要求，因而进行了大量专门的研发工作。

只有花费较高的成本，才能实现民用目的。对这种合金进行相应处理加工，已超出了本书的范围。但是对于民用用途来说，使用 AW-2×××和 AW-7×××系列的高强度合金是有利的，例如用于工具和模具制造以及用在连接元件上（例如螺栓和铆钉，EN AW-Al Cu2.5 Mg）。高强度铝—锌镁铜合金（例如 AW-7075）特别易于切削加工。对含铜不超过 4% 的合金（例如 AW-2024），用电弧焊接法只可有限地进行焊接，而像电子束焊接和摩擦搅拌焊（参见第 4 册第 3 章）之类的特殊工艺则更适用。选择民用高强度合金时请参阅表 3.6，表 3.7 和表 3.8 中的机械特性和其他说明。

对于腐蚀临界范围的应用情况应意识到耐腐蚀性的降低（相对于不含铜的铝合金）。在平板产品上采用耐抗合金和纯铝包覆金属来作为防腐措施。对于其他产品，可采用各种有机和无机涂层工艺。

### 3.2.3 用于结构部件的铸造合金

铝合金（特别是压铸件）良好的可铸造性构成了铝铸件在许多轻量化应用领域（如交通技术及设备和仪表制造）内占有突出地位的基础。由于铝材的回收再生性能较好，因此非常有利于成本低廉地通过再生铸造合金工艺生产多种铝合金。德国约 80% 的铝铸件是这样生产的。铸造工艺后续的进一步研发，以及使用最优的原生铝铸件，为铝材开辟了广阔的应用领域。这些领域对材料的强度和韧性有很高要求。因此，在汽车制造中有越来越多的安全零件使用铝铸件来制造。



与可锻合金不同，铸造合金的成分主要针对可铸造性，也就是说针对的是流变能力、冲模能力，以及凝固时的热裂稳定性。因此，其主要含有较高比例的合金添加物。在枝晶凝固时会产生一种非均质结构，可通过选择适合的铸造工艺，添加精细的微量元素，并（必要时）通过最后的热处理来控制这种非均质结构。

铝合金最主要的成分是硅（Si）。由于它在固态固溶体中的可溶性低，因而结晶成硬质次晶相（合金组 EN AC-4××××）。当成分从低于低共熔点直至高于低共熔点时，熔化物达到较高的流变特性和冲模特性。二元铝—硅合金的较少镁添加物（0.3% ~0.6%）和相应的热处理通过类似于铝—镁硅可锻合金的时效硬化促进强度升高。此外，在过共晶铝—硅合金的情况下，会明显降低热膨胀。尤其当它们是由原生金属熔炼而来的情况下，铝—硅和铝—硅镁合金表现出良好的耐腐蚀性。

铝—硅铜合金是典型的再生合金，并且是压铸最重要的基础。铜含量提高了热拉强度，但是降低了耐腐蚀性。因此，在临界应用情况下需要采取防腐蚀措施。

铝—镁和铝—镁（硅）铸造合金（合金组 EN AC-5××××）有良好的耐腐蚀性，且在中等强度水平下具有相对而言极佳的断裂伸长特性和韧性。

合金组 EN AC-2××××的铝—铜合金是具有最高强度特性的铸造合金组。只有在原生金属的基础上将它们熔炼出来，才能满足结构应用情况下所需的可延展性要求。铝—铜合金通过在相应热处理时进行时效硬化获得较高的强度特性。

到目前为止，铝—锌镁铸造合金（合金组 EN AC-7××××）对于轻量化结构基本上已没有意义。在中等强度和腐蚀特性下，其主要被用于装饰性阳极氧化。

除了合金成分之外，对于成型铸件的特性来说，相应的铸造工艺起着关键的作用。因此，根据 DIN EN 1706 标准，除了合金名称之外，还需要通过采用的铸造工艺的名称来确定铸件的特性。这些名称在合金编号之后附带有下列标记（例如 DIN EN 1706 AC-42100KT6）：

| | |
|---|---|
| S | 砂型铸造 |
| K | 硬模铸造，低压金属模铸造 |
| D | 压铸 |
| L | 精密铸造 |

用不同的合金和不同的铸造工艺制造的成型铸件的机械特性请参见表 3.12 和表 3.13。表内所列的都是用单铸试棒进行试验得出的结果。

**表 3.12 硬模铸造合金的特性（摘录）**

| 符合 DIN EN 1780 标准的名称 | | 状态（DIN EN 1706） | 弹性模量 /MPa | 最小值[1)]，根据 DIN EN 1706 标准 | | | | 可焊性惰性气体保护焊（MIG）/钨极惰性气体保护焊（WIG） | 耐腐蚀性 |
|---|---|---|---|---|---|---|---|---|---|
| 数字代号 | 化学符号 | | | $R_{p0.2}$ /MPa | $R_m$ /MPa | $A_{50}$ /% | 布氏硬度 /HBW | | |
| EN AC-21100 | EN AC-AlCu4Ti | T6 | ~72 000 | 220 | 330 | 7 | 95 | D | D |
| | | T64 | ~72 000 | 180 | 280 | 8 | 90 | D | D |
| EN AC-42100 | EN AC-AlSi7Mg0.3 | T6 | ~73 000 | 210 | 290 | 4 | 90 | B | B |
| | | T64 | ~73 000 | 180 | 250 | 8 | 80 | B | B |
| EN AC-42200 | EN AC-AlSi7Mg0.6 | T6 | ~73 000 | 240 | 320 | 3 | 100 | B | B |
| | | T64 | ~73 000 | 210 | 290 | 6 | 90 | B | B |
| EN AC-43000 | EN AC-AlSi10Mg（a） | F | ~75 000 | 90 | 180 | 2.5 | 55 | A | B |
| | | T6 | ~75 000 | 220 | 260 | 1 | 90 | A | B |
| | | T64 | ~75 000 | 200 | 240 | 2 | 80 | A | B |
| EN AC-44200 | EN AC-AlSi12（a） | F | ~75 000 | 80 | 170 | 6 | 55 | A | B |
| EN AC-45000 | EN AC-AlSi6Cu4 | F | ~74 000 | 100 | 170 | 1 | 75 | C | D |
| EN AC-45500 | EN AC-AlSi7Cu0.5Mg | T6 | ~74 000 | 240 | 320 | 4 | 100 | C | D |
| EN AC-46200 | EN AC-AlSi8Cu3 | F | ~75 000 | 100 | 170 | 1 | 75 | C | D |
| EN AC-47000 | EN AC-AlSi12（Cu） | F | ~75 000 | 90 | 170 | 2 | 55 | A | C |
| EN AC-48000 | EN AC-AlSi12CuNiMg | T5 | ~75 000 | 185 | 200 | <1 | 90 | A | C |
| | | T6 | ~75 000 | 240 | 280 | <1 | 100 | A | C |
| EN AC-51100 | EN AC-AlMg3（a） | F | ~70 000 | 70 | 150 | 5 | 50 | C | A |
| EN AC-71100 | EN AC-AlZn10Si8Mg | T1 | ~70 000 | 210 | 260 | 1 | 100 | B | B |

1）在单铸试棒上进行测量

**表 3.13　压铸合金的特性（摘录）**

| 符合 DIN EN 1780 标准的名称 | | 状态（DIN EN 1706） | 弹性模量 /MPa | 最小值[1]，根据 DIN EN 1706 标准 | | | | 可焊性惰性气体保护焊（MIG）/钨极惰性气体保护焊（WIG） | 耐腐蚀性 |
|---|---|---|---|---|---|---|---|---|---|
| 数字代号 | 化学符号 | | | $R_{p0.2}$ /MPa | $R_m$ /MPa | $A_{50}$ /% | 布氏硬度 /HBW | | |
| EN AC-43400 | EN AC-AlSi10Mg(Fe) | F | ~75 000 | 140 | 240 | 1 | 70 | D[2] | C |
| EN AC-43600 | EN AC-AlSi10MnMg | F | ~75 000 | 120 | 250 | 6 | 66 | D[2] | C |
| | | T6 | ~75 000 | 160 | 270 | 5 | 80 | D[2] | C |
| | | T7 | ~75 000 | 120 | 200 | 12 | 60 | D[2] | C |
| EN AC-44300 | EN AC-AlSi12(Fe) | F | ~75 000 | 130 | 240 | 1 | 60 | D[2] | C |
| EN AC-46000 | EN AC-AlSi9Cu3(Fe) | F | ~75 000 | 140 | 240 | <1 | 80 | F | D |
| EN AC-47100 | EN AC-AlSi12Cu1(Fe) | F | ~75 000 | 140 | 240 | <1 | 70 | F | C |
| EN AC-51500 | EN AC-AlMg5Si2Mn | F | ~69 000 | 140 | 250 | 5 | 70 | C[2] | A |

1）在单铸试棒上进行测量

2）压铸件的可焊性与周围的气体量有关。对于某种压铸工艺，例如真空压铸，该值可达到 B~C

# 3.3　铝材的处理和加工

## 3.3.1　成型铸造——成型

作为铝材最重要的成型工艺，成型铸造可划分为不同的涉及部件尺寸、部件类型、量产数量、特性、表面等方面要求的工艺类型。最重要铸造工艺概览可参见图 3.7。

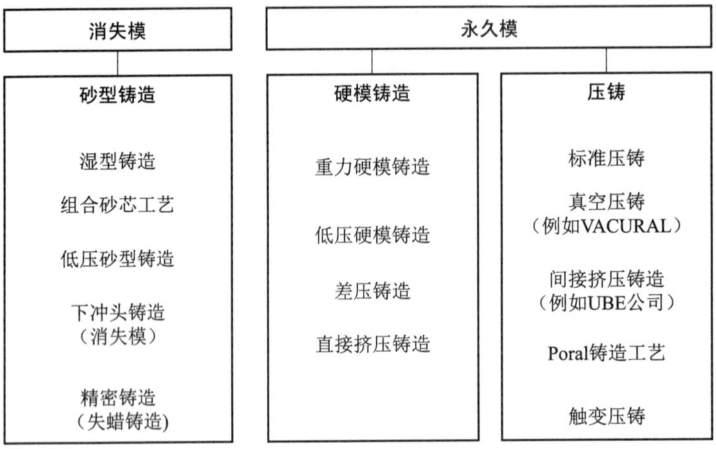


图 3.7　最重要的铝铸造工艺概览①

① 根据 v. Zengen。

工艺的数量众多说明可通过大量的因素影响凝固过程，从而可以经济的方式在复杂形状的部件（使用砂芯形成空腔）上实现可再现的致密结构和严格的尺寸公差。成型铸造工艺虽然是从熔体至成品部件最快捷的方式，却不是最简单的方式！

成本低廉的标准压铸工艺在成型铸造制品中占最大比例（约 50%）。这种工艺可制造出壁厚最薄、成形斜度最小，形状精度高且强度高的部件，主要用于二次合金并具有较高的生产能力；但是，这种工艺在空腔成型方面有局限性，并且由于受系统制约而使气体含量较高，从而导致气孔较多。这会降低断裂韧性并只能在一定条件下进行熔焊。像真空压铸、间接挤压铸造，Poral 工艺和触变压铸这些工艺类型可避免上述的一些限制，允许进行熔焊并用于高应力零件；但是生产能力较低，对合金选择也有一定的限制。

相反，重力硬模铸造提供了一种气孔很少的结构，因而可进行熔焊、热处理（用于可热处理的合金）、阳极氧化处理，并可用于高应力部件；但要求较大的最小壁厚和较大的成形斜度，对合金选择也有一定的限制。

与“消失模”铸造工艺不同，砂型铸造在部件尺寸、部件重量、最小批次数量、合金选用、成型成本、砂芯应用和改动可能性方面是最灵活的工艺。虽然气体含量低，但是非均质凝固组织限制了这种工艺被用于高应力零件。所列的工艺类型会明显改进湿型铸造的模具精度、尺寸精度以及凝固过程的控制情况。精密铸造还提供了铸造工艺最高的尺寸精度（熔蜡铸造法、失蜡铸造）。



### 3.3.2 锻造铝合金材质的半成品——成型

可锻合金的中间产品被称为半成品。通过热成型和（如有可能）随后通过冷成型制成连续浇铸铸块或待铸半成品。半成品生产中最重要的成型工艺是扁平产品的轧制和型材的挤压以及锻造（参阅第 3 册第 2 章）。

#### 3.3.2.1 铝——挤压型材

通过挤压工艺可以很好地将铝合金制成复杂的型材形状（图 3.8）。型材可分为开口（实心）型材、空心型材以及用芯轴挤压的无缝异形管。凝固使用成型底模挤压加热到较高温度的连续浇铸铸块部分。用空腔模具或舌形组合模（其中悬挂有形成空腔的芯轴）制成带一个或多个空腔的空心型材且包含工艺所造成的挤压缝。

可实现的尺寸取决于合金的可挤压性和设备容量。对于小尺寸型材和可良好挤压的合金，可达到几十分之一毫米的内壁厚度。但是，出于模具技术的原因，随着型材尺寸的增加，可制造的最小壁厚增大。对于大型压机，型材尺寸可达 800 mm 的宽度。进行横截面设计时，应遵守一定的挤压适用半径和质量分布。

在型材制造中，可热处理的铝—镁硅合金（例如 EN AW-6060）起着重要的作用，原因是在高温下这种合金极易挤压成复杂的几何形状并且在淬火后它通过工艺用热能够极好地硬化。高强度可热处理的铝—锌镁铜（EN AW-7×××）和不可热处理的铝—镁（EN AW-5×××）合金也可进行挤压，但是过程要慢一些，且形状复杂性要低一些。其特性、尺寸和公差可参见标准 DIN EN 754、标准 DIN EN 755 和标准 DIN EN 12020。

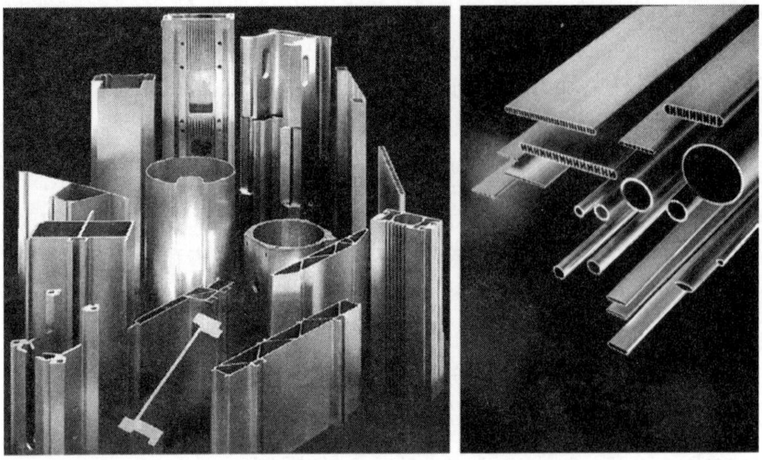

图 3.8　铝挤压型材各种形状的图例①

除了在航空（纵梁、底板和座椅型材）和建筑（例如窗户、房屋立面型材）中的应用之外，交通领域（汽车空间构架、轨道车辆）也是一个重要的市场。

### 3.3.2.2　带材、片材和板材



结构部件和其他部件中锻造铝合金数量最多的是轧制板材、带材和片材。

连续浇铸铸块或无锭轧制带材的轧制成型工艺可生产严格厚度公差的扁平产品，通过铝合金特定的热机械工艺步骤可制成均匀紧密的结构。根据合金类别，通过最终的热处理可制造柔软的细晶粒再结晶的（0/H111 状态）、硬化或者回火（H 状态）以及淬火的（T3，T4，T6，T7，T8 状态）产品。为了卸掉固有应力，要对淬火敏感的合金实施最后的辊锻过程。

高强度、淬火（EN AW-2×××和 EN AW-7×××）合金制片材主要被用于飞机制造。为此，通过精细化的热处理有针对性地将这些高强度型号针对疲劳和断裂方面调节到较高的抗疲劳强度。

目前用非合金铝或者可钎焊的或耐腐蚀的合金来电镀片材，以满足特殊的表面要求，诸如：

- 高要求的外观，例如具金属光泽的载重车铝制油箱；
- 可焊接（低熔点）合金镀层（例如热交换器）；
- 耐腐蚀的外表面部件（在飞机制造中）。

在带钢连续式设备中，应对轧制带材进行表面处理（去脂、酸洗、阳极氧化、转换处理、涂脂、上漆）。

通过滚压花纹可以为带材/片材设计具有装饰性或功能性用途的表面结构，例如带防滑花纹的板材被用作防滑地板垫。

---

① 图片来源：Aleris，左侧；Hydro，右侧。

铝质板材、带材和片材的特性、尺寸和技术供货条件请参见标准 DIN EN 485（带材、片材和板材）、标准 DIN EN 1386（带轧制图案的片材）和标准 DIN EN 1396（带卷涂覆的片材和带材）（表 3. 14）。

**表 3. 14 铝及其合金的材料标准**

| | |
|---|---|
| DIN EN 515 | 铝和铝合金——半成品——材料状态名称 |
| DIN EN 573-3 | 铝和铝合金——半成品的化学成分和形状——第 3 部分：化学成分 |
| DIN EN 586-2 | 铝和铝合金——锻件——第 2 部分：机械特性和附加特性要求 |
| DIN EN 754-2 | 铝和铝合金——拉拔棒材和管材——第 2 部分：机械特性 |
| DIN EN 755-2 | 铝和铝合金——挤压棒材、管材和型材——第 2 部分：机械特性 |
| DIN EN 12020-1 | 铝和铝合金——EN AW-6060 和 EN AW-6063 合金的挤压精密型材——第 1 部分：技术供货条件 |
| DIN EN 485-2 | 铝和铝合金——带材、片材和板材——第 2 部分：机械特性 |
| DIN EN 1386 | 铝和铝合金——带轧制图案的片材——规格 |
| DIN EN 1396 | 铝和铝合金——用于一般应用的带卷涂覆片材和带材——规格 |
| DIN EN 1706 | 铝和铝合金——铸件——化学成分和机械特性 |
| DIN EN 1780-1 | 铝和铝合金——非铝合金和铝合金的名称（铸块、母合金和铸件）——第 1 部分：数字命名系统 |
| DIN EN 1592-2 | 铝和铝合金——高频纵缝焊接管材——第 2 部分：机械特性 |
| DIN 4113-1/2/3 | 主要为静态负荷下的铝结构 |



### 3. 3. 2. 3 含铝的复合材料

复合材料主要包括带塑料泡沫芯材的夹层层压塑料和带铝覆盖层的金属泡沫，具有在比重量较小的情况下刚性较高的特点。带金属芯层的黏合或钎焊连接板（Metawell®或 Honeycomb）最多可降低约 0. 5 g/cm³的比重量。黏合有面板的密度为 0. 4～0. 7 g/cm³的封闭气孔铝泡沫也可被用作夹层芯材。铝泡沫夹芯板形状中的多个边的材质都是一种通过粉末冶金工艺制造的泡沫。它在用户进行成型时或之后才进行发泡。发泡通过热输入的方式进行，例如借助红外线。带抗剪刚性铝泡沫芯材的夹芯板具有各向同性的材料特性，及较高的减振特性且在碰撞情况下能量吸收能力较强（图 3. 9）。在不超过约 540 ℃的温度下，铝泡沫具有热稳定性并符合 DIN 4102 的防火标准。

在特殊应用中，例如在飞机制造中，越来越多地使用铝制复合材料和纤维强化塑料，例如 GLARE©（请参见第 3 册第 9 章）。为此将不同材料具有的特殊优势特性以合适的方式进行相互组合，从而实现对不同特性进行定制加强和组合的目的。

相反，复合材料由金属基体组成。在其中，例如根据压铸工艺嵌入了高强度纤维，这些纤维可沿纤维方向提高抗拉强度和弹性（MMC——金属基复合材料）。其中存在具有显著区别的相位，而其相互布置决定了材料的特性（大多取决于方向），并通过生产予以确定。短纤维改善了铝材的刚性和耐磨性，并可根据半成品制造的传统工艺加工成片材、挤压型材和模锻件；但是，与整体材料相比，其成本要高出很多。

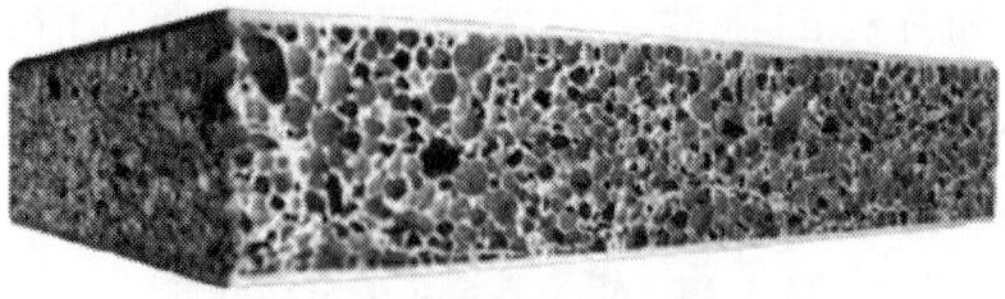

图 3.9 泡沫铝和铝制面板的夹层结构①

陶瓷颗粒强化的铝成型铸件主要采用向熔体掺入碳化硅的方式，使部件具有较高的耐磨强度，并改善其热拉强度，而在很大程度上其强度在室温下保持不变。也可通过粉末冶金的方式实现类似的特性改善，例如对大过共晶铝—硅合金进行喷射成型。通过这种方式生产的半成品同时也拥有明显更低的热膨胀系数（参见第 3 册第 1 章）。

## 3.3.3 对铝制半成品的加工

### 3.3.3.1 对型材的加工

挤压型材大多已通过横截面设计与相应的用途相适应，但是沿挤压方向的直形型材和校直的型材经常需要用切削或锻造法以及弯曲成型或局部横向变形方式进行加工（图 3.10）。

图 3.10 经过弯曲、冲压和压印加工后的保险杠型材②

一般情况下，挤压型材由可热处理的合金制成，并在高温时效状态 T6 或 T7 下使用（图 3.7）。由于在这些状态下成型性有限，因而将具有较高成型度的冷成型集成在制造过程或者热处理过程中，例如在 W 状态下（在淬火后立即进行）。在状态 T4 或 T61 下，变形程度也可能会较大，但是对于 AW-7×××系列的型材来说，需要进行后续完整的热时效。型材部件的二次成型以及按照最严格的成型公差校准可采

① 图片来源：Alulight®国际有限公司。

② 图片来源：Raufoss。

用内高压成型工艺（IHU）实现（参见第3册第2章）。

### 3.3.3.2 金属薄板成型

一般情况下，像金属薄板或带材之类的轧制扁钢产品要进行后续冲压成型。这主要在室温下进行。通过辊轧成型机对带材进行二维成型（例如建筑用梯形料片），并在必要时在生产线中用高频焊接连接成管件（焊接管）。三维成型需要使用挤压装置，借助该装置在由冲头、底模、压边磨具和下冲头（如有必要）组成的模具装置中经过深冲和拉伸成型过程制作凸形和凹形成型元件，通常也同时进行冲边、弯边和折边加工。

这种成型元件重要的应用领域是汽车轻量化结构中的车身部件（图3.11和图3.12）。

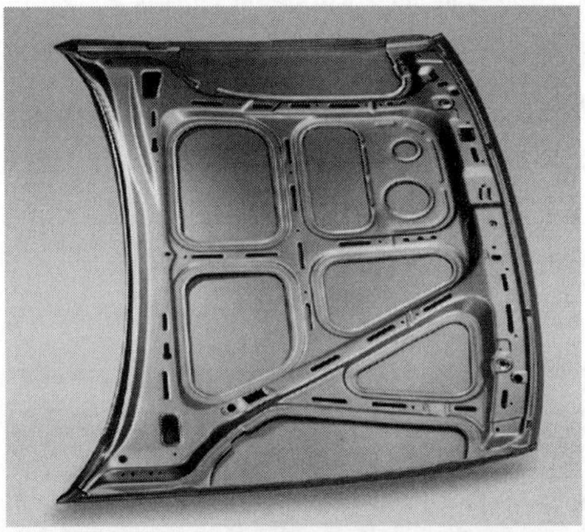

图3.11 铝制轿车发动机盖①

图3.12 在使用片材、型材和成型铸件的情况下的铝制轻量化结构：BMW5（E60，2003）的前车厢②

① 图片来源：Hydro。
② 图片来源：BMW。

车身部件制造对质量要求最高（这一要求以可成型性为前提条件），同时也对模具中的滑动特性以及可靠匹配大批量生产条件，安装（连接技术）和对通常按照混合结构制造的车身的后续涂装提出了较高要求。用一种在成型后不导致表面变化的结构形成此类质量。这种结构将阻碍装饰性涂装并在随后的平整工序中形成一种各向同性的摩擦工艺最佳的表面纹理（EDT 或 Lasertex）。然后，对带材实施去脂、酸洗、转换或阳极氧化工序，并涂覆油脂或者干燥润滑剂，如有必要，还需进行预上漆（Furrer 和 Bloeck，2001）。

目前通过计算机模拟进行成型工艺和模具设计。为此，需要所用金属薄板材的成型参数。在进行初步比较时，可参阅各种来源的铝合金强度和可成型性的典型参数，例如铝材手册（Aluminium Taschenbuch）（2009），Ostermann（2007），Furrer 和 Bloeck（2001）以及在线数据库（AluSelect，2008）。对于具体的合金，板材制造商可使用商用成型模拟程序所需的流变曲线数据和成型极限图。

车身制造中复杂板材成型件的大批量经济生产需要在挤压生产线和模具装置上进行大量的投资。对于小批量车辆或者特种车辆，采用“超塑性成型”工艺进行部件制造是一种替代方案。这种方案是在提高温度和可控的成型速度下在一套模具中按照一定的工序对特殊板材合金进行成型。一个具体的应用例子是摩根汽车公司的“Aero SuperSports”车身（图 3.13）。

图 3.13　摩根汽车公司 Aero SuperSport2011 车型的 AW-5083 板材合金材质的超塑性成型车身①

### 3.3.4　铝合金的分离

铝合金属于最容易进行切削加工且切削加工成本最低的金属。也就是说，该工艺使用较小的切削力、切削温度，且工具磨损率也较低（参阅第 3 册第 3 章）。基

① 板材成型件制造商：英国 Superform Aluminium 公司。

本材料的强度越高，则切削特性越佳。均质可锻材料的切削特性比异质铸造材料更佳，尤其是那些硅含量较高的基本材料。特殊的“自动合金”包含 Pb，Sn 和 Bi 形成断屑的组织成分，易于排屑（EN AW-2007，-2011，-2011A，-2030，-5058，-6012，-6018 和-6262）。目前，干燥加工和微量润滑是常用的工艺。对可锻材料和铸造材料不同的切削类别可相应地使用合适的切削工具材料，也可以利用自动化设备通过高速切削进行经济型加工（Ostermann，2007）。对铝板进行经济型机械加工时需要采取一些特殊措施（Golovashchenko，2006）。在切削/冲制板材部件时会略微产生细毛刺，会影响表面质量。可通过相应调节工具切割边缘几何形状、刀片间隙和在冲压屑下移动下冲头来避免形成细毛刺（Golovashchenko，2007）。对铝材进行激光射线切割或喷水切割同样是一种适用的可行的工艺。

### 3.3.5 表面处理

为达到装饰性或者功能性目的，可以为铝半成品和铝制部件设计不同的表面。下列备选方案的适用性部分针对母体金属（可锻半成品、铸件）和合金的类型：

机械表面加工：刷擦、磨光、陶瓷或金属喷砂处理，以及抛光。

化学表面处理：酸洗、腐蚀、上光，用含 Ti 和 Zr 的氟化物进行附着底层转换来实现涂层转换，以及磷化处理。

阳极氧化（阳极化处理），用于有针对性地以电化学的方式建立一个硬氧化层，作为漆和黏胶的附着底层（未压实，~5 μm 厚度），气候影响和操作影响（压实，~25 μm 厚度）的防护层，磨损和刮擦（Harteloxal，~50~150 μm 层厚度）的防护层，以及天然色或彩色装饰涂层。在 pH 4.5~8.5 的范围内具有耐腐蚀性。

预处理后通过机械、化学或电化学方法进行湿式涂装和粉末涂装，以进行涂层转换及腐蚀防护。如果在涂覆涂层前表面未经预处理或者预处理不当，则可能会造成上漆的表面发生腐蚀性渗透，即所谓的丝状腐蚀。

电镀（镀铜、镀镍、镀铬、镀锌、镀锡、镀黄铜、镀银和镀金），一般情况下以多阶段的工序实施。

用氧化物陶瓷粉末进行热喷涂（特别是等离子喷涂），大多用于磨损保护。

### 3.3.6 连接

连接技术是铝轻量化结构的关键技术。由于每个连接部位都是结构中的一个潜在的薄弱部位，因而慎重选择、实施工艺是极为关键的。一般情况下，要根据连接的承载能力和使用寿命对承载的安全性结构进行测量。具体如何执行请参见第 4 册的说明。本节仅涉及很少几种铝材的数据。

**热连接**

铝及其合金的可熔焊性请参见表 3.5~表 3.7，以及表 3.10 和表 3.11 中有关惰性气体保护焊（MIG）和钨极惰性气体保护焊（WIG）工艺的说明。尤其是铜含量低于 5% 质量百分比的合金和低合金铝—镁合金易于形成焊接裂纹。除了 MIG 和

WIG之外，在铝材上也使用电阻焊、闪光对焊、摩擦焊、激光束焊和电子束焊（AluMatter）。

硬焊之类的连接工艺特别适合用在铝材上，原因是可以事先用滚压包层法将焊剂（低共熔铝—硅合金）涂覆在铝基材上。在批量生产热交换器时可以在炉内钎焊时相互连接任意多的（平面的）接触部位。

焊接和钎焊时必须注意，施加的热有时可能会改变材料状态。除了“软”状态之外，热影响区域内的焊接连接强度会明显降低。由于晶界熔化，熔距大的合金在进行熔焊时可能会形成热裂纹。

通过提高熔池凝固时剩余共晶的比例来避免形成热裂纹。也就是说，不可热处理的铝—镁材料比镁含量超过3%的较高强度的材料更易于焊接。这也适用于焊接填料。对于这些合金，要注意冷作硬化基材的软化问题。镁含量超过3%的铝—镁合金可能对晶间腐蚀更敏感。

对于在一般情况下不可使用特有填料进行焊接的淬火合金，热影响区域会出现强度损失。随后重新进行低温时效或高温时效不会使强度明显提高。除了这个规则之外，不含铜的EN AW-7××× 铝—锌镁合金可在焊接之后通过低温或高温时效在热影响区达到完全的基材强度；但是，建议对这种铝—锌镁合金进行后续高温时效，以防止在腐蚀性的环境下出现层状腐蚀。



可以使用合适的焊剂对铝合金进行软焊，但是对于结构应用来说这种工艺不适用。例如在生产热交换器时使用炉内或金属浴硬钎焊很常见，但是很少用于结构性目的。近来开始考虑采用局部激光束加热硬钎焊（也用于铝/钢混合连接），在这里应注意选用合适的焊剂并对其进行适当的处理。

**机械连接**

机械连接工艺就是所谓的“冷”连接工艺，适用于所有的铝合金，且不会由于温度影响组织结构。此外，它在混合结构中具有特殊的意义。关于机械连接的详细说明请参阅第4册第1章。更多详细信息还可参阅文献（AluMatter）。

**黏合连接**

过去几年开始采用铝材结构黏合连接。这尤其用于汽车轻量化结构的混合结构中，例如宝马“GRAV”中钢与铝的黏合。黏合连接的质量取决于连接件表面的湿润情况，还取决于连接件上黏合剂的黏性（附着性）和黏合剂的内部强度（内聚性）。

与上漆前的预处理类似，专业预处理是可靠和永久性黏合的前提。要注意的是，黏合剂硬化的温度可能会导致铝合金产生硬化或软化效应（参阅第4册第4章）。

**搅拌摩擦焊（FSW）**

用于材料配合连接的一种比较新的连接工艺是搅拌摩擦焊，用一个旋转“手指”（搅拌棒）以机械方式挤压并走过牢固夹紧的塑性连接缝。由于在这个过程中不熔化基材，因此也可以通过材料配合连接不可焊接的高强度铝合金。工艺加热的软化影响较小，几乎无切口应力影响的接缝形状会产生相对较高的静态强度和疲劳强度。

### 3.3.7 维修可能性

对因事故或者滥用造成的铝制部件或铝制结构损坏进行手工维修很常见，也可行，但是需要具备铝材方面和铝材结构方面的专业知识。许多在工业化生产中使用的工艺（例如无铆钉连接或焊接）通常不适于手工作坊而必须用可用于单件生产的技术来代替。特别是对于安全部件或者带电子元件的复杂装置，应阅读维修手册中的说明。

## 3.4 结构设计方面

### 3.4.1 减重原则

在研发铝制轻量化结构时应考虑下列方面：

轻量化结构应尽可能轻。这种一般性规定意味着要通过充分利用材料尽量减重，因而表面上看使用的轻量化材料的强度值较高！但这个结论也可能会产生误导！

所使用材料的比重量无疑对选择轻量化结构的材料起着重要的作用。将轻量化部件与由不同材料（材料体积相等）制成的部件重量相比，就可得出材料重量变化与材料比重量之间的关系。因此，钢制部件的重量可能是铝制部件的 3 倍。然而，由于具有不同的材料特性以及不同的要求，大多数实际情况下仅能降低 35% ~45% 的重量。受制造技术所限，充分利用材料是有一定限度的（例如受制造技术或者连接强度所限，型材和铸件有最小壁厚的限制）。由于技术特性与合金的种类有关，因此材料和设计方案必须解决最优利用材料的可能性。

由于部件很少“完全由一个铸件”组成，而大多由不同的组件组成，因此连接技术在结构设计方面起着非常重要的作用。连接的特性同样很大程度上取决于材料并且大多数情况下与静态强度值不成比例。因此，在选择材料时必须考虑连接类型的特点。

### 3.4.2 弹性材料特性和轻量化程度

弹性特性属于结构材料重要的特性。所有承受支承负荷的结构一般情况下在负荷下都会产生一定的允许的弹性变形。负荷下的变形程度有多大，取决于材料、结构和负载类型。这种与部件相关的弹性特性被称为刚性。

弹性模量或者抗剪模量是纳入刚性计算的基本材料特性。部件横截面和断面惯性矩取决于结构设计并且是基本变量。根据应力类型（尤其是扭转应力和弯曲应力），这些变量会影响可实现的轻量化程度。下面我们将详细予以说明。

**扭应力**

在确定某种规格钢材或铝材的扭转刚性时，应区分薄壁横截面的特性和部件实心横截面的特性。对于薄壁横截面（例如薄壁管路），应考虑两种情况：① 平均直径相等的情况；② 壁厚相等的情况。在扭转刚性相等的情况下，如果是情况①，铝部件的壁厚必须增加3倍，因此并没有重量优势。如果是情况②，则铝管的直径将增大44%。相对于钢制规格来说，铝制规格在相同的扭转刚性的条件下具有52%的重量优势。对于实心横截面的圆形扭力杆，与钢材相比，铝材可获得42%的重量优势，但同时必须将直径增大32%。

**弯曲应力**

弯曲应力取决于弹性模量 $E$ 与断面惯性矩 $I$ 的乘积。在比较钢制和铝制弯梁时，在刚性相同的情况下，则 $E_{St} \cdot I_{St} = E_{Al} \cdot I_{Al}$。也就是说，铝制弯梁的断面惯性矩必须为钢制弯梁的3倍。由于断面惯性矩约等于弯梁宽度与弯梁高度3次方的乘积（$I \approx b \cdot h^3$），因此通过加大弯梁高度可大大提高断面惯性矩，并根据横梁横截面的设计情况获得最大约40%的重量优势。

上述示例表明了3个基本的结构设计原则：满足刚性标准降低了充分利用铝材相对于钢材密度较小的可能性。最大程度降低重量以获得最佳的轻量化需要注意应力类型，且要根据用途对部件进行设计。

在使用铝材代替钢材时，为了实现可观的轻量化效果，需要采用较大的结构体积，以满足相同的刚性标准。结论也表明，在轻量化部件承载能力相同的情况下，铝合金必须满足较低（例如比钢材低）的强度要求。这对可加工性、可变形性及相对疲劳极限都有积极的影响。



通过智能横截面设计，可以在设计挤压型材时得出特别好的结果。对于挤压型材支架，可以在发生凹坑危险的横截面范围内布设强化实心或空心肋条，以改善稳定性。此外，型材横截面中的空腔对于扭转刚性有积极的影响。如果用于稳定性用途的加固件可同时承担像安装辅助件和固定辅助件之类的其他功能，则可以达到设计最优化的目的。

如果涉及碰撞相关的结构（例如轿车保险杠），则通过使用较高强度的合金达到一定的超尺寸可能是一种优势。原因是铝制部件比具有相同刚性的钢制部件既可吸收高得多的弹性能量，也可吸收较高的变形能量（图3.14）。在情况①下，钢制型材和铝制型材具有相同的屈服极限：在超过屈服极限前，铝制保险杠型材的弹性吸能能力是相同刚性的钢制保险杠的3倍。

如果使用较高强度的钢材（例如屈服极限增加两倍），则两种方案的弹性吸能能力基本相同，然而铝材始终可降低40%~50%的重量，参见情况②。

### 3.4.3　冲击负荷下的特性

一般情况下以 $d\varepsilon/dt = 2\times10^4\ s^{-1}$ 的伸长速度确定机械特性，而高冲击负荷下（例如碰撞时）的材料要承受最大 $10^3\ s^{-1}$ 的伸长速度。不同的材料在强度值（$R_m$，$R_{p0.2}$）和可变形值（$A_5$，$Z$）方面对这种高负荷速度有不同的反应。图3.15说明了铝材典型的特性。这里涉及两种6×××和7×××合金类高温时效平均强度的合金。此外还图示了处于过硬化状态（T7）下7×××合金的性能。

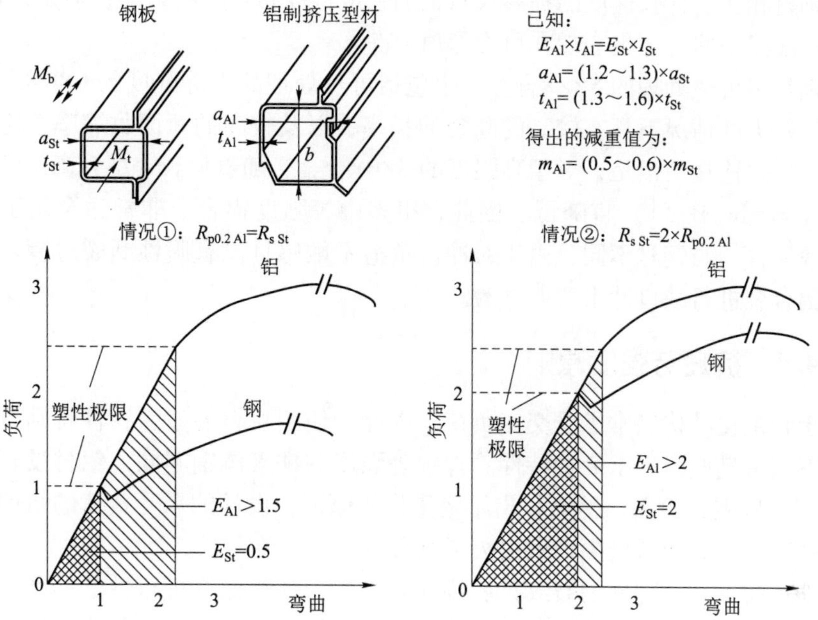


图 3.14　相同刚性的钢制和铝制支架的弹性吸能①

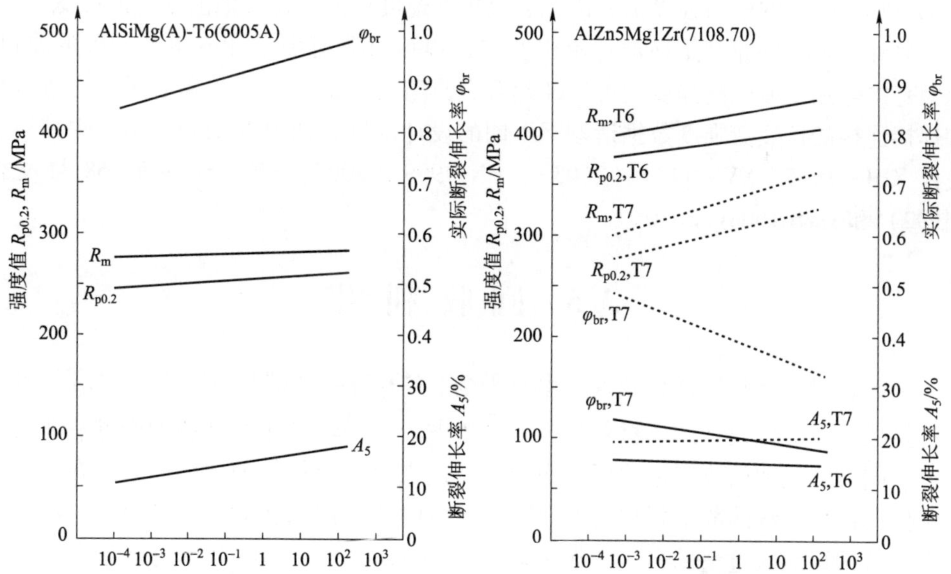


图 3.15　伸长速度对铝合金 6×××和 7×××机械特性的影响②

① 图片来源：Hydro。
② 图片来源：Hydro。

与钢材相比，伸长速度的提高仅对铝的强度特性有较小的影响；但是，7×××合金反应略敏感一些。这也表现在可变形值上。

特别是不可热处理的5×××合金，也包括可热处理的中等强度的6×××合金，在伸长速度较大的情况下具有较高的断裂伸长率，以及较高的断面收缩率。这一论断也适用于熔焊连接。但是，对于高强度的7×××合金，随着伸长速度升高，断面收缩率（$Z$ 或 $\varepsilon_f=\ln(1-Z)$）将降低。因此，很多中等强度铝合金非常适合用于制造吸能的碰撞元件。与钢材不同，由于对冲击负荷不敏感且没有脆性断裂过渡，因此一般不对铝合金进行缺口冲击弯曲试验。

### 3.4.4 抗疲劳强度原则

由于轻量化结构经常承受交变负荷，因此所使用材料的疲劳特性特别重要。一般情况下用韦勒曲线表示疲劳特性。与中等强度的铁素体钢不同，铝材没有抗疲劳强度（疲劳极限）下限。然而，出于轻量化的原因，设计的承受负荷的结构要能承受使用强度，此时疲劳极限也就失去了意义。

振动负荷下开裂部件的裂纹扩展特性同时作为计算操作可行性的标准。断裂力学基础上的材料特性图表明，在相同的应力强度振幅下，与钢材相比，铝合金具有更高的裂纹扩展速度。但是铝制部件由于刚性的原因具有较大的横截面，因而在裂纹部位具有较低的应力强度值，因此裂纹扩展速度可能要比类似的钢材部件低。



另一个重要的原则是在部件上以及进行焊接时要避免设计或生产所致的缺口。原因是中等强度或较高强度的可热处理合金具有更大的缺口应力集中敏感性。基材和焊接连接的抗疲劳强度数据请参阅不同的设计准则，如 DIN 4113，国际焊接协会文件 XIII - 1965/ XV - 1127 （2003），EN 1999 （2005），ECCS——第 68 号文件（1992）和 DVS 1608（2010）。

## 3.5 回收利用

今天，对于所有的材料来说，生态平衡、$CO_2$污染（碳足迹）和回收利用都是一种挑战，在结构设计选择材料时应予以考虑。环保轻量化产品和生产方法非常受欢迎，同时节能和回收利用的压力增加了。这强化了铝材的地位，原因是在交通技术中使用铝材节约的能量要超过生产原生金属时所使用的相对高的能量。这些能量大多可从偏远地区过量的再生能源中获得（例如水力）。回收利用的能量需求仅为5%。铝材的回收利用在经济上具有吸引力。作为废金属，铝材始终仍具有约 2/3 的新价值，回收利用率相应较高（在建筑和汽车制造中约占 95%）。约有 3/4 的旧铝还在继续使用，且这种趋势越来越明显。

为了在重复利用废旧材料时实现尽量高的材料质量，应按照合金种类进行分类。尤其对于混合结构，应以单一种类的分离能力为前提条件。这应在结构设计和加工时予以考虑。

## 3.6 铝材的应用

轻量化应用方面最著名的示例是在运输业，即在飞机、汽车、载重车、船舶和轨道车辆制造方面，在这些领域，机械强度与重量的比值是非常重要的。

1900 年左右初次建造的“齐柏林”飞艇（图 3.16）和 A. Wilm 于 1906 年发现的可热处理硬铝合金是首次使用高强度铝合金的里程碑。

图 3.16 现代化“齐柏林”飞艇的内部结构［2011 年制造，目前仍在生产支承结构的铝制基本元件。3 个纵梁由铝材制成（金黄色），横梁由碳纤维增强塑料制成（黑色）］①

截至今天仍在对高强度和抗疲劳铝合金进行新的研发（例如铝锂合金）和后续研发。这满足了高要求并部分满足了不同的要求（例如飞机机翼上下侧的高耐压强度或抗拉强度）；同时，在飞机制造中对安全性方面并没有妥协。此外，运行中进行故障识别和维修保养也非常重要。

在飞机制造业中，复合材料是新一代飞机的一个转折点。为此，近些年来铝越来越多地被用于快速和高能效大宗运输的交通工具中，如自行车、商用车、公共汽车、轨道车辆（高速火车、地铁、有轨电车）、快轨、豪华游轮等。由于需要频繁加速和减速，因而轻量化结构不仅适用于高速火车，而且从节能角度来说也特别有效。此外，相对于普通的钢制结构，采用铝挤压型材的整体结构在成本上也具有竞争力。

铝材具有广阔的前景，尤其是在汽车制造中获得了持续不断的发展（参见图 3.17）。轿车中采用铝材后降低了发动机动力总成、变速箱、散热装置、加热装置、底盘、车身和挂车件的重量并由此降低了油耗和二氧化碳排放。此外，行驶性

① 图片来源：ZLT 德国齐柏林海运有限公司。

能也得到了改善。由于提高的材料成本迅速被分摊掉了，铝制部件在中级和小型车中的应用比例也增加了。轻量化结构也明显增加了载重车和公共汽车的装载量并降低了轴载。由于铝材的优势，其也在欧洲汽车制造商进行大规模研究的高效混合结构中得到全面应用［例如在“超轻型汽车（Super Light Car）”项目中（Hirsch 等，2009）］，并且其低廉的成本和满足需求的大批量生产能力也得到了验证。

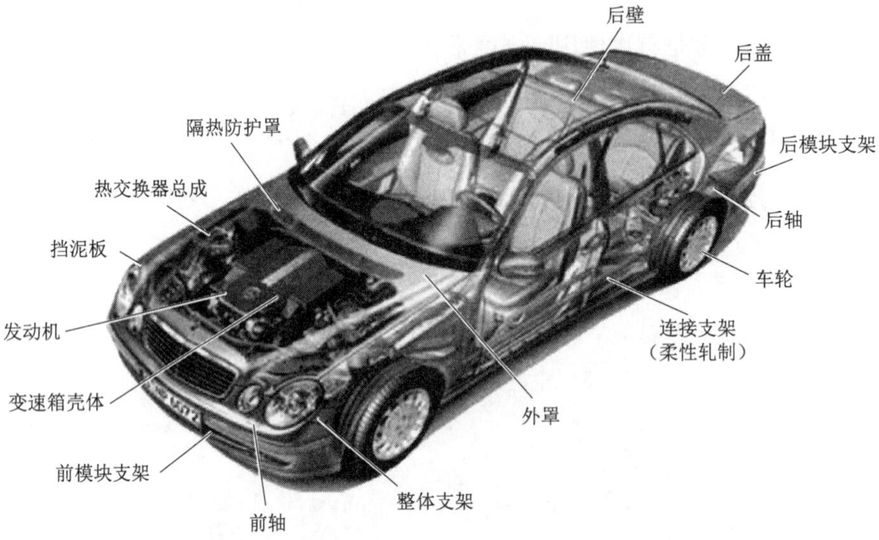


图 3.17　汽车中铝材的应用①



采用铝材的有利轻量化结构的一个最新示例是在制造高效太阳能发电站中使用挤压型材。它通过移动的抛物面镜将太阳光集束起来并由此达到较高的效率。此时，简单的（轻质的）和高精度的稳定结构设计起着关键性的作用（图 3. 18）。在这

图 3.18　移动式太阳能电池板的铝制型材②

① 图片来源：戴姆勒-梅赛德斯奔驰。

② 图片来源：Hydro。

里，挤压型材可提供最佳的和成本低廉的解决方案，它已被成功地用在日照较多地区、最大功率可达 250 MW 的设备中。

## 3.7 总　　结

轻量化设计的基本方法并不取决于所使用的材料，但是不同的材料通常会有不同的解决方案。这可产生直接的或间接的经济后果。对于铝材来说，原始材料可进行大量成本低廉的成型，尤其是通过成型铸造工艺和挤压技术。巧妙地充分利用这个潜力可减少总是会导致结构薄弱部位的连接的数量。如果要求在考虑制造过程中所造成的材料公差，同时不采取附加的校准加工和精加工的情况下实现设计和生产技术方案，则铝材所具有的优势将十分明显。

对于带有其他金属材料的混合结构尤其要注意兼容性，其中包括不同的弹性特性，不同腐蚀工作条件影响下的电化学特性，不同的加工、工作和维修条件下的热伸长特性，以及涂装技术和摩擦性能方面不同的表面特性。

此外，在考虑所述各方面的情况下，在生产铝制部件时通过像轧制、挤压、锻模、冲挤、成形铸造等加工过程中几乎无限制的设计可能性促进轻量化原则要求的贯彻实施。因此，应在两个重要方面进行复杂部件的特殊设计：

设计部件横截面时应得到一个最佳的质量分布。这可通过相应的度量和分配所需的部件质量来实现，而部件质量与惯性矩相关。在结构设计和外型设计时应将重点放在使用合适组件时符合功能的整体结构上。

在由挤压铝制型材或者成型铸件组成的整体结构中，可以制造预装配部件。这种部件必须是由其他材料以较大成本组装而成的。这可平衡铝材较高的价格。这需要与制造商紧密合作且具有针对不同半成品类型最佳设计方法方面的知识。

在此还要必须开发“铝思维”。除了本书之类的手册之外，以因特网为基础的诸如维基百科之类的信息也起着越来越重要的作用。对于采用铝材的轻量化结构方面，尤其要提到国际在线学习工具“AluMatte”（www. alumatter. info）和“Aluminium in Structural Applications（结构应用中的铝材）”模块以及汽车制造相关的“Aluminium Automotive Manual（铝材汽车手册）”AAM（www. eaa. net/aam）。

在设计轻量化结构时，必须合理地匹配材料特性，例如弹性（刚性）、屈服极限、断裂韧性和疲劳强度，由此可对所有可用的轻量化材料进行比较（AluMatter, AluSelect）。

原则上可以确定，铝有实力应对市场对轻量化材料的高要求，但是此类材料必须由高成本来推动。这在成本上使得产品受挫。以前只有航空航天业做好了准备去承担降低每千克重量所产生的适当的额外费用，并由此促进了新材料的开发，而现在这也越来越多地适用于整个运输行业（汽车、载重车、轨道车辆、船舶、自行车等），原因是这样可对性能效率、生态和经济产生显著的积极影响。

优化材料和合金的目的在于以需求为导向对半成品的性能进行优化，对其进行协调且经济地生产和加工，以及由客户或在使用中对其进行再加工。

## 3.8 附加信息

### 参考文献


[1] Aluminum Design Manual. The Aluminium Association, 2010.

[2] Aluminium Taschenbuch-Bd. 3: Weiterverarbeitung und Anwendung. 16. Aufl., Aluminium-Verlag GmbH, Düsseldorf, 2003.

[3] Anderson, T. (Hrsg.) Welding Aluminum-Ques-tions and Answers. Aluminium Association, 2010.

[4] BGR. Bundesanstalt für Geowissenschaften und Rohstoffe, Bericht, Hannover, 1998.

[5] Dwight, J. Aluminum Design and Construction. E & FN SPON, New York, 1999.

[6] Furrer, P.; Bloeck, M. Aluminium-Karosseriebleche: Lösungen für den kosteneffizienten Automobilleichtbau. Verlag Moderne Industrie, Landsberg/ Lech, 2001.

[7] Golovashchenko, S. F. A Study on Trimming of Aluminum Autobody Sheet and Development of a New Robust Process Eliminating Burrs and Slivers. International Journal of Mechanical Science, 48, 2006, S. 1384-1400.

[8] Golovashchenko, S. F. Robust Trimming of Automotive Panels. Mater. Sci. Forum, Bd. 539-543, 2007, S. 423.

[9] Habenicht, G. Kleben-Grundlagen, Technologie, Anwendungen. 3. Aufl., Springer Verlag, Berlin/ Heidelberg, 1997.

[10] Hahn, O.; Klemens, U. Dokumentation 707: Fügen durch Umformen, Nieten und Durchsetzfügen-Innovative Verbindungsverfahren für die Praxis. Studiengesellschaft Stahlanwendung e. V., Düsseldorf, 1996.

[11] Hatch, J. E. Aluminum-Properties and Physical Metallurgy. ASM American Soc. For Metals, Metals Park Ohio, 1984.

[12] Hirsch, J. Aluminium Alloys for Automotive Application. Mater. Sci. Forum, Bd. 242, 1997.

[13] Hirsch, J. (Hrsg.) Virtual Fabrication of Aluminium Products—Microstructural Modeling in Industrial Aluminium Processes. Wiley-VCH Verlag, Weinheim, 2006.

[14] Hirsch, J.; Bassan, D.; Lahaye, C.; Goede, M. Aluminium in Innovative Light-weight Car Design (Results of the SLC Project for Aluminium Processing and Applications). Proceedings Int. SLC Conference: "Innovative Developments for Lightweight Vehicle Structures", Wolfsburg, Mai 2009, S. 101-114.

[15] Kissell, J. R.; Ferry, R. L. Aluminum Structures: A Guide to Their Specification & Design. 2. Aufl., J. Wiley & Sons Inc., New York, 2002.

[16] Krüger, U. Geschichte des Metall-Flugzeugbaus-Werkstoffe, Schweißen und Löten, Konstruktionen. DVS-Media GmbH, Düsseldorf, 2008.

[17] Ostermann, F. Anwendungstechnologie Aluminium. Springer Verlag, Berlin/Heidelberg, 2007.

[18] Voce, E. J. Inst. Metals, 74, (1947-1948) S. 537.

## 标准和规程

[1] Hobacher, A.（Hrsg.）IIW-documentXIII-1965-03/ XV-1127-03. Recommendations for Fatigue Design of Welded Joints and Components. International Institute of Welding.

[2] EN 1999：Bemessung und Konstruktion von Aluminiumtragwerken. Teil 1 - 3：Ermüdungsbeanspruchte Tragwerke.

[3] ECCS-European Recommendation for Aluminium Alloy Structures Fatigue Design. ECCS-Dokument Nr. 68，Brüssel，1992.

[4] DVS 1608：Gestaltung und Festigkeitsbewertung von Schweißverbindungen an Aluminiumlegierungen im Schienenfahrzeugbau. DVS-Verlag，Düsseldorf，2010.

## 网址

[1] www. aluminium. matter. org. uk（数据库）.

[2] www. eaa. net/aam（数据库）.

[3] www. aluinfo. de.

# 4

# 镁材

*Peter Kurze*

作为一种既古老又较新的最轻金属结构材料，镁材在许多领域都得到了广泛的应用。从镁的历史看，镁可被称为典型的“欧洲金属”，因为它与很多著名的欧洲人士有关。它的名字源于一个位于希腊东部的名为 Magnesia 的地区。1808 年，英国人 Humphry Davy 发现了镁。1828 年 Franzosen A. Bussy 大量制备了镁。1830 年，德国人 Justus von Liebig 确定了其特性。1833 年英国人 M. Faraday 借助电解法制成了镁，德国人 Robert Bunsen 研发出一种电解槽。他们都是镁的奠基人，即便在今天为取得镁也还得使用上述方法。最终，1886 年，在德国不来梅市的 Hemelingen 开始了镁的首次工业化生产。20 世纪 30 年代，德国对镁的需求大增。例如在大众甲壳虫的大批量生产中就开始使用镁材（发动机组/变速箱壳体中使用了 21 kg 的镁）。根据记载，1939 年就已经有了较高水平的镁技术（Beck，1939）。



可惜在第二次世界大战期间失去了使用这种材料的大量经验。21 世纪初（尤其在高技术领域内），加强轻金属结构材料（表 4.1）的使用，以降低重量，并节约能源，是一种挑战。典型的领域是汽车制造、航空航天、机械制造以及电子和电气技术。

**表 4.1　轻金属的相关特性**

| 轻金属 | 晶体结构符号 | 密度/（$g \cdot cm^{-3}$） | 化学反应 | 标准还原电位 $E°$/V（Weast，1987） |
|---|---|---|---|---|
| 镁 | Mg（2） | 1.7 | $Mg^{2+} + 2e^- \rightleftharpoons Mg$ | −2.37 |
| 铍 | Be（2） | 1.85 | $Be^{2+} + 2e^- \rightleftharpoons Be$ | −1.85 |
| 铝 | Al（1） | 2.7 | $Al^{3+} + 3e^- \rightleftharpoons Al$ | −1.66 |
| 钛 | Ti（2） | 4.5 | $Ti^{2+} + 2e^- \rightleftharpoons Ti$ | −1.63 |
| （1）立方体　（2）六边形 | | | | |

一方面，在同时利用镁的有利的机械和物理特性的情况下，使用镁材有节约重量的巨大优势；另一方面，镁材本身极易腐蚀，故即使是现在，由于诸如侵蚀性介

质（冬季道路上的化雪盐）的负荷和空气污染的影响（例如 $SO_2$），人们在使用镁材时也会心存顾虑。在这种情况下，不仅要考虑到镁的一般性腐蚀，而且要考虑双金属腐蚀（也称电镀腐蚀或接触腐蚀）的后果。镁及其合金是最轻的，但也是最廉价的轻金属结构材料。

## 4.1 纯金属镁

镁（Mg）是元素周期表中第二主族的元素。其原子序数为 12，相对原子质量为 24.305 0。这种金属在自然界中不以单质形式存在，而仅以化合物（主要是碳酸盐、硅酸盐、氯化物和硫酸盐）形式存在。这种化合物在自然界中很常见，例如整个山脉（例如白云石山脉）由含镁的矿石［白云石 $CaMg(CO_3)_2$］组成。

在氧化镁制成的 Dow 熔解槽中用熔化的氯化镁来制备镁。阴极上分离出的镁会被撇除，而阳极上产生的氯气返回到工艺中。纯镁和按传统方法铸造的镁合金在六边形最致密的球体填充（hdp-网格）中结晶，而不会改质。其具有明显的各向异性，因而不太适合进行冷加工。

在低于 225 ℃ 的温度下，只能通过 {0001} <11$\bar{2}$0>基的滑移和棱锥形晶粒 {10$\bar{1}$2} <10$\bar{1}$1>孪晶形成来进行变形。如果温度超过 225 ℃，则因形成了新的滑移面 {1011}，可变形性大幅增加。因此，在此温度范围内可进行大幅变形（Emley，1969）。在进行镁合金的挤压和轧制时必须注意上述实际情况。纯镁的特性请参阅表 4.2。

选择并添加合金元素，可以大大改进纯镁的特性。镁合金以其良好的加工和处理特性著称。一般情况下表现为下列特性：

- 在金属轻量化材料中其密度最低。
- 强度系数高。
- 阻尼性能高。
- 铸造性能极好。
- 保护气体下有良好的可焊接性。
- 易于切削成型，例如铣削、车削、锯断。
- 完全可回收利用性。

但是在使用镁合金时相对于上述特性也有一些消极的方面。除了 225 ℃ 以下冷成型性较差之外，在凝固时因强烈的收缩也会造成约 4% 的微气孔率或者在冷却到室温时产生的 5% 的微气孔率。与使用镁合金相比，其韧性较低，且切口较敏感（Eschelbach，1969）。

镁的静态和动态性能同样低于相竞争的铝的相应数值，例如弹性模量；但是较低的弹性模量也可能具有优势，例如阻尼特性较好。尽管如此，镁材在以节约重量为优先级的地方应用非常广泛。

表 4.2 纯镁的特性①

| 镁以理想轴比 $c/a=1.62$ 晶化 hdp | |
|---|---|
| 密度/ $(g \cdot cm^{-3})$ | 1.74 |
| 熔点/℃ | 650 |
| 沸点/℃ | 1 110 |
| 镁以理想轴比 $c/a=1.62$ 晶化 hdp | |
| 热膨胀系数(20 ℃~500 ℃)/$(10^{-6}K^{-1})$ | 6.6 |
| 热导率/[W·(cm·℃)](20 ℃) | 5.44 |
| 热导率/[W·(cm·℃)](1 106 ℃) | 7.52 |
| 比热/[J·(g·℃)](0 ℃) | 0.142 |
| 比热/[J·(g·℃)](1 227 ℃) | 0.161 |
| 导电率/$(\mu\Omega \cdot cm^{-1})$(20 ℃) | 12.43 |
| 导电率/$(\mu\Omega \cdot cm^{-1})$(1 000 ℃) | 54.8 |
| 比热容量 $c_p/(J \cdot kg^{-1} \cdot K^{-1})$ | 1 017.4 |
| 热导率 $\lambda/(W \cdot m^{-1} \cdot K^{-1})$ | 157.4 |
| 热膨胀系数 $\alpha/(10^{-6} K^{-1})$ | 24.5 |
| 比电导率 $\chi/(MS \cdot m^{-1})$ | 22.2 |
| 电阻率 $\rho/(\Omega \cdot cm)$ | $4.5 \cdot 10^{-6}$ |
| 电阻的温度系数 $\alpha/K^{-1}$ | $4.2 \cdot 10^{-3}$ |
| 弹性模量 $E$/GPa | 44.3 |
| 切变模数(抗剪模数) $G$/GPa | 17.4 |
| 泊松数 $\mu=0.27$ | |
| 抗拉强度 $R_{m铸造}$/MPa<br>$R_{m挤压}$/MPa | 98~128<br>245 |
| 断裂伸长率(铸造)$A$/%<br>(挤压)$A$/% | 5<br>10 |

尽管研发高纯度镁合金以及添加特殊的合金元素（例如稀土）可提高耐腐蚀性，但是还是有以镁合金腐蚀作为理由反对使用镁合金的声音。图 4.1 展示了不同的镁合金与铝压铸合金腐蚀率的比较。从该图可以看出，例如 AZ91（含重金属的旧型号）比 AZ91HP 的腐蚀率因数高 19 倍。高纯度镁合金在腐蚀率方面与常见的铝压铸合金类似。这个例子表明镁的腐蚀性问题已可完全解决。

① Merkel/Thomas，2003。

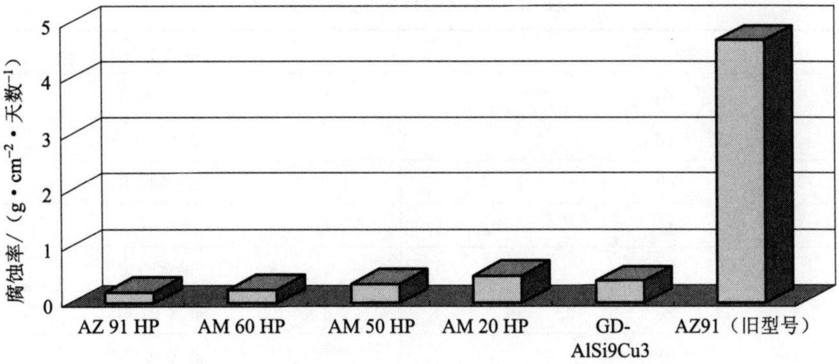


图 4.1　与铝压铸合金相比，不同镁合金的腐蚀率

# 4.2　镁　合　金

## 4.2.1　镁合金的分类和术语表

全球已全面使用 ASTM 标准（ASTM-B275）的命名。主合金元素的缩写字母（表 4.3）后面加上取整的质量百分比来对合金进行标记（ASTM-B94）。



**表 4.3　镁合金元素的缩写字母**

| 缩写字母 | 合金元素 | 缩写字母 | 合金元素 |
|---|---|---|---|
| ×× A | 铝 | N | 镍 |
| B | 铋 | P | 铅 |
| C | 铜 | × Q | 银 |
| D | 镉 | R | 铬 |
| × E | 稀土 | × S | 硅 |
| F | 铁 | T | 锡 |
| H | 钍 | × W | 钇 |
| × K | 锆 | Y | 锑 |
| L | 锂 | ×× Z | 锌 |
| ×× M | 锰 | | |
| ××非常常见　×常见　未标记：少见 | | | |

可以将 A，B，C 和 D 这 4 个字母置于后面，这些字母表示污染程度。后面的字母 X 代表这是一种试验性合金。T1~T6 表示热处理状态。在欧洲通常将含义为 High Purity（高纯度）的缩写 HP 置于后面，而在 ASTM 标准中则使用字母 D。

我们以 AZ91D 为例进行说明。AZ91D（含义与 AZ91 HP 一样，根据 DIN 标准则为 GD-MgAl9Zn1）代表含有质量百分比为 9% 的高纯度铝和质量百分比为 1% 的高纯度锌的镁合金。ASTM B-94 规定铸造的 AZ91D 由表 4.4 所列化学成分组成。

表 4.4　AZ91D 的化学成分

| 合金金属 | 质量百分比/% |
|---|---|
| 铝 | 8.3~9.7 |
| 锌 | 0.35~1.0 |
| 硅 | 最多 0.10 |
| 锰 | 最少 0.15 |
| 铜 | 最多 0.0 |
| 铁 | 最多 0.005 |
| 镍 | 最多 0.002 |
| 其他 | 最多 0.02 |

## 4.2.2　合金元素的影响

像其他金属一样，镁合金的特性也由加入的合金元素的种类和数量决定（表 4.5）。

表 4.5　各种合金元素对镁合金特性的影响

| | |
|---|---|
| 铝 Al | 铝是主合金元素。所有技术上使用的镁合金中都含有铝元素。它提高了抗拉强度和硬度。其中，硬度的提高主要基于 $Mg_{17}Al_{12}$ 相位的形成（在不超过 120 ℃的温度下较稳定）。它可决定性地改善镁合金的可铸造性。其缺点是形成微孔隙的可能性较大 |
| 银 Ag | 与稀土化合后可明显提高耐热性和耐蠕变性，但耐腐蚀性可能变差 |
| 铍 Be | 向熔液中添加低浓度铍（<30 ppm），可明显降低熔液的氧化反应 |
| 钙 Ca | 具有颗粒细化效果并可提高耐蠕变性；但是有黏合在模具中的倾向，且容易形成热裂纹 |
| 锂 Li | 在环境温度下发生固溶强化，密度降低，可延性提高。熔液的蒸发特性、耐火性能和耐腐蚀性会产生明显的负面影响 |
| 锰 Mn | 提高了抗拉强度和耐腐蚀性，并导致颗粒细化且可改进可焊接性 |
| 稀土 缩写为 RE | 在镁合金中，钇、钕和陶瓷形成稳定沉淀，明显提高了热拉强度、耐蠕变性和耐腐蚀性 |
| 硅 Si | 可铸造性变差，但提高了耐蠕变性 |
| 钍 Th | 钍是提高镁合金热拉强度和耐蠕变性的最有效元素（可惜具有放射性） |

续表

| | |
|---|---|
| 锌 Zn | 如铝一样，可铸造性提高，且提高了强度。因此，可通过添加不超过 3% 质量百分比的锌来提高疲劳强度和抗拉强度。但是，像铝一样，微孔隙有增多的趋势，在含量超过 2% 质量百分比时有形成热裂纹的趋势 |
| 锆 Zr | 在不降低伸长率的同时提高抗拉强度（颗粒细化），但是不可将锆加入含铝或者含硅的熔液中 |

镍、铁和铜这 3 种合金元素对镁合金的腐蚀稳定性影响最大。在高纯度合金中，镍的最高含量为 0.002% 质量百分比，铜为 0.03% 质量百分比，而铁为 0.005% 质量百分比。高纯度合金始终用于高端应用中。

# 4.3 镁合金的特性

## 4.3.1 机械特性

一般情况下，镁合金在-50 ℃～约+100 ℃的低温范围内具有良好的机械特性。某些特种合金（例如 ZE41 和 WE43）可被用在更高的温度下（不超过 300 ℃）。典型的机械特性请参见表 4.6。这些数据是用 6 倍模具在冷室压铸机上铸造的试棒（冲击试验尺寸 10 mm×10 mm×55 mm）的平均值。

机械特性很大程度上取决于合金成分、制造工艺及其参数。在低温下，合金的抗拉强度和 0.2% 的屈服强度将会更高，随着温度下降伸长率也下降。镁合金在较高的温度下（100 ℃以上）才会发生极为明显的蠕变。

相对于铝合金，镁合金的弹性模量要低得多（室温下，镁合金的弹性模量为 45 GPa，而铝合金则为 71 GPa）。随着温度升高，弹性模量会降低。一般情况下，高阻尼特性与低弹性模量相关。因此，镁合金具有极高的阻尼特性，即比钢或者铝合金高得多的阻尼特性。

**表 4.6 镁压铸合金的机械特性（Hydro Magnesium，2001）①**

| 特性 | 单位 | AZ91 | AM 60 | AM50 | AM 20 | AS41 | AS21 | AE42 |
|---|---|---|---|---|---|---|---|---|
| 抗拉强度，$R_m$ | MPa | 248 | 247 | 237 | 206 | 240 | 230 | 237 |
| 0.2%-屈服极限，$R_{p0.2}$ | MPa | 148 | 123 | 116 | 94 | 130 | 120 | 130 |
| 抗压强度 | MPa | 148 | | 113 | 74 | | 106 | 103 |

① 2006/2007 年 Norsk Hydro 结束了其对镁的相关研究，因此之后不再提供资料。

续表

| 特性 | 单位 | AZ91 | AM 60 | AM50 | AM 20 | AS41 | AS21 | AE42 |
|---|---|---|---|---|---|---|---|---|
| 断裂伸长率 ($L_0$=50 mm) | % | 6.6 | 12 | 14 | 16 | 10 | 12 | 13 |
| 弹性模量 | GPa | 45 | 45 | 45 | 45 | 45 | 45 | 45 |
| 切变模量 | GPa | 17 | 17 | 17 | 17 | 17 | 17 | 17 |
| 布氏硬度 | HBS 1/5 | 70 | 65 | 60 | 45 | 60 | 55 | 60 |
| 抗冲强度 夏比，无缺口 | J | 6 | 17 | 18 | 18 | 4 | 5 | 5 |

镁压铸合金的疲劳极限是较好的或令人满意的，但是低于铝合金的疲劳极限。

例如：在 $50\times10^6$负荷交变下 AZ91 为 50 MPa。

在 $50\times10^6$负荷交变下 AM50 为 45 MPa。

在 $500\times10^6$负荷交变下 A380 为 120 MPa。

因此，就可以理解为什么在可能的使用情况下必须考虑表面品质和镁部件涂层，以提高防腐蚀性和耐磨性。在常见的镁压铸合金中，AZ91 的疲劳强度最高。



镁合金的缺口冲击韧度与铝合金类似，但低于钢和重金属。室温和低温（-200 ℃）下的缺口冲击韧度保持不变（没有发生从延性到脆性断裂的突然过渡）。图 4.2 是镁压铸合金机械特性的示意图（Hydro Magnesium，2001）。

### 4.3.2　物理特性

镁压铸合金的一些典型物理特性的数值请参见表 4.7。

括号内的数值是估计值。在 35 MPa 的条件下 AZ91 的特定阻尼性能为 25%；在 100 MPa 的条件下，则为 53%。

针对镁合金的物理特性，总结如下（图 4.3）：

**密度**

镁及其合金是最轻的金属材料［图 4.3（a）］。

**热膨胀**

相对于纯镁，合金的热膨胀系数因添加硅、铋和锡会降低，因添加锌会升高，而添加铝或锰则几乎不会改变该值。

**热导率**

相对于纯镁，合金的热导率会因为铝、锡、锰的添加量的增加而明显降低，而添加锌和银的影响不大［图 4.3（e）］。

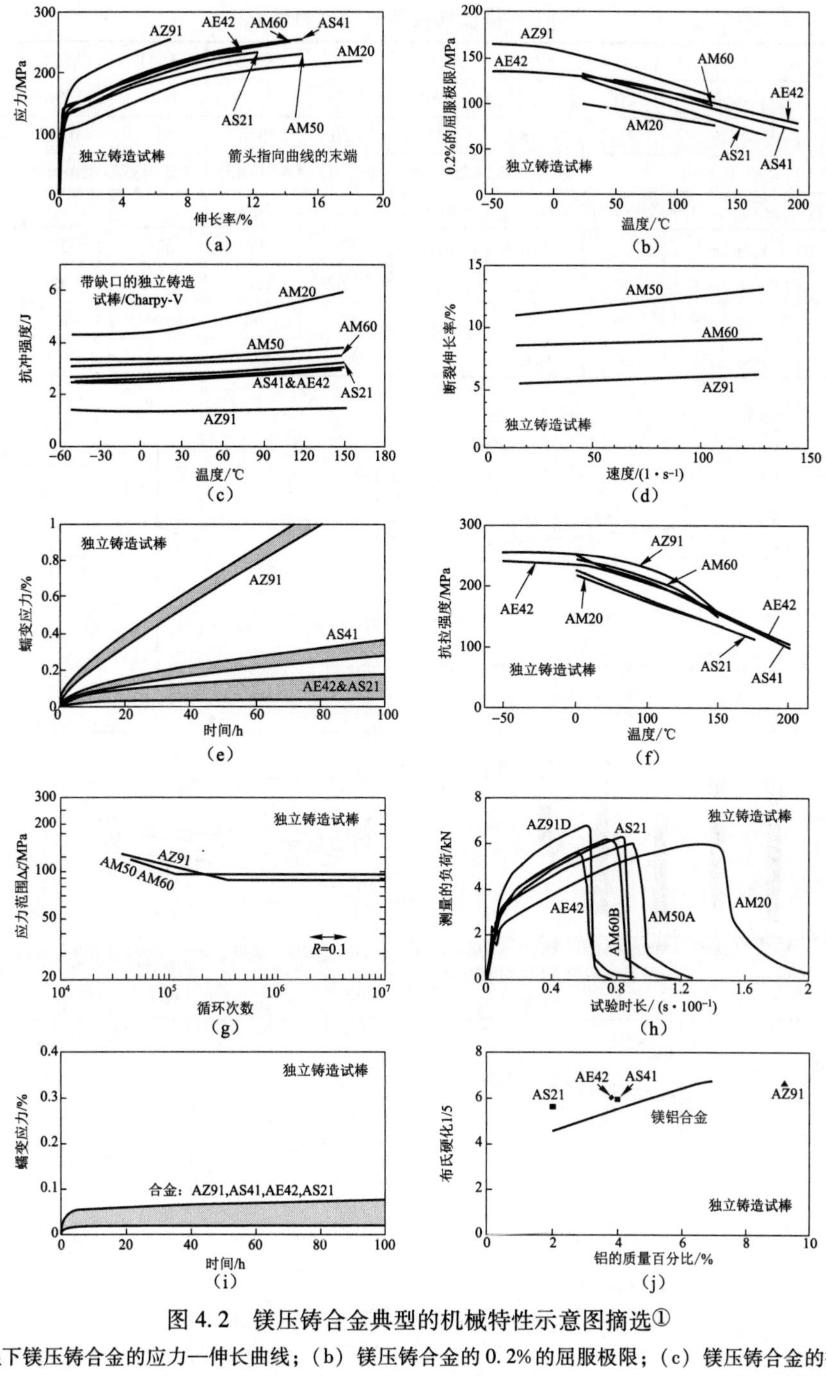


图 4.2　镁压铸合金典型的机械特性示意图摘选①

（a）室温下镁压铸合金的应力—伸长曲线；（b）镁压铸合金的 0.2% 的屈服极限；（c）镁压铸合金的抗冲强度；（d）作为拉伸试验结果的镁压铸合金断裂伸长率；（e）150 ℃和 50 MPa 的条件下镁压铸合金的蠕变应力；（f）镁压铸合金的抗拉强度；（g）轴向负荷下镁压铸合金的抗疲劳性能；（h）使用无缺口试棒的冲击试验结果；（i）100 ℃和 50 MPa 的条件下镁压铸合金的蠕变应力；（j）室温下镁压铸合金的布氏硬度

① Hydro Magnesium 2001。

**表 4.7　镁压铸合金的物理特性①**

| 特　性 | 单　位 | 温度/℃ | AZ91 | AM60 | AM50 | AM20 | AS41 | AS21 | AE42 |
|---|---|---|---|---|---|---|---|---|---|
| 密度 | $g \cdot cm^{-3}$ | 20 | 1.81 | 1.80 | 1.77 | 1.75 | 1.77 | 1.76 | 1.79 |
| 液相温度 | ℃ | | 598 | 615 | 620 | 638 | 617 | 632 | 625 |
| 熔解温度 | ℃ | | 420~435 | 420~435 | 420~435 | 420~435 | (420~435) | (420~435) | (590) |
| 热膨胀系数 | $\mu m \cdot m^{-1} \cdot K^{-1}$ | 20-100 | 26.0 | 26.0 | 26.0 | 26.0 | 26.1 | 26.1 | 26.1 |
| 熔化热 | $kJ \cdot kg^{-1}$ | | 370 | 370 | 370 | 370 | 370 | 370 | 370 |
| 比热容 | $kJ \cdot kg^{-1} \cdot K^{-1}$ | 20 | 1.02 | 1.02 | 1.02 | 1.02 | 1.02 | 1.02 | 1.02 |
| 热导率 | $W \cdot m^{-1} \cdot K^{-1}$ | 20 | 51 | 61 | 65 | 94 | 68 | 84 | 84 |
| 导电率 | $MS \cdot m^{-1}$ | 20 | 6.6 | | 9.1 | 13.1 | | 10.8 | 11.7 |

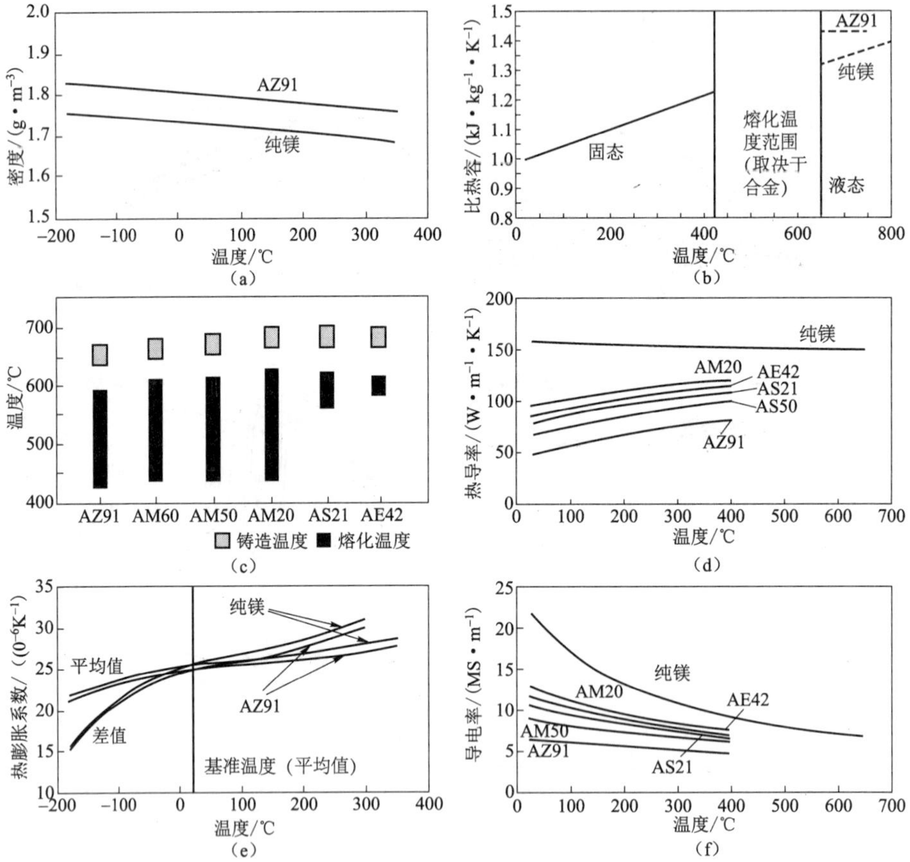


图 4.3　镁压铸合金典型物理特性的示意图摘选②

(a) 金属型铸造 AZ91 和纯镁的密度，根据热膨胀系数计算，基于密度测量结果；(b) 镁压铸合金的熔化温度范围和典型铸造温度；(c) 金属型铸造 AZ91 和纯镁的热膨胀系数；(d) 镁合金的比热容；(e) 金属型铸造镁合金的热导率；(f) 金属型铸造镁合金和纯镁的导电率

① Hydro Magnesium，2001。

② Hydro Magnesium，2001。

**易燃性**

整块致密镁合金块是无法燃烧的。如果将一块这样的镁合金局部加热到熔化温度，则只有局部熔化的金属在空气中燃烧，火焰不会扩展到剩余的镁合金块上。合金碎屑就不同了。单个碎屑的燃烧热足以点燃附近的碎屑。干燥的金属屑会安静地燃尽，但潮湿的碎屑因同时产生氢气而会发生强烈的反应；相反，在抛光或研磨时镁尘易发生粉尘爆炸。在对镁进行机械加工时要遵守特殊安全规定。

**导电性**

由于镁具有六边形晶体结构，在室温下垂直于六边形轴的电阻数值为4.54 MΩ，而平行于六边形轴的数值为3.77 MΩ。镁及其合金的导电率随着温度的降低而明显增加，但是即使在0.74 K的温度下也不会出现超导电性。随着温度的升高，超导电性迅速下降［图4.3（f）］。

通过添加少量的铝、锑和锂可降低纯镁的导电率，但即使含有较多重金属成分（铜、镍和钴）或者银，也只会有很小的影响。添加锌对导电率的影响（与纯镁相比）比添加铝的影响要小得多。

**电磁特性**

镁合金在整个频率范围内都会有超过100 dB的无图层屏蔽衰减。屏蔽衰减随着频率的升高而增加，并在5 mm壁厚的镁铸件和10 MHz的频率下达到1 000 dB的数值。

**光学特性（反射）**

刚完成机械加工的镁或者镁合金具有银色光泽。机械抛光表面在可见光范围内的反射跟铝差不多，而在红外和紫外范围内比铝低。根据四周大气的类型，随着时间的推移，镁或镁合金的光学特性也会发生明显变化，在可见范围内的反射会明显变低。

**“强烈射线”作用下镁和镁合金的特性**

镁在很大程度上可被X射线穿透。对镁在其他“强烈”射线的作用下的特性，目前了解得还不多。

### 4.3.3 化学特性

在潮湿的空气中镁材会自然形成一层薄薄的（<1 μm）钝化层。实质上它由氢氧化镁 $Mg(OH)_2$ 和合金元素的含水氧化物组成。对于所有轻金属来说，该特性具有代表性。Ono（Ono，1998）专门验证了镁及其合金具有3层结构的钝化层。其特点是金属内覆盖层有一层薄薄的致密的中间层，且有一个外侧的气孔区。在钝化层中也含有大多处于含水状态的像铝、锌和稀土这样的合金成分。它们会影响镁合金的腐蚀稳定性。水（空气湿度）会提高镁钝化层的pH值，并由此使由 $Mg(OH)_2$ 组成的钝化层保持稳定状态。从Pourbaix示意图（Pourbaix，1974）中可以看出，$Mg(OH)_2$ 在pH值大于8.5的情况下才是稳定的。这也解释了为什么与铝材不同，镁材在碱性介质中不会溶解。

由于镁具有六边形晶格结构，因此会导致与天然形成的钝化层结构几何形状上的不匹配。在钝化层中会产生导致裂纹的较高的压应力，从而使腐蚀性物质进入金属中并可能会产生腐蚀。由于镁钝化层会溶解，因而不耐抗像酸、盐，以及 $Cl^-$，$SO_3^{2-}$，$SO_4^{2-}$，$NO_3^-$，$PO_4^{3-}$，$CO_3^{2-}$等离子（$F^-$和$CrO_4^{2-}$离子除外）的含水电解质。镁的天然钝化层相对于许多有机物是稳定的，例如对于碳氢化合物，常见的乙醇（除了甲醇!）、芳香物质、乙醚和酯。

## 4.4 腐蚀与腐蚀防护

镁合金的腐蚀和腐蚀防护是应用中的核心问题。因此，我们将就这方面进行详细论述。

### 4.4.1 腐蚀

镁材的所有腐蚀类型都可归因于电化学过程。由于镁具有较高的阴电势，因而非常容易腐蚀。最常见的腐蚀类型有：

点腐蚀形成的原因是由于镁的组织结构存在不均质性，例如存在 $Mg_{17}Al_{12}$ 晶粒沉淀。这些沉淀比周围的基质更稀有并会导致局部元素形成。从科学意义上来说，这种现象不是点腐蚀（在钝化区没有确定的点状腐蚀可能性!），而是一种呈现出孔状腐蚀痕迹的电镀腐蚀。



应力腐蚀是由于镁材受到内外拉应力以及特殊的腐蚀介质的作用而产生的。这种腐蚀类型出现在氯化物、硫酸盐，甚至铬酸盐溶液中。由于吸附腐蚀过程产生的氢气，故会造成裂纹尖端脆化。

电镀腐蚀是由于形成电镀元素导致的。因下列原因会导致镁合金极常出现电镀腐蚀现象：

- 镁合金都含有贵金属成分，如重金属，特别是铁、铜和镍。
- 当镁合金受到重金属（铁、铜和镍）污染并随后与基质发生电气接触时，特别容易形成电镀腐蚀。

因此，在水状介质的作用以及较低的过电压下就会释放出氢气。某些阴离子（例如氯化物、硫酸盐）会加剧这种反应。为了避免出现这种情况，开发出了高纯度（High-Purity）镁合金。它在含氯化物的水状介质中比含有高含量铁、铜和镍的“旧版本”更耐腐蚀（图 4.1）。

- 在技术应用条件下镁材基本上都要与其他的贵金属（像极为常见的钢材）发生接触（混合结构）。

这两个电气连接的金属具有不同的电势。电势差越大，则聚集在接触点的电解质中的次贵金属镁（阳极）溶解得越多。使用的阴极材料对接触腐蚀有着决定性的影响。

通过电镀腐蚀（双金属腐蚀）的电镀元素模型，可推导出下列必要的防护措施：

——在干燥的大气中，不需要对镁采取电镀防护措施。

• 在易于发生腐蚀的部位（接触点上的电解质）建议采取下列设计措施：

——通过电气隔离避免镁与其他金属发生电气接触。避免直接与铜、镍和不锈钢之类的金属发生直接接触。例如可以使用铝制垫片或者铝制螺栓。

——使用经验证“兼容的”接触材料，像50和60系列的铝镁合金（AlMg2.5，AlMg4.5Mn，AlMgSi1），锌、锡、聚合物会在镁上产生少量接触腐蚀（Skar，2004）。

——避免电解质在接触部位聚集。

## 4.4.2 腐蚀防护

通过添加其他合金元素和对材料进行其他有针对性的表面处理来改善镁合金的质量从而进行腐蚀防护。

### 4.4.2.1 添加经选择的合金元素

目的在于抑制电镀过程并形成一层均质覆层。最重要的传统合金元素（除了铝之外）不大适合用于改善镁的防腐蚀性。

如果给镁基体添加最多约10%质量百分比的铝时会明显提高镁的防腐蚀性。添加像钕、镧、铈之类的稀土对相应镁合金的腐蚀特性有积极的影响。稀土的电化学标准电势无一例外地都与镁的电势接近，因而不会出现电镀腐蚀。例如，一个通过此类方式改变的镁材是WE54（5% Y，3.5% Nd和其他的SE；0.5% Zr）。它具有可达300 ℃的耐热性和突出的腐蚀稳定性（在含氟化物的液体中）（Frazier，1989）。通过对熔液淬火改善镁合金的同质性，从而产生附加的钝化效应。这会将腐蚀电流密度降低多达两个数量级。目前尚未集中投入研究的多次合金镁材的协同效应具有非常重要的意义。



### 4.4.2.2 镁材的表面处理

镁材的表面处理是一种非常有效的腐蚀防护方法（Kurze，2000）。它需要某些前提条件：

• 如果使用的镁材纯度不高，则最佳的表面涂层也无济于事。

• 对于致密的镁铸件来说，表面防护比带气孔的铸件效果更好。

• 在镁材压铸件上，铸件砂皮是最致密的包裹区域。相比不去掉铸件砂皮的情况，通过化学酸洗或机械处理（喷丸）去掉该铸件砂皮以及随后涂覆表面涂层会导致腐蚀耐抗时间缩短。

• 可通过玻璃珠或刚玉颗粒喷丸方式使镁材表面变得像铝一样不致密，镁表面可能更容易被喷丸体（例如铁）污染并由此造成接触腐蚀。

图4.4汇总了镁材表面处理最重要的方法。所有其中包含的方法用于以防腐蚀为主要目的进行防护层涂覆。目前最常采用的是在不通电的情况下实施电化学过程以形成氧化保护层。

**不通电情况下的电化学表面处理**

在完成相应的预处理后，在不使用外部电源的情况下，将要涂装的镁质部件与

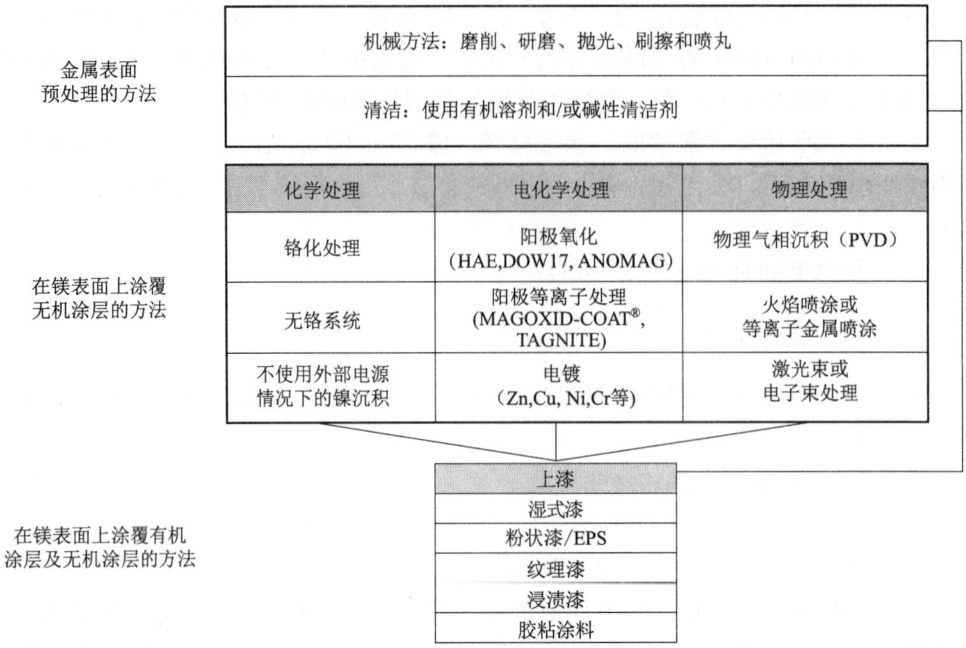


图 4.4　镁材的表面处理方法



转化电解质进行接触。这可通过浸入、喷射、喷淋、涂抹等方式进行。借此，镁合金与转化电解质的成分发生反应，形成大多氧化性质的 1~5 μm 厚的转化层。文献（Ono，1998）明确指出，转化层的形成机制是一种阳极反应［如铬化处理（MIL-M3 171）示例所示］，但是过程要比一般描述的和假设的情况要复杂一些。转化层由一个带有约 5 nm 气孔直径（来自于一个约 50 nm 直径的中央气孔）的圆柱单元集落系统组成。在这个圆柱单元集落系统中有一个层厚约 5 nm 的极薄的“阻挡层”（图 4.5）。

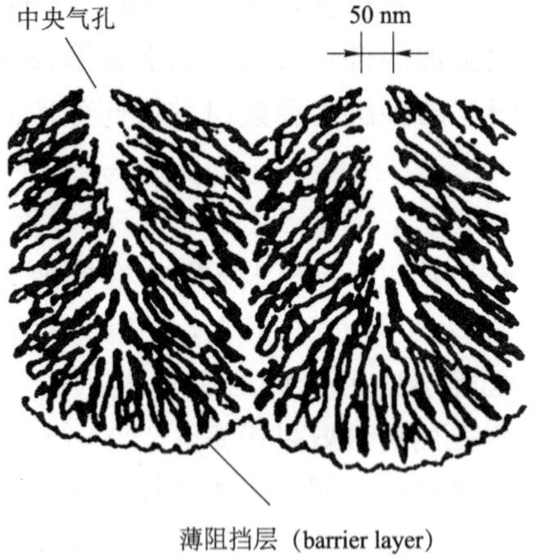


图 4.5　一个转化层的圆柱单元集落

随着 $MgO_x(OH)_y$ 含水氧化膜的形成（它在转化电解质中通过阳极过程部分溶解），转化层开始在金属/转化电解质的阻挡层上增大。

气孔形成并以圆柱单元集落的形式结合。借助“阻挡层”进行离子和电荷的交换，使转化层增大。在这种氧化基质 $MgO_x(OH)_y$ 中，还应同时加入转化电解质、预处理介质（例如活化）和合金的成分。由此形成了一个部分结晶的保护层。借助 XPS 和 Auger 分析，一方面可在转化层中发现转化层中的转化电解质成分，另一方面能发现转化电解质和镁合金的反应产物。

根据所使用的转化电解质和镁合金，会产生像 $Cr_2O_3$，$MnO_2$这样的金属氧化物，也包括 $MgF_2$，$NaMgF_3$和基础材料的氢氧化物，尤其是 $MgO_x(OH)_y$和 $AlO_x(OH)_y$。

如果将铬化处理的镁质工件放在去离子水中，则可以检查是否有来自于上述圆柱单元集落的转化电解质成分，例如 Cr（VI）离子。这种含 Cr（VI）的“剩余电解质”是“自复原效应”的原因。Cr（VI）离子被明确划分为具有致癌性的离子，从而必须开发并使用等效的无铬转化处理工艺。

为替代 Cr（VI）离子，要从元素周期表的铬元素附近的元素出发，并要求临近元素与该元素具有类似的特性。尤其是 Mn，V，Mo 和 W 这些元素会形成结构上与铬阴离子类似的阴离子。其中部分为极为剧烈的氧化剂（例如高锰酸盐），并会以大量氧化态的形式出现（像元素 Cr 一样）。在文献（Kurze，1999、2000、2001）中描述了 AHC 公司的一种镁材无铬转化工艺。其水状转化电解质是高锰酸钾。其化合物至少含有来自钒酸盐、钼酸盐和钨酸盐族阴离子的碱金属盐和铵盐。该工艺以及用该工艺生产的产品受到 MAGPASS-COAT®商标的保护。

该工艺可用于所有镁材。根据使用的镁材，转化层呈金黄至灰褐色，厚度约为 1 μm。根据 EDX 和 Auger 分析可测定其成分：MgO，$Mg(OH)_2$，$Mn_2O_3$，$MnO_2$，且至少是元素 V，Mo 和 W 的一个氧化物。像镀铬层一样，涂层具有突出的“自复原效应”，且不具毒性，具有良好的可回收利用性并像镀铬层一样具有同样的防腐蚀能力。下面将就 AZ91 HP 基质的铬酸盐（MIL-M-3171）和 MAGPASS-COAT®涂层的防腐蚀数值（与在 DIN EN ISO 9227 标准盐雾试验中获得的一样）进行比较（表 4.8）。MAGPASS-COAT®涂层已经在汽车制造、电气/电子技术、机械制造和光学工业的试验中获得了肯定（Walter，2003、2004）。

**电化学表面处理**

通过阳极处理可制造镁表面的保护层。其生长情况类似于铝。HAE 涂层（以发现者 Harry A. Evangelides 的名字命名）（Ono，1998）被称为无（五价）铬体系。AHC 公司使用无（五价）铬工艺，以阳极的方式在电解质中进行等离子化学反应并将其命名为 MAGOXID - COAT®（Kurze，1996、2000、2001）。水状电解质由氟酸、硼酸和磷酸组成并含有碱性有机物质。应在 100 V 以上的电压下进行处理。涂层由两部分组成：一个位于“阻挡层”上的少气孔区域，而另一个紧邻多气孔区域（图 4.6）。

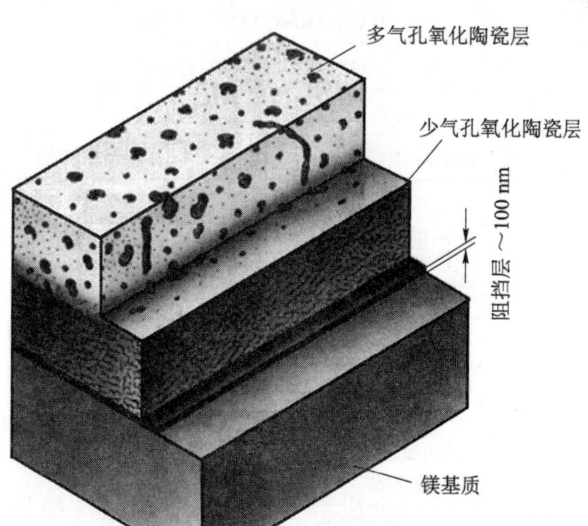


图 4.6　MAGOXID-COAT®的结构

表 4.8 根据 DIN EN ISO 9227 标准铬化处理的和用 MAGPASS-COAT® 工艺涂装的 AZ91HP 试样的防腐蚀数值比较 h

| 项 目 | 根据 MIL-M-3171 进行铬化处理 | MAGPASS-COAT® |
|---|---|---|
| 不通电情况下建立的未进行密封处理的转化层 | 5~10 | 5~10 |
| 不通电情况下建立的转化层+硅烷组合物 | 410~500 | 450~600 |
| 不通电情况下建立的转化层+环氧聚酯粉末涂料，厚度为 80~100 μm | 500~600 | 500~600 |
| 不通电情况下建立的转化层+硅烷组合物+环氧聚酯粉末涂料，厚度为 80~100 μm | 800~1 040 | 800~1 040 |
| 较小值对应的是按小时计算的时间。在该段时间内 3 个试样中的第一个试样表现出防腐蚀不足状态，而较大的数值则对应 3 个试样中最后一个表现出防腐蚀不足状态的试样的情况。 | | |

制成的保护层最大厚度为 25 μm。它由诸如 MgO、$Mg(OH)_2$、$MgF_2$这样的结晶成分和像 $MgAl_2O_4$这样的尖晶石组成。其外观呈白至灰白色，并在一步法中通过在电解质中添加物质使其也可能呈“黑色”。表 4.9 列出了这些涂层的防腐蚀性。这种防腐蚀性是根据 DIN EN ISO 9227 标准确定的（涂层厚度为 25 μm，AZ91HP Norsk Hydro）。



表 4.9 MAGOXID-COAT®涂层的防腐蚀性①

| 系 统 | 防腐蚀性/h |
|---|---|
| 坯料（仅去脂） | 0~10 |
| MAGOXID-COAT® | 80~100 |
| MAGOXID-COAT®+ 水玻璃 | 250~300 |
| MAGOXID-COAT®+ 硅烷 | 430~600 |
| MAGOXID-COAT®+ 环氧树脂粉末涂层 | 750~1 000 |
| MAGOXID-COAT®+硅烷 + 环氧树脂粉末涂层 | >1 000 |

文献（Mordike，2005）详细说明了镁材的表面处理方法。

# 4.5 镁合金的加工和处理

## 4.5.1 成型

最常见的镁合金成型工艺是铸造成型（参见第 3 册第 1 章）。可以借助砂型铸造、硬模铸造以及压铸工艺铸造镁合金。原则上，在成型加工时，都会利用镁合金

① 根据 DIN EN ISO 9227 标准。

薄壁铸造的优点。

如果采用冷室压铸法，则应将液体金属输送到冷室（模子）中。较高的压力（最大 900 bar）反作用在收缩的薄壁部分。一个充有保护气体的定量炉（2 室或 3 室定量炉）确保干净的材料不发生熔析且金属浴槽温度均匀。通过这种工艺可达到的最低壁厚约为 2 mm。触变注射成型（Thixomoulding）工艺是一种特殊形式的冷室工艺。这种工艺用挤出器将部分液化的材料挤到模具中。

如果采用热室工艺，则炉内的液体金属通过加热的铸造设备（铸造容器和喷嘴）被直接输送到热压铸模具中。该工艺在极高的冲压次数下具有很高的生产率。金属压力为 160~250 bar，最低壁厚可达 1 mm。因此，薄壁零件主要采用这种工艺。镁的铸造需要有经验的专业人员实施。不能将铝铸造的经验完全复制到镁铸造上。

通过压铸法制造的工件具有非常致密和均质的铸件砂皮。在后续进行防腐蚀保护时，不应将其除去。如有必要，只需进行细致的酸洗，以去除表面内、外的脱模剂。一般情况下不应对压铸件进行热处理，但是可对砂型铸造零件和金属模铸件进行热处理，以提高强度。

文献（Brunnhuber，1991）详细说明了压铸工艺的具体实施情况。像挤压铸造，Thixomading，Thixocasting，New Reocasting 等镁合金铸造工艺请参见文献（镁——手册，2000）的详细说明。

### 4.5.2 变形



镁和镁合金的变形性能取决于材料特定的因素（如相类型和相比率，粒径和粒形，沉淀析出类型，大小和比例，纯度、位错密度、内部结构等）和技术条件因素（例如变形程度、速度和温度以及应力状态）。相对于低温状态下的铝材，镁材的可变形性极低（参见第 3 册第 2 章）。在单轴拉伸负荷下变形率低于 12%。因此，工业应用中需要采用热成型工艺。

通过热轧可生产厚度为 0.8~30 mm 的镁合金板材。对于热成型来说，铸造状态和表面特性起决定性作用。为了获得极佳的板材质量，必须对铸锭进行全方位切削加工。应使用二辊式或四辊式可逆式轧辊，并将温度调节在 250 ℃~450 ℃。如果出现低于最低极限温度的情况，将会进行冷轧。在这种情况下不再通过再结晶消除成型硬化。详细内容请参阅相关文献（镁——手册，2000；Mordike，2005；变形镁合金，2004；Juchmann，2004）。

相对于镁材的其他成型工艺，挤压工艺仅处于次要地位。相对于其他工艺来说，挤压工艺并没有工艺方面的优势，且由于镁的价格高于铝，因此只会在个别情况下使用挤压工艺。如果根据可能的功能集成进行总体考虑，挤压工艺可加工复杂的横截面形状，且成本较低。要想对挤压型材进行优化设计，则必须严格进行过程控制。目前采用该技术主要加工含 MgMn，MgAlZn，MgZnZr 和 MgSeZr 元素的镁合金。

挤压型材可以非常灵活地成型。对于低应力的型材区域可进行减重（降低壁厚或采用空腔），而对于高应力区域则要增大壁厚。例如 AZ31 材料制成的直径为 10~50 mm 的实心型材可实现约 1 mm 极限值的最低壁厚。如果是 AZ61、AZ80 或 ZK60，则最低壁厚约为 1.5 mm（Becker，1998）（图 4.7）。

由于具有六边形晶格结构，在室温下锻造会明显限制镁的塑性可变形性。变形试验说明温度对变形性有决定性的影响（Papke，1996）。在约 230 ℃ 的温度下将激活其他滑动系统，而这会明显改善可变形性（Metal Handbook，1988）；但是，如果温度选择得过高，则锻件中可能会出现毛细裂纹。因此，在对镁进行热加工时要采取有针对性的温度管理措施。详细内容请参阅相关文献（Becker，1998；Mordike，2005；Friedrich，2005）。

图 4.7 挤压工艺制造的变形镁合金的实心和空心型材①



### 4.5.3 镁合金的连接

在 DIN 8593 标准中列举了各种连接工艺。原则上这些工艺也可被用于镁材（参见第 4 册第 1 章）。一般情况下应注意，镁与其他金属接触容易形成接触腐蚀。避免出现接触腐蚀的措施已在前面进行了说明。作为前述内容的补充应在连接时注意阳极（Mg）/阴极的面积比。阳极的面积应小一些，这样只会形成少量的氢气。在喷漆时也同样要注意这个问题。与错误观念相反，应将贵金属配合件涂漆作为阴极，因为对于镁来说，漆中的裂纹会导致所有腐蚀电流集中在这些小的缺陷部位上，因而可能在镁质部件上产生较大的腐蚀损害。由于接触部位上的氧化镁具有高度碱性并且可能会使有机涂层皂化，因此使用耐碱性的涂层材料是十分重要的。

① 图片来源：Otto Fuchs KG。

**螺栓连接**

在镁合金上使用之前，要为钢质螺栓涂覆保护涂层。新近开始使用涂覆铝合金或铝—镁合金的钢制螺栓（Lehmkuhl，2000）或涂覆 $Mg_{17}Al_{12}$ 的钢制螺栓（AHC 专利）。在低强度应用情况下可以使用铝镁螺栓及螺母。

**铆接**

只有在特殊情况下才有必要采用铆接工艺。这时应使用含 3%～5% 镁的铝合金铆钉。相对于以前使用的镁合金铆钉，可在室温下加工铝合金铆钉。

**无铆钉连接**

无铆钉连接工艺使用得越来越多。在进行无铆钉连接时，借助冲头和底模进行冷成型，将叠合起来的板材、管材或型材形状配合和力配合地相互连接在一起。在进行无铆钉连接时必须将板材进行退火处理（250 ℃～350 ℃）。应尽可能用电阻加热器或者电感加热系统加热连接工具。目前在采用无铆钉连接时需要进行“调节工作”，以优化无铆钉连接成型时的影响。在镁—手册中对如何进行无铆钉连接做了详细的说明。

**焊接**

早在 1924 年就已开始对镁材进行焊接。目前主要使用电弧焊接、激光束焊接和加压焊接这几种高效工艺。表 4. 10 分析了一些镁铸造合金和变形镁合金的焊接适应性（Lehmkuhl，2000）。这种焊接适应性基于焊缝中是否易形成裂纹以及获得良好的焊缝质量所需的成本这两方面的分析。

在焊接镁合金时必须相应地选择所需的焊接填料。焊接所使用的保护气体（大多为 Ar 或 Ar/He 的混合气）采用跟焊接铝材时相同的标准，也就是说保护气体必须含有少量氢气（接缝多孔性）。在焊接前必须小心清洁焊缝区域表面，也就是要去除掉像机油、油脂、氧化物和其他诸如钝化层之类的保护层。有关焊接工艺的内容请参见第 4 册第 3 章。

**黏合**

黏合已成为工业化的连接工艺。可通过材料配对、表面特性和加工条件这些干预参数影响黏合连接的质量（参见第 4 册第 4 章）。黏合剂是材料表面之间的“桥梁”。黏合连接的强度取决于黏合剂在材料上的黏性（附着力）和黏合剂内部的强度（内聚力）。在黏合前必须去掉黏合部位上的机油、油脂等。已证明，部件表面上薄薄的一层钝化层最适合进行耐用黏合连接（Walter，2004）。

厚的钝化层会在层内产生裂纹，从而在负荷下导致黏合连接松脱。因此，大多使用反应性聚合物作为黏合剂，在规定的条件下（例如 100 ℃下）与第二个材料配对件（双组分黏合剂）混合或对一个“活性金属表面”实施硬化。

表 4.10　某些镁合金的焊接适应性（镁——手册，2000）

| 铸造合金 | 焊接适应性 |
|---|---|
| AM100A | 好 |
| AM60B | 好 |
| AM50A | 好 |
| AM20 | 好 |
| AZ63A | 尚可 |
| AZ81A | 好 |
| AZ91C | 好 |
| AZ92A | 好 |
| EK30A | 好 |
| EK41A | 好 |
| EQ21 | 好 |
| EZ33A | 极佳 |
| K1A | 极佳 |
| QE22A | 好 |
| ZE41A | 好 |
| WE43 | 好 |
| WE53 | 好 |
| ZC63 | 好 |
| ZK51A | 有限 |
| ZK61A | 有限 |
| 可锻合金 | 适合焊接 |
| AZ10A | 极佳 |
| AZ31B，C | 极佳 |
| AZ61A | 好 |
| AZ80A | 好 |
| M1A | 极佳 |
| ZE10A | 极佳 |
| ZK21A | 好 |
| ZK60A | 有限 |

# 4.6 镁合金的应用

## 4.6.1 汽车制造

1931 年秋，汽车制造商霍尔希（Horch）展示了全世界首台 12 缸量产发动机。大约 70 年后，与传统企业霍尔希有历史渊源的奥迪在 A8 L 6.0 quattro 中再次将 12 缸发动机投放到市场上。除了行驶功率之外，这种高级轿车通过其引导潮流的轻量化技术占据了同级车的领导地位。作为唯一的 12 缸发动机，该车型具有铝制奥迪空间框架 ASF®。轮架，前轴和后轴导向机构，所有制动钳，减震器托架和车轮也采用铝材制造。

从逻辑上说，发动机也要基于轻金属来制造，即铝和镁。将 2 个 6 缸 V 型发动机组合成为一个 W 型 12 缸机组的紧凑结构与轻量化结构一起有助于降低发动机的质量。在奥迪 A8 L 6.0 quattro 上，420 hp 的 W 型 12 缸发动机需加速的质量仅为 4.7 kg，与高性能跑车处于同等水平。

始终位于幕后的表面技术对于实现这种高性能汽车来说是非常关键的。W 型 12 缸发动机上的进气管就是一个典型的例子。它由高纯度砂型铸造镁合金构成，因此有助于降低重量。为了一方面抵御镁和镁合金明显的易腐蚀性，另一方面满足无铬涂层的要求，用无铬钝化液（MAGPASS-COAT®）和厚度约为 200 μm 的钛银色聚酯基粉末涂料对进气管进行处理。这种涂层组合不仅外观上令人满意（图 4.8），也通过了奥迪所有的强度和腐蚀试验。

另一个应用示例是大众 1 L 车的车架（图 4.9）。大众汽车使用比铝轻很多的镁制造这种车架。用 MAGPAS S-COAT® 工艺对镁车架进行无铬钝化处理。这种工艺用于代替铬化处理。车架被设计成混合结构并被设计成一种由多种镁合金组成的焊接结构和黏合结构。带涂层的表面积总计为 20 $m^2$左右。

## 4.6.2 电子设备

传感器是赛车运动中的魔咒。传感器测量车轮速度、扭矩、离心力、轮胎摩擦力、制动摩擦力、机油压力、油液压力、减振情况等。仅 F1 方程式赛车的变速器内就有 40~200 个传感器。

一个著名的传感器制造商专门为跑车研发了一种轻型的且极紧凑的光学传感器。它以无接触的方式测量车辆在路面上移动时的纵向行程和横向行程。借此可推导出横向角度、纵向速度和横向速度，以及纵向加速度和横向加速度。由于这种传感器具有非常紧凑的尺寸（约 164 mm×52 mm×61 mm）和 500 g 的低质量，因此它特别适合安装在（也包括转向）车轮上，用于测量侧偏角。

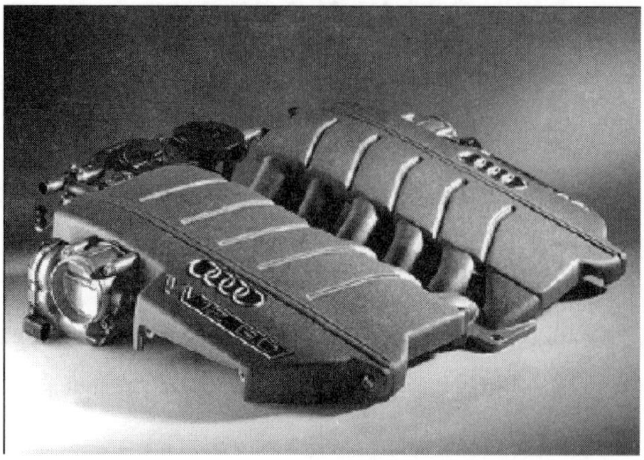

图 4.8 采用 MAGPASS-COAT®工艺和聚酯粉末涂料的 AZ91 材质 W12 进气管（约 200 μm）

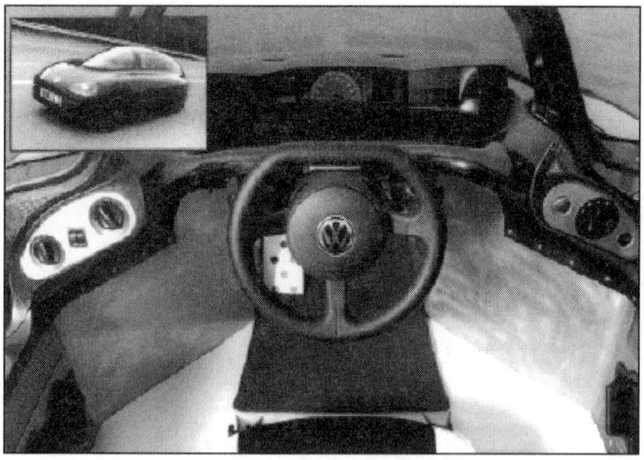

图 4.9 大众 1 L 车的驾驶舱；下部区域可看到镁质车架（采用 MAGPASS-COAT®工艺无铬钝化处理）

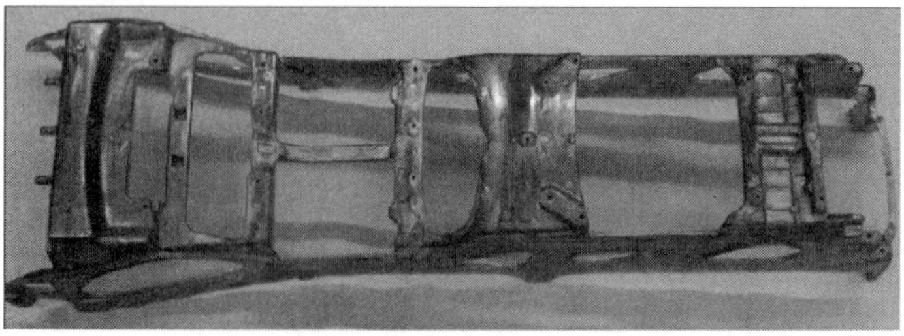

图 4.10 奥迪 A8 的中控台 D $

为了实现紧凑和轻型的结构，传感器的外壳采用碳纤维复合材料，而对于位于实际光学系统中的壳体以及某些其他的组件，设计人员决定采用镁合金。这些部件需要采取足够的防腐蚀措施，且要求表面为黑色表面，从而在有光线射入时减少光反射。

深黑色 25 μm 厚的 MAGOXID-COAT®保护层可满足上述要求。通过阳极等离子化学工艺可在常见的镁合金上形成这种保护层。结晶氧化陶瓷转化层在基本材料中生长约 50% 并向外生长约 50%。应对边缘、空腔和凸起进行均匀涂装。涂层不得影响基本材料的疲劳极限。经过相应的封闭处理后，涂层应通过符合 DIN EN ISO 9227 标准的 400 h 中性喷盐试验。此外，由于它具有绝缘效果，所以可有效避免发生接触腐蚀。黑色 MAGOXID-COAT®涂层的反射率低于 5%。

带黑色镁组件的光学传感器已在实际应用中被肯定。目前它在精确的多维汽车测量技术中发挥着重要的作用（图 4. 11）。

图 4. 11　汽车光学传感器：在碳纤维复合材料外壳下采用深黑色 MAGOXID-COAT®镁组件①

### 4. 6. 3　机械制造

在必须移动或加速质量块的地方，应在确保强度的情况下寻求较低的质量。具有 1. 74 g · $cm^{-3}$ 密度和良好强度特性的镁符合该要求。因此，随着时间的推移，“发现”镁除被用作结构材料外，还有其他更多的用途也就不足为奇了。现在有一家工具制造商已开发出镁质面铣刀，用于金属的切削加工。其质量比钢质同类规格轻 10 kg，刀具直径为 250 mm。面铣刀与轴向可调的带有一个硬质合金转位式刀片的刀盒装备在一起。镁质规格的优点在于：因质量轻其操作性更好，且由于惯性较低，离心力较小，因此机器负载也小。通过特殊表面修整（MAGOXID-COAT®）完全可以避免面铣刀的磨损和腐蚀（图 4. 12）。

① 图片来源：Corrsys-Datron 有限公司。

图 4.12 用面铣刀进行设备下部加工，用 MAGOXID-COAT®保护层保护其镁基体①

### 4.6.4 航天

航天卫星可被用于进行全球通信和天气观测。对于现代化工业社会来说，卫星不可或缺。令人吃惊的是，目前尚未对围绕着距地球高度在 60~180 km 的大多数卫星运行区域进行系统化研究。因此，美国航天局 NASA 于 1994 年启动了所谓的 TIMDE 项目。TIMED 是热成层—电离层—中间层—能学—动力学的缩写。相对于镁材上其他的阳极转化层，MAGOXID-COAT®保护层具有极高的耐腐蚀性。针对压力、温度、密度和风况以及不同的能量方式对外侧地壳该区域内的热结构影响已经做了相应的研究。一般情况下，所有卫星大都借助太阳能电池板获取所需的电能。镁合金连杆的作用是被用于展开太阳能电池板（图 4.13）。为了使该过程可靠完成，

图 4.13 带 MAGOXID-COAT®表面的卫星太阳能电池板的镁质连杆

① 图片来源：Wilhelm Fette 有限公司。

连杆组件的表面要用 MAGOXID-COAT®工艺涂覆上 2 020 μm 厚的具滑动能力的氧化陶瓷层。当 NASA 研究人员进行涂层的温度突变试验时，这种涂层与基础材料良好的黏合性让他们自己都非常吃惊。从液氮到热水的迅速过渡也不会导致涂层有任何脱落。

聚四氟乙烯布使涂层在上述应用情况下具有额外的滑动特性。涂层不会影响基本材料的疲劳极限。其热辐射极高，超过 80%。

## 4.7 结 论

作为轻量化材料，对镁的开发起初是比较矛盾的。一方面，Norsk Hydro 在 2006/2007 年关闭了其在欧洲和加拿大的业务。原因是相对于中国的出口，生产镁材不赚钱。即便如此，全球对镁材的需求仍然不断增长。

另一方面，2010 年德国建立了两个镁材的研发机构。这显示出镁金属承载着未来。亥姆霍兹 Geesthacht 中心（能源与材料研究中心）投入 700 万欧元建立了一个配备有镁铸造轧制设备的车间。几乎同时，弗来贝格矿业技术大学和镁板材有限公司（MgF）建立了一家镁材热轧厂。该厂也同样由公共资金资助建成。

位于德国阿伦的欧洲镁材研究所（EFM）正在对镁压铸件进行深入研究。许多像 AHC 表面技术有限公司这样的公司也正致力于汽车业、航空业和医药技术广泛应用情况下的镁材防腐蚀的研究。

所有的机构都对镁材和镁材的生产和加工工艺进行进一步研发，以增进镁材的日常使用，并拓展包括镁材在内的所有轻金属材料未来的应用范围。

## 4.8 详细信息

**参考文献**

[1] Beck, A. Magnesium und seine Legierungen. Springer Verlag, Berlin/Heidelberg 1939, Neuaufl, 2001.

[2] Becker, J.; Fischer, G.; Schemme, K. Herstellung und Eigenschaften stranGgepresster und geschmiedeter Magnesiumbauteile. Metall 52, 9, 1998, S. 528-536.

[3] Brunnhuber, E. Praxis der Druckgußfertigung. 4. Aufl., Verlag Schiele und Schön, Berlin, 1991.

[4] Dietze, A. Stoffkreislauf von Magnesium. Aluminium, 75, 3, 1999.

[5] Emley, E. F. Principles of Magnesium Technology. Pergamon Press, Oxford, 1969.

[6] Eschelbach, R. Taschenbuch der metallischen Werkstoffe. Franckhsche Verlagsbuchhandlung, Stuttgart, 1969.

[7] Frazier, E. W.; et al. Advanced Light Weight Alloys for Aerospace Applications. JOM, Mai 1989.

[8] Juchmann, P. Integrated Process Chain for Automobile Magnesium Sheet Components. 61st Annual World Magnesium Conference. New Orleans, 9-12. Mai, 2004.

[9] Kurze, P. Chromfreie Oberflächenbehandlung von Magnesiumwerkstoffen. Berichtsband über das 23.

Ulmer Gespräch. Ulm, 3./4. Mai 2001. Eugen G. Leuze Verlag, Saulgau, 2001.

[10] Kurze, P. Magnesium-Eigenschaften, Anwendungen, Potentiale. Hrsg. v. K. U. Kainer. Wiley-VCH Verlag, Weinheim, 2000.

[11] Kurze, P. Korrosionsschutz durch neue chromfreie Passivierung von Magnesiumwerkstoffen. 7. Magnesium Automotive Seminar der Europäischen Forschungsgemeinschaft Magnesiumguss e.V. Tagungsband, Aalen, 29-30. September, 1999.

[12] Kurze, P.; Banerjee, D. Eine neue anodische Beschichtung zur Verbesserung der Korrosionsund Verschleißbeständigkeit von Magnesiumwerkstoffen. Gießerei-Praxis 11/12, 1996.

[13] Kurze, P.; Singe, Th.; Diesing, J. Korrosionsschutz von Magnesiumwerkstoffen. Metalloberfläche, 54, 9, 2000.

[14] Lehmkuhl, H.; Mehler, K.; Reinhold, B.; Bongard, H.; Tesche, B. Elektrolytische Abscheidung von Aluminium-Magnesium-Legierungen aus aluminiumorganischen Komplexelektrolyten. Mat.-wiss. und Werkstofftechnik, 31, 2000.

[15] Magnesium Taschenbuch. Hrsg. Aluminium-Verlag, Düsseldorf, 2000.

[16] Magnesium-Knetlegierungen-Stand und Perspektiven. Im Auftrag des BMFS. Projektträger Jülich. 3. WING-Statusseminar (Tagungsmaterial), Forschungszentrum Jülich GmbH, Jülich, 22-24. Oktober, 2007.

[17] Merkel, M.; Thomas, K. H. Taschenbuch der Werkstoffe. 6. Aufl., Fachbuchverlag, Leipzig, Carl Hanser Verlag, München, 2003.

[18] Mordike, F. (Hrsg.) Magnesium Technology. Springer Verlag, Berlin/Heidelberg, 2005.

[19] N. N. Magnesium and Magnesium Alloys. ASM Specialty Handbook. Materials Pork, USA, 1999.

[20] N. N. Forging of Magnesium Alloys. Metals Handbook. 9. Aufl., 4, 1988, S. 260-261.

[21] Ono, S. Metallurgical Science and Technology-Surface Phenomena and Protective Film Growth on Magnesium and Magnesium Alloys. Bd. 16, Nr. 1-2, November, 1998.

[22] Papke, M. Pulver-und Präzisionsschmieden von Superleichtlegierungen auf Magnesium-Lithium-Basis. Diss., Universität Hannover, 1996.

[23] Pourbaix, M. Atlas of Electrochemical Equilibria in Aqueous Solutions. 2. Aufl., National Association of Corrosion Engineers, Houston, 1974.

[24] Schichtel, G. Magnesium-Taschenbuch. VEB Verlag Technik, Berlin, 1954.

[25] Skar, J. I. Corrosion Properties and Protection of Magnesium Die Castings. 12th Magnesium Automotive and End User Seminar. Aalen, 13./14. September, 2004.

[26] Walter, M. MAGPASS-COAT® as a Chrome-free Pre-treatment for Paint Layers and an Adhesive Primer for Subsequent Bonding. SAE 2004 World Congress. Detroit, 8-11. März., 2004.

[27] Walter, M. Surface Treatment of Magnesium Substrates. Magnesium 2003, 6th International Conference and Exhibition on Magnesium Alloys and Their Applications. DGM, Wolfsburg, 18-20. November, 2003.

[28] Walter, M.; Kurze, P. Chromfreie Passivierung für Magnesium-Werkstoffe und ihre Eignung als Haftgrund für Lacke und Kleber. 11th Magnesium Automotive and End User Seminar. Aalen, 25-26. September, 2003.

[29] Weast, R. C. CRC Handbook of Chemistry and Physics, 67. Aufl., Press Inc., Boca Raton, Florida, 1986-1987.

## 标准

[1] DIN EN ISO 9227：Korrosionsprüfungen in künstlicher Atmosphäre-Salzsprühnebelprüfungen (2006-10).

[2] DIN 8593：Fertigungsverfahren Fügen (2003-09).

[3] ASTM-B 94 "Standard Specification for Magnesium-Alloy Die Castings" .

[4] ASTM-B 275 "Standard Practice for Codification of Certain Nonferrous Metals and Alloys, Cast and Wrought".

## 专利

[1] 钢质带涂层部件，DE 10 163 743，专利所有人为 AHC 表面技术公司 .

# 5

# 钛材

*Heinz Sibum* 和 *Jürgen Kiese*



钛是第四大最常用的金属，是地壳中第九大最常见的化学元素。因此，其一般利用率非常高。目前认为有开采价值的有 10 亿吨，同时通过勘察会不断有新的发现。钛矿几乎可以说是“海中之沙”，正如澳大利亚东海岸的露天矿那样。除了澳大利亚之外，南非、美国、加拿大、乌克兰和挪威都属于主要的开采区。这些国家基本上也是政治较稳定的地区。

钛曾在 4 年的时间里两次被发现。1791 年 William Gregor 在 Cornwall 的 Eisensand 发现了钛。1795 年，德国化学家 Heinrich Klaproth 在进行铁矿试样试验时发现了未知金属的氧化物，他将其命名为钛（来自希腊神话中巨人的名字）。1825 年，Berzelius 从这些矿石中成功地分离出钛，但是纯度极低。1910 年制定了符合试验室标准的生产纯度为 99.9% 的钛的标准。只有到了 1948 年用 Kroll 工艺进行工业化生产时，钛金属才具备了经济效益。

在约 200 种已知的含钛矿石中，主要使用钛铁矿（$FeTiO_3$），但是也使用金红石（$TiO_2$）和锐钛矿（改性金红石）进行再加工。它们主要以海岸和河岸沙石的形式存在，易于开采。开采量中的 95% 左右被用作颜料生产的氧化物。只有 5% 被还原为金属。其中可观的一部分又被用作其他金属合金（钛锌、钛稳定不锈钢、高强度铝合金等）的添加元素。

图 5.1 所示为 A380 机舱和飞机起落架中最重要的钛应用例子。

第一步，先部分还原铁，将钛铁矿加工为富含二氧化钛的熔渣，同时仅根据 Kroll 工艺将氧化物还原为金属。也就是说，通过化学法将熔渣、金红石、改性金红石和/或极劣质的废钛金属（回收利用）转换为四氯化钛（$TiCl_4$），然后用镁将其还原为高纯度（>99.5%）的钛金属（钛泡沫）。用电解的方式分解累积的二氯化镁（$MgCl_2$）并再次将镁输送到工序循环当中。在生产合金时，将海绵钛与合金元素一起放在真空电弧炉或者电子束炉或等离子束炉中熔化。其中，在第一种情况下仅在真空下，第二种情况也可在氩保护气体下进行熔化。

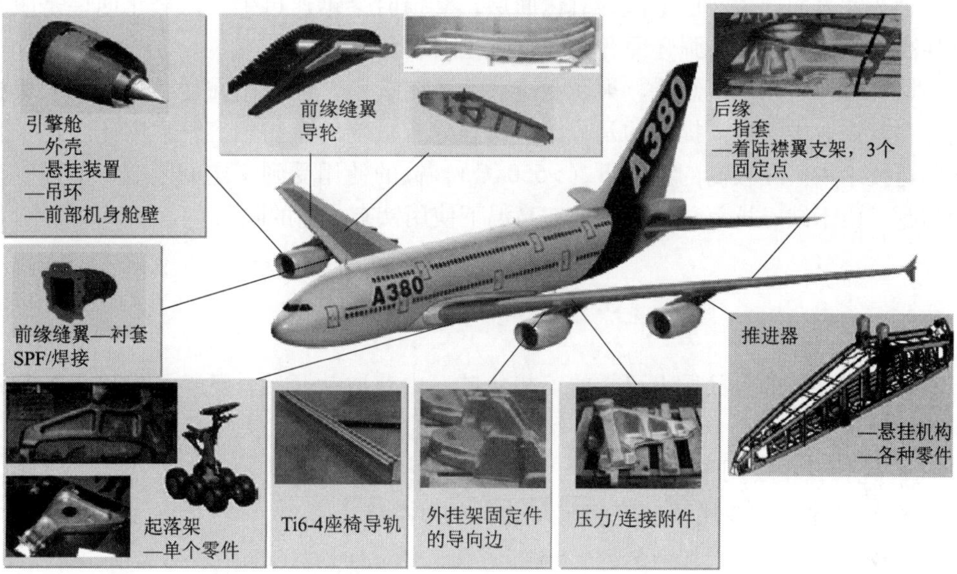


图 5.1　A380 机舱和飞机起落架中最重要的钛应用



# 5.1　金　属　钛

作为元素周期表第四族的一个元素，钛的原子序数为 22。作为多形态金属，它有两种同素异形体：它首先以立方体心的形式结晶为 β 钛，而只有在低于 882.5 ℃的温度下才会以六边形最致密的球形堆积的形式结晶为 α 钛（表 5.1）。

**表 5.1　钛的特性（纯钛）（Sibum 等人，1996）**

| 晶体结构 | hdp，krz |
|---|---|
| 密度 $\rho$/（$g \cdot cm^{-3}$） | 4.505 |
| 熔点/℃ | 1 670 |
| 热膨胀系数 $\alpha$/（$10^{-6}K^{-1}$）（20 ℃～100 ℃） | 8.7 |
| 弹性模量 $E$/GPa | 111.8 |
| 切变模数（抗剪模数）$G$/GPa | 40.2 |
| 屈服极限 $R_{p0.2}$/MPa | 180～390 |
| 抗拉强度 $R_m$/MPa | 290～740 |
| 断裂伸长率 $A_5$/% | 30～16 |
| 布氏硬度 HB/（$N \cdot mm^{-2}$） | 120～200 |
| 横向收缩系数（25 ℃下） | 0.3 |

钛是一种低密度高强度的金属。其合金比钢硬，且耐热性高于铝合金。微量的氧就会在钛表面产生一层薄薄的氧化面层，受损时会迅速再生。该氧化面层是耐腐蚀性高的原因所在。在强还原介质中，氧化面层会溶解。

钛材可被用在飞机制造、火箭制造、设备制造中，也被用在建筑、内装、机械制造和首饰业中。还需提到的是，由于钛材具有极佳的生物相容性，因此它也被用于制药技术中。在较高的温度下（>550 ℃），钛的使用受到一定的限制，但强度没有问题。由于缺乏抗氧化性，因此在高温下使用钛有一定的限制。

## 5.2　钛材的分类

从采用经济的且品质上可靠的工艺从矿石中获取钛开始，已经开发出了各种不同的纯钛种类和钛合金，以满足各种应用领域的特殊要求。钛材可大致分为两类：

- 纯钛，主要用于设备制造（大多为扁平材产品）；
- 钛合金，主要用于航空和航天（大多为棒材）。

### 5.2.1　纯钛



与大多数其他金属材料不同，很大程度上也可以非合金或者低合金的形式使用钛，特别是化学耐抗性要求较高的地方。因此，纯钛主要的应用领域是化学仪器制造中的设备。该领域对高耐腐蚀性有很高的要求。对于工业纯钛［英语中被称为“cp titanium”（commercial pure）］，可根据强度水平按4个主类（级别）供货。氧主要用以提高“合金元素”的强度，但可能会限制合金的可延展性。表5.2列举了纯钛种类的化学成分。它们（几乎）不含有金属合金元素，且强度范围为290~740 MPa（表5.3）。

由于工业纯钛具有比较高的强度（尤其是3级和4级），因此人们希望在轻量化结构中首选纯钛产品。这主要是价格方面的原因。由于没有其他合金元素成分且半成品制造工艺较简单，纯钛的成本更为低廉。简单的可加工性也起着决定性的作用。

**表5.2　纯钛族的化学成分的质量百分比**　　%

| 材料名称 | | | Fe | O | N | C | H |
|---|---|---|---|---|---|---|---|
| 根据ASTM标准 | 根据DIN标准 | | | | | | |
| 1级 | Ti1 | 最少 | — | — | — | — | — |
| | 3.7025 | 最多 | 0.15 | 0.12 | 0.05 | 0.06 | 0.013 |
| 2级 | Ti2 | 最少 | — | — | — | — | — |
| | 3.7035 | 最多 | 0.20 | 0.18 | 0.05 | 0.06 | 0.013 |
| 3级 | Ti3 | 最少 | — | — | — | — | — |
| | 3.7055 | 最多 | 0.25 | 0.25 | 0.05 | 0.06 | 0.013 |
| 4级 | Ti4 | 最少 | — | — | — | — | — |
| | 3.7065 | 最多 | 0.30 | 0.35 | 0.05 | 0.06 | 0.013 |

1）对于航空材料来说，化学成分数值会略有不同

表 5.3 纯钛族的技术参数

| 材料编号，根据 DIN 标准 | 屈服强度 $R_{p0.2}$ /MPa（最小） | 抗拉强度 $R_m$ /MPa | 断裂伸长率 $A_5$ /%（最小） | 断裂收缩率 $Z$ /%（最小） |
|---|---|---|---|---|
| Ti 1<br>3. 7025 | 180 | 最少 290<br>最多 410 | 纵向 30<br>横向 25 | 35 |
| Ti 2<br>3. 7035 | 250 | 最少 390<br>最多 540 | 纵向 22<br>横向 20 | 30 |
| Ti 3<br>3. 7055 | 320 | 最少 460<br>最多 590 | 纵向 18<br>横向 16 | 30 |
| Ti4<br>3. 7065 | 390 | 最少 540<br>最多 740 | 纵向 16<br>横向 15 | 25 |

## 5.2.2 钛合金

为了改变钛的强度、耐热性、成型性能等方面的特性，对钛进行了合金化。添加钯（近来也添加低成本的钌）会进一步改善钛已具有的高耐腐蚀性。少量添加钯，不会对机械技术参数产生影响（表 5.4）。

如果谈到合金钛，人们首先会想到 α/β 钛合金和 β 钛合金。在此指出现的相位。α/β 钛合金也属于近 α 钛合金，包含较少的 β 相位且是传统的高温合金。β 钛合金实际上是一种亚稳 β 钛合金，因为它可能还包含极多的 α 相位。纯 β 钛合金在技术上尚不具很大的意义。纯钛通常也被称为 α 钛。

由于 α 和 β 相位的体积含量及其形态对机械参数有决定性影响，因此在此予以简短说明。在不超过其约 882 ℃ 的转变温度情况下，基本的钛具有六边形的晶格（α 结构）；在高于 882 ℃ 直至 1 670 ℃ 的熔点之间，具有体心立方晶格（β 结构）。通过相应的合金元素可进行单相（α 或 β）或两相（α 和 β）调节，而 β 转变温度也会发生推移。铝和/或氧气作为用于 α 稳定化的合金元素，β 稳定化主要使用钼、钒和铁。根据热机械和/或热处理的方式，也可以按照不同的应用要求来优化两相范围（强度、疲劳强度、耐蠕变性、裂纹扩散、可成型性等）。

表 5.4 低合金钛种类的化学成分的质量百分比 %

| 材料名称 | | | Fe | O | N | C | H | Pd |
|---|---|---|---|---|---|---|---|---|
| 按照 ASTM 标准 | 按照 DIN 标准 | | | | | | | |
| 17 级 | | 最少<br>最多 | —<br>0. 20 | —<br>0. 18 | —<br>0. 03 | —<br>0. 08 | —<br>0. 015 | 0. 04<br>0. 08 |
| 11 级 | Ti1 Pd<br>3. 7225 | | —<br>0. 15 | —<br>0. 12 | —<br>0. 05 | —<br>0. 06 | —<br>0. 013 | 0. 15<br>0. 25 |

续表

| 材料名称<br>按照 ASTM 标准 | 按照 DIN 标准 | | Fe | O | N | C | H | Pd |
|---|---|---|---|---|---|---|---|---|
| 16 级 | | 最少 | — | — | — | — | — | 0.04 |
| | | 最多 | 0.30 | 0.25 | 0.03 | 0.08 | 0.015 | 0.08 |
| 7 级 | Ti2 Pd | | — | — | — | — | — | 0.15 |
| | 3.7235 | | 0.20 | 0.18 | 0.05 | 0.06 | 0.013 | 0.25 |
| — | Ti3 Pd | 最少 | — | — | — | — | — | 0.15 |
| | 3.7255 | 最多 | 0.25 | 0.25 | 0.05 | 0.06 | 0.013 | 0.25 |
| 12 级 | Ti-0.8 | 最少 | — | — | — | — | — | Ni0.6/ |
| | Ni-0.3 | | | | | | | Mo0.2 |
| | Mo3.7105 | 最多 | 0.25 | 0.25 | 0.25 | 0.06 | 0.013 | Ni0.9/ |
| | | | | | | | | Mo0.4 |

另一种提高强度（直至 1 200 MPa 以上）和其他技术参数的方法是添加其他金属元素进行合金化（表 5.5 和表 5.6）。



因为密度的原因，所有的钛合金都适合用在轻量化结构上。它们之间的差异是次要的。纯钛具有 4.5 g/cm$^3$的密度，而知名的 α/β 钛合金 Ti-6Al-4V 含有相对高的铝，密度为 4.45 g/cm$^3$。β 钛合金（例如 Ti-10V-2Fe-3Al）虽然钒和铁含量较高，但密度为 4.65 g/cm$^3$。

**表 5.5　一些合金示例的化学成分的质量百分比**　　%

| TIKRUTAN | 简称<br>材料编号，<br>根据 DIN | | Al | V | Fe | Mo | Sn | Zr | Cu | Si | O | H | N | C |
|---|---|---|---|---|---|---|---|---|---|---|---|---|---|---|
| LT 24 | TiAl6Sn2Zr4Mo2 | 最少 | 5.5 | — | — | 1.8 | 1.8 | 3.6 | — | 0.06 | — | — | — | - |
| | 3.7145 | 最多 | 6.5 | — | 0.25 | 2.2 | 2.2 | 4.4 | — | 0.12 | 0.15 | 0.015 | 0.05 | 0.05 |
| LT 26 | TiAl6Zr5Mo0.5Si | | 5.70 | — | — | 0.25 | — | 4.0 | — | 0.10 | — | — | — | - |
| | 3.7155 | | 6.30 | — | 0.20 | 0.75 | — | 6.0 | — | 0.40 | 0.19 | 0.015 | 0.05 | 0.08 |
| LT 31 | TiAl6V4 | 最少 | 5.5 | 3.5 | — | — | — | — | — | — | — | — | — | - |
| | 3.7165 | 最多 | 6.75 | 4.5 | 0.30 | — | — | — | — | — | 0.20 | 0.015 | 0.05 | 0.08 |
| LT 33 | TiAl6V6Sn2 | | 5.0 | 5.0 | 0.35 | — | 1.5 | — | 0.35 | — | — | — | — | — |
| | 3.7175 | | 6.0 | 6.0 | 1.0 | — | 2.5 | — | 1.0 | — | 0.20 | 0.015 | 0.04 | 0.05 |
| LT 34 | TiAl4Mo4Sn2Si | 最少 | 3.0 | — | — | 3.0 | 1.5 | — | — | 0.3 | — | — | — | - |
| | 3.7185 | 最多 | 5.0 | — | 0.20 | 5.0 | 2.5 | — | — | 0.7 | 0.25 | 0.015 | 0.05 | 0.08 |

表 5.6 一些合金示例的机械技术特性

| TIKRUTAN | 简称<br>材料编号，<br>根据 DIN | 屈服极限 $R_{p0,2}$ /MPa | | 抗拉强度 $R_m$ /MPa | | | 断裂伸长率 $A_5$ /% | | 断面收缩率 $Z$ /% | | 布氏硬度基准值 HB30 退火 |
|---|---|---|---|---|---|---|---|---|---|---|---|
| | | 退火最少 | 淬火最少 | 退火最少 | 淬火最少 | 淬火最多 | 退火最少 | 淬火最少 | 退火最少 | 淬火最少 | |
| LT 24 | TiAl6Sn2Zr4Mo2<br>3.7145 | — | 820 | — | 890 | — | — | 8 | | 20 | — |
| LT 26 | TiAl6Zr5Mo0.5Si<br>3.7155 | — | 880 | — | 950 | — | — | 6 | | 20 | — |
| LT 31 | TiAl6V4<br>3.7165 | 870<br>830 | 1 030<br>1 000 | 920<br>900 | 1 100<br>1 070 | — | 8<br>10<br>8 | 8 | 25<br>20 | 20<br>15 | 310 |
| LT 33 | TiAl6V6Sn2<br>3.7175 | 1 000<br>930 | —<br>1 100 | 1 070<br>1 000 | 1 200 | — | 10<br>8 | 6 | 20 | 15 | 320 |
| LT 34 | TiAl4Mo4Sn2Si<br>3.7185 | — | 960<br>920<br>870 | — | 1 100<br>1 050<br>1 000 | 1 280<br>1 220<br>1 200 | 9 | 9 | — | 20<br>20<br>20 | 350 |



## 5.3 钛合金的特性

### 5.3.1 物理和技术特性

在详细探究各个类别钛材料的特性之前，应说明钛材料的基本特点（Peters 等人，2002；Boyer 等人，1994；Lütjering 等人，2003；Martienssen 等人，2006）：

- 低密度；
- 高绝对强度和最高比强度；
- 耐腐蚀性极佳；
- 良好的可加工性；
- 良好的可用性；
- 高生物相容性；
- 良好的装饰性；
- 良好的外观。

由于作为结构材料的钛常与其他材料处于“竞争状态”，在表 5.7 中对比了一些钛和其他金属的物理参数。

表 5.8 中汇总了室温下极常用的纯钛种类和钛合金重要的机械技术特性。从这些数值中也可以发现热处理对合金的机械特性的影响。

表 5.7　一些材料的物理数据比较

| 特　性 | 铝 | 深冲钢 | 不锈钢 | 钛 |
|---|---|---|---|---|
| 密度/（$g \cdot cm^{-3}$） | 2.7 | 7.85 | 7.85 | 4.5 |
| 热膨胀系数/（$10^{-6}$ $K^{-1}$） | 26 | 12 | 18 | 9.1 |
| 导热性/［$W \cdot (m \cdot K^{-1})$］ | 140 | 50 | 21 | 20 |
| 熔点/℃ | ~640 | ~1 530 | ~1 350 | ~1 700 |
| 弹性模量/GPa | 65 | 210 | 200 | 108 |

表 5.8　纯钛和某些常用合金的强度和伸长率（最小值）比较

| 合　金 | 类型 | 状态 | 抗拉强度 $R_m$/MPa | 屈服极限 $R_{p0.2}$/MPa | 伸长率 $A_5$/% |
|---|---|---|---|---|---|
| 1 级钛 | α | 退火 | 290 | 180 | 30 |
| 2 级钛 | α | 退火 | 390 | 250 | 22 |
| 3 级钛 | α | 退火 | 460 | 320 | 18 |
| 5 级钛（Ti-6Al-4V） | α/β | 退火 | 920 | 870 | 8 |
| | | 退火和时效处理 | 1 070 | 1 000 | 8 |
| Ti-6Al-6V-2Sn | α/β | 退火 | 1 000 | 930 | 8 |
| | | 退火和时效处理 | 1 200 | 1 100 | 6 |
| Ti-6Al-2V-4Zr-2Mo | 近 α | 退火 | 890 | 820 | 8 |
| Ti-15V-3Cr-3Sn-3Al | β | 时效处理 | 1 000 | 965 | 7 |



图 5.2 以示例的方式展示了 4 级钛，材料编号 3.7065 的抗拉强度（$R_m$）和屈服强度（$R_{p0.2}$）与温度的关系，图 5.3 展示的是材料编号为 3.7145 的耐热钛合金（TiAl6Sn2Zr4Mo2）的上述关系。

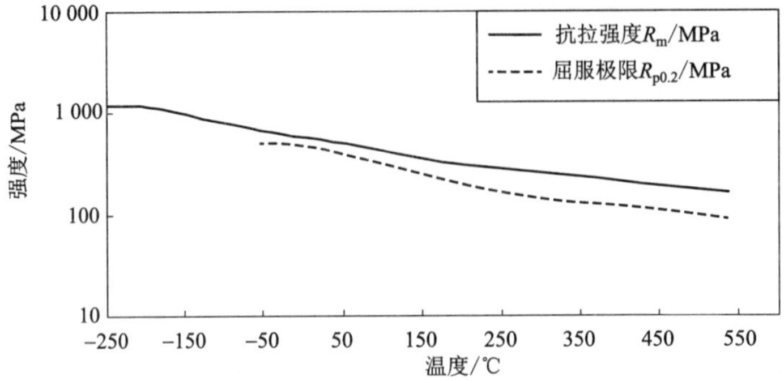


图 5.2　纯钛 3.7065 的强度与温度的关系

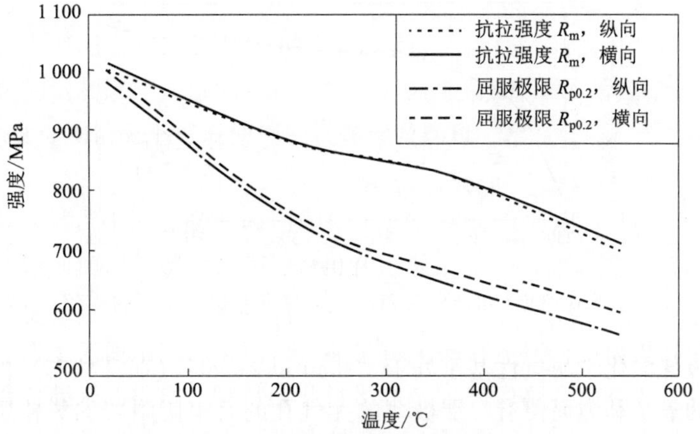


图 5.3 钛合金 3.7145 的强度与温度的关系

当被使用在部件上时，下列物理或技术参数非常重要。这些参数与温度的关系请参见图 5.4~图 5.6（Boyer 等人，1994）。图 5.4 展示了几种纯钛和合金的导热性。图 5.5 展示的是合金 3.7235 在温度曲线中的导热性和电阻。图 5.6 展示的是纯钛和钛合金 3.7165（5 级）的热膨胀系数。

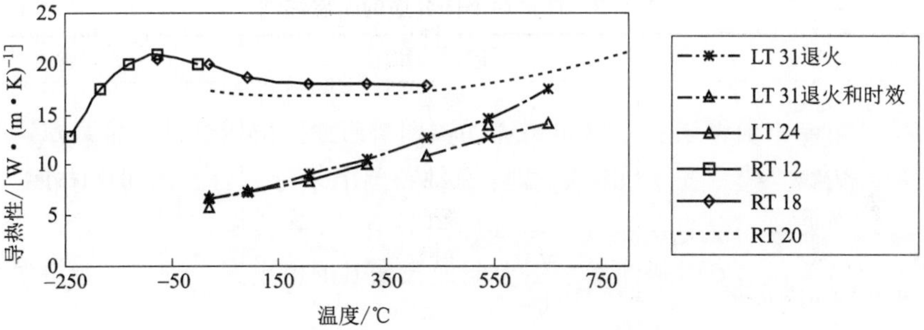


图 5.4 某些纯钛和合金等级的导热性与温度的关系

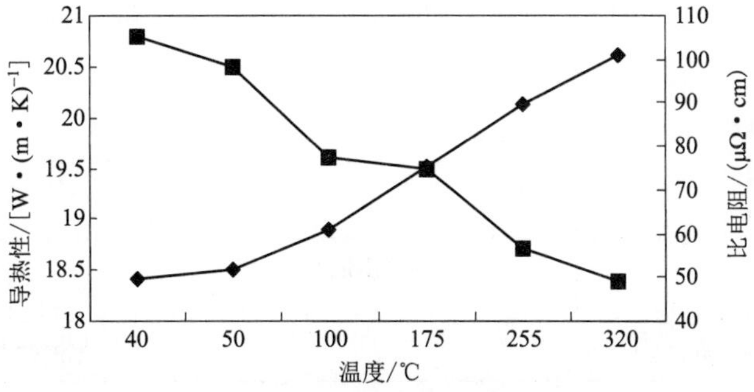


图 5.5 合金 3.7235 的导热性和电阻率与温度的关系

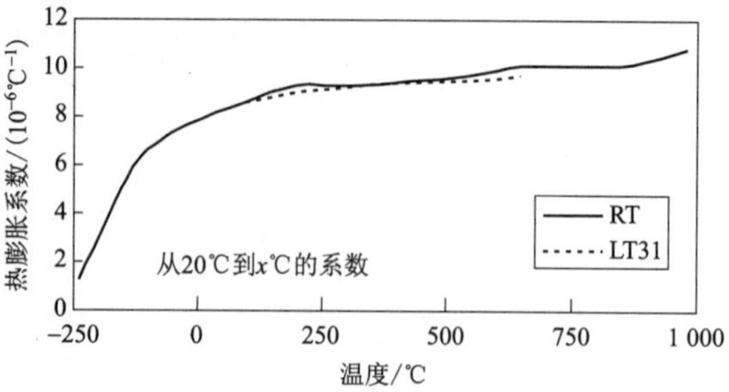


图 5.6　纯钛和合金 3.7165 的热膨胀系数与温度的关系

钛产品极佳的化学耐抗性基于处于“statu nascendi”（萌芽状态）的金属钛，因其具有较高的氧亲和力而覆有一层极薄的无气孔的且牢固附着的氧化层。在受到损坏（例如摩擦）时也能在环境中使该保护层再生。

例如，少量的水就可再生防腐蚀层。通过添加少量的钯（例如 11 级或 7 级）、镍和钼（12 级）进行合金化，且在使用介质中添加防锈剂可以对该保护层进行加强。表 5.9 表明了钛材对哪些介质具有防腐蚀作用，对于哪些防腐蚀性差一些。介质的温度和浓度具有明显的影响。如果同时有多种介质，建议在使用前进行防腐蚀试验。对于含氟介质，要特别注意干燥的氯气和红色烟雾状硝酸。这可能会自发产生强烈反应。



**表 5.9　钛材对不同介质的耐腐蚀性**

| 耐腐蚀 | 一定程度耐腐蚀 | 不耐腐蚀 |
|---|---|---|
| 硝酸 | 硫酸 | 氟 |
| 铬酸 | 盐酸 | 干燥氯气 |
| 亚硫酸 | 磷酸 | 烟雾状硝酸 |
| 碱液 | 草酸 | |
| 氨 | 甲酸 | |
| 可溶于水的氯化物 | | |
| 盐水 | | |
| 海水 | | |
| 潮湿的氯气 | | |
| 醋酸 | | |
| 马来酸 | | |
| 乙醛 | | |
| 氨基甲酸酯 | | |
| 二甲肼 | | |
| 液态氢 | | |
| **提高**<br>氧化条件，在 Ti 中添加 $Fe^{3+}$，$Cu^{2+}$，$Ti^{4+}$，Cr，Si，Mn，Pd | **←耐腐蚀性→** | **降低**<br>降低条件，浓度升高，温度较高，氟，氟化合物 |
| 含义：　耐腐蚀： | 蚀量 <0.125 mm/a | |
| 　　　　一定程度耐腐蚀： | 蚀量在 0.125~1.25 mm/a | |
| 　　　　不耐腐蚀： | 蚀量 > 1.25 mm/a | |

应通过电势分离防止与其他材料（例如铝、镁和低合金钢）发生接触腐蚀——钛不会受到腐蚀，而接触配合件会受损。只有在腐蚀性极强的条件下才会发生间隙腐蚀和穿孔腐蚀。

### 5.3.2 轻量化中采用合适材料且设计成本合理的效果

从钛材的物理特性可以看出，除了大多因成本的原因不适用的一般性应用情况之外，这种材料主要被用在特别关键的应用中，因此在进行设计时肯定会与特种钢材进行比较。特别是对于移动式部件，比强度和弹性模量是两个最重要的选择标准（表 5.10）。例如，这种特性的一个积极效果示例是钛质弹簧。采用这种弹簧后质量减轻了约 65%。

在强度方面，钛材跟奥氏体钢差不多（表 5.8）。在相同的强度下，0.2% 的较高屈服强度加上相对低的密度使得用钛替代钢可降低 42% 的质量。因此，在高加速作用力的应用情况下，钛的根本优势非常明显：相对于钢，钛较低的离心力使设计变得简单。这又使质量和惯性力降低。此外，钛还被应用在推进器、涡轮增压机和离心机中。

像其他材料一样，钛也容易发生蠕变，故在计算强度负荷下的结构部件时必须考虑到蠕变极限（VdTÜV 备忘录 230 和 DIN 17869）。对于高温下的强度负荷，一般情况下只能在不超过 350 ℃ 的温度下使用非合金和低合金钛材。在部件不承受强度负荷的情况下，由于有氧化现象，钛的使用极限约为 500 ℃。



**表 5.10 不同热处理状态下纯钛和合金的弹性模量和抗切模量及强度（室温下测量）**

| 合金 | 状态 | 弹性模量（在拉伸试验中确定）/GPa | 剪切模量 /GPa | $R_m$ /MPa | $R_{p0.2}$ /MPa |
|---|---|---|---|---|---|
| 1 级钛 | | 105 | 45 | 290 | 180 |
| 2 级钛 | | 105 | 45 | 390 | 250 |
| 3 级钛 | | 105 | 45 | 460 | 320 |
| 5 级钛（Ti-6Al-4V） | 退火 | 110 | 42 | 920 | 870 |
| | 退火和时效 | 114 | 42 | 1 070 | 1 000 |
| Ti-6Al-6V-2Sn | 退火 | 110 | 45 | 1 000 | 930 |
| | 退火和时效 | 117 | 45 | 1 200 | 1 100 |
| Ti-6Al-2Sn-4Zr-2Mo | 退火 | 114 | 不考虑 | 890 | 820 |
| Ti-15V-3Cr-3Sn-3Al | 时效 | 99 | 不考虑 | 1 000 | 965 |

纯钛和最常见钛合金的六边形基本结构在许多半成品制造过程中会产生各向异性的特性。也就是说，例如用冷轧卷材制造的板材纵向上的强度和伸长率数值明显与横向于轧制方向的强度和伸长率不同。当然，这些数值满足标准规定的最低数值。通过所谓的横向滚轧可减少金属板的这种差异。在钛结构中，较低的热膨胀系数会导致较低的热应力。与非合金钢相比，钛的导电性和导热性低5倍。这与奥氏体钢的数值差不多。对于与其他材料的复合结构，务必注意传导性和膨胀性方面的差异。在有摩擦影响的应用情况下，特别是在与其他材料配合使用的情况下，必须对表面做防磨损保护处理。

通过简单替换掉传统材料的方法很难实现对钛材的最佳使用。只有在考虑整个特性范围的情况下恰当地进行设计，才能达到所需的效果。如果还要考虑整个使用寿命期间特性的变化，则被认为“较贵”的材料的成本方面也是有局限性的。

## 5.4　钛材的加工和处理

### 5.4.1　热处理



可通过特殊热处理相对细致地调节钛材的特性。先从锻造和轧制时的热机械处理开始，然后继续对半成品和（近）成品部件采取软化退火、消除应力退火以及固溶退火和高温时效的组合处理。晶粒结构、晶粒大小、晶粒分布、位错密度、沉淀状态等都会产生影响。通过上述方式可影响机械—技术参数、断裂韧性、疲劳强度、内部残余应力和耐腐蚀性（Peters 等人，2002）。表5.11以示例的方式展示了不同结构对机械特性的影响（α/β 钛合金）。高于 β 转变温度的退火（过程化）会产生片状结构（技术上并不重要）。低于 β 转变温度的会形成球状或复相结构。这也适用于准稳的 β 钛合金，其中 β 结构的重要性越来越高。各个钛产品的热处理在温度和时长上有差异。当退火和消除应力退火时的温度范围比较大时，在（例如主 α 含量）组织调节时和钛合金的淬火时必须遵守更为严格的温度范围。对 Ti-6Al-4V 不同组织结构的典型比较请参见表5.12。

**表5.11　微观结构对 α/β 钛合金机械特性的影响**

| 特性 | 片状 | 球状/复相 |
|---|---|---|
| 弹性模量 | o | +/- * |
| 强度 | - | + |
| 可延展性 | - | + |

续表

| 特性 | 片状 | 球状/复相 |
| --- | --- | --- |
| 断裂韧性 | + | – |
| 裂纹形成 | – | + |
| 裂缝扩散 | + | – |
| 持久强度 | + | – |
| 超塑性 | – | + |
| 氧化特性 | + | – |
| "+"——改善<br>"–"——恶化<br>"o"——无影响<br>*——与组织结构相关 | | |

**表 5.12　不同结构 Ti–6Al–4V 的屈服强度、疲劳强度和断裂韧性**

| 组织结构 | $R_{p0.2}$/MPa | $\sigma$（$10^7$负荷交变，$R$=–1，空气）/MPa | $K_{1c}$/（$MPa \cdot m^{-1/2}$） |
| --- | --- | --- | --- |
| 复相 | 880 | 675 | 65 |
| 片状 | 770 | 500 | 90 |

例如，压缩机叶片不仅要有高强度，也要有高的断裂韧性。这让人进退两难，因此必须采取妥协方案；还要考虑到在蠕变率较低的情况下，粗糙的 β 组织更有利。

上述 β 转变温度必须被视为绝对临界温度。一般情况下在使用中不得超过该温度。如果有意设定所谓的 β 组织，那么这当然是不适用的。如果超过了 β 转变温度（也包括仅短时间超过），就会极迅速地产生一个极粗糙的晶粒结构，尤其会呈现出较差的机械特性。这不能通过退火处理撤销。在低于 β 转变温度的情况下，钛及其合金倾向于形成适度的晶粒粗糙度。退火是一种热处理，用以逆向处理因成型或淬火导致的材料硬化或者形成一种稳定的材料状态。一般情况下，在高于出现再结晶温度的情况下进行退火。消除应力退火是一种在不根本改变组织的情况下卸去内应力的热处理方式。一般情况下在低于再结晶温度的情况下进行消除应力退火。

例如，在焊接后，在低于 650 ℃的温度下成型后或者局部成型后，在切削加工后，尤其是磨削或校准后可能需要进行消除应力退火。纯钛材料（3.7025，3.7035，3.7055 和 3.7065）和钛合金 TiAl6V4（3.7165）及 TiAl6V6Sn2（3.7175）的退火和消除应力退火参数请参见表 5.13。

消除应力退火规定的保持时间适用于不超过 10 mm 壁厚的部件。每厚 10 mm，保持时间增加约 15 min。在钛材的整个热处理过程中，原则上要注意钛材与氢气、氧气和氮气的高反应亲合力，因此可用设备的传热介质与材料不得发生不允许的反应。这尤其适用于不得从炉内气氛中吸氢的情况。

**表 5.13　钛材退火和消除应力退火的参数**

| 项目 | 材料 | 温度范围/℃ | 建议温度/℃ | 保持时间 | 冷却 |
|---|---|---|---|---|---|
| 退火（软化退火） | 纯钛 | 600~800 | 700 | 浓度 2 min/mm<br>最少 10 min<br>最多 20 min | 空气冷却 |
| | TiAl6V4 | 700~840 | 730 | 浓度 2 min/mm | 空气或炉内冷却，不超过 0 ℃， |
| | | | | 最少 30 min<br>最多 300 min | 随后空气冷却 |
| | TiAl6V6Sn2 | 700~840 | 730 | 浓度 2 min/mm<br>最少 30 min<br>最多 480 min | 空气或炉内冷却，不超过 500 ℃，随后空气冷却 |
| 消除应力退火 | 纯钛 | 500~600 | 550 | 30~60 min | 空气 |
| | TiAl6V4 | 550~700 | 675 | 30~60 min | 空气或炉内冷却，不超过 500 ℃，随后空气冷却 |
| | TiAl6V6Sn2 | 550~650 | 600 | 60~120 min | 空气或炉内冷却，不超过 500 ℃，随后空气冷却 |



从约 80 ℃的温度开始吸附氢气。超过 700 ℃时，氧气和氮气增多会形成氧化层，同时氧气扩散到工件表面（扩散区）。通过这种化学反应会降低钛材的韧性和热稳定性。相对于氧气和氮气来说，通过适当条件下的真空退火会进一步去除氢气。

在热处理时，除了保护气体（仅稀有气体）和真空炉之外也使用电加热或气体加热的空气炉。在使用气体加热炉时，将过量空气调节到 10%~15% 并且避免用气体火焰直接接触热处理物体（过热危险）。必须用机械法（如喷砂处理、磨削或刷擦及随后的酸洗）去除掉热处理时产生的氧化层。用酸洗法即可将轻微回火色去除掉。使用含 20% 体积百分比的 $HNO_3$（65% 的硝酸）和 2% 体积百分比的 HF（40% 的氢氟酸）水状溶液进行酸洗处理已被证明是极为有效的。

在这种情况下不仅要去除掉表面的氧化层，而且要去除掉位于氧化层下面富含氧的扩散区（所谓的 α-case）。原因是这些覆盖层会明显降低加工性能这样的特性，也就是说，明显降低车削工具和铣削工具的寿命。在去除掉氧化层后务必检查氢含量。原因是在退火和酸洗处理时有吸附氢气的危险。表 5.14 列举了钛材常用的传统加工工艺。

表 5.14 传统的加工工艺

| 连接 | 分离 | 切削 | 非切削 |
|---|---|---|---|
| 热连接<br>钨极惰性气体保护焊<br>金属惰性气体电弧焊<br>等离子焊<br>电子束焊<br>扩散焊<br>摩擦焊，搅拌摩擦焊，超声波焊<br>电阻焊<br>钎焊 | 机械分离<br>锯切、剪切<br>冲孔、钻孔 | 车削 | 热成型/锻造<br>冷成型<br>超塑性成型 |
| 机械连接<br>咬口连接<br>卷边<br>铆接 | 研磨<br>水喷射 | 铣削 | 弯曲<br>修边<br>挤压 |
| 化学连接<br>黏合 | 热<br>激光，等离子，火焰切割 | 钻孔 | 深冲，压印<br>液压成型 |
|  |  | 磨削 | （电）化学电解加工<br>腐蚀<br>上涂层 |



在考虑上述物理特性的情况下，例如由于气体吸附导致变脆和表面硬化（在热工艺下），在较低的导热和比热加上高摩擦系数（在切削加工时）和较高的屈服极限与强度之比（在成型过程中）的情况下也可以使用量产部件所用的高速加工工艺。

## 5.4.2 连接工艺

原则上，与其他材料一样，钛材的连接工艺分为以下几种：机械连接、热连接和化学连接。其中必须再细分热连接工艺，确切地说就是划分为应用在相应连接配合件熔化相位之上或之下的工艺（参见第 4 册第 3 章）。在配合件为异类且温度高到超过一个配合件的熔化温度或者超过所产生连接的低共熔温度时，必须进行极为慎重的考虑。形成极脆的金属间相位或形成增加腐蚀可能性化合物的危险非常大。最后，用异类配合件在腐蚀性的环境中实施机械连接的工艺也是一个问题。在这种情况下，非钛材质的配合件受到的腐蚀大多会更严重。

### 5.4.2.1 热连接

**焊接**

钛材的焊接性不能一概而论（参见第 4 册第 3 章）。因此，一些合金特别适合进行焊接，而另一些并不适合（表5.15）。在真空中进行电子束焊接时，种类会明显增多，但是焊接条件、结构和随后的操作条件也起着决定性的作用。非合金种类一般认为可良好焊接。如果需要使用焊接填料，则为了遵守一般性的机械—技术数值，主要选择含氧量较低的填料。

**表5.15　几个示例合金的焊接性（钨极惰性气体保护焊）**

| | |
|---|---|
| 焊接性良好 | 纯钛<br>1级（Pd）<br>2级（Pd）<br>3级<br>4级<br>低合金钛材<br>Ti-0.8Ni-0.3Mo<br>合金化钛材<br>Ti-6Al-4V |
| 一定条件下焊接性良好 | 合金化钛材<br>Ti-15V-3Cr-3Sn-3Al<br>Ti-6Al-2Sn-4Zr-2Mo |



特别是在高温下，由于与所有的反应性气体具有很高的亲和力，因此：

• 应采用恰当的保护气体输送方法和保护气体类型。务必采用牵引喷嘴和350℃的温度下从上至下的屏蔽措施。只允许使用氩作为保护气体，在特殊情况下也允许使用氦，且相应的纯度要高于4.8（DVS-备忘录2713）。应进行最佳的焊缝准备和清洁。可使用彩色图表评估焊接过程，例如DVS备忘录2731的附页。

• 切勿使用含氢气成分的混合气体（氢脆化）。对于钛来说，氮气不是惰性气体，同样不允许使用。

• 一般情况下，由于会形成脆性金属间相位（也就是说，当超过熔化温度和低共熔温度时），因而钛不适合与异类材料焊接在一起。尤其是在与钢连接之前要进行提醒。

诸如电阻焊、点焊和摩擦焊之类的特殊工艺已大规模成功使用，线性焊和旋转焊主要被用在最重要的部件上，即推进器叶片。图5.7所示为推进器第一级。该级的叶片相互旋转被焊接在一起，桨叶被线性焊接在叶片上。由于摩擦焊时在黏稠状态下将材料相互连接在一起，因此在此也可以将不同的材料焊接在一起。氧化的连接面会从焊接区域内压出，因此这种工艺甚至可在标准大气压下进行。

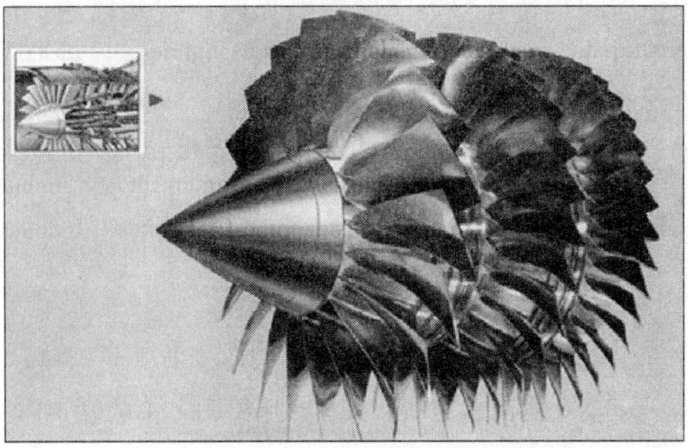

图 5.7 在推进器第一级上进行旋转焊和线性焊①

然后对焊珠进行加工。图 5.8 所示为摩擦焊混合结构的例子（RSH 钢和 LT 31 以及碳钢和 LT 31）。在拉伸试验中，其断裂面位于焊接区域之外。

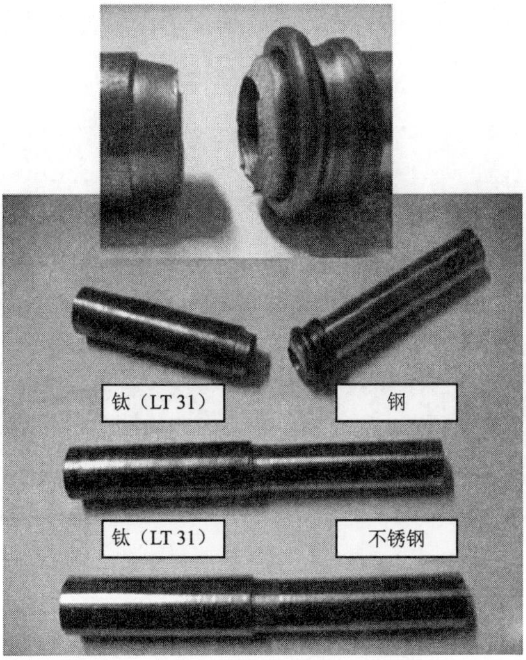


图 5.8 钛和钢的摩擦焊连接②

**钎焊**

一般情况下，传统的钛材钎焊可顺利实施（参见第 4 册第 3 章）。对于天然形

① 图片来源：MTU，慕尼黑。
② 图片来源：SLV，慕尼黑。

成氧化层和有形成金属间相位趋势等问题需要采取一定的措施。应通过酸洗将较厚的氧化层降低到最小厚度，并且后续的热影响不应再次使其变厚。一般情况下，这意味着：在真空下进行钎焊，主要是硬钎焊。使用反应性焊剂（大多制成非晶焊条）可改善钎焊配合件的湿润性。银焊剂可避免金属间相位的形成。

另一种很有前途的连接工艺是激光钎焊工艺。在保护气体氛围下仅局部加热连接部位。其优点在于：可不再规定真空炉的尺寸；由于加热时间较短，因而不会明显改变组织结构，并且仅在有效接触区内输入热量。

但是，由于钎焊过程对部件的影响不大（晶粒生长、接触面、热应力、金属间相位和腐蚀问题），因此在关键应用时务必进行试验钎焊并随后进行机械技术试验、金相试验和腐蚀试验。

#### 5.4.2.2　机械连接

根据钛材的强度和/或脆性，可采用像咬口连接、无铆钉连接、铆接和冲压铆接这样的机械连接工艺（参见第4册第1章）。尤其是RT 12和RT 15这两种材料等级可毫无问题地使用这些工艺。即便连接异类材料（例如将RT 12/15与车身钢体连接）（图5.9），连接也是稳定的。多年来在航空航天领域的实践中都使用铆接，因而质量水平也很高。



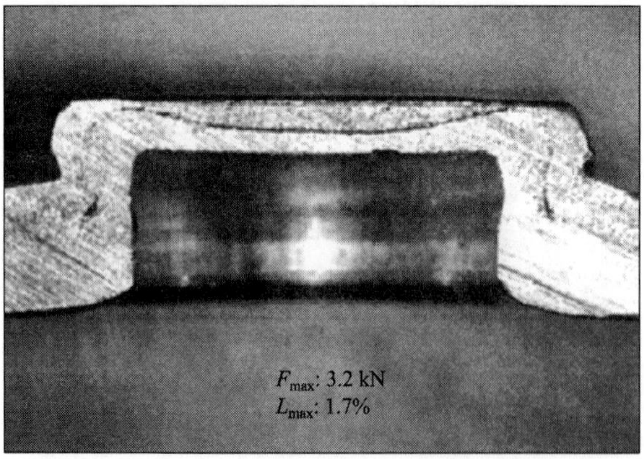


图5.9　异类材料的咬口连接①

还有一些新研发的工艺，因其对将来的设计具有巨大意义而被提及。DAVEX®系统允许制造T形和双T形支架，用带材制造嵌板也是可以设想的。

在考虑一定几何形状的情况下（图5.10），通过并行的顺序启动的轧制工艺制造型材不使用热源。其中，这些型材也可由异类的材料组成。可生产由碳素纤维增强塑料、钛、铝和钢组成的型材。

① 图片来源：Inpro，柏林。

图 5.10　Davex 型材的示例①

扩散焊、爆炸包覆和滚压包层也属于低于熔点的焊接工艺。即使是异类的材料，也可相互连接在一起。这时必须考虑由于扩散焊时间的原因会形成金属间相位以及晶粒生长的问题。图 5.11 所示的是滚压包层材料制成的部件。由于在成本优化的同时可尽量利用相应的材料特性（可变形性、热传导、外观等），因此这种材料具有特别的优势。

图 5.11　布加迪威龙（Bugatti Veyron）16.4 的尾气装置，镀铝的钛材②

许多情况下，薄薄的包层甚至可与基层发生"合金化"，会产生全新的特性（图 5.12）。如果钛材上有薄铝层，则会形成一个氧化阻挡层，从而可在温度高得多的情况下使用钛材。这里所说的使用温度可能超过 900 ℃。在另一个例子中，用一层薄薄的"合金"铜层防止钛表面出现藻类生长等情况。目前正在进行的研发工作希望能将爆炸包覆与随后的热轧制相结合以形成夹层结构。

① 图片来源：ThyssenKrupp Davex，德国盖尔森基兴。

② 图片来源：Boysen。

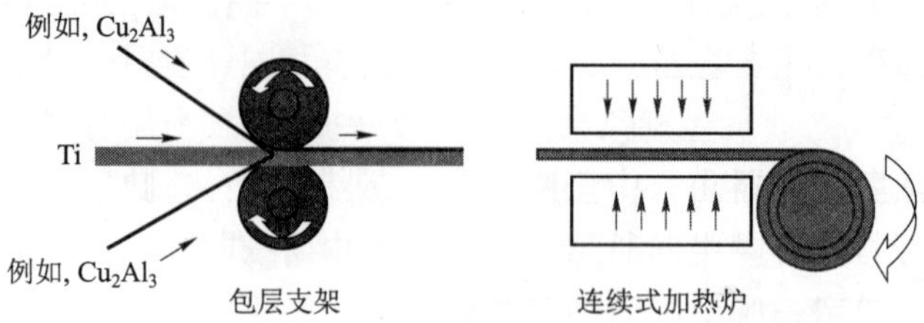


图 5.12 滚压包层与随后的反应性退火①

### 5.4.2.3 化学连接

术语“化学连接”可被理解为钛材的黏合，目前也被用在品质要求非常高的航空航天领域——这也说明了这种技术的可靠性（参见第 4 册第 4 章）。如钎焊一节中所述，待黏合配合件的表面状态是最重要的，因为对于表面来说，除了黏合剂之外，黏合的质量也非常重要。黏合面的粗糙度、黏合强度、间隙尺寸和黏合面的大小决定了强度的大小。可用机械方式和/或酸洗的方式调整粗糙度。

清洁后（去脂、冲洗）使黏合面干燥是非常重要的。除了强度之外，黏合剂还决定了使用温度。黏合剂可热硬化和冷硬化，可以是单组分的或者是双组分的。环氧树脂、氰-丙烯酸黏合剂和聚丙烯腈黏合剂很常用。通过黏合连接工艺也可将异类材料相互连接起来，但是要特别注意配合件的热膨胀和腐蚀特性。



## 5.4.3 切削加工

在考虑钛材典型特性（诸如低导热性、易铣削、易焊接、弹性模量相对较小）的情况下，可对钛和钛合金进行切削加工（参见第 3 册第 3 章）。这主要指，必须将切削时产生的热量保持得尽量低并直接通过金属屑和冷却液导出热量。因此，要求如下：切削速度低、进刀快、散热强，且采用适当的刀具涂层。

为了避免因弹性模量低造成下陷现象，应牢固地夹紧工件和刀具。一般情况下，如果工件与供货状态不一致，则在加工前消除应力退火并通过喷丸和酸洗去掉某些硬的表面层。如果生产公差极低，则应注意通过切削工作进行机械干预会再次在近表面范围内产生应力。在这种情况下，在下次切削之前甚至需要再进行一次消除应力退火。原则上应根据加工类型选择正确的工具，因此应参阅工件制造商提供的相关建议。

为了考虑车削和铣削时材料特定的情况，应在例如航空材料性能数据表（WL 3.7034 或 WL 3.7164 第 100 部分）和 DIN 17869 标准中说明标准值。

由于顺利将金属屑导出有困难，因此降低散热效果会导致钻孔更困难一些，尤其是进行深孔钻加工时。有时甚至必须分多个步骤并使用深孔内冷钻。

即使在磨削时表面上也不允许温度过高，应避免磨削烧灼。可进行湿式或干式磨削。可参阅航空材料性能数据表（WL 3.7024 T 第 100 部分）。必须特别指出的

① 图片来源：Wickeder Westfalenstahl，Wickede。

是，有磨削粉末点燃/爆炸的危险。应务必遵守排气设备制造商的相关说明。相关提示另请参阅钛材制造商提供的安全数据单。

### 5.4.4 分离、冲压、钻孔及去除表面层

可通过机械工艺（弓锯和带锯）（采用尽可能大的锯齿，以利于散热）、热工艺（自然发生，采用等离子切割或激光火焰切割）或者用研磨性的喷水切割法分离钛和钛合金。和其他的材料一样，最终可获得无热影响的分离缝的实质性优点（参见第 3 册第 3 章）。根据工件的厚度和分离速度只需要较低程度的再加工。

在工件磨损较小的情况下，只能在“较软的”纯钛材料（RT 12 或 RT 12S）上进行室温下的冲压和钻孔。加工前去除较厚的氧化层是非常必要的。和一般性的酸洗一样，主要在薄板上可采用钛常用的混合酸（$HNO_3$/HF）去除未覆盖的表面区域。可通过电化学法（ECM）对这一过程予以辅助，也经常使用电火花加工。但是，在很多情况下还需要在随后进行机械加工或者酸洗。

### 5.4.5 成型

除了很少的几种例外情况之外，钛材的成型工艺与不锈钢或其他的金属材料的成型工艺是一样的（参见第 3 册第 2 章）；但是，在使用钛材之前应小心清洁，以避免杂质（特别是在热处理之前）。

对半成品进行后续加工之前进行了通过切割和/或轧制实施的多个热成型步骤；同时，当温度较高时，尤其是当超过 β 转变温度时（α-β 过渡），材料的屈服强度会明显下降。因此，在高温下可实现成本低廉的较大成型程度，但是要以微观组织结构为代价；如果超过钛材特定的温度，会导致明显的晶粒生长，并由此影响机械技术特性。片状组织（超过 β 转变温度的工艺）具有较低的强度和可延展性。此外，在高温条件下，必须在保护气体下作业，或者应考虑到会或多或少地产生氧化皮，随后必须将其除去。

因此，根据变形程度和使用的钛材，最佳温度在 150 ℃~500 ℃。此时，要遵守的温度范围受到组织形态、形成裂纹可能性和成型阻力的限制。通常对模具进行预热是非常有用的。某些细晶粒钛合金板甚至可进行超塑性成型。以这种方式（最好组合使用扩散焊）可生产极为复杂的结构。

非合金的 1 级和 2 级钛可在室温下良好地成型（冷成型）。RT 12S 种类［一种位于 1 级标准范围下限的品质，涉及强度值（和氧气含量）］具有特别良好的深冲特性和拉伸特性。3 级和 4 级钛在室温下仅能适度成型，而钛合金只能在一定程度上成型。这些材料需要在预热状态下进行加工。

此外，专用的深冲膜、乳剂、工具涂层和/或干膜润滑油，高温下胶质石墨，以及添加了石墨或二硫化钼的热压润滑脂适合作为室温下板材成型的润滑剂。在成型程度极大的情况下，也建议采用中间退火。由于即便成型程度较高，但工具接触（摩擦）很少，因而不会阻碍材料的流变特性，所以滚压成型特别适合用作钛板材

（钛管）的成型工艺。对弯曲半径的建议请参阅 DIN 9003 标准第 3 部分（表 5.16）。

表 5.16　钛材冷弯时建议的弯曲半径（根据 DIN 9003-3 标准）　mm

| 材　料 | 板材厚度 | | | |
|---|---|---|---|---|
| | 0.6 | 1.0 | 2.0 | 4.0 |
| RT12 / RT 12Pd | 1.6 | 2.5 | 6.0 | 12.0 |
| RT15 / RT 15Pd | 2.0 | 4.0 | 8.0 | 16.0 |
| RT18 / RT 18Pd | 3.0 | 5.0 | 10.0 | 25.0 |
| LT 31（TiAl6V4） | 5.0 | 8.0 | 16.0 | 32.0 |

## 5.4.6　表面加工

对于很多加工步骤或者应用来说，钛材的表面特性都是非常重要的。这可能涉及希望或不希望的特性，例如薄氧化层产生的耐腐蚀性（陶瓷特性），装饰性需求下的亚光灰色外观或者诸如耐摩擦性不佳，易生锈或者吸附气体导致脆性等这些不希望的特性。

有一系列避免或者改善特性的方法。其中包括在涂装功能性涂层之前先一次性形成一层尽量薄的氧化层。对于厚壁部件，通过喷丸加上随后的酸洗；对于薄壁的部件，在盐液中进行酸洗或者在混合酸中通过回火色形成氧化层。为了确保均匀的酸洗效果，应对部件进行充分的去油脂处理。



### 5.4.6.1　装饰涂层

近年来，建筑业和首饰业开始越来越多地使用钛材。这主要是由于钛材具有典型的“钛金属外观”，而这主要是通过有针对性地处理表面光洁度而获得的。酸洗、刚玉砂轮和/或玻璃珠喷丸处理有助于使钛形成这样的外观。另一种优化表面外观的方法是在电解液中处理，通过阳极氧化将氧化层厚度调整到可见光谱的干涉波长范围内。通过这种方式可产生大面积且均匀的极细腻的颜色。

也可通过热处理的方式产生干涉色：根据温度、合金成分和晶向可产生不同的颜色。一种生成高分辨率图案的新颖方法是激光上色。不同的光束强度和持续时间可产生不同的颜色。

在氮气气氛中通过热处理会使钛表面与氮气发生反应形成氮化钛。它呈鲜艳的金色，也可被制成其他的色调：灰色（DIN 9003-3）、青铜色（TiCN）、深灰色（TiAlCN）、黄铜色（ZrN）和铬色（CrN）。一般情况下也可以用镍、铜和铬进行化学或电镀涂装。当然也可以借助 PVD 或者等离子 PVD 将其他金属涂覆到钛上。

### 5.4.6.2　耐磨涂层

已研发出专用的涂层，用于改善钛部件的摩擦特性。其中，涂层结构和类型取决于预期的磨损负荷类型，例如点状、线性或者表面负荷，摩擦对、温度、中间介质或气氛，以及摩擦磨蚀、研磨、侵蚀、黏附、腐蚀，当然也包括上述类型的组合类型。由于涂层种类和涂层工艺多种多样，因此在此仅列出几种：

- 电解法（阴极），例如 Cr，Ni，黄铜和青铜。
- 电解法（阳极）：$TiO_2$。
- 电解法（无电镀）：例如 Ni，Cu，Ag 和 Sn。
- 物理气相沉积（PVD），等离子 PVD：例如碳化硅、碳化钛、碳化铬和碳化钨。
- 化学气相沉积（CVD）：例如碳化硅、碳化钛、碳化铬以及氰化钛。
- 渗氮：气体-，等离子-，高压-，激光-气体渗氮。
- 激光气体渗氮：例如氮化钛、碳化钛和二硼化钛。
- 几种喷射法，例如热喷射、爆炸喷射等。
- 堆焊。
- 等离子电解法：二氧化钛。

#### 5.4.6.3 强度喷丸

强度喷丸或者深滚压用于提高持续承受负荷部件的疲劳强度，例如弹簧。通过施加近表面的内压应力大幅降低微缺口（粗糙度）和其他缺陷的敏感影响。但是，这种工艺也取决于合金的类型。纯钛（α 钛）和（α+β）钛合金对此反应极为积极，而 β 钛合金对强度喷丸仅表现出极为温和的反应。由于热会降低固有应力，因而较高的温度会减弱在使用周期内的影响。



## 5.5 安全性和回收利用

致密的钛材没有点燃危险，而材料的比表面积或粉末比例越大，则点燃危险越大。在这种情况下，钛有燃烧或爆炸的危险。因此，尤其要避免金属粉末和金属屑的聚集。特别要注意制造商的安全数据单。

钛材几乎可完全回收利用。根据分类，钛废料可作为：

- 钛铁的最初产品；
- 生产钛稳定钢的合金填料；
- 特定质量钛铸件的预制材料；
- 代替海绵钛用于熔炼最关键的部件。

钛废料在所有的领域内都具有很高的重复利用率（约 90%）。根据废料的品质和要制成产品的要求有不同的制备工艺。钛废料有很多用途，从替代海绵原料的高质量钛金属到作为合金元素添加到钢、锌和铝中，直至生产钛铁或者替代青铜的钛废料。

由于对钛的需求越来越大，且能源和原材料的价格越来越高，因而研发出了专门的最多可以 100% 使用钛废料的熔炼技术。

严格的分类处理对于高品质的废料回收利用来说非常重要。设计师可以采取一些措施按照类别回收利用合金，从而使后续废料回收更顺利；同时，应尽量避免与其他不兼容材料形成机械方法无法分离的复合连接。其中也可包含对切削加工中刀具和冷却剂/润滑剂的建议。这简化了金属屑的制备。

## 5.6　半成品生产和半成品成型

由于钛材具氧亲和力且熔点较高，因此钛海绵的继续加工只能在真空或氩气氛下通过熔化来完成。为了进行精炼和扩散退火，一般情况下至少要重熔两次而且要在电弧炉（VAR）中或通过槽式熔化法（CHM）进行（电子束炉或等离子束炉）。该工序最终形成的产品是金属块，通过槽式熔炼废料也可生产出扁锭。生产过程中直至熔炼前都是以钛材特定的方式进行。出于经济性的原因，随后的加工步骤要尽量在钢厂的大型设备上进行，当然要使用调节相应材料品质的参数。图 5.13 所示为主要的生产途径和主要的半成品产品。

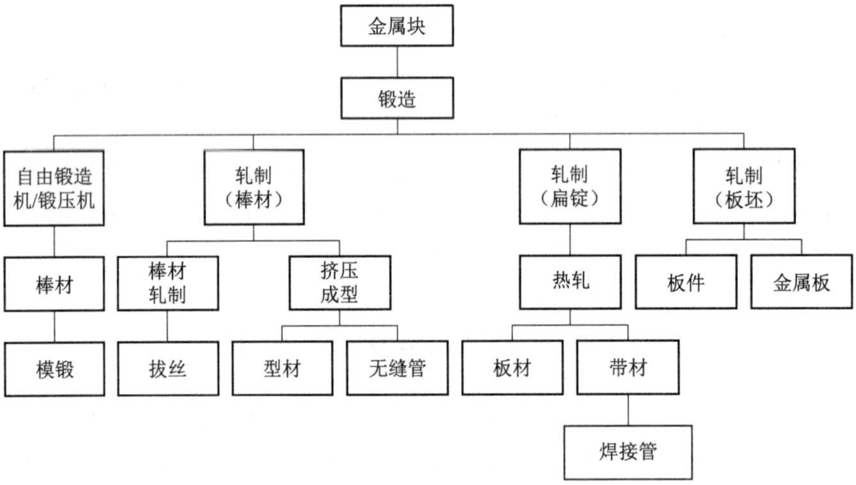


图 5.13　钛和钛合金半成品的生产途径

这里还应讨论终型部件或近终型部件的生产途径。相关例子请参见图 5.14。如果生产件数较多，则通常会选择相同的尺寸进行生产。必须注意，生产时标准通常会有偏差。如果只需在小的配合部位上（例如泵壳体的法兰上）进行再加工，则生产近终型部件和复杂结构的部件是非常经济的。在这里还应提及钛铸造，特别是压力铸造［金属注射成型（MIM）］。

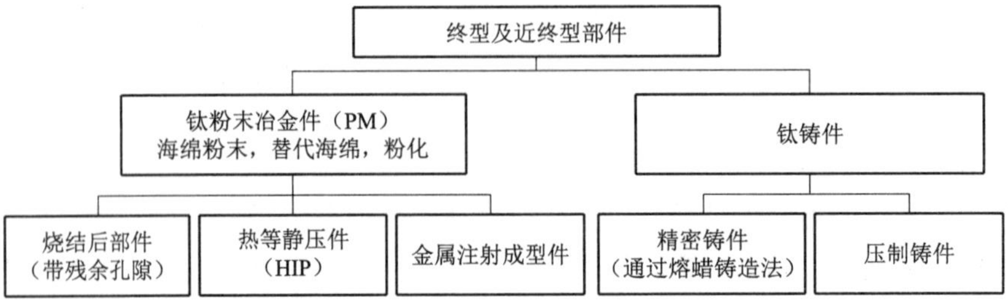


图 5.14　（近）终型部件的生产途径

在设计前要考虑到不是每种厚度的材料都能买到。除了借助大量的国家和国际标准选择商业常见的产品之外，还应另外说明尤其是在不同尺寸和半成品形状组合的情况下的可用性。

## 5.7 应用示例

由于碳排放和全球变暖等问题，近来轻量化结构变得日益重要。尤其是在航空航天以及汽车业中，重量是节约成本的一个关键调整参数。除了材料轻量化之外，对于钛来说，形状和结构轻量化也非常重要，但是也应考虑新的方案（参见第 1 册第 3 章）。

对于材料轻量化来说，“健康的”材料混合在大多数情况下都是成功的：在正确的地方使用正确的材料。但是，这也意味着需要更多地采用连接技术。不能随便将钛与铝或者与钢焊接在一起。在这种应用情况下必须寻找新的连接方案并加以试验。

由于腐蚀方面的原因，一些连接配合对的组合无法实现。一个典型的例子出现在飞机制造中，越来越多地使用碳纤维增强塑料导致在某些部位上无法使用铝。在电化学方面，碳纤维的惰性极强。如果将其直接与铝连接，当铝发生熔解时就可能会出现接触腐蚀；而使用钛就不会有这个问题，因其电化学势能差特别小。随着越来越多地使用碳纤维增强塑料，飞机制造中也开始越来越多地使用钛（表 5.17）。



表 5.17　轻量化结构中钛材的应用概况

| | |
|---|---|
| 航空和航天 | 压缩机叶片、桨叶、外壳、加力燃烧室外部蒙皮（推进器锥形体）、法兰环、螺栓、螺钉、铆钉、液压管、热空气管、直升机旋翼桨毂、附件、起落架部件、翼盒、机身隔框、刹车装置配件、飞机外壳板材、推进器悬挂机构、翼铰链套、纵梁、整个成型件、火箭发动机外壳、燃料箱、阀门、泵壳和泵叶轮<br>示例：图 5.15 和图 5.16 |
| 设备制造 | 搅拌器、轴、泵、阀门和热交换器<br>示例：图 5.17 |
| 能量生产和储存 | 涡轮叶轮盘、涡轮叶片和涡轮转子<br>示例：图 5.18 |
| 海洋及海上技术 | 水翼艇、潜水艇、凸缘，海上范围的海水脱盐设备，饮用水制备设备，油立管和气立管，以及消防用水系统<br>示例：图 5.19 |
| 汽车工业 | 连杆、连杆螺栓、气门、气门弹簧、气门弹簧座、活塞、曲轴、凸轮轴、传动轴、扭力杆、车轮悬架、螺旋弹簧、螺栓、离合器组件、排气装置、球窝关节、变速器、涡轮增压器、变速器同步装置、制动缸、密封垫圈和装饰件<br>示例：图 5.20 |
| 机械制造 | 高速离心机转子及纺织机械 |
| 人员防护 | 汽车、直升机、战斗机装甲、钢盔，以及平民和军事用途防弹衣<br>示例：图 5.21 |

图 5.15　亚利安五号运载火箭推进剂箱①

图 5.16　成型挤压工艺制造①

图 5.17　钛铸件制成的泵轮转子②

图 5.18　涡轮增压器叶轮，数控加工③



① 图片来源：MT Aerospace，德国奥格斯堡。

② 图片来源：ThyssenKrupp VDM。

③ 图片来源：Otto Fuchs，德国迈纳茨哈根。

图 5.19 海水脱盐设备①

图 5.20 高转速轿车和摩托车发动机的钛连杆②

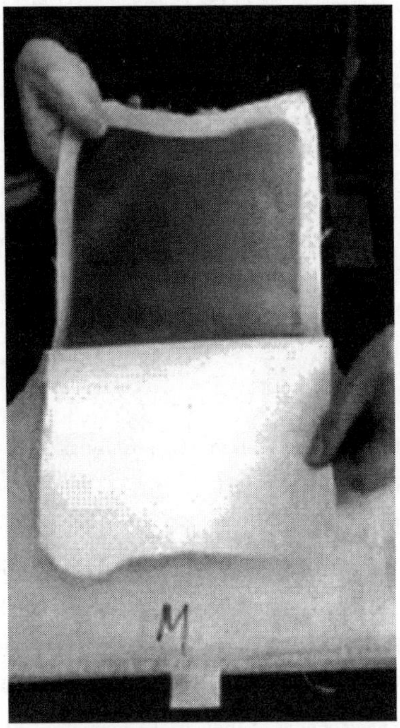


图 5.21 降低碰撞能量的防弹背心的钛膜③



除了直接轻量化之外，还有间接的轻量化，也就是说会实现继发效应。这在降低质量方面可能更为有效。更换一种低密度材料后，部件自身通常仅降低了质量，而部件通常也更加昂贵。例如，可以将轴承、壳体和其他部件设计得更轻。这最终导致质量大幅降低的效应。因此，应始终从整个系统或部件组的角度进行考虑。

## 5.8 总结和展望

目前全球每年约制造 10 万吨量级的钛半成品。该市场可划分为两个规模大致相同的部分：

- 航空和航天；
- 设备制造、体育和医疗技术。

此外，随着更大型飞机（A380，Dreamliner）的开发，航空业对钛的需求会继续增长。

借助克罗尔法降低质量所需的能量消耗为 30~40 kWh/kg，比铝略高。新开发的工艺［例如电解（FCC 工艺）］和新的方案（对克罗尔法的改良）尝试像单纯

① 图片来源：DME，德国杜伊斯堡。
② 图片来源：ThyssenKrupp VDM。
③ 图片来源：Omnicomput，德国哈姆。

的热力学那样降低能量消耗，但是目前还未超出试验室规模。有关新工艺的概述请参阅美国材料与试验协会标准（ASTM）。

为了全面介绍钛材，在此处提及一下 γ 钛合金（铝化钛），但由于它的金属间特性其已经构成了一种特有的材料组别，有关这种材料的详细说明请参阅 Peters 等人 2002 年的文献。研究工作主要针对提高室温可延展性，某些铝化钛仅具有百分之几的可延展性。这种材料组别的优点是密度低、刚性高、耐高温性较好。

# 5.9 详细信息

## 参考文献

[1] Boyer, R.; Welsch, G.; Collings, E. W. Materials Properties Handbook: Titanium Alloys. ASM International, 1994.

[2] Lütjering, G.; Williams, J. C. Titanium. Springer Verlag, Berlin/Heidelberg, 2003.

[3] Martienssen, W.; Warlimont, H. Springer Handbook of Condensed Matter and Materials Data. Springer Verlag, Berlin/Heidelberg, 2006.

[4] Peters, M.; Leyens, C. (Hrsg.) Titan und Titanlegierungen. Wiley-VCH Verlag, Weinheim, 2003.

[5] Sibum, H., Güther, V., Roidl, O., Wolf, H. U. Titanium and Titanium Alloys. In: Ullmann's Encyclopedia of Industrial Chemistry. VCH Verlagsgesellschaft, Weinheim, 1996.

[6] Sommer, K.; Friedrich, B. Titanium Molten Salt Electrolysis-Latest Developments. Proceedings of EMC, 2005.



## 标准和规程

[1] ASTM B265: Standard Specification for Titanium and Titanium Alloy Strip, Sheet, and Plate.

[2] ASTM B348: Standard Specification for Titanium and Titanium Alloy Bars and Billet.

[3] ASTM B367: Standard Specification for Titanium and Titanium Alloy Castings.

[4] ASTM B381: Standard Specification for Titanium and Titanium Alloy Forgings.

[5] DIN 17851: Titanlegierungen, Chemische Zusammensetzung.

[6] DIN 17860: Bänder und Bleche aus Titan und Titanlegierungen, Technische Lieferbedingungen.

[7] DIN 17861: Nahtlose kreisförmige Rohre aus Titan und Titanlegierungen, Technische Lieferbedingungen.

[8] DIN 17862: Stangen aus Titan und Titanlegierungen, Technische Lieferbedingungen.

[9] DIN 17863: Drähte aus Titan.

[10] DIN 17864: Schmiedestücke aus Titan und Titan-Knetlegierungen (Freiform-und Gesenkschmiedeteile), Technische Lieferbedingungen.

[11] DIN 17865: Gussstücke aus Titan und Titanlegierungen, Feinguss, KoMPaktguss.

[12] DIN 17866: Geschweißte kreisförmige Rohre aus Titan und Titanlegierungen, Technische Lieferbedingungen.

[13] DIN 29783: Luft-und Raumfahrt, Feingussstücke aus Titan und Titanlegierungen, Technische Lieferbedingungen.

[14] DIN 65039: Luft-und Raumfahrt, Bleche, Platten und Bänder aus Titan und Titanlegierungen, Technische Lieferbedingungen.

[15] DIN 65040：Luft-und Raumfahrt，Stangen，Ringe，Schmiedevormaterial und Schmiedestücke aus Titan und Titanlegierungen，Technische Lieferbedingungen.

[16] DIN EN 2600：Luft-und Raumfahrt，Bezeichnung von metallischem Halbzeug，Regeln.

[17] DIN EN 2617：Luft-und Raumfahrt-Platten aus Titan und Titanlegierungen，Dicken 6–100 mm.

[18] DIN EN 2858 – 1：Luft-und Raumfahrt，Titan und Titanlegierungen，Schmiedevormaterial und Schmiedestücke，Technische Lieferbedingungen，Teil 1：Allgemeine Anforderungen.

[19] DIN EN 2858 – 2：Luft-und Raumfahrt，Titan-und Titanlegierungen，Schmiedevormaterial und Schmiedestücke，Technische Lieferbedingungen，Teil 2：Schmiedevormaterial.

[20] DIN EN 2858 – 3：Luft-und Raumfahrt，Titan und Titanlegierungen，Schmiedevormaterial und Schmiedestücke，Technische Lieferbedingungen，Teil 3：Ausfallmuster.

[21] VdTÜV WB 230/1：Bänder und Bleche aus Titan，unlegiert und niedriglegiert.

[22] VdTÜV WB 230/2：Rohre aus Titan，unlegiert und niedriglegiert.

[23] VdTÜV WB 230/3：Stangen，Draht und Schmiedestücke aus Titan，unlegiert und niedriglegiert.

[24] The Society of Automotive Engineers.

[25] SAE：Standards. SAE International.

[26] www. sae. org.

[27] Verband der Technischen Überwachungsvereine VdTÜV：Werkstoffblätter. TÜV Media GmbH.

6

# 塑料

*Axel Kauffmann*

除了金属和陶瓷材料之外，塑料在我们的社会中具有越来越重要的技术和经济意义。2008 年，全球塑料产量为 2.45 亿吨，其中欧洲占 25.0%（图 6.1）。从 1989 年开始，塑料的产量甚至比钢材还要大得多，并且到目前为止这种材料的增长几乎从未止步（图 6.2）。



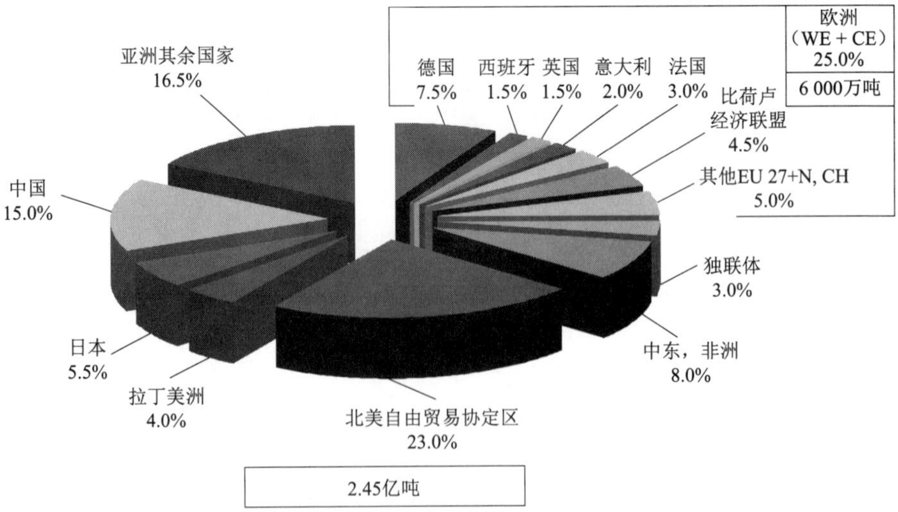


图 6.1　2008 年全球塑料产量①

① Plastics Europe，2008。

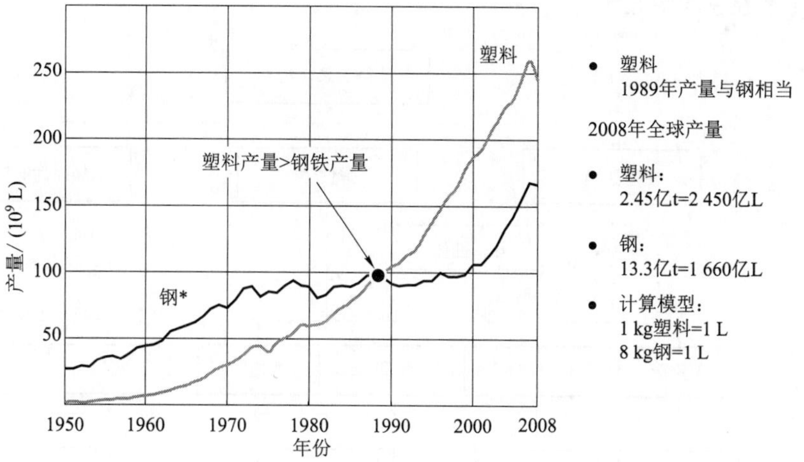


图 6.2　2008 年塑料和钢的全球产量①

本节讨论塑料的特性以及在轻量化相关应用方面的应用可能性。重点在于未强化的塑料；但是，准确界定强化塑料并不总是可行的，原因是大多数轻量化塑料部件都使用了填充材料和强化材料。



这里对非泡沫塑料和泡沫塑料都进行了研究，并涉及轻量化相关的使用可能性。按照传统的划分方法，塑料划分为热塑性塑料、热固性塑料和弹性体。我们将在另一节讨论泡沫弹性体。

此外还使用不同的添加剂来调节塑料的特性，例如防火性、抗静电能力、配色等，并对其进行了说明。

经常用于高复合部件的纤维复合材料，以及如何建立混合复合材料请参见第 5 节（借助聚合物纤维复合材料的轻量化）② 和第 9 节（混合复合材料）的内容。

## 6.1　基本情况

按照结构类型和高分子的连接机制，塑料可被分为热塑性塑料、热固性塑料和弹性体 3 类。在实践中还按照不同的标准进行了进一步划分。其中，热塑性塑料（线性和枝状链分子）是按照物理结构，弹性体（弱交联链分子）是按照化学双键特征，而热固性塑料（三维交联链分子）是按照挤压工艺参数划分的。同样，非常重要的热塑性弹性体（线性弹性体，TPE）这个类别的塑料，它们在室温下跟传统

① Plastics Europe，2008。

② 参考章节有误，原书中第 5 节是钛材，并不是借助聚合物纤维复合材料的轻量化。

的弹性体性能相近，但是在输入热量的情况下可发生塑性变形，从而呈现出热塑性的特征（图 6.3 和图 6.4）。

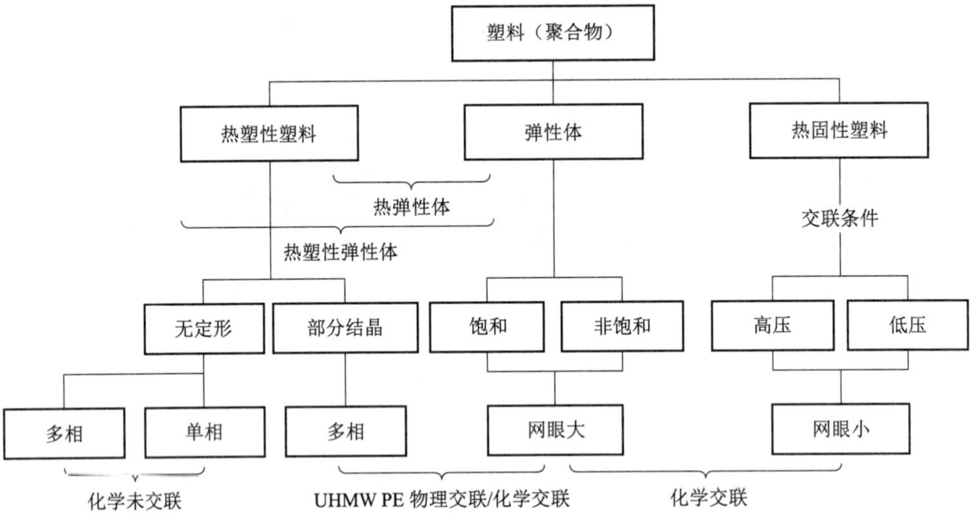


图 6.3　塑料的划分①



在特性方面，塑料与金属和陶瓷材料明显不同。大多数塑料的密度在 0.8 ~ 1.4 g/cm$^3$（例外情况可达 2.2 g/cm$^3$）。因此，它们明显比金属和陶瓷材料要轻。相对于金属，许多塑料耐无机介质（例如酸和碱）；但是，相对于金属，它们在有机溶剂当中的反应要灵敏得多，像酒精、丙酮和汽油（除了聚乙烯塑料油箱之外）。塑料常用的加工温度在 250 ℃ ~ 300 ℃（图 6.5）。

金属必须在高温下以高成本铸造或者半成品必须进行切削加工，而热塑性塑料可用相对低的成本制成更为复杂的成型件。

在机械特性方面，塑料通常比不过其他的材料（图 6.6）。其强度大多达不到金属或技术陶瓷的强度，但是采取设计手段或使用增强纤维后可以进行补偿，例如使用芳族聚酰胺纤维或者碳素纤维进行强化（参见第 2 册第 7 章）。塑料的导热能力明显低于金属。其导电率比金属低 15 个数量级。

在常用的机械负荷下，相对于大多数其他材料来说，高聚合物表面出现一种特别明显的突出的黏弹性和黏（塑性）的特性。也就是说，出现的变形的一部分是弹性的（可逆的），而另一部分是黏性和塑性的（不可逆）。诸如弹性模量、抗剪模数和与此相关的机械特性一方面取决于温度，另一方面取决于负荷时间和负荷速度。4 种主要塑料的弹性模量曲线的特征点是玻璃临界温度 $T_g$ 和流变温度 $T_f$ 或熔化温度 $T_m$（图 6.7）（Eyerer，2005）。

① Eyerer，2005。

| 热塑性塑料<br>塑性体 | 合成橡胶<br>橡胶 | 热固性塑料<br>热固塑料，树脂 |
| --- | --- | --- |

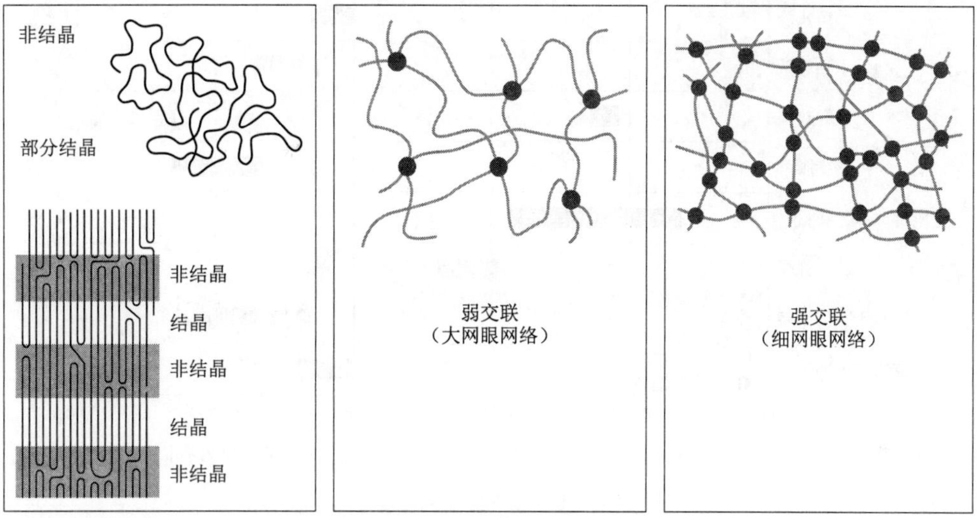


| 粘结 | | |
| --- | --- | --- |
| 高摩尔质量下的缠绕，未交联大分子之间的二次结合 | 缠绕，二次结合和一次结合（化学结合）=交联<br>（硫化）<br>网眼大 | 缠绕，二次结合和一次结合（化学结合）=交联<br>（硬化）<br>网眼小 |
| **特性** | | |
| 在负荷下特别是高温下链条会滑移<br>可随意多次软化和熔化<br>可溶<br>可溶涨直至可溶解<br>较低至中等抗拉强度<br>较低至中等刚性<br>较低至中等的断裂伸长率<br>蠕变，松弛 | 通过交联防止链条发生滑移<br>交联后不再可熔<br>不可溶<br>可溶涨<br>低抗拉强度<br>刚性较低<br>中到高断裂伸长率加上较大的回弹“橡胶弹性”（参见图1.11）<br>蠕变，松弛 | 通过交联防止链条发生滑移<br>交联后不再可熔<br>不可溶<br>不可溶涨<br>高抗拉强度<br>刚性较高<br>高断裂伸长率<br>低至无蠕变 |
| 或多或少的耐温 | 或多或少的耐温 | 耐热 |

图 6.4　不同塑料类的结构示意图①

① Eyerer，2005。

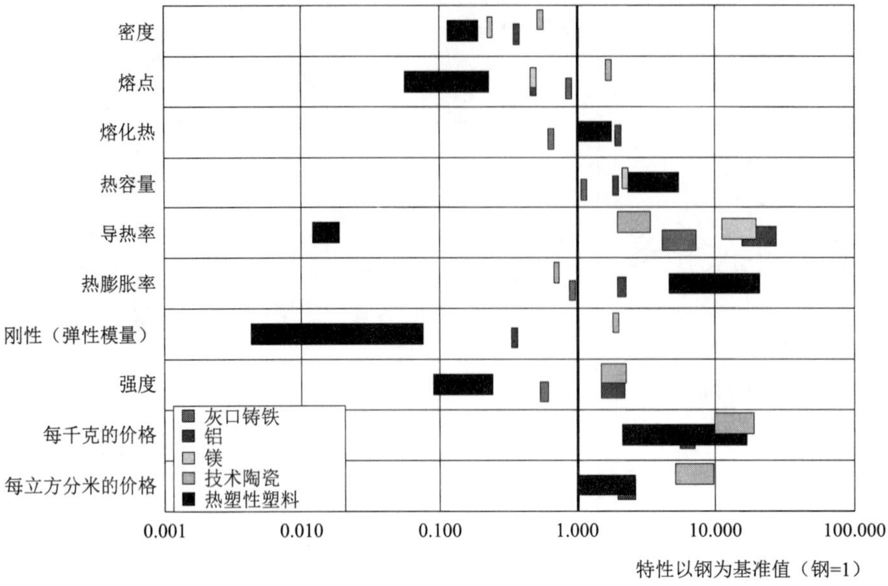


图 6.5　塑料特性的分类①



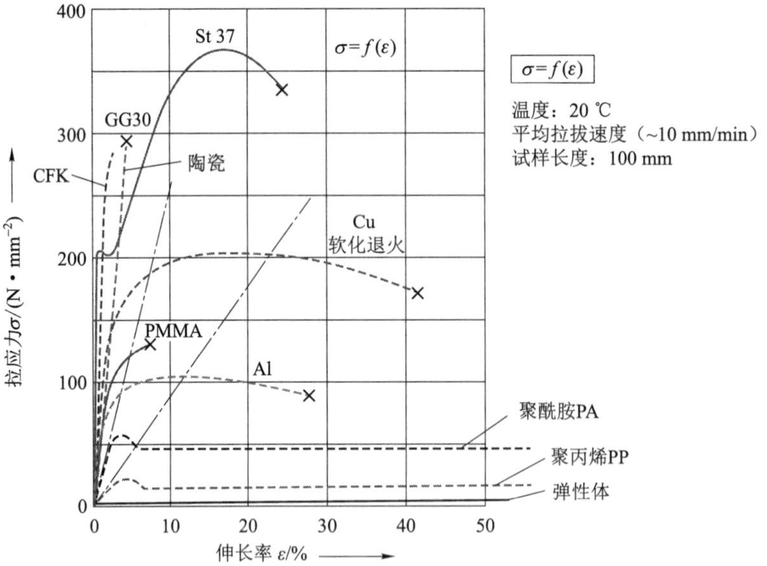


图 6.6　在室温下相对于金属和陶瓷的不同塑料的应力—膨胀示意图②

① 图片来源：塑料技术大学教授科研工作小组——WAK。

② Eyerer，2005。

$T_g$: 玻璃临界温度
$T_f$: 流变温度
$T_m$: 熔点

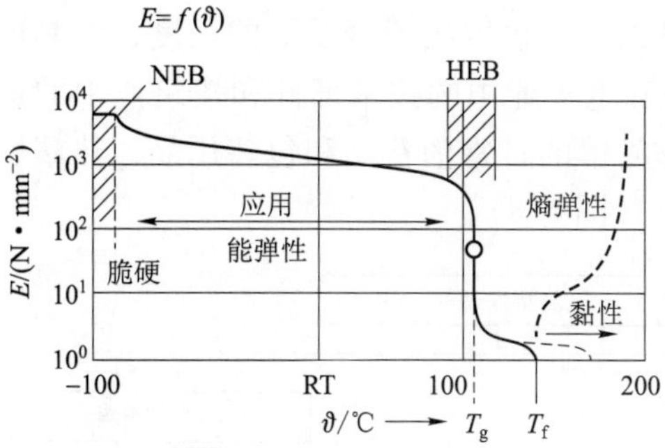


非结晶热塑性塑料

| | z.B. | $T_g$/℃ | $T_f$/℃ |
|---|---|---|---|
| | PS | ~+90 | >180 |
| | PVC | ~+80 | >150 |
| * | PMMA | +105 | >180 |
| | PC | +150 | >230 |

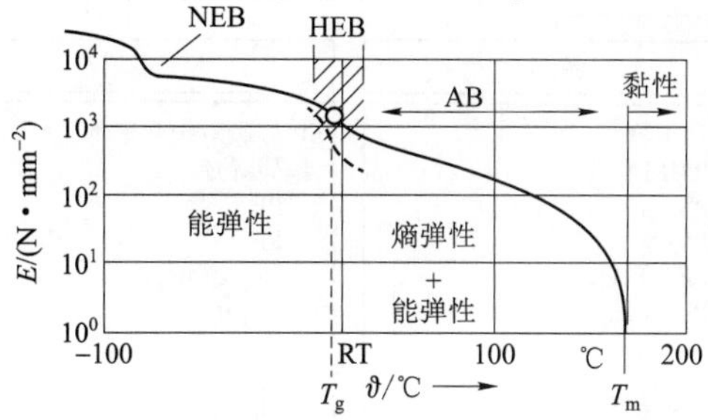


部分结晶热塑性塑料

| | z.B. | $T_g$/℃ | $T_m$/℃ |
|---|---|---|---|
| | PE | -120~-30 | 110-135 |
| * | PP | 约0 | 160 |
| | PA6 | +30~50 | 230 |
| | PET | +80<br>NEB -45 | 255 |

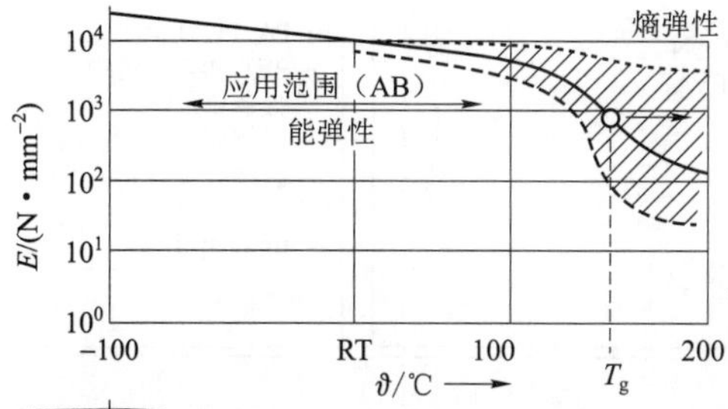


热固性塑料

| | z.B. | $T_g$/℃ | 分解/℃ |
|---|---|---|---|
| | UP | ~+100 | >250 |
| | EP | ~+120 | >250 |
| * | PF | ~+150 | >250 |

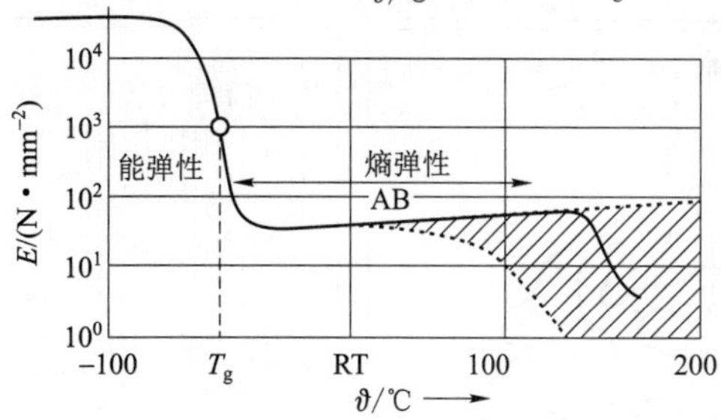


合成橡胶

| | z.B. | $T_g$/℃ | 分解/℃ |
|---|---|---|---|
| | VMQ | ~-100 | >250 |
| * | NBR | -40~-15 | >180 |
| | FCM | -5 | >300 |

图 6.7　不同塑料在温度范围内的弹性模量①

## 6.2　热塑性塑料

热塑性塑料是指由长的线性高分子组成的加热可熔化的且在特定的温度范围内容易（同样是热塑性的）变形的塑料。该过程是可逆的。也就是说，只要不过热造

① NEB＝次要的软化范围，RT＝室温，HEB＝主要软化范围，AB＝应用范围。Eyerer，2005。

成塑料的热分解，则可任意多次反复冷却和再加热，直至处于熔液状态。热塑性塑料的特性既取决于基本组件的化学结构，也取决于分子链的长度、结晶度和分子间的力（Schwarz，2004）。与汽车业和电子业中的技术部件和建筑业中的窗户型材和管材一样，热塑性塑料也可被用作简单的日常消费品和包装用品。热塑性塑料可细分为非结晶和部分结晶热塑性塑料（图 6.8）。

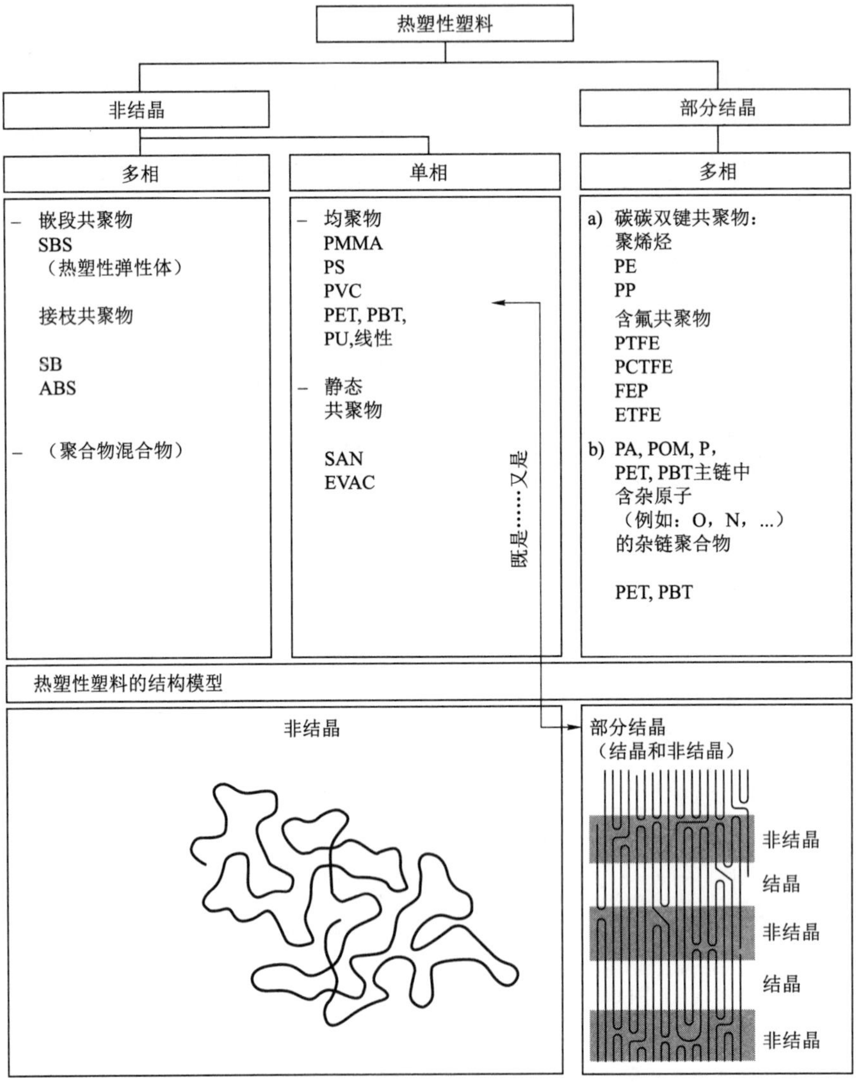


图 6.8　根据结构特征进一步划分热塑性塑料①

非结晶热塑性塑料由较长的形成时会交错盘绕和缠绕的线性分子链组成。由于它具有非对称的结构或者较大的侧链基，因而不会发生结晶。因此，当未改性时，它像

① Eyerer，2008。

玻璃般透明。它们大多具有良好的外观特性和较低的收缩率。这种塑料发硬、发脆，并具有较高的弹性模量。非结晶热塑性塑料所处的温度范围低于玻璃临界温度 $T_g$（冻结温度）。在这个温度范围内它表现出能弹性，而高于该玻璃临界温度时则表现为熵弹性（胶状）。非结晶热塑性塑料没有固定的熔点。由于链状分子相互间没有化学键，因此可用所有常见的工艺（例如注塑、挤压、热成型和焊接）进行加工和处理。

部分结晶热塑性塑料具有部分规则的结晶分子区域，且区域之间始终有非结晶相位。随着结晶度越来越高，部分结晶塑料的透明度会降低。它们是不透明的。如果非结晶相位低于 $T_g$，则塑料会发脆、发硬。它们具有较高的强度、较高的弹性模量，以及较低的可延展性。如果非结晶相位高于 $T_g$，则塑料具有较高的韧性和良好的耐磨强度。相对于非结晶塑料，部分结晶塑料会急速从固体过渡到熔化物。在特定的温度 $T_m$ 下晶体会发生熔化，然后聚合物以熔化物的形式存在。在熔化物冷却时，聚合物会再次结晶。使用温度范围在玻璃临界温度 $T_g$ 和晶体熔化温度 $T_m$ 之间。部分结晶热塑性塑料的加工方法跟非结晶热塑性塑料一样，但是由于结晶度和后结晶度不同，冷却条件和模具温度对特性有很大的影响。

根据塑料的应用情况，塑料可按照特性、价格和数量需求分为 3 个相互重叠的类别（图 6.9）：

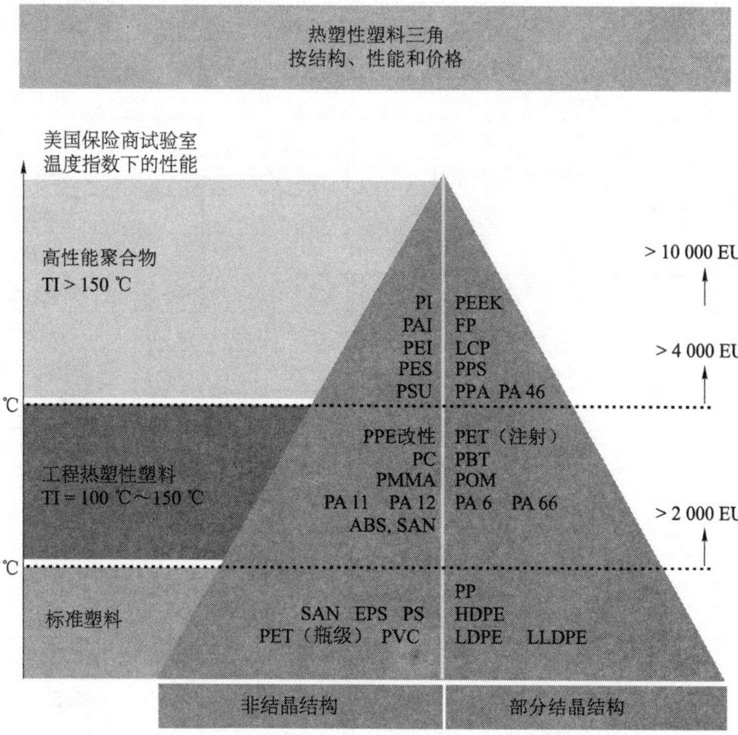


图 6.9 材料金字塔，热塑性塑料的分类①

① Plastics Europe，2008。

（1）标准塑料（大宗塑料）包括大量制造的用于包装材料、薄膜、外壳、管材等的热塑性塑料，例如 PE，PVC，PS 和 PP。

（2）工程塑料一般被用于制造在机械、热或者电方面有高要求的产品，例如 PA，POM，PC，PMMA 和 PET。

（3）高性能塑料适用于最高的机械和热负荷。典型的高性能塑料包括 PEI，PES，PPE，PPS，PEEK 和 PSU。

塑料的简称见表 6.1。

**表 6.1　塑料的简称**

| | | | |
|---|---|---|---|
| ABS | 丙烯腈-丁二烯-苯乙烯-塑料 | PE-LLD | 线性低密度聚乙烯 |
| ASA | 丙烯酸酯-苯乙烯-丙烯腈-塑料 | PE-UHMW | 超高分子量聚乙烯 |
| BMC | | PEEK | 聚醚醚酮 |
| CA | 醋酸纤维塑料 | PEI | 聚醚酰亚胺 |
| CR | 氯丁二烯橡胶 | PES | 聚醚砜 |
| DAP | 邻苯二甲酸二烯丙酯，邻苯二甲酸二烯丙基树脂 | PET | 聚对苯二甲酸乙二醇酯 |
| EP | 环氧树脂 | PF | 酚醛树脂 |
| EPS | 发泡聚苯乙烯 | PMMA | 聚甲基丙烯酸甲酯 |
| EPE | 发泡聚乙烯 | POM | 聚甲醛（聚缩醛） |
| EPP | 发泡聚丙烯 | PP | 聚丙烯 |
| ETFE | 乙烯-四氟乙烯-塑料 | PPE | 聚苯醚 |
| EVA | 乙烯-醋酸乙烯酯-塑料 | PPO | 改性聚苯醚 |
| EVAC | 乙烯-醋酸乙烯酯-塑料 | PPS | 聚苯硫 |
| FEP | 全氟（乙烯-丙烯）塑料 | PS | 聚苯乙烯 |
| HDPE | 高密度聚乙烯 | PSU | 聚砜 |
| LCP | 液晶聚合物 | PTFE | 聚四氟乙烯 |
| LDPE | 低密度聚乙烯 | PUR | 聚氨酯 |
| MF | 三聚氰胺-甲醛树脂 | PVC | 聚氯乙烯 |
| MP | 三聚氰胺-酚-树脂 | PVDF | 聚偏二氟乙烯 |
| MPF | 三聚氰胺-酚-甲醛 | SAN | 苯乙烯-丙烯腈塑料 |
| NBR | 丁腈橡胶 | SBS | 苯乙烯一丁二烯一苯乙烯三嵌段共聚物 |
| PA | 聚酰胺 | TPE | 热塑性弹性体 |
| PBT | 聚丁烯对苯二甲酸酯 | TPU | 热塑性聚氨酯弹性体 |
| PC | 聚碳酸酯 | UHMW PE | 超高分子聚乙烯 |
| PCTFE | 聚三氟氯化烯 | UF | 脲甲醛树脂 |
| PE | 聚乙烯 | UP | 不饱和聚酯树脂 |
| PE-HD | 高密度聚乙烯 | VMQ | 硅橡胶 |
| PE-LD | 低密度聚乙烯 | | |

部分热塑性塑料的特性见表 6.2。

**表 6.2 挑选的热塑性塑料的特性①**

| 热塑性塑料，非注塑 | LDPE | HDPE | PP | ABS | CA | PS(B) | PVC | PMMA | PC | POM | PA66 | PET | PPE | PPO | PSU | PAar | PVDF |
|---|---|---|---|---|---|---|---|---|---|---|---|---|---|---|---|---|---|
| 耐热变形能力（A 至）/℃ | – | 55 | 60 | 102 | 60 | 75 | 69 | 98 | 140 | 125 | 66 | 80 | 215 | B130 | 174 | 217 | 115 |
| 短时应用（不超过）/℃ | 90 | 110 | 140 | 100 | 70 | 70 | 70 | 98 | 135 | 140 | 170 | 170 | >226 | 130 | >150 | | 150 |
| 玻璃临界温度（约）/℃ | −110 | −110 | −10 | 110 | | 92 | 90 | 105 | 150 | −60 | 78 | 60 | | | | | 178 |
| 线性热膨胀指数（约）/（$10^{-5}$ $K^{-1}$） | 25 | 18 | 18 | 10 | 12 | 10 | 8 | 7 | 7 | 11 | 9 | 7 | 5.5 | 6 | 5.6 | 18 | 14 |
| 可燃性 | 易燃 | 易燃 | 易燃 | 是 | 难燃 | 易燃 | 难燃 | 是 | 难燃 | 是 | 是 | 是 | 难燃 | 难燃 | 难燃 | 难燃 | 否 |
| 燃烧热/（$kJ \cdot g^{-1}$） | 48 | 46.5 | | 35 | | 40 | 18 | 26 | 30.7 | 17 | | | | | | | |
| 表观密度（约）/（$g \cdot cm^{-3}$） | 0.92 | 0.95 | 0.90 | 1.05 | 1.30 | 1.04 | 1.38 | 1.18 | 1.20 | 1.41 | 1.14 | 1.31 | 1.37 | 1.06 | 1.24 | 1.42 | 1.78 |
| 拉伸屈服应力（高达约）/（$N \cdot mm^{-2}$） | 12 | 25 | 35 | 55 | 45 | | 48 | | 60 | 73 | 60 | 60 | 94 | 55 | | | 56 |
| 拉伸屈服应力下的伸长率/% | 20 | 11 | 15 | 3 | 3 | | | | 7 | | 33 | 4 | 5.5 | 5 | | | |
| 抗拉强度（高达约）/（$N \cdot mm^{-2}$） | 20 | 30 | 35 | 45 | | 35 | | 70 | 75 | | | 60 | | | 70 | 175 | 50 |
| 断裂伸长率（约）/% | 600 | 900 | 700 | 25 | | 50 | 70 | 4.5 | 100 | 70 | 150 | 200 | 11 | | 80 | 2.7 | 60 |
| 拉伸弹性模量（高达约）/（$N \cdot mm^{-2}$） | 450 | 1 200 | 1 600 | 2 300 | 2 000 | 2 000 | 2 500 | 3 300 | 2 200 | 3 200 | 2 000 | 2 700 | 3 150 | 2 500 | 2 500 | 13 400 | 2 600 |
| 洛氏硬度 R（D785）（约） | 45D | 65D | 98 | 110 | 100 | 50 | | 93 | 120 | 85D | 115 | 120 | M88 | 119 | M69 | M86 | 78D |
| 缺口冲击韧性（23 ℃）/（$kJ \cdot m^{-2}$） | 未确定 | 未确定 | 10 | 12 | 1.2 | 7 | 10 | 2 | 30 | 9 | 18 | 3.5 | 1.9 | | 4.1 | | 12 |
| 冲击韧性（23 ℃）/（$kJ \cdot m^{-2}$） | 未确定 | 未确定 | 未确定 | 未确定 | 70 | 70 | 未确定 | 11 | 未确定 | 未确定 | 未确定 | 未确定 | 未确定 | >15 | 未确定 | | 未确定 |
| 冲击韧性−40 ℃（−20 ℃）/（$kJ \cdot m^{-2}$） | | | (13) | 70 | 40 | 60 | 未确定 | | 未确定 | 未确定 | 未确定 | 未确定 | | | | | 未确定 |
| 体积电阻率/（$\Omega \cdot cm$） | 1 018 | 1 018 | 1 018 | 1 016 | 1 018 | 1 018 | >1 016 | >1 015 | >1 017 | 1 018 | 1 012 | 1 016 | >1 016 | 1 017 | >1 016 | >1 016 | >1 015 |
| 吸水性 4 d /% | <0.01 | <0.01 | <0.01 | 0.2 | 4 | <0.1 | 0.35 | 0.35 | 0.36 | 0.6 | 3.5 | 0.7 | 2.3 | 0.066 | 0.26 | 0.20 | <0.04 |
| 耐气候性 | 稳定 | 稳定 | 稳定 | 3a | 稳定 | – | 稳定+ | + | 稳定+ | −UV | 炭黑 + | + | + | + | +/− | + | ++ |
| 水状溶液中的耐抗性 | ++ | ++ | ++ | +/− | – | + | ++ | + | +（−） | +（−） | +（−） | +（−） | + | + | + | + | ++ |
| 有机溶剂中的耐抗性 | +/− | +（−） | +（−） | +/− | + | – | +/− | +（−） | +（−） | + | + | +（−） | +/− | +/− | – | | ++ |
| 最高加工温度（约）/℃ | <280 | <280 | <300 | <280 | <230 | <260 | <210 | <230 | <320 | <230 | <290 | <280 | <360 | <300 | <390 | <280 | <250 |
| 较低价格（单一，约）/（$€ \cdot kg^{-1}$） | 0.90 | 0.95 | 1.05 | 2.10 | 2.90 | 1.20 | 0.95 | 2.90 | 6.20 | 3.00 | 3.10 | 3.10 | 10.50 | 4.60 | 15 | 25 | 25 |

① Carlowitz 1995，campusplastics。

### 6.2.1 标准塑料

大多使用聚烯烃（聚乙烯和聚丙烯）、聚苯乙烯和PVC作为标准塑料。

聚烯烃是一种由分子式为$C_nH_{2n}$的双键（乙烯、丙烯、丁烯-1和异丁烯）碳氢化合物组成的聚合物。聚烯烃是部分结晶的热塑性塑料，具有良好的化学耐抗性和电绝缘特性。其价格低廉，可采用几乎所有的常规工艺进行加工并得到广泛应用。应用最多的是聚乙烯和聚丙烯。在机械制造、汽车制造、电子技术、建筑业以及运输业和包装技术中都能找到它们的身影。

PVC（乙烯聚合物）是一种非结晶热塑性塑料。它发硬、发脆，只有通过添加软化剂和稳定剂后才会变软，可成型并被投入技术应用。由于具有多种多样的加工可能性和良好的特性，在许多应用场合，从薄膜和人造革直至硬的注塑部件和型材都会使用PVC。PVC耐化学制剂和像光、水和温度之类的外部气候影响，具有良好的抗拉强度和较高的尺寸稳定性。软PVC成型件具有舒适的触感。

PVC具有所有热塑性塑料最广泛的应用范围，属于最重要的塑料。最大的市场份额为挤压半成品（管材和型材），但也包括像仪表板饰板、车门立柱盖板、车门把手、帽架、座椅人造革、中控台、顶棚、换挡杆蒙皮之类的车内部件。在飞机制造或船舶制造中也会使用PVC，例如通过专门的PVC糊树脂借助发泡工艺制成的超轻部件。在加工时，由于PVC具有单体毒性，因而必须严格遵守工作安全规定。



PS（聚苯乙烯）是一种透明的非结晶或部分结晶的热塑性塑料。它被用作可热塑性加工的材料和发泡材料（发泡聚苯乙烯）。从数量上来说，聚苯乙烯仅次于PE、PP和PVC，居第四位，并具有广泛的应用领域。最重要的应用领域是形状稳定的包装材料，但是也被大量地用于像壳体部件这样的技术成型件上（Chemlin，2006；Domininghaus，2008）。

在产量方面，标准热塑性塑料聚乙烯［包括低密度PE（LDPE）、低密度线性PE（LLDPE）和高密度PE（HDPE）］，聚丙烯（PP）、乙烯聚合物（PVC）和聚苯乙烯（固体PS和发泡/可发泡EPS）最重要。这些材料共占欧洲所有塑料需求的2/3（图6.10）。

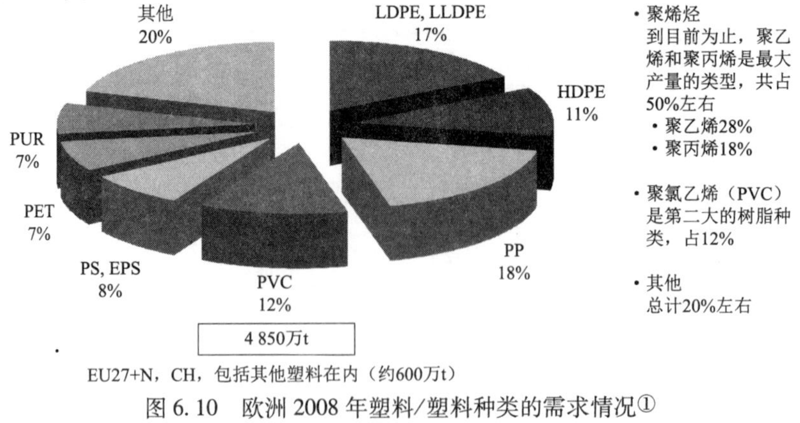


图6.10　欧洲2008年塑料/塑料种类的需求情况①

① 图片来源：Plastics Europe，2008。

### 6.2.2 工程塑料

相对于标准塑料，工程塑料具有更佳的机械特性和热特性，大多还具有更佳的电特性。它们可被用于复杂的负荷情况。由于热塑性聚合物具有良好的物理和化学特性，因而通常被用于制造技术部件。因此，一般将其称为“工程塑料”。在汽车业、电子业和电器业以及许多其他的领域，工程塑料被大量用于制造组件，例如代替像金属这样的传统材料或者利用像高机械强度，良好的化学耐抗性，低磨损、低摩擦和易加工这些特性制造技术部件。也常使用像聚碳酸酯（PC）或聚甲基丙烯酸甲酯（PMMA）这样的高透明工程塑料。相对于玻璃，这些材料因其低重量和成型时的设计自由度而著称。在汽车工业它可被用作大灯和尾灯的散光玻璃或被用作前挡风玻璃。

一个高要求的例子是 Smart Fortwo 的车顶模块（图 6.11）。这种用聚碳酸酯制成的模块内应力极低、变形小，且具有极佳的表面质量。相对于玻璃材质的类似方案，这种类型的车顶元件可明显降低重量——达 40% 以上。

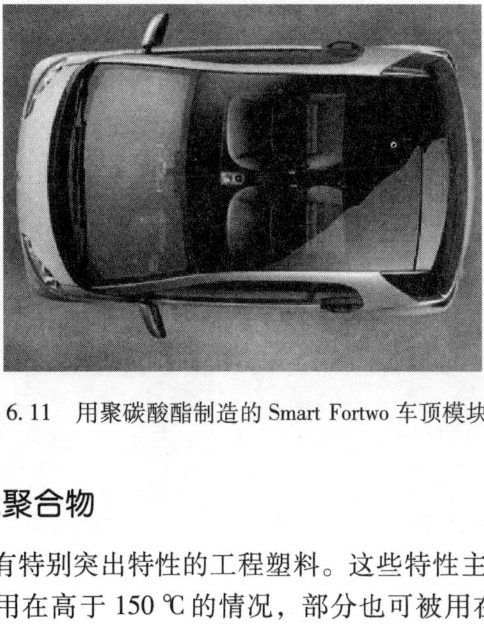

图 6.11 用聚碳酸酯制造的 Smart Fortwo 车顶模块①

### 6.2.3 高性能聚合物

高性能塑料是指有特别突出特性的工程塑料。这些特性主要涉及热使用极限方面。它们可被长时间用在高于 150 ℃的情况，部分也可被用在超过 200 ℃的情况，同时其机械特性不会发生实质性改变。高性能塑料的加工通常也对工具和机械技术提出较高的要求。液体结晶的聚合物、芳族聚酰胺、氟聚合物、聚醚酮、聚酰亚胺、硫化聚苯醚和聚砜都属于这种塑料（图 6.12 和图 6.13）（Ehrenstein，1999）。

高性能聚合物的市场份额极低，到目前为止不足 1%，因为其成本较高（Kaiser，2007）。应用领域从化学工业到医药技术，从电子技术直至航空业，十分广泛。高性能聚合物通常承担作为复杂部件和精密部件结构材料的任务。这些部件

① 图片来源：巴伐利亚材料科技股份公司。

需要较高的强度和尺寸稳定性。其中，相对于金属，高性能聚合物最大的优点在于其重量较低、耐磨损、有良好的减震性及有效的可加工性（Kaiser，2007）。

图 6.12　双组分安装注塑中的微型齿轮：聚甲醛材质的太阳轮和法兰与聚对苯二甲酸丁二酯材质的行星齿轮①

图 6.13　聚砜 PSU 材质的泵工作轮②

## 6.3　热固性塑料

热固性塑料是在一个组分熔液或溶液的硬化过程中通过交联产生的聚合物。大多通过加热产生这种不可逆的反应（英语 thermosets），但是也可以通过氧化剂、高

① 图片来源：Oechsler 股份公司。

② 图片来源：Ultrason，BASF。

能量射线或使用催化剂启动或加速。硬化后的热固性塑料大多发硬、发脆，之后在后续的生产过程中只能以机械方式进行加工。形成这种特性的原因是三维交联高分子的存在。加热硬化后的热固性塑料不会导致塑性变形，而仅会导致其分解。热固性塑料的材料参数可部分接近于铝或钢。由于它在高温下也具有机械和化学耐抗性，因此经常被用于电气安装，也越来越多地被用于航空和汽车制造。常见的热固性塑料及其性能参数见表 6.3。

**表 6.3　常见的热固性塑料（Scheu）**

| 缩写 | PF | UF | MPF | MF | DAP | UP | EP |
|---|---|---|---|---|---|---|---|
| 全称 | 酚醛树脂 | 脲甲醛树脂 | 三聚氰胺-酚甲醛树脂 | 三聚氰胺-甲醛树脂 | 邻苯二甲酸二烯丙酯 | 不饱和聚酯 | 环氧树脂 |
| 品名 | Bakelite. Vyncolit | Bakelite. Ciabanoid | Resart. Raschig. Bakelite | Melopas. Raschig | Neonit. Synre-Almoco | Bakelite. Tetra-DUR. Menzolite. Raschig | Araldit. Neonit. Supraplast |
| 密度/（$g \cdot cm^{-3}$） | 1.3~2.0 | 1.5 | 1.5~2.0 | 1.5~2.0 | 1.7~2.0 | 1.2~2.2 | 1.6~2.1 |
| 加工收缩率/% | 0.2~1 | 0.2~1 | 0.4~0.8 | 0.3~1.8 | 0.05~1.1 | 0.7~1.2 | 0.1~0.9 |
| 再收缩率/%（168 h/110 ℃） | 0~0.09 | 0.07~0.12 | 0.08~0.13 | 0.04~0.19 | 0~0.06 | 0.08~0.13 | 0~0.8 |
| 抗拉强度/（$N \cdot mm^{-2}$） | 40 | 40~65 | 60~80 | 50~70 | 45~75 | 45~75 | 50~90 |
| 抗压强度/（$N \cdot mm^{-2}$） | 200~400 | 200~250 | 200~260 | 200~250 | 150~200 | 150~200 | 150~255 |
| 弯曲弹性模量/（$10^3 N \cdot mm^{-2}$） | 5~23 | 6~9 | 6~9 | 6~12 | 6~12 | 6~12 | 9~15 |
| 冲击韧性/（$kJ \cdot m^{-2}$） | 2~14 | 5~8 | 5~10 | 5~10 | 5~13 | 5~13 | 5~12 |
| 缺口冲击韧性/（$kJ \cdot m^{-2}$） | 1.3~3.7 | 1.3~1.5 | 1.3~1.7 | 1.3~2.5 | 1.1~5 | 1.1~5 | 2~7 |
| 最大使用温度（<50 h）/℃ | 250 | 180 | 160 | 200 | 250 | 250 | 230 |
| 最大使用温度（<20 000 h）/℃ | 160 | 130 | 135 | 160 | 170 | 185 | 180 |
| 1 mm 壁厚下的击穿强度 Ed/（$k_V \cdot mm^{-1}$） | 35 | 30 | 30 | 25 | 30 | 30 | 30 |

续表

| 缩写 | PF | UF | MPF | MF | DAP | UP | EP |
|---|---|---|---|---|---|---|---|
| 全称 | 酚醛树脂 | 脲甲醛树脂 | 三聚氰胺-酚甲醛树脂 | 三聚氰胺-甲醛树脂 | 邻苯二甲酸二烯丙酯 | 不饱和聚酯 | 环氧树脂 |
| 品名 | Bakelite. Vyncolit | Bakelite. Ciabanoid | Resart. Raschig. Bakelite | Melopas. Raschig | Neonit. Synre-Almoco | Bakelite. Tetra-DUR. Menzolite. Raschig | Araldit. Neonit. Supraplast |
| 体积电阻率 /（Ω·cm） | 1E12 | 1E12 | 1E13 | 1E12 | 1E14 | 1E14 | 1E14 |
| 介电损耗 /（tanσ·100 Hz） | 0.005~0.5 | 0.005~0.15 | 0.3~0.6 | 0.1~0.4 | 0.01~0.06 | 0.01~0.03 | 0.01~0.045 |
| 吸水率/%（230 ℃下 96 h） | 0.1~0.3 | 1.5 | 0.85 | 1.6 | 0.3 | 0.25 | 0.8 |
| 易燃性 | 94V-0 | 94V-0 | 94V-0 | 94V-0 | 94V-0 | 94V-0 | 94V-0 |
| 化学耐抗性(酸/碱) 1：耐抗。2：一定条件下耐抗。3：不耐抗 | 1 | 2 | 1 | 1 | 1 | 1 | 1 |
| 可能的颜色 | 黑色 | 柔和色 | 所有颜色 | 所有颜色 | 一定条件下所有颜色 | 所有颜色 | 柔和色 |
| 可能的强化 | 石粉、矿石、短纤维云母、碳纤维、玻璃纤维/球 | 纤维素 | 木粉、纤维素、石粉 | 木粉、纤维素、石粉 | 玻璃纤维 | 长短玻璃纤维 | mehl 长短玻璃纤维、石粉 |
| 应用领域 | 工业：汽车、电子、家电、卫生、饮用水（热/冷） | 整容材料、安装材料的螺帽 | 壳体、壁板、手柄、开关、接触器 | 光敏开关、家电壳体、餐饮器具 | 汽车业、电子技术、开关壳体、家电、接触片、插头连接 | 电子部件、汽车制造、家电设备 | 电子部件、集电器、电枢、触点支架、精密零件、泵、化学工业 |



## 6.3.1　树脂体系、模塑材料

大多数树脂体系在实际情况下都会采用强化纤维（参见第 2 册第 7 章）。未用强化纤维的树脂大多是高注塑的，以减少收缩。不带强化纤维的树脂加工主要局限于铸造法。在模具中将树脂和硬化剂一起用机械或手动的方式进行铸造。

可按照不同的标准划分热固性模塑材料。常见的是按照像不饱和化合和通过反应性族交联这样的交联方式进行划分。之后可将模塑塑料划分为缩合树脂和反应性树脂。

典型的缩合树脂是酚醛树脂（PF）和氨基塑料，如三聚氰胺-甲醛树脂（MF）、三聚氰胺-酚-树脂（MP）和脲甲醛树脂（UF）。

酚醛树脂/氨基塑料为无色至浅黄色，透明，发硬，发脆，耐抗水和溶剂，但是不耐强酸和强碱。这些材料被用作木材、油漆和涂层的接合剂。

典型的反应性树脂是不饱和聚酯树脂（UP），包括邻苯二甲酸二烯丙基树脂（DAP）和环氧树脂（EP）。

聚酯具有光亮的表面，像玻璃般透明，具有良好的铸造性和高黏合力。这种材料既可以发硬，也可以有弹性。它耐化学制剂且可熔纺。聚酯可被用作黏合树脂、漆树脂和铸模树脂的基材，采用纤维强化后可被加工为车身部件、油箱和艇身。

环氧树脂（EP）为蜜黄色，透明，具有良好的黏合力并可铸造。这种材料既可以是硬的，也可以具有黏塑性，耐抗酸、碱、盐溶液和溶剂。它同样被用作黏合树脂、清漆树脂和铸模树脂的基材。对环氧树脂进行纤维强化后可将其制成车身部件和飞机部件。

### 6.3.2 交联聚氨酯

交联聚氨酯（PUR）属于热固性塑料这个类别，通过加聚作用产生多元醇和异氰酸盐这两种原料。一般来说，聚氨酯类是一种具有相应多种特性的、用途极为广泛的塑料。通过采用合适的反应和选择单体可产生不同聚合度的聚氨酯类。细网眼交联聚氨酯较硬，且具黏塑性（热固性塑料）；相反，大网眼交联的 PUR 发软并具橡胶弹性（弹性体）。不交联的 PUR 具有热塑性塑料的特性。通过添加发泡剂也可对 PUR 进行发泡。由于具有大量的化学变化可能性和多元醇和异氰酸盐的匹配，所以从极软到橡胶弹性的聚氨酯类的特性范围使得制成硬的和柔韧的结构材料成为可能。

聚氨酯可被用在不同的领域内，例如鞋底、齿形皮带、轿车保险杠、黏合剂、油漆等。

到目前为止，新 Artega GT 跑车实现了单一形式的轻量化方案（图 6.14）。首次

图 6.14　Artega GT：借助 PUR 塑料车身实现轻量化①

① 图片来源：BASF 聚氨酯有限公司。

使用聚氨酯制造量产车的整个外壳。将具有突出机械特性的不同聚氨酯材料组合起来使得 Artega GT 成为一辆真正的轻量级车。这辆新德国跑车的挡泥板、尾部部件、车头和侧面部件都是由碳素纤维强化的微孔 Elastolit® 材料制成的。它具有极低温度下高坚固性和良好冲击韧性的典型特征。采用在车身制造中经受住考验的反应注射成型（RIM）技术可使得部件在极低壁厚下具有突出的固有刚性。

# 6.4 弹性体材料

## 6.4.1 交联的弹性体（橡胶材料、橡胶）

弹性体是高聚合物、有机材料，可承受较大的变形，并可逆，且可吸收机械能量。所有类型的交联橡胶都属于弹性体。弹性体以大网眼的方式交联，因而柔韧。在加热时它不会变软，在大多数溶剂中不会溶解。典型的技术应用包括轮胎、密封件、条带、传动带、软管和电缆包皮。

天然橡胶也许是最早的“塑料”。该材料产自于特定热带树木中的乳胶。天然橡胶从化学上来说是一种异戊二烯的聚合物。用硫进行硫化（过程：混合，加热，挤压）会使得丝状的原橡胶的高分子交联，并由此产生橡胶。根据交联程度可制成软橡胶或硬橡胶。天然橡胶仅被用于很少的几个特殊的应用情况。目前使用最多的弹性体是合成橡胶（表 6.4）。



丁二烯橡胶呈黄色至灰色，大多被炭黑染成黑色。根据硫含量，它具有韧性，甚至具有软橡胶弹性。像天然橡胶一样，丁二烯橡胶也通过硫化进行交联。掺杂物会影响塑料的特性。汽车轮胎、密封件、软管、橡胶弹簧和波纹膜盒都是由丁二烯橡胶制成的。

丁基橡胶是一种无色透明的具橡胶弹性且强度较低的塑料。在较长时间力的作用下它会发生变形，但在短时力的作用下保持橡胶弹性的能力是其特殊的特性。因此，丁基橡胶可被用作密封膜、衬膜、黏合剂和密封胶。

氯丁橡胶（CR）（Neopren 公司以生产氯丁橡胶著称）具有和丁二烯橡胶类似的良好耐腐蚀性。CR 可进行黏合且可持久，并耐紫外线和臭氧。因此，在外部使用条件下，它也可长时间保持其橡胶弹性。CR 橡胶也常被加工为密封圈和容器橡胶包套。潜水服也由这种材料制成。

在硅树脂的结构中，塑料高分子的中央碳原子被硅原子替代。根据交联程度，硅树脂呈油性至橡胶弹性。其不吸水的效应和-90 ℃～+180 ℃温度范围内的耐温性是特有的性能。使用硅油可让墙体和纺织品不透水。硅树脂可被用作防潮的隔离漆和分离介质。

硅橡胶（SIR）防水，耐稀释的酸、碱，以及盐溶液和酒精；但是，强酸、强碱和水状碳氢化合物会对其造成腐蚀。SIR 拒水、抗黏附，在-100 ℃～+200 ℃的温度范围内具橡胶弹性。这种橡胶可被用作密封件或疏水涂层的基础原料。

## 6.4.2 热塑性弹性体（TPE）

热塑性弹性体（TPE）是一种在室温下呈典型弹性体特性（表6.5），但在输入热后可塑性变形，从而呈现热塑性的聚合物。通过改变硬质相和软质相的比例可在很大的范围内调节硬度，从而得到一个超出主价弹性体硬度范围的从而填补热塑性塑料空缺的硬度范围。

一般情况下，各种各样的 TPE 材料可分为下列级别：

TPE-O 或 TPO——烯烃基热塑性弹性体，主要为 PP/EPDM。

TPE-V 或 TPV——烯烃基交联热塑性弹性体，主要为 PP/EPDM。

TPE-U 或 TPU——热塑性聚氨酯。

TPE-E 或 TPC——热塑性共聚酯。

TPE-S 或 TPS——苯乙烯-嵌段共聚物（SBS，SEBS，SEPS，SEEPS 和 MBS）。

TPE-A 或 TPA——热塑性共聚多酰胺。

**表 6.4 最常使用的合成橡胶及其主要应用范围汇总①**

<table>
<tr><th colspan="2">弹性体</th><th>简称（根据 DIN ISO 1629 标准）</th><th colspan="2">典型应用范围</th></tr>
<tr><td rowspan="12">化学交联弹性体（硫化）</td><td>天然橡胶</td><td>NR</td><td colspan="2">仪表制造的内衬、鞋底、胶鞋、手套、黏合剂</td></tr>
<tr><td>苯乙烯-丁二烯橡胶</td><td>SBR</td><td rowspan="3">汽车轮胎</td><td>技术产品</td></tr>
<tr><td>丁二烯橡胶</td><td>BR</td><td>鞋底、技术产品</td></tr>
<tr><td>异戊二烯橡胶</td><td>IR</td><td>薄橡胶产品</td></tr>
<tr><td>氯丁橡胶</td><td>CR</td><td colspan="2">像传送带、密封件、软管、滚轮包皮、容器蒙皮之类的技术橡胶产品</td></tr>
<tr><td>丙烯腈-丁二烯橡胶（丁腈橡胶）</td><td>NBR</td><td colspan="2">技术应用中的标准橡胶：O 形环、槽环、密封衬、轴密封圈、波纹膜盒、薄膜、软管、耐机油和燃油的密封件</td></tr>
<tr><td>聚氨酯</td><td>AU</td><td colspan="2">耐磨、减震设备零件、内衬、鞋</td></tr>
<tr><td>乙烯-丙烯-（二烯）三元共聚物</td><td>EPDM</td><td colspan="2">像前导流板或后导流板及保险杠之类的车辆吸能外部部件、线缆绝缘件、热塑性塑料的混合成分、型材密封件</td></tr>
<tr><td>丁基橡胶</td><td>IIR</td><td colspan="2">软管、轮胎、密封件、薄膜、减震元件，不超过 140 ℃使用条件的仪表制造的内衬（耐磨），线缆业中的电绝缘件</td></tr>
<tr><td>硅橡胶</td><td>VMQ</td><td colspan="2">具有耐高温和低温柔韧性的成型密封件和密封胶</td></tr>
<tr><td>氟弹性体</td><td>FKM</td><td colspan="2">极耐热和化学制品的密封件</td></tr>
</table>

① Erhard，1993；Eyerer，2008。

续表

| 弹性体 | | 简称（根据 DIN ISO 1629 标准） | 典型应用范围 |
|---|---|---|---|
| 物理交联弹性体（热塑性弹性体） | 热塑性聚烯烃弹性体（乙烯-丙烯-嵌段共聚物） | EPR（EPM） | 像导流板或保险杠之类的吸能车外部件 |
| | 苯乙烯-丁二烯-嵌段聚合物 | SBS | 鞋底，热塑性塑料的混合成分 |
| | 热塑性聚氨酯 | TPE-U | 滑冰鞋、耐磨件、减震件 |
| | 热塑性聚醚酯 | TPE-E | 液压系统、气动系统（耐机油和耐温） |
| | 热塑性聚酰胺弹性体 | TPE-A | |

**表 6.5　相对于传统弹性体的 TPE 类的特性**

**评价：1-优秀，2-良好，3-及格，4-不合格（Lauhus）**

| 聚合物类别 | 温度范围 | | 硬度 | | DVR | | 弹性 | | 耐抗性 | | | 密度 |
|---|---|---|---|---|---|---|---|---|---|---|---|---|
| | 最小 | 最大 | 从 ShA | 至 ShD | 室温 | 70 ℃ | | 机油 | 酸 | 碱 | 老化 | /（g·cm$^{-3}$） |
| TPE-S | -60 | 90 | 25 | 70 | 3 | 3 | 2 | 4 | 2 | 2 | 2 | 0.90-1.1 |
| TPE-O | -50 | 115 | 55 | 70 | 4 | 4 | 3 | 4 | 2 | 1 | 2 | 0.90-1.0 |
| TPE-V | -50 | 145 | 35 | 50 | 2 | 3 | 1 | 3 | 1 | 1 | 1 | 0.94-1.0 |
| TPE-U | -60 | 110 | 65 | 80 | 3 | 3 | 1 | 1 | 3 | 4 | 1 | 1.1-1.3 |
| TPE-E | -55 | 150 | 85 | 70 | 3 | 4 | 2 | 1 | 3 | 4 | 2 | 1.1-1.3 |
| TPE-A | -40 | 160 | 60 | 70 | 3 | 3 | 1 | 1 | 2 | 2 | 2 | 1.0-1.2 |
| POE | -40 | 100 | 65 | 40 | | | | 4 | 2 | 2 | 1 | 0.86-0.91 |
| EPDM | -55 | 160 | 30 | 55 | 2 | 1 | 2 | 4 | 1 | 1 | 1 | 1.00-1.30 |
| NBR | -40 | 115 | 15 | 50 | 1 | 2 | 1 | 1 | 2 | 3 | 2 | 1.10-1.40 |
| CR | -45 | 120 | 45 | 40 | 2 | 3 | 2 | 2 | 2 | 2 | 2 | 1.30-1.60 |
| ECO | -40 | 140 | 40 | 40 | 1 | 1 | 1 | 1 | 2 | 2 | 1 | 1.30-1.60 |
| FPM | -40 | 200 | 50 | 45 | 2 | 1 | 3 | 1 | 1 | 3 | 1 | 1.85-2.20 |

TPE 材料通常与热塑性塑料一起使用。目的是在一个工艺步骤内用软组分和硬组分生产部件。Elastogran 有限公司和其母公司康采恩巴斯夫一起开发出了费时费力制造橡胶金属复合件的一种备选方案。复合件由新型的交联 TPU（TPU-X：品名 Elastollan®）和一个典型的新聚酰胺族 Ultramid®CR 组成（图 6.15）。双组分注塑件可按照一个模制件工艺进行制造。其中轻的玻璃纤维强化的热塑性塑料用于稳定，交联的热塑性聚氨酯用于生成橡胶弹性。这可降低最多 40% 的重量。

TPE 越来越多地被用于替代 PVC。由于材料具有较低的密度，在梅赛德斯奔驰 E 级（车门饰板）或者 5 系宝马（仪表板）上采用 Benecke-Kaliko 的 TEPEO® 和 TEPEO 2® 的 TPO 内饰护膜相比传统的 PVC 膜可降低 25% ~ 50% 的重量。因此，根据应用情况每辆车可降低 2 kg 以上的质量。

图 6.15 “扭矩支承”部件由硬构件（PA66 + 35% GF）和软构件 TPU-X 组成①

## 6.5 发泡聚合物

根据 DIN 7726 标准，发泡材料是“一种整体遍布孔状结构（开式、闭式，或者两者皆有）并具有低于架构基质密度的表观密度的材料”。理论上，所有的塑料都可进行发泡，但是人们发现实际上只有几种材料可发泡，主要包括发泡聚氨酯类、聚烯烃、聚苯乙烯和 PVC。

通常根据结构或者借助机械特性划分发泡材料。此外，还有其他的划分标准，例如密度，以及聚合物相的化学特性或者技术应用领域（表 6.6）。

**表 6.6 聚合物发泡材料和发泡工艺的划分②**

| 特征 | 规格 |
|---|---|
| 硬度 | 硬、半硬和软弹性发泡材料 |
| 孔泡结构 | 闭式泡沫、开式泡沫，或两者皆有 |
| 孔泡形状 | 球状、蜂窝状和多面体 |
| 孔泡直径 | 微孔泡<0.3 mm，小孔泡 0.3~2 mm，大孔泡>2 mm |
| 密度 | 轻型泡沫塑料 < 100 kg/m$^3$，重泡沫塑料 > 100 kg/m$^3$ |
| 密度分布 | 密度分布均匀的发泡材料，具有紧凑边缘区域的集成泡沫材料 |
| 聚合物相 | 热塑性塑料（PE，PS，PP，PVC，EVA，PEI 等）<br>热固性塑料（PUR，EP，UF，UP）<br>弹性体（EPDM，NR，NBR，SBR，SI） |
| 化学结构 | 交联，未交联 |

① 图片来源：巴斯夫聚氨酯有限公司。

② Hilyard，1982；Gibson，1988；Klempner，1991；Schuch，2001。

续表

| 特征 | 规　格 |
| --- | --- |
| 发泡工艺，制造工艺 | 发泡工艺：将空气/气体打入或吹入塑料中（图 6.16），例如像 latex 泡沫这样的弹性体发泡材料。<br>混合工艺：将至少两个液态的反应性组分以及一般情况下一份发泡剂放入一个模具中，随后发生化学反应，释放气体，聚合物发生交联，这两个过程同时进行和结束，主要用于像聚氨酯类的热固性发泡材料。<br>膨胀工艺：这是制造热塑性发泡材料（特别是聚烯烃）最经常使用的工艺。基于一个离散在聚合物熔化物中的气体状态的膨胀。常见的工艺是挤压发泡和颗粒发泡（挤出/压煮器） |
| 发泡工艺——发泡剂 | 化学（放热或吸热）和物理发泡的发泡材料 |

软弹性发泡材料在承受负荷时变形极明显，主要为弹性变形（例如 PUR 或 PVC 软泡沫）。

半硬发泡材料通常被用于吸能，在承受负荷时可能发生塑性和弹性变形（例如 EPS，EPP）。

（脆）硬发泡材料在压力负荷下呈较高的变形阻力；在超负荷下，孔泡组织发生破裂（例如 PF 发泡材料）。



PUR 发泡材料可调节到软弹性到半硬，直至脆硬状态，因此适用于很多应用领域。在制造 PUR 时在异氰酸盐和多元醇的混合物中添加物理发泡剂（戊烷、氮和二氧化碳）。在交联反应期间会形成一种热固性 PUR 泡沫。如果添加水，一部分异氰酸盐会反应形成相应的尿素并释放出二氧化碳。这会造成混合物发泡并形成软泡沫材料的细胞结构。聚氨酯类具有不同的特性。这取决于所选择的原始材料。

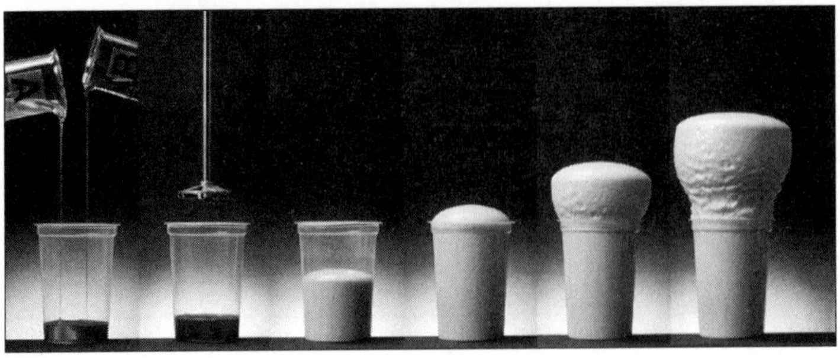

图 6.16　聚氨酯发泡过程[①]

## 6.5.1　软弹性发泡材料

聚氨酯基软弹性发泡材料重量轻且可逆变形。它具有不同的化学结构，可划分

① 图片来源：巴斯夫聚氨酯有限公司。

为聚醚发泡材料和聚酯发泡材料。此外，还有一些特殊产品，像黏弹性的发泡材料、低温发泡材料和超软发泡材料。

由于具有开式孔泡结构，PUR 软泡沫材料的透气性良好。它主要被用作有舒适性和阻隔性要求的产品，并具有顶锻硬度、压入硬度和挤压变形残余的特征。技术发泡材料主要被用作家具中的床垫、坐垫和汽车座椅并被用于完成其他的几种阻隔热量和噪声的任务。此外，软弹性泡沫的应用领域还包括过滤器、包装材料、密封件和海绵。

一种比聚氨酯发泡材料更新型的材料是密胺树脂发泡材料。它极轻，难于点燃，无卤，耐高温，具低温弹性以及吸音性，隔热，隔冷。这种材料典型的特征是由细长的可轻易变形的连接条构成的丝状立体网络结构。例如，巴斯夫的这种三聚氰胺树脂泡沫材料 Basotect®可被用在飞机的座椅上（图 6.17），并可由此降低最多 600 kg 的质量。美国飞机制造商波音同样为其新系列梦想飞机 787 装备了三聚氰胺树脂泡沫材料 Basotect®。

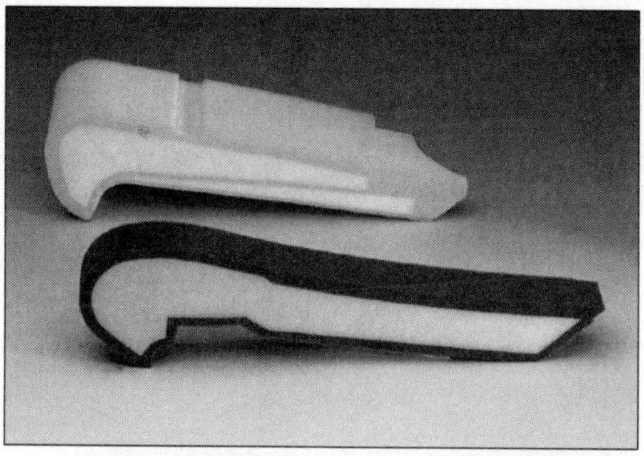

图 6.17　PUR 发泡材料制成的飞机座椅，其型芯由三聚氰胺树脂泡沫材料组成①

三聚氰胺树脂泡沫材料同样也被用在瑞士联邦铁路的 IC-200 中，作为隔声和隔热件。由于它具有较低的重量，因此与其他隔绝材料相比，其有助于在行车中节能。此外，车顶和厢壁范围内的重量降低可将车的重心下置，从而提高弯道行驶的安全性。这对于窄轨铁路来说非常重要。

**表 6.7　PUR 软泡沫材料的特性②**

| 特性 | 单位 | 机动车座椅/靠背 | 地毯背面 | 软垫 | 坐具 |
|---|---|---|---|---|---|
| 表观密度 | $kg/m^3$ | 30~60 | 60~100 | 15~50 | 50~100 |
| 抗拉强度 | kPa | 100~200 | 100~140 | 70~130 | 90~130 |
| 断裂伸长率 | % | 90~200 | 70~110 | 80~130 | 100~120 |
| 压缩永久变形 | % | 4~8 | 7~15 | 4~7 | 4~6 |

① 图片来源：巴斯夫。

② Leppkes，2003。

丰田将巴斯夫股份公司的三聚氰胺树脂发泡材料用作雷克萨斯 LS 的发动机罩盖（图 6.18）。由于密度约为 9 kg/m$^3$，发泡材料比一般情况下用于发动机罩盖的玻璃棉、毡子和其他的纤维材料更轻。由此，可降低油耗和二氧化碳排放，并提高行驶舒适性。

图 6.18　三聚氰胺树脂泡沫材料制成的发动机罩盖①

### 6.5.2　半硬型多孔塑料

像 PUR 泡沫材料或者聚丙烯颗粒泡沫材料（EPP）这样的半硬泡沫材料主要被用于汽车制造。半硬的含义是这种泡沫材料比软泡沫要硬，但是界限之间的过渡是流动性的，并且过渡阶段是可调的。PUR 半硬泡沫的特征是它具有优异的减震特性。在冲击负荷下会吸收并分布能量，而不会出现橡胶状的回弹。这种泡沫更多地会缓慢返回其原始状态。由于它具有开式孔泡结构，半硬 PUR 发泡材料具有特别的隔声特性。发泡聚丙烯颗粒材料（EPP）主要被用在有助于降低重量和要求有突出的吸能特性的应用情况，例如不同类型的碰撞元件。现在大量的轿车保险杠都装备了 EPP 嵌件（图 6.19，表 6.8）。



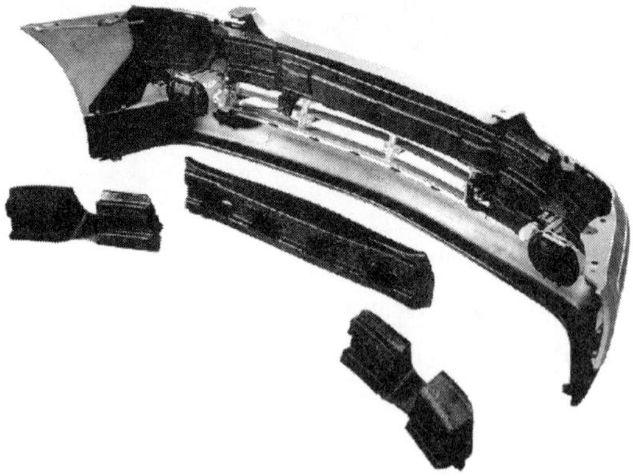

图 6.19　带 EPP 插入件的保险杠②

**表 6.8　半硬至较硬的不同发泡材料系统的特性③**

| 特　性 | 单位 | EPP | EPE | EPS | EVA | PUR |
|---|---|---|---|---|---|---|
| 密度 | kg/m$^3$ | 30~45 | 35 | 25 | 35 | 90 |

---

① 图片来源：巴斯夫。

② 图片来源：Ruch Novaplast。

③ Montell，1997。

续表

| 特　　性 | 单位 | EPP | EPE | EPS | EVA | PUR |
|---|---|---|---|---|---|---|
| 压缩 50%时的压应力 | kPa | 150~350 | 90 | 250 | 190 | 20 |
| 断裂时的抗拉强度 | kPa | 250~500 | 260 | 360 | 380 | 270 |
| 断裂伸长率 | % | 25~15 | 33 | <5 | 12 | >30 |
| 静态滞后（压缩 50%时塑性能与总能量的比值） | % | 75~85 | 52 | 82 | 70 | 70 |
| 半小时后变形残余 | % | 1.5~3.0 | 1 | 16 | 8 | 2.0~3.0 |
| 24 小时后压缩 50%时的压力变形残余 | % | 28~33 | 15 | 45 | 32 | 20 |
| 吸水性（23 ℃，24 h） | (体积百分比)% | 1.5~1.1 | 1.2 | 1.7 | 1.9 | 7.0~8.0 |
| 导热率 | W/（m·K） | 0.035~0.040 | 0.040 | 0.032 | 0.035 | 0.045 |

### 6.5.3 硬发泡材料

硬发泡材料（例如 PUR 或 PS 基）非常适合作为轻量化元件复合部件的型芯材料。PUR 发泡材料还可被用于加固空心结构（汽车制造）。此外，它还非常适于隔热（表 6.9）。

在 0.5~1.1 g/cm$^3$的中等密度下，PUR 作为集成硬发泡材料可被用于制造有结构性用途的产品（家具、办公设备、测量仪表、无线电设备、电视设备等的外壳），也就是被用于制造大表面的质量较轻的但有刚性的成型件。使用短链的多元醇加上较高机能的多元醇和聚异氰酸酯可产生较高交联密度，而产品的硬度就基于该密度。

由于它具有极佳的介电性和机械特性以及满足所需防火标准的可能性，硬集成发泡材料特别适合用于制造电子工业中高品质技术成型件，例如电子设备的壳体和盖板。运动和休闲领域中的应用示例有高负荷高山和越野滑雪板的型芯或者帆船的活动龙骨。

在汽车制造轻量化的进程中，目前汽车的支承结构由空心型材制成。使用结构泡沫材料局部加固车身有助于作为一种优化重量的备选方案（图 6.20）。在制造车身过程中将结构元件装入空心型材中。在喷漆工序的框架内，在温度的作用下发生环氧泡沫的活化、膨胀和硬化。降低重量的效果取决于整车方案。例如，相对于使用钢材，宝马 5 系 Touring 可降低 10 kg 的质量。

**表 6.9　PUR 硬质结皮泡沫材料的特性①**

| 特　　性 | 单位 | 标准系统 | 带阻燃剂的系统 |
|---|---|---|---|
| 表观密度 | kg/m$^3$ | 600 | 600 |

① Leppkes，2003。

续表

| 特　性 | 单位 | 标准系统 | 带阻燃剂的系统 |
|---|---|---|---|
| 表面硬度 | 肖氏硬度 | 73 | 71 |
| 抗弯强度 | $N/mm^2$ | 42 | 39 |
| 弯曲弹性模量 | $N/mm^2$ | 1 150 | 1 080 |
| 冲击韧性 | $kJ/mm^2$ | 16 | 12 |
| 导热率 | W/（m·K） | 0.085 | 0.09 |
| 收缩率 | % | 0.65 | 0.5 |

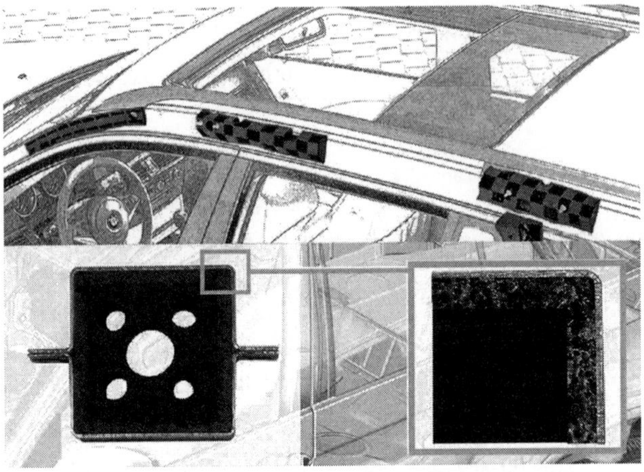

图 6.20　局部加固结构泡沫件①



# 6.6　填充剂和添加剂

为了用聚合物制成符合实际需要的和可加工的材料，要使用大量的添加剂，例如赋予聚合物特定功能的，改善或改变其特性的，或影响其外观的添加剂（表6.10）（Pfaender，1999；Röthemeyer，2001）。

**表 6.10　添加剂及其对塑料的作用②**

| 添加剂 | 添加剂的特性/作用 |
|---|---|
| 抗氧化剂 | 抗氧化剂延长或保持塑料部件的使用寿命，可减缓或完全抑制氧化分解 |
| 抗静电剂 | 抗静电剂影响静电的发生，将静电均匀地扩散并引导到整个表面上 |
| 防火剂 | 不同化学成分的防火剂阻隔氧气并由此防止火焰扩散。 |

① 图片来源：Stauber BMW Group。
② 经 Eyerer，2008 年修改。

续表

| 添加剂 | 添加剂的特性/作用 |
| --- | --- |
| 染色剂 | 由于有机颜料（氧化钛、氧化铁红、炭黑）不耐塑料的高加工温度，因此基本上只能使用无机颜料 |
| 流变助剂 | 这种添加剂影响可浇注聚合物的黏性并由此改善可加工性 |
| 润滑剂 | 润滑剂降低熔融塑料的内（甘油酯）和外（蜡、脂肪酸）摩擦，在塑料和模具壁之间形成一层润滑油膜 |
| 引发剂 | 引发剂是以催化的方式触发树脂（或线性聚合物）交联的物质 |
| 增附剂 | 增附剂是在两种物质之间产生紧密物理和/或化学连接的物质，既可以增强纤维和基层之间的附着力，也可以增强部件和黏合剂之间的附着力 |
| 成核剂 | 成核剂可提高部分结晶热塑性塑料的结晶度 |
| 冲击韧度改良剂 | 冲击韧度改良剂是同聚物或共聚物，因其具有较低的玻璃临界温度因而可将脆性聚合物改性，使其在低温下也可保持冲击韧性 |
| 发泡剂 | 物理或化学发泡剂被用于释放一种气体，以使熔融塑料发泡 |
| 稳定剂 | 稳定剂改善聚合物的耐抗性。因其防止塑料受到损害性的影响（例如氧化、光照、温度影响），因而提高了塑料的使用寿命 |
| 软化剂 | 软化剂降低聚合物的硬度和脆性。它可增大分子链的间距，因此降低次化合价并使凝固温度范围变得更低 |



填充剂是固体颗粒状有机或者主要为无机的基质，被用于提高密度、弹性模量、抗压强度、抗弯强度、硬度、表面质量，以及热环境下的不变形性，有时也包括抗静电特性（表6.11）。它会降低收缩率和断裂伸长率。只有通过添加纤维状的强化材料，才能提高抗拉强度和抗剪强度以及耐热性。一般情况下它会提高介质的渗透速度（根据聚合物基层的黏附情况）。与基本材料（基层）基本不兼容会导致多相系统，但是通过增加附着力的添加剂可提高兼容性。

**表6.11　已知填充剂和增强剂对塑料特性的影响①**

| 项　目 | 玻璃纤维 | 硅灰石 | 碳纤维 | 晶须 | 合成纤维 | 纤维素 | 云母 | 滑石 | 石墨 | 砂/石英粉末 | 硅石 | 高岭土 | 玻璃球 | 碳酸钙 | 金属氧化物 | 炭黑 |
| --- | --- | --- | --- | --- | --- | --- | --- | --- | --- | --- | --- | --- | --- | --- | --- | --- |
| 抗拉强度 | ++ | | + | +- | | | + | 0 | | | | | + | | | |
| 抗压强度 | + | | | | | | | + | | + | | | + | + | | |
| 弹性模量 | ++ | ++ | ++ | + | | | ++ | + | | + | + | | + | + | + | + |
| 冲击韧性 | -+ | - | - | - | ++ | + | -+ | - | | - | - | - | - | -+ | - | + |
| 减少的热膨胀 | + | | | + | | | + | + | | + | + | + | | | + | |

① Eyerer，2008。

续表

| 项　目 | 玻璃纤维 | 硅灰石 | 碳纤维 | 晶须 | 合成纤维 | 纤维素 | 云母 | 滑石 | 石墨 | 砂/石英粉末 | 硅石 | 高岭土 | 玻璃球 | 碳酸钙 | 金属氧化物 | 炭黑 |
|---|---|---|---|---|---|---|---|---|---|---|---|---|---|---|---|---|
| 减少的收缩率 | + | + | + | | | | + | + | + | + | + | + | + | + | + | + |
| 更佳的导热性 | | + | + | | | | | + | + | + | + | | | + | | + |
| 更佳的耐热性 | ++ | + | ++ | | | | + | + | | | | + | | + | + | |
| 导电性 | | | + | | | | | | + | | | | | | | + |
| 电阻 | | + | | | | | ++ | + | | | + | ++ | | | + | |
| 耐热性 | | + | | | | | + | + | | + | + | + | | | + | + |
| 化学耐抗性 | | + | | | | | + | 0 | + | | | + | + | | | |
| 更佳的磨损性能 | | | + | | | | + | + | + | | | + | | | | |
| 挤压速度 | −+ | | | | | | + | | | | | + | | + | | |
| 设备中的磨蚀 | − | | | 0 | 0 | 0 | | 0 | 0 | − | | | 0 | 0 | | 0 |
| 降低价格 | + | + | | | | + | + | + | + | ++ | + | + | + | ++ | | |
| | 纤维状填充剂和增强剂 | | | | | | 小片状类型 | | | 球状填充剂 | | | | | | |
| ++效果明显 | +效果不明显 | | | 0 无效 | | | | −负面效果 | | | | | | | | |



填充剂在其化学结构、晶粒形状、晶粒尺寸和晶粒分布上有所区别。在晶粒形状上，长度与厚度之比非常重要。它在球和立方体上的数值为1。对于长方体，这种英语专业文献称之为“aspect ratio（长径比）”的值达到4：1，小薄片的为5~100：1，而纤维的则为100：1。数值最大为4：1的填充剂一般被用作显著的填充剂。也就是说，除了刚度之外，它不会改变机械特性；小薄片（云母、滑石粉、石墨和ATH）则完全不同，其特性特别像强化纤维。

长度与厚度之比对晶粒分布也很重要。顶部截槽（跟粗晶粒一样）主要影响模制材料的冲击韧性以及滑动和摩擦性能。因此，在临界情况下通过筛选分离出这些“顶部截槽（top cut）”非常重要。原则上需要较大的填充剂表面；但是如果它过大，则会导致形成凝聚物并随后像粗晶粒一样作用（Domininghaus，2008；Stange，1984；Schlumpf，1983）。

无机填充剂具有较高的耐温性、良好的漏电强度、较高的机械强度，以及较低的收缩率。在均匀的填充剂分布和较高的机械强度之间必须找到一个妥协方案。例如，填充剂类型和微粒形状是粉末状的石粉和小片云母。大多数填充剂的缺点是其密度相对较高，一般在2.4~3.0 g/cm$^3$，因此越来越多地用空心玻璃珠（$r$=0.4 g/cm$^3$）增加轻量化潜力。另一个趋势是采用具有可达1 000的高长径比的微粒化填充剂（纳米复合材料，Nanocomposites）。因此，用5%填充度和较少类似特性的纳米黏土可获得与用30%传统填充剂一样的效果。同时，纳米颗粒在塑料基质中均匀、细小、弥散、开放式且形成架构的分布是一个挑战。从多样性、数量、应用技术上来说，无机填充剂都独占鳌头。

有机填充剂比无机填充剂要轻很多。它表现出相对强的吸水性。有机填充剂可以是粉末状木粉、短纤维的纤维素、长纤维的纺织纤维，以及小片状的织物碎片。颗粒状有机填充剂对于热塑性塑料，特别是对 PP 及木粉来说极为重要。对于可硬化的模塑材料来说，还应添加粉末状纤维素（Eyerer，2008）。

通过使用矿物、有机和金属纤维和由此制成的平面形成物（例如纤维网、织物和针织物）可有针对性地改善塑料和技术模制塑料的物理特性（参见第 2 册第 7 章）。

## 6.7 详细信息

**参考文献**


[1] Carlowitz, B. Kunststofftabellen. 4. Aufl., Carl Hanser Verlag, München, 1995.

[2] Domininghaus, H.; Elsner, P.; Eyerer, P.; Hirth, T. Kunststoffe-Eigenschaften und Anwendungen. 7. Aufl., Springer Verlag, Berlin/Heidelberg, 2008.

[3] Ehrenstein G. W. Polymer-Werkstoffe-Struktur, Eigenschaften, Anwendungen 2. Aufl., Carl Hanser Verlag, München, 1999.

[4] Erhard, G. Vorlesungsmanuskript. Universität Karlsruhe, 1993.

[5] Eyerer, P. Kunststoffkunde. Vorlesungsmanuskript mit CD. 13. Aufl., Fraunhofer IRB Verlag, Universität Stuttgart, 2005.

[6] Eyerer, P.; Hirth, T.; Elsner, P. Polymer Engineering-Technologien und Praxis. Springer Verlag, Berlin/Heidelberg, 2008.

[7] Forsdyke, K. L.; Starr, T. F. Thermoset Resins: A Rapra Market Report. Rapra Technology Limited, Shawbury, 2002.

[8] Gibson, L. J.; Asby, M. F. Cellular Solids: Structure & Properties. Pergamon Press, 1988.

[9] Hilyard, N. C. Mechanics of Cellular Plastics. Apllied Science Publishers, Barking, Essex, 1982.

[10] Kaiser, W. Kunststoffchemie für Ingenieure. 2. Aufl., Carl Hanser Verlag, München, 2007.

[11] Klempner, D.; Frisch, K. C. Handbook of Polymeric Foams and Foam Technology. Carl Hanser Verlag, München, 1991.

[12] Lauhus, W. P.; Haberstroh, E.; Ehrig, F. Technische Elastomere-Pro und Contra für klassische oder thermoplastische Elastomere. Kunststoffe 87, 1997, S. 706-716.

[13] Leppkes, R. Polyurethane-Werkstoff mit vielen Gesichtern. 5. Aufl., Verlag Moderne Industrie, Landsberg, 2003.

[14] Montell, A. G. (Hrsg.) Technische Information Montell EPP. Montell, Bayreuth, 1997.

[15] Pfaender, R. Additive für Rezyklate. Kunststoffe 7, Carl Hanser Verlag, München, 1999, S. 76-79.

[16] PlasticsEurope. Business Data and Charts 2008. PlasticsEurope, 2008.

[17] Röthemeyer, F.; Sommer, F. Kautschuktechnologie. Carl Hanser Verlag, München, 2001.

[18] Schlumpf, H. Kunststoffe 73. Carl Hanser Verlag, München, 1983, S. 511.

[19] Schuch, H. Physik der Schaumbildung. Fachtagung Polymerschäume. Süddeutsches Kunststoff-

Zentrum, Würzburg, Mai 2001.

[20] Schwarz, O.; Ebeling, F.; Huberth, H.; Schirber, H.; Schlör N. Kunststoffkunde. 8. Aufl., Vogel Verlag, Würzburg, 2004.

[21] Stange, K. Kunststoffe 74. Carl Hanser Verlag, München, 1984, S. 633.

## 标准

[1] DIN 7726: Schaumstoffe-Begriffe und Einteilung, 1982-05.

## 公司文献和互联网址

[1] BASF (Hrsg.): PlasticsPortal Europe. http://www.plasticsportal.net/wa/kunststoffe/technischekunststoffe.htm.

[2] Campusplastics (Hrsg.): www.campusplastics.com.

[3] Chemlin: http://www.internetchemie.info/chemie/kunststoff-chemie.htm.

[4] Scheu (Hrsg.): http://www.scheu.ch/produkte/Flyer_Duroplasttabelle.pdf.

# 7

# 纤维增强塑料

*Frank Henning* 与 *Klaus Drechsler* 及
*Lazarula Chatzigeorgiou* 合作编写



可用不同的方法优化材料。金属可与其他金属按特定的比例合金化，而塑料也可与不同的成分进行共聚或者加工为相应的混合物。另一种方法是将不同的材料组合起来，以将每种材料的特性组合起来形成有益的特性。混凝土极耐外部影响，但是作为建筑材料来说则不够坚固，所以要用钢进行加固。

最简单的方法是形成复合材料，即用一种与外壁不同的材料制成容器的内壁，因为内、外侧承受的负荷不同。

另一种组合两种材料特性的可能性是采用不同的复合材料。为此，用纤维或织物形式的不同材料强化像塑料、陶瓷或金属这样的材料（表 7.1）。

如果是金属，则通过增强纤维提高屈服极限和弹性模量，同时降低密度和热膨胀系数；如果是陶瓷，则改善断裂韧性（参见第 2 册第 8 章）；如果是塑料，则会显著提高强度。

纤维复合材料由两种组分组成：嵌入基质和增强纤维。通过两种组分特性的相互作用将实现新材料的特性。

**表 7.1　常见的复合材料**

| 基质 | 强化 | 产品 | 缩写 |
|---|---|---|---|
| 塑料 | 玻璃纤维 | 玻璃纤维增强塑料 | GFK |
| | 塑料纤维（芳纶纤维） | 芳纶纤维增强塑料 | AFK |
| | 碳纤维 | 碳纤维增强塑料（“Carbon”） | CFK |

续表

| 基质 | 强化 | 产品 | 缩写 |
| --- | --- | --- | --- |
| 陶瓷 | 碳纤维<br>陶瓷纤维<br>有机纤维 | 陶瓷基复合材料 | CMC |
| 金属 | | 金属基复合材料 | MMC |

采用薄纤维可利用比强度效应。“纤维形式的材料沿纤维方向的强度要比其他形式的同种材料的强度大得多，纤维越薄，强度越大”（Griffith，1920）。由于要根据负荷情况来定向纤维并调整其密度，因此可借助相应的制造工艺生产定制部件。

以下章节涉及表格中标记的纤维增强塑料。

## 7.1　复合材料原理

复合材料是一种宏观的准均质材料，由两种或多种相互不会发生溶解的成分（相）组成。此外，所实现的特性是用单个材料无法实现的。例如，填充剂负责降低成本，提高或降低密度，影响热和电性能；而增强材料用于改善材料的机械特性。



成功复合方案的前提条件是对于两个相来说，待优化特性的差值超过 3 倍，且一个相的比例至少占 10% 的质量百分比。增强组分一般情况下承受负荷，而嵌入的组分主要负责成型，引导、传递负荷并附加进行增强保护。

纤维和晶须（长单晶）以及长径比>1 的微粒都属于增强组分。复合材料包括微粒、短纤维、长纤维、连续纤维和晶须增强 5 种。

嵌入相（基质）的 3 种材料组为：

- 聚合物：热固性塑料、热塑性塑料和弹性体。
- 金属：铝、镁、钢和钛。
- 陶瓷：碳化硅、氮化硅、氧化铝和碳。

除了基质和增强相的效能之外，两种相之间的边界层对增强效果起决定性作用。基质的任务是将作用力引导到纤维中并逐个纤维地进行力传递，确保纤维的几何位置和部件的外部形状并防止纤维受到外部的影响。根据材料配对情况，借助增强成分和基质之间不同比例的机械、化学和物理黏着力产生附着力。因此，组合两种组分的目的在于让增强成分与基质完全浸润。

纤维增强塑料可分为高效纤维复合材料（其纤维增强件以连续和定向的形式存在）和主要为不规则定向的短或长纤维增强件的准均质塑料复合材料。高效纤维复合材料大多使用非常高质的材料，例如碳纤维（碳纤维增强复合材料 CFRP）、芳纶纤维，但是也使用玻璃纤维（玻璃纤维增强复合材料 GFRP）嵌入环氧树脂、酚醛树脂以及聚醚醚酮、聚砜和聚醚亚酰胺。在用基质材料浸润之前，大部分增强纤维将被加工成诸如织物或衬垫之类的织物半成品（图 7.1）。

图 7.1 用织物、单相长纤维、微粒、短纤维（或晶须）和长纤维进行强化的复合材料



借助结构材料自身特性的方向依赖性（各向异性），并采用合适的结构方式和制造方式，可让这种材料在部件或系统的结构中产生显著降低重量的效果。此时，应对织物结构上沿纤维方向和垂直于纤维方向以及单纤维层中的不同材料特性加以考虑，从而均衡不同的热膨胀率并避免部件收缩。这种材料的一个特殊挑战在于采用一个合适的生产工艺制成部件（参见第 3 册第 6 章）。以现有的汽车工业大批量条件下适用的生产工艺尚无法大量生产高效纤维复合材料。

两种短纤维和长纤维增强塑料主要用于半结构部件。与高效纤维增强材料相比，这种准均质塑料复合结构可使用像注塑和挤压和成型挤压这样的量产工艺。由于这些工艺生产率高得多，因而可选择更佳的原材料。因此，主要使用玻璃纤维和天然纤维作为增强纤维，主要使用聚丙烯及聚酰胺作为热塑性基质，使用不饱和聚酯树脂、乙烯酯树脂和聚氨酯作为热固性塑料基质。

除了相对于金属可降低约 40% 的重量之外，长纤维增强结构部件可在单阶段生产中就完全将功能部件集成起来，从而无须进行很多次二次加工步骤和连接工序。

基质的特性决定了部件的基本特性，像耐温性、耐水解性、耐气候性、冲击韧性和阻燃特性。基质分为热固性塑料和热塑性塑料。其中，由于热固性塑料具有更佳的加工特性而在纤维复合塑料上被用得最多。热固性塑料（乙烯酯、环氧化物和不饱和聚酯）通过化学交联硬化，且硬化后不再能塑性变形。由于热固性塑料具有良好的动态负荷、耐用性和耐温性，因而最适合建筑业使用。将单个的成型件相互黏合是很容易实现的。

相反，热塑性塑料在超过较高的温度后便会熔化且可进行变形。冷却后它会再次凝固。它的弹性模量和强度要比热固性塑料低得多。在长期持续负荷下，热塑性塑料易发生蠕变，也就是会发生与温度和时间相关的变形。

热固性塑料的原材料（即所谓的反应性树脂）由小分子组成。它们在室温下通常为液态或者在较低的温度下就可熔化，而热塑性塑料只有在较高的温度下才能被加工。与此相关的是在热固性塑料适合的加工温度下其黏度较低。

塑料的反应机制和硬化产品的特性请参见第 2 册第 6 章所述的内容。在这节中仅简短罗列了最重要的特性。加工方法请参见第 3 册第 6 章的详细内容。

## 7.2　作为基质的塑料

加工为聚合复合材料的最重要的反应性树脂（表 7.2）有：

表 7.2　纤维复合塑料中所使用塑料的最重要的特性

| 树脂/硬化系统 | 特　　性 |
|---|---|
| UP 树脂/苯乙烯 | • 价格低廉，不同组合形成众多种类<br>• 加工收缩率为 6%～9%<br>• 良好的耐气候性，耐强碱性较差 |
| VE 树脂/苯乙烯 | • 类似于 UP 树脂，但价格较高<br>• 加工时不定性较大<br>• 良好的化学耐抗性 |
| 环氧树脂/二胺 | • 价格高<br>• 需要化学计算定量<br>• 极佳的机械特性，因此非常适合作为高质量纤维的基质（例如碳纤维）<br>• 可良好地黏附在多种基层上（黏合剂）<br>• 在加工性方面不如 UP 和 VE 树脂灵活<br>• 化学耐抗性与硬化剂相关<br>• 耐温性范围比 UP 树脂和 VE 树脂大（$T_g$ 可达 200 ℃以上）<br>• 液态树脂有刺激皮肤并造成过敏的危险 |
| 酚醛树脂 | • 酸（可溶酚醛树脂）和裂变产物可能会使加工变得困难<br>• 耐热变形能力、尺寸稳定性和耐化学制品性较好<br>• 良好的耐火性能和较高的残余强度<br>• 在传统纤维复合材料中很少使用 |

• 不饱和聚酯树脂（UP 树脂），其中至少有一种成分（大多为多价）为乙醇，

但是主要成分为一种大多为多价的不饱和羧酸。它在单体化合物（经常是苯乙烯）中可溶解并与之发生共聚反应。分子的长度和双键的数量基本决定了可加工性和最终的特性。考虑使用带钴促进剂的酮过氧化物和带氨基促进剂的过氧苯甲酰作为不超过 80 ℃温度下硬化的硬化剂—促进剂系统。

• 由苯基和/或苯基衍生物构成的乙烯基酯树脂（VE 树脂）或者甲基丙烯酸酯树脂（PHA 树脂）和最终酯化丙烯酸，在单体化合物（通常是苯乙烯）中可溶解并与其发生剧烈的共聚反应。

• 带有硬化所需足够数量环氧基团的环氧树脂（环氧树脂）。在室温下它呈液态或固态形式，有时在溶剂中可溶解。它在分子中至少有一个（多数情况下有两个）环氧基团，而在构建高分子时需要这样的功能性基团。硬化剂成分以液体或粉末状形式存在。其分子中包含活性氢原子。它们会与树脂的环氧基团发生反应。环氧树脂和硬化剂必须严格按照化学计算比例相互混合。

• 用酚和醛，特别是用甲醛作为水性溶剂（30%~50%）制成的酚醛树脂（PF 树脂）。根据不同的酚醛树脂原料，不同的酚—甲醛比例和不同类型的化学或物理改性产生的各种变型。

• 由聚合物和单体甲基丙烯酸酯的可聚合混合物组成的甲基丙烯酸酯树脂（MA 树脂）。

• 带硬化所需足够数量异氰酸盐团的异氰酸盐树脂，将聚合为聚氨酯树脂。VE 聚氨酯（可测量）更脆，由于具有有反应能力的异氰酸酯基，因此会比普通的乙烯酯树脂更吸水。



树脂/硬化剂混合物的硬化温度对加工性起着决定性的作用。下面的数据中包含基准值：

• 低温硬化系统在室温下硬化，通过退火可将 $T_g$ 提高到 50 ℃~80 ℃，在船舶制造、旋翼制造和生产滑翔机、动力飞机和体育用品时，（例如）可用手糊成型工艺或者液态金属灌注工艺进行加工。

• 热硬化环氧树脂体系在不超过 120 ℃的温度下硬化并可（例如）按照 LCM 工艺（RTM 或灌注）加工成汽车制造、船舶制造、旋翼制造和民用航空二级结构使用的环氧树脂预浸带。

• 高温硬化的环氧树脂体系在 120 ℃~200 ℃的温度下硬化。可采用跟热硬化一样的加工方式将其加工成航空航天的一级和二级结构、军用结构以及直升机结构和转子叶片。

在加工性方面，根据供货状态下的成分，树脂可进一步分为：

• 双组分树脂体系，也就是说用单独的容器分别供应树脂和硬化剂。它们可在室温下进行简单的储存并且具有 2~3 年相对长的加工时间。在加工前按照供应商规定的比例将组分混合起来并在规定的时间内进行加工。

• 单组分树脂体系（高温硬化体系，也被用于制造预浸带）：树脂和硬化剂已预先混合并在一个容器内供货。它们必须强制性地在低温下（≤-18 ℃）储存并在实际加工前按规定融化。相对于双组分体系，即便在冷藏情况下单组分体系的储存时间也是极有限的，6~12 个月。

每种树脂或者树脂混合物都要加入添加剂，以优化加工和使用时特定的性能，例如填充剂、触变剂、染料、分离介质、稳定剂和防火剂。具体实施的相关内容请参见第 2 册第 6 章。

## 7.3 增强纤维及其特性

增强纤维决定性地影响复合材料以及制成部件的特性，尤其在刚性、强度、冲击韧性、耐热变形能力和蠕变性能方面。由于它们具有较高的特有机械强度，因而对于结构性的轻量化结构在技术上只使用碳纤维、芳纶纤维和玻璃纤维。但是，系统轻量化远远超出了结构的范畴，因此在本节中还会涉及越来越重要的天然纤维。

### 7.3.1 玻璃纤维

玻璃纤维拥有一个直径为 3.5~24 μm 的等圆截面，由熔融玻璃拉制而成。玻璃的成分决定了其特性（表 7.3）和技术参数（表 7.4）。玻璃纤维成本低廉并被大量用在需要高强度但不需要极高刚性的地方。



表 7.3 不同玻璃纤维的一般特性

| 类型 | 特性 |
|---|---|
| E 玻璃纤维（电） | 由无碱玻璃组成并适合作为电磁感应透明性较高的电绝缘体 |
| S 玻璃纤维（强化） | 具有较高的断裂强度和韧性 |
| C 玻璃纤维 | 硼含量较高，化学耐抗性较高 |
| 无硼 ECR 玻璃纤维 | 坚固的具化学耐抗性的电绝缘玻璃纤维，无硼 |

表 7.4 各玻璃纤维的技术参数

| 项目 | 密度/ $(g\cdot cm^{-2})$ | 抗拉强度/ $(N\cdot mm^{-2})$ | 弹性模量/ $(kN\cdot mm^{-2})$ | 断裂伸长率*/ % | 热膨胀系数/ $[m\cdot (m\cdot ℃)^{-1}]$ | 软化温度/ ℃ |
|---|---|---|---|---|---|---|
| E 玻璃 | 2.6 | 3 400 | 73 | <4.8 | $5.0\times10^{-6}$ | 850 |
| S 玻璃 | 2.53 | 4 400 | 86 | <4.6 | $4.0\times10^{-6}$ | 980 |
| C 玻璃 | 2.52 | 2 400 | 70 | <4.8 | $6.3\times10^{-6}$ | 750 |
| ECR 玻璃 | 2.72 | 3 440 | 73 | <4.8 | $5.9\times10^{-6}$ | 880 |
| AR 玻璃 | 2.68 | 3 000 | 73 | <4.4 | $6.5\times10^{-6}$ | 770 |

* 制造半成品时最多可降低 50%

在制造纺织玻璃时在新成型的纤维上涂一层浆料，旨在保护纤维，黏合并改善纤维在有机基质上的黏附性。该浆料含有与相应有机基质相匹配的成膜剂、润滑剂、抗静电剂和硅烷基增附剂。

玻璃纤维具有密度低、蠕变倾向低、吸湿性低、弹性模量高的特性。玻璃纤维是各向同性的。也就是说，在沿着纤维方向和在垂直于纤维方向的方向上材料参数是一样的。其抗拉强度高于所有其他强化纤维和钢的抗拉强度。

玻璃纤维可作为纱线（有捻或无捻纤维）、捻线、粗纱（为使黏胶短纤维结成线绳），或者作为平面或三维半成品进行供货。纺织玻璃可拉伸约 3%，在不超过 250 ℃的连续负荷下不会改变其机械特性。它具有较低的热膨胀系数且不可燃烧。

从数量上来说，使用玻璃纤维最多的情况是作为连续纤维被用在例如生产风电设备的转子叶片上。在短纤维和长纤维增强塑料中，玻璃纤维主要被用于半结构部件领域，像座椅托架、前端安装支架或者底板护板。由于其所具有的电绝缘能力和电磁感应透明性较高，在航空领域内它也被用于制造机头围板（所谓的整流罩）。

玻璃纤维的基质由二氧化硅 $SiO_2$（硅酸）的三维网状物（石英玻璃除外）和像 $Al_2O_3$之类的最不同的金属氧化物组成。因此，由于玻璃纤维具有三维网状结构，因而具有各向同性的特性（图 7.2）。玻璃纤维原料成分与湿化学的成型涂料技术和玻璃纤维制造方法一起决定了玻璃纤维的特性。玻璃纤维的类型、数量和纤维长度或纤维纵向分布决定了部件的特性。



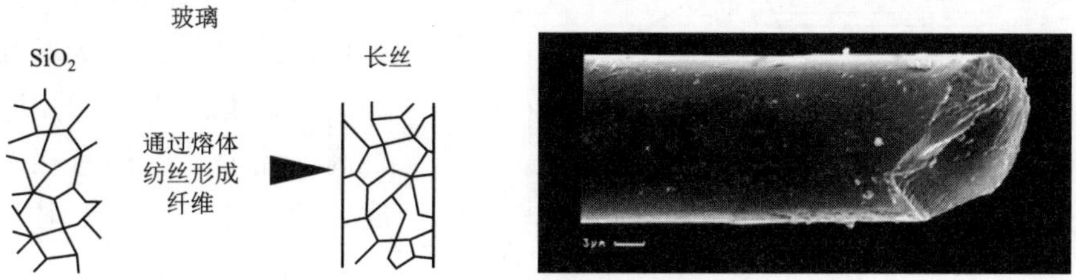


图 7.2　玻璃纤维的结构①

此外，为了进一步降低重量，还将对空心玻璃纤维进行进一步研究。

通常使用的是 E 玻璃纤维。出于 E 玻璃纤维化学成分的原因，与其他的玻璃纤维相比，它对潮湿的敏感性明显更低，因而适用于电子工业。此外，因其价格较低，也用其生产汽车组件和风电设备的转子叶片。

此外，玻璃纤维的重要参数还包括刚性、强度、断裂伸长率、长丝直径、纱线细度，以及浆料的类型、比例和溶解度。

① Schemme。

### 7.3.2 碳纤维

碳纤维是一种具有极高强度和刚性，但断裂伸长率较低的工艺纤维。生产碳纤维时通过一个可熔的中间阶段对有机原料进行碳化处理，使用例如结构预成型的高分子材料，如聚丙烯腈（前驱体）、有机纤维或者沥青。由纤维素生产出的纤维很少具有完美结构。它主要被用作可耐高温负荷的隔离材料。目前，聚丙烯腈基纤维经 3 种不同的改性后被用作标准纤维：

- PAN-HT——高强度
- PAN-HM——高模量
- PAN-UHM——超高模量

随着刚性的增加，UHM 纤维的强度和伸长率将降低。

借助很费时费力的清洁和制备工艺，用价格低廉的沥青可生产价格便宜的纤维。它具有高刚性和更佳的热特性和电特性；但是，由于石墨层之间的交联程度低，因而其抗压强度明显较低。这种纤维强度和刚性低，可导电，导热。最后一步，在高达 3 000 ℃的温度下处理纤维，从而使结构可重新定向并同时对其进行拉伸。用这种方式可生产具有高定向性结构的高强度碳纤维。这种拉伸石墨化对抗拉强度和弹性模量方面有作用（图 7.3）。

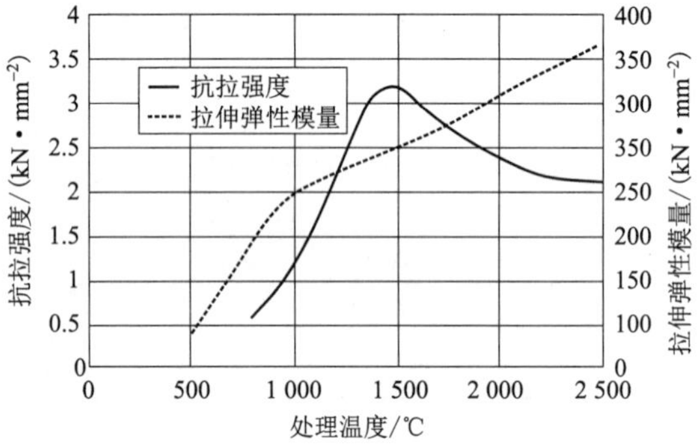


图 7.3　处理温度对碳纤维的抗拉强度和弹性模量的影响

与塑料相比，碳纤维具有一种级进的应力—伸长特性。也就是说，随着负荷的增加，弹性模量也增大。碳纤维强度高，在不超过 500 ℃的温度下刚性高。此外，还具有极高的耐腐蚀性（但对强氧化剂不耐抗）。碳纤维具有良好的导电性、导热性和人体兼容性，以及良好的透光性和不反射雷达的特性。它具有电磁感应透明性。相对于玻璃纤维，它具有明显的各向异性。这种特性也延伸到热膨胀系数上。该系数在沿纤维方向和垂直于该方向时差异极大。一般情况下，碳纤维极脆，在加工时对弯曲敏感。因此要给其安装表面防护层。该层同时被用作基质的增附剂。长时间储存后，由于表面保护层硬化（环氧树脂），所以纤维柔性较低。纤维本身就已较耐疲劳。

对于结构轻量化来说，最重要的纤维是碳纤维，是按照所需的特性以一个极其复杂的多阶段过程生产的。碳纤维拥有一个二维层状的带层内原子键合的结构（图 7.4）。此外，石墨晶体的高定向度和 100 % 的酝晶结晶度决定了其所具有的突出特性。除了较高的重量比机械特性之外，碳纤维还具有良好的生物相容性和对腐蚀、溶剂、碱和弱酸不敏感的特性。

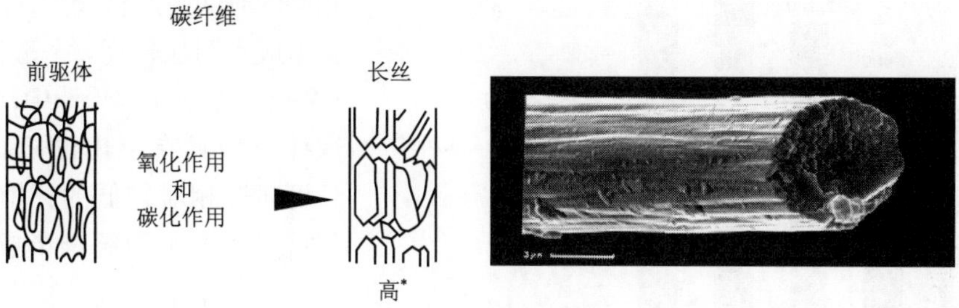


图 7.4　碳纤维的结构①

例如，从高一级的层面上可以将碳纤维分为 4 类（图 7.5）：

HT 纤维：高强度碳纤维，标准纤维。

HST 纤维：比 HT 纤维强度高。

IM 纤维：比 HT 纤维模量高。

HM 纤维：高刚性纤维。

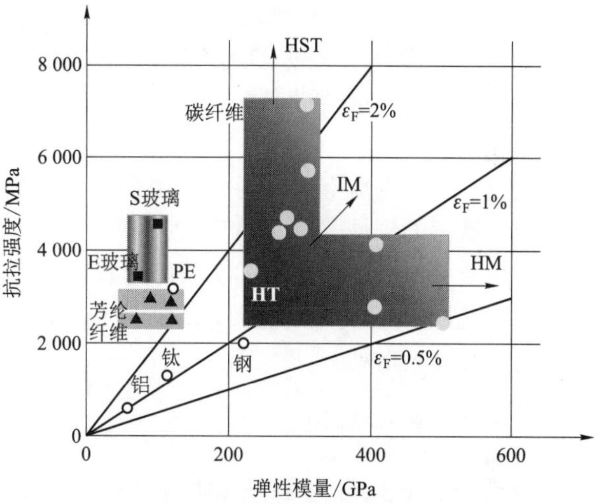


图 7.5　不同碳纤维类型的特性②

一个重要的过程步骤是在碳化处理或者石墨化后直接对纤维表面进行处理，以对纤维进行相应的后续加工。要在纤维上涂覆上一层所谓的涂料，从而改善纤维与聚合物基质随后的浸润程度。选用的涂料对复合材料的层间特性具有决定性的影响。借此制成作为最终产品的碳纤维粗纱，以近似“无纱头”的形式缠绕在线轴上，供不同的纺织技术设备（编织机、纺织机等）进行后续加工。一般情况下，这些所谓的碳纤维粗纱由不同的束状纤维单丝组成。在碳纤维上，所谓的 k 数说明了每个碳纤维粗纱的单丝数量。其中，1 k = 1 000 = 1 000 条长丝。因而，3 k 这个名称表示带 3 000 条长丝的粗纱。

碳纤维常见的 k 数如下：

1 k 型，也就是 1 000 条长丝的粗纱。

3 k 型，也就是 3 000 条长丝的粗纱。

6 k，12 k，近来特殊应用也使用 24 k 或 50 k 型。

---

① Blumberg，1989。

② Drechsler，2004。

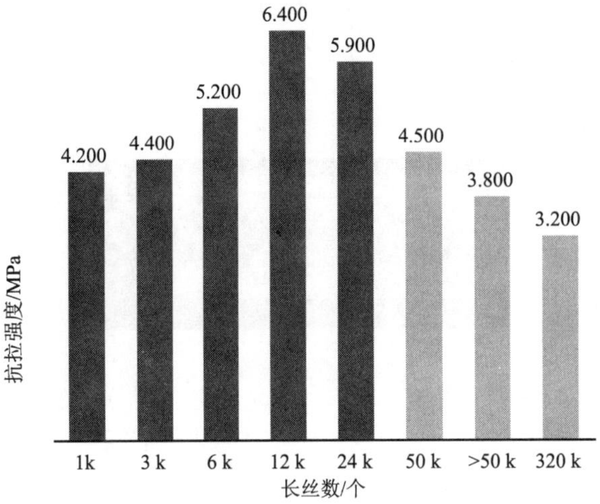


图 7.6　长丝数与抗拉强度的关系及典型应用：1~12 k 航空，12~50 k 体育，12~320 k 工业①

通过相同的工艺流程可以看出，例如相对于 12 k 类型，由于相同的时间内产量较少，因而 1 k 类型成本明显较高。一般情况下，1 k 类型被用在航天业中，原因是这种类型具有突出的机械特性，且可通过相对较低的纤维单位面积重量生产平面纤维半成品。因此，可根据结构机械特性进行更为精细的层次划分，从而获得最大的轻量化潜力。很显然，这要以牺牲生产率为代价，但是对航天领域的应用范围和所获得的件数来说这么做绝对是合理的。图 7.6 所示为长丝数与抗拉强度的关系。

相反，在民用航空业内通常使用用 6 k 或 12 k 碳纤维粗纱制造的纤维半成品。对于成本敏感的领域（诸如汽车业或者一般性的运输业和设备制造业），由于材料价格和生产率对大批量生产的实现都起着决定性的作用，因而一般情况下使用 12 k 或 24 k 类型。为了满足这些要求，近来也使用所谓的 k 数>40 的低成本碳纤维，也被称为“Heavy Tow”。



### 7.3.3　芳纶纤维

芳纶纤维由具有高强度和刚性的线性有机聚合物（芳香族聚酰胺）组成（图 7.7）。其中，共价键沿纤维轴的方向定向。由于 PPTA 聚合物（聚对苯二甲酰对苯胺）的熔化温度高于热分解温度，因此聚酰胺纤维无法通过熔化物进行喷丝。

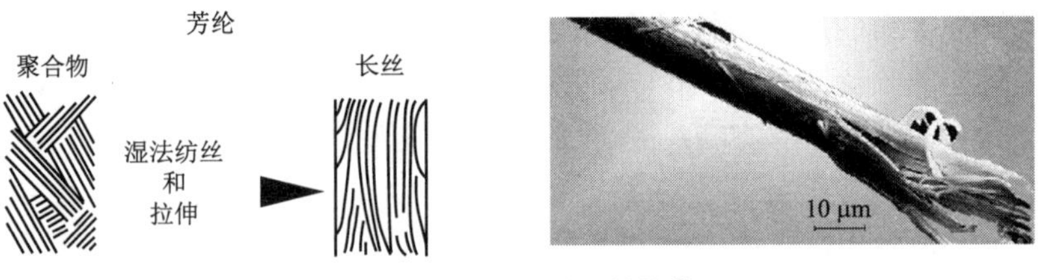


图 7.7　芳纶纤维的结构②

芳纶纤维有一个直径约 12 μm 的圆形横截面。与其他增强纤维相比，这种纤维的密度较低，为 1.45 g/cm³。这种纤维具有与重量高度相关的抗拉强度和明显的各向异性。

① SGL Carbon Jäger/Verderhalven。

② Blumberg，1989。

也就是说，材料特性在沿着纤维的方向上和垂直于纤维的方向上是不同的（表7.5）。

**表7.5 不同芳纶纤维的机械特性**

| 芳纶纤维 | 密度/($g \cdot cm^{-3}$) | 直径/μm | 拉伸弹性模量/($kN \cdot mm^{-2}$) | 抗拉强度/($N \cdot mm^{-2}$) | 断裂伸长率/% |
|---|---|---|---|---|---|
| 高韧性 | 1.45 | 12 | 80 | 3 600 | 4.0 |
| 高刚性 | 1.45 | 12 | 131 | 3 800 | 2.8 |
| 刚性极大 | 1.45 | 12 | 186 | 3 400 | 2.0 |

芳纶纤维最多可吸收7%的湿度，因此会影响纤维的强度，特别是纤维和基质之间的附着力（图7.8）。在与聚合物的复合结构中，该纤维最高可耐300℃的高温。即便在更高的温度下，这种纤维也不会熔化，因此适用于制造耐火防护服。知名的芳纶纤维为杜邦生产的商标名为凯夫拉尔的纤维。

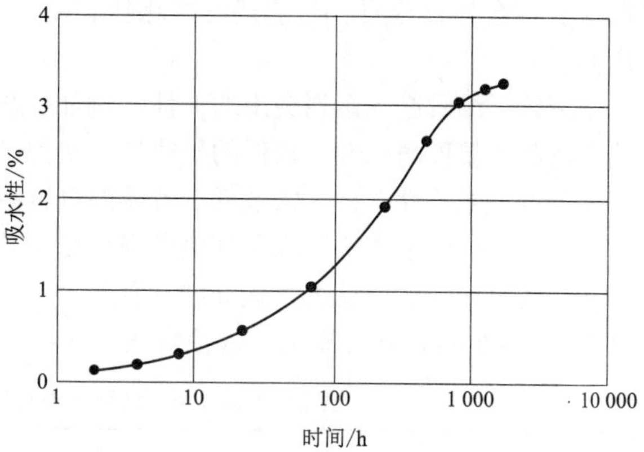


图7.8 芳纶纤维的吸湿性

芳纶纤维的优点在于其耐化学性（除强酸和强碱之外）、耐燃性（自熄性）、尺寸稳定性，以及较低的导电和导热性（图7.9）。它会与紫外光发生反应，造成强度明显下降。浆料有时也可作为软化剂。

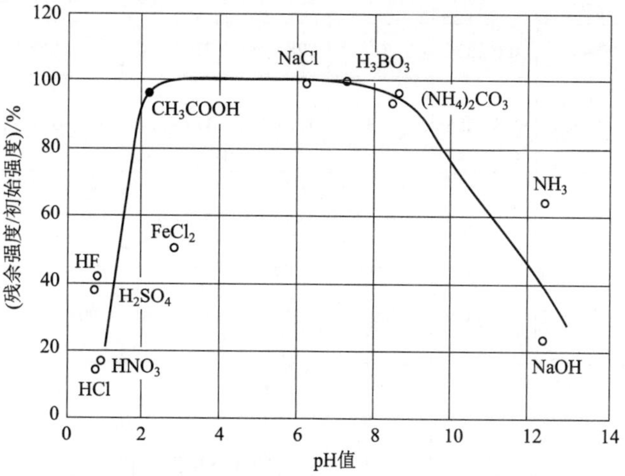


图7.9 化学制品对芳纶纤维抗拉强度的影响

芳纶纤维可在所有热固性塑料和热塑性塑料中进行加工。用芳纶纤维进行纤维增强的部件在纤维方向上表现出压力敏感性。与承受压力负荷的部件相比，它更适于制造承受拉力负荷的部件。芳纶纤维增强塑料制成的硬化部件，其可切削加工性不佳。

刚性纤维类型大多与碳纤维一起被用在飞机结构中，以提高复合材料的能量吸收能力。在轻量化方面，低模数的芳纶纤维主要用于保护性用途，像轻型铠甲、防破片马甲或头盔。像碳纤维一样，芳纶纤维是各向异性的。这意味着纤维横向和纵向的物理/机械特性是不同的。聚合分子结构决定延展性和韧性并对节点强度起着有益的作用。具有韧性的后果是机械可加工性不佳。薄板的纤维和切边会迅速散线。这会导致分层。与前述纤维相比，基于芳纶纤维的结构，它具有极低的抗压强度。

芳纶纤维具有一系列突出的特性，例如优异的减震特性和耐疲劳特性，良好的化学制品和温度耐抗性，较低的导热性，负热膨胀性能和高吸能能力。这种纤维具有良好的电绝缘性，介电常数低于玻璃的电容系数。

表 7.6 比较了芳纶纤维和其他增强纤维的典型特性。芳纶纤维具有位于碳纤维范围内的可比强度；反之，碳纤维具有比比例纤维高 2~3 倍的可比抗拉强度，以及高 1~10 倍的可比弹性模量。这种增强纤维巨大的轻量化潜力就基于此。

**表 7.6　增强纤维特性比较①**



| 项目 | 玻璃纤维 | | | 碳纤维 | | | 芳纶纤维 | |
|---|---|---|---|---|---|---|---|---|
| | E | R/S | C | HT | HST | HM | 标准情况下 | HM |
| 密度/($g \cdot cm^{-3}$) | 2.6 | 2.5~2.53 | 2.45 | 1.75~1.8 | 1.78~1.83 | 1.79~1.91 | 1.39~1.44 | 1.45~1.47 |
| 抗拉强度/GPa | 2.3 | 1.9~3.0 | 2.1 | 2.7~3.5 | 3.9~7.0 | 2.0~3.2 | 2.8~3.0 | 2.8~3.4 |
| 弹性模量/GPa | 72~73 | 86~87 | 71 | 228~238 | 230~270 | 350~490 | 58~80 | 120~186 |
| 拉伸下的断裂伸长率/% | 2.2~3.2 | 2.8~3.6 | 2.3 | 1.2~1.4 | 1.7~2.4 | 0.4~0.8 | 3.3~4.4 | 1.9~2.4 |
| 比抗拉强度/[$GPa \cdot cm^3 \cdot g^{-1}$] | 0.9 | 1.13~1.23 | 0.9 | 1.5~2.0 | 2.2~3.0 | 1.1~1.7 | 1.9~2.2 | 1.9~2.3 |
| 比弹性模量/[$GPa \cdot cm^3 \cdot g^{-1}$] | 27.7~28.2 | 34~34.9 | 29 | 127~134 | 127~150 | 190~260 | 40~56 | 83~127 |
| 长丝直径/μm | 3~25 | | | 7~8 | 5~7 | 6.5~8.0 | 12 | |
| 热膨胀系数/($10^{-6}$ $K^{-1}$) | 5 | 4 | 7.2 | −0.1~−0.7 | | −0.5~−1.3 | −2.0~−6.0 | |

① Michaeli，2006。

### 7.3.4 天然纤维

不应忽视，天然纤维也被用于强化半结构轻量化中的塑料。其中主要包括亚麻纤维、大麻纤维、黄麻纤维和棉纤维。这些纤维是可再生的原材料。虽然它们具有极低的比重量，但其耐磨性较低，且不能频繁承受机械负荷。到目前为止，还存在一系列因低加工温度（< 200 ℃）和不一致的生长条件造成的不规律特性引起的问题。

天然纤维的根本优势在于其较低的密度和节能高效的加工，但是有时其机械特性要明显低得多。对于轻量化来说，仅涉及植物性纤维。大多数天然纤维具有空心结构的典型特征。这对于轻量化是极为有利的。

天然纤维的强度值平均约为玻璃纤维的1/4，比强度值约为玻璃纤维的1/2。植物纤维的绝对弹性模量约为玻璃纤维特性值的1/5，比弹性模量约为1/3。这说明只能有限地将天然纤维用在结构性轻量化中。如果将轻量化看作一个体系，则天然纤维增强复合材料在功能集成饰板件上的重要性将会增加。表7.7所示为不同天然纤维与玻璃纤维相比的几个参数。

**表7.7 用Dia-Stron系统（AVK）进行配件试验情况下天然纤维的机械特性①**

| 纤维类型（试验元件数量） | | 剑麻纤维（84） | 胡麻纤维（84） | 大麻纤维（66） | 黄麻纤维（93） | 棉纤维（117） | 莱赛尔纤维（93） | 苎麻纤维（158） | 麻蕉纤维 | E玻璃 |
|---|---|---|---|---|---|---|---|---|---|---|
| 密度/（$g \cdot cm^{-3}$） | | 1.30 | 1.46 | 1.50 | 1.42 | 1.51 | 1.54 | 1.54 | 1.44 | 2.60 |
| 强度 | Mw | 428 | 874 | 827 | 571 | 618 | 815 | 1 250 | 1 100 | 3 500 |
| | Md | 424 | 790 | 588 | 540 | 561 | 837 | 1 271 | | |
| 比强度/（$MPa \cdot cm^{-3} \cdot g^{-1}$） | Mw | 329 | 599 | 551 | 402 | 409 | 529 | 812 | 765 | 1 346 |
| | Md | 326 | 541 | 392 | 380 | 372 | 544 | 825 | | |
| 弹性模量/GPa | Mw | 4.57 | 14.58 | 12.98 | 17.34 | 11.84 | 8.63 | 35.96 | — | 72 |
| | Md | 4.39 | 12.84 | 8.29 | 16.35 | 10.49 | 8.27 | 35.25 | | |
| 比弹性模量/（$MPa \cdot cm^{3} \cdot g^{-1}$） | Mw | 3.52 | 9.99 | 8.66 | 12.21 | 7.84 | 5.61 | 23.35 | — | 28.24 |
| | Md | 3.38 | 8.80 | 5.52 | 11.51 | 6.95 | 5.37 | 22.91 | | |

麻蕉纤维也被称为马尼拉麻，在菲律宾有大规模种植。这种植物可提供轻的、结实的和极具耐抗性的纤维。主要使用的是麻蕉纤维长达2 m的硬纤维。这种纤维比较粗并具有45~70 cN/ tex的高耐磨性。麻的颜色从白色到黄色，直至棕色。这种麻蕉纤维被用在量产A级奔驰车的轻量化底板蒙皮中。

① 平均值（Mw）和中位数（Md）。

种植亚麻纤维的目的通常是为了榨油，但是也极适用于生产高品质纤维。由于亚麻纤维具有良好的机械特性和地区可用性，因而越来越多地被用在天然纤维复合材料的增强纤维上。亚麻纤维增强塑料最重要的应用领域之一是汽车业。该行业内所使用的天然纤维有差不多2/3为亚麻纤维。

相对于亚麻纤维，大麻纤维具有明显木质化的纤维成分。长纤维束在栉梳时不会明显开裂，因此大麻的纤维更粗，刚性更大，比亚麻耐磨。清洗后的韧皮纤维长度为5~55 mm，厚度在16~50 μm。在栉梳时将极长的纤维分为3段。将中段纺成均匀漂亮的捻线，而尾段大多被用于制成麻絮线。根据品质，可将麻线用作增强纤维、装饰材料和帷幕织物，被用于编织安全带、皮带和地毯，被用作马鞍线、渔网线和缝带线，以及细绳和粗绳。这种纤维强度高，可延伸性低，粗硬，吸水，在水中也几乎不会腐烂并相当耐腐蚀。

剑麻是从龙舌兰属植物剑麻叶片中获取的硬质纤维名称，被广泛种植于墨西哥尤卡坦半岛、东西非和巴西等国家。这种植物在成熟到可收割之前需要生长5~6年，之后可继续生长7~10年。纤维有一个硬疤，非常耐磨，光亮，可很好地上色并耐潮湿。

受价格所限，生产天然纤维增强塑料所使用的纤维主要是短纤维，但也会使用长纤维。相对于技术纤维，天然纤维总是有一个最终的但经常是差异极大的长度。这也是生产生条或粗纱纺纱时需要用原料制成技术纺织品的原因。



原则上，像玻璃纤维一样，天然纤维可用挤压、冲压和注塑法进行加工。天然纤维最重要的加工方法之一是成型挤压。为此，将所谓的天然纤维垫与热固性或热塑性塑料一起在温度的作用下进行挤压。这种材料以低密度、相对较高的强度和刚性著称。

在采用这种工艺时，应确保完全浸润纤维，一方面可获得最佳的纤维—基质复合结构，另一方面可阻止天然纤维吸水。低黏度基质材料是关键性的因素，会完全浸润纤维，而不会使其发生热损坏。采用合适的基质材料进行冲压时所需的加工温度（180 ℃~210 ℃）比注塑法（约230 ℃）要低，因而到目前为止在批量生产时天然纤维材料主要使用冲压法。

## 7.4 织物半成品

织物预成型技术在自动化生产耐负荷近终型纤维结构方面具有很大的潜力。该纤维结构在第二个工作步骤中与基质系统进行浸渍处理。为此，研发出了不同的树脂注射技术（参见第3册第6章）。生产热塑性纤维复合材料的一个备选方案是混合纺线技术。用这种技术将增强纤维和热塑性塑料线借助纺织工艺相互编织到一起。然后在高压和高于热塑性塑料熔化温度的情况下加固该纤维结构。

这种连续性的生产具有下列优势：

- 由于取消了预浸渍步骤，因而材料成本一般会更低。
- 可以极灵活地选用纤维和基质。
- 可以将近终型工艺中的边角料降低到最少。
- 工艺中部分生产率较高且完全自动化。
- 可以实现直至 3D 加强的耐负荷纤维结构，从而获得极高的轻量化潜力。
- 通过将纺织和注射工序分离可得出一个有益的物流和价值链。
- 可以按照一种积木系统的方式优化组合各种纺织技术（图 7.10）。

预成型工艺与所谓的湿法技术（预浸渍、缠绕、拉挤）的比较请参见表 7.8。

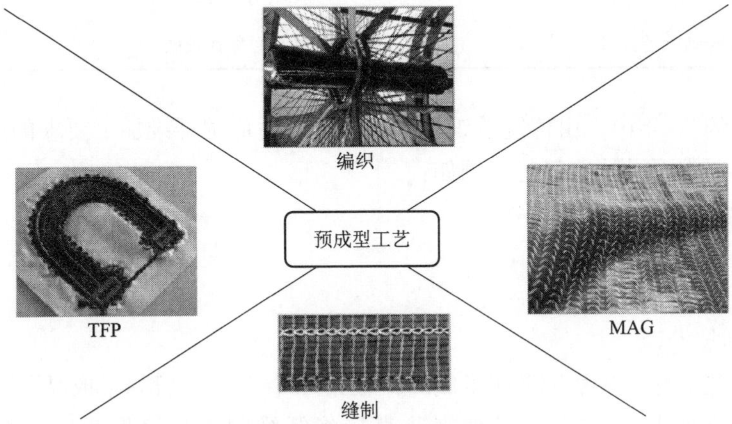


图 7.10　不同的纺织技术①

**表 7.8　预成型工艺和湿法工艺的对比**

| 预成型工艺<br>[例如多轴纤维网工艺（MAG）、编织、针织、纤维铺放技术（TFP）] | 湿法工艺<br>（例如预浸渍、缠绕技术、拉挤成型） |
|---|---|
| 优点<br>• 预成型件可毫无问题地储存<br>• 可实现高度自动化<br>• 部件几何形状和纤维结构的高可变性<br>• 组合不同预成型件的能力会产生较高的集成度<br>• 边角料较少的加工工艺（近终型）<br>• 可缝纫性可防止分层，并可实现可组合性<br>• 干式加工 | 优点<br>• 部分材料特性值较高<br>• 使用高黏度树脂<br>• 加工很少造成纤维扭曲<br>• 紧凑程度较高 |

① 图片来源：斯图加特大学飞机设计研究所（IFB）。

续表

| 预成型工艺<br>[例如多轴纤维网工艺（MAG）、编织、针织、纤维铺放技术（TFP）] | 湿法工艺<br>（例如预浸渍、缠绕技术、拉挤成型） |
| --- | --- |
| 缺点<br>• 干式加工造成纤维飞絮<br>• 加工易造成收缩<br>• 材料特性值部分低于预浸带<br>• 纤维起伏降低了特性值<br>• 紧凑化部分较严重 | 缺点<br>• 加工费时（需要进行冷却时效处理）<br>• 加工需要采取工作防护措施并要求高洁净度<br>• 部件几何形状和纤维结构的可能性有限<br>• 无法沿 Z 方向加强<br>• 集成可能性较低 |

在过去的30年中，由传统纺织技术发展出了适应碳纤维加工要求的或专门为纤维复合技术要求而设计的工艺，例如：

- 织物、纤维网、编织网；
- 针织物、纬编织物；
- 纤维拼接预成型；
- 缝制技术。



上述工艺中有一些基于平面半成品，在第二个工序中切割半成品并一层层放入模具内（顺序预成型制造）。其他工艺直接将纤维制成最终形状（直接预成型制造）。将纤维制成织物半成品的方法请参见表 7.9 的内容。

**表 7.9 预成型制造的比较**

<table>
<tr><td colspan="2">直接预成型制造</td><td colspan="2">顺序预成型制造</td></tr>
<tr><td colspan="2">直接由制造商进行纤维增强</td><td colspan="2">附加半成品制造（织物、纤维网、棉网、……）</td></tr>
<tr><td>捆扎技术</td><td>纺织工艺</td><td>黏合技术</td><td>捆扎工艺</td></tr>
<tr><td>纤维喷涂<br>（和变型）</td><td>• 2D/3D 编织<br>• 针织<br>• 纤维铺放技术（TFP）<br>• 3D 织造</td><td>• 黏合改型技术（挤压预成型、隔膜）<br>• 铺带<br>• FPP</td><td>2D/3D 缝制</td></tr>
<tr><td colspan="2">可需一个步骤就可生产预成型件</td><td colspan="2">至少需要两个步骤才能生产预成型件</td></tr>
</table>

在生产率、可能的纤维定向或者型坯几何形状方面，各种技术差异极大。另外，还经常借助所谓的捆扎技术对纺织技术进行补充，借助捆扎可稳定和绑定多次弯曲的松散的织物半成品并由此改善可操作性。

### 7.4.1 纤维毡垫和棉网

最简单的和相比之下成本最低的半成品是毡垫（图 7.11）。在制造方式上不同类型的毡垫是有所区别的。一种类型是用连续纤维制造的（连续纤维毡），而另一种类型则由长度在 25~50 mm 的短切纺纱（短切纤维毡）制造。通过没有方向性的平面纤维铺放可形成一种各向异性的强化结构。

可在铺放前涂上一层胶黏剂将纤维的一侧连接起来，在干燥期间纤维会相互黏合在一起。为了改善浸透效果，胶黏剂大多可溶在基质中。胶黏剂既可以是液体的，也可以是固体的（粉末）。第二种变型是缝合。为此，以附加回钩缝合的形式用平头钉穿透纤维垫，从而产生一个类似缝合的机械连接。

由于纤维垫具有近各向同性的特性和相对低的纤维体积含量（20%~30%），因而不适合用在高负荷部件上，因此基本上只能使用玻璃纤维制成的部件。单位面积重量在较大范围内可调。

纤维网是一种特殊形式的毡垫。其单位面积重量极小（图 7.12）。纤维网通常被用作例如汽车业内高品质表面部件的表面纤维网。在此也使用碳纤维。

图 7.11　玻璃纤维垫[①]

图 7.12　碳纤维网[②]

### 7.4.2 织物

织布是最古老的纺织技术。这种技术可被用于生产纤维复合结构。原理是将两个纱线系统（经线和纬线）相互编织到一起。根据机织类型形成平面半成品，在织物结构上有差别（图 7.13）。

交叉经线和纬线会使纤维起伏，特别是在压力复合下这会导致薄板的机械性能降低。另外一方面，通过编织结构可使外观设计更吸引人。因此，织物通常被用于碳素纤维增强的可见部件。

除了这些传统的 2D 织物之外，还有不同的机织类型可形成三维纤维增强或者形成三维纤维结构（图 7.14）。

---

① 图片来源：Carbon Werke。

② 图片来源：Carbon Werke。

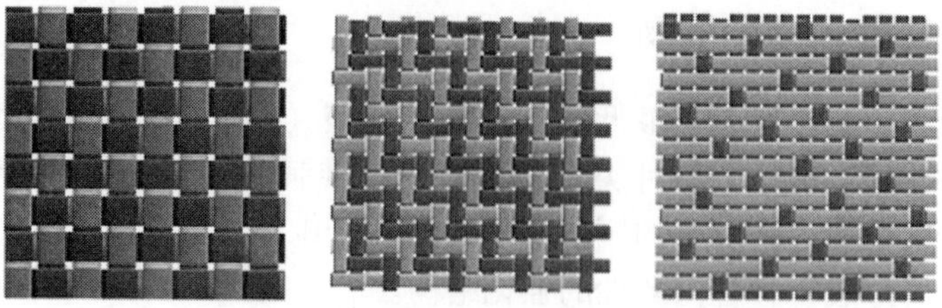

图 7.13　平纹、斜纹和缎纹结构①

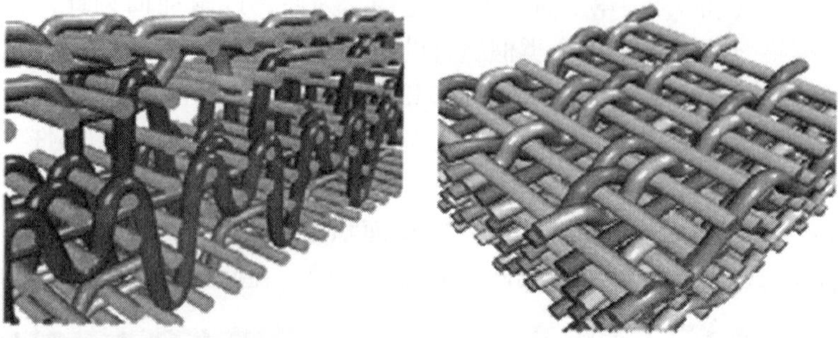

图 7.14　三维纤维增强结构②

图 7.15　网眼织物③

一种基于丝绒织物的特殊机织类型是所谓的网眼织物，可以形成集成的夹层结构，用垂直纱线系统连接的织物形成覆盖层（图 7.15）。

在手糊成型工艺浸渍后可形成一个具有较高损坏公差（夹层型芯和覆盖层不会脱落）的以及一个基本上处于空心状态的型芯夹层部件。可将该部件用于功能性用途，例如通风装置或线缆导向件；但是，重量特性明显比泡沫或蜂窝夹层结构要差。

### 7.4.3　纤维网

最重要的平面半成品是通过所谓的多轴纤维网工艺（MAG）制造的。与织物相反，采用这种工艺可将多个新的纤维方向组合在一个半成品中（图 7.16 和图 7.17）。

---

① 图片来源：斯图加特飞机设计研究所（IFB）。

② 图片来源：Scottweave。

③ 图片来源：Parabeam ® 。

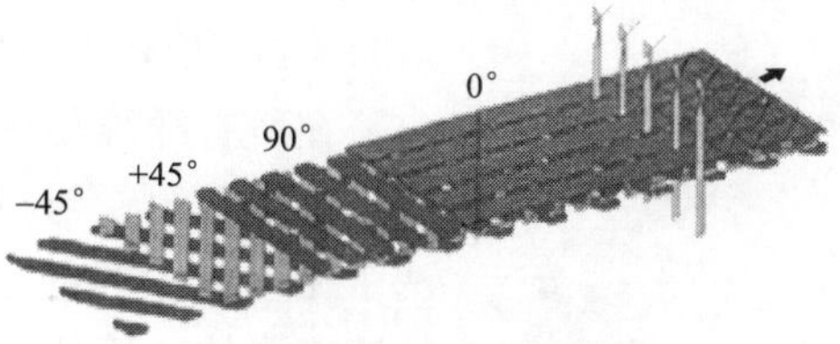


图 7.16　多轴纤维网①

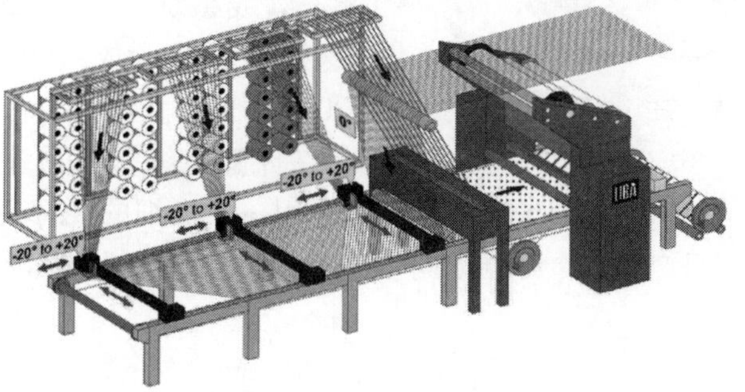


图 7.17　织机②

此外，各个纤维层不相互编织到一起，而是并列，从而避免纤维起伏。因此，与常见的织物相比，MAG 的机械特性更佳。为了形成一个易操作的半成品，在铺到设备上后用一个采用细线的四针缝合系统将各个层次相互缝合起来。像织物一样，借助单位面积重量（用纤维的纤度和层的数量来计算）划分 MAG 的等级。在市场上，多轴纤维网有 2 层、3 层、4 层或多层纤维结构几种供货形式。因此，其可根据特殊要求在一个很宽的范围内变化。借助层数和缝合方式可在生产球状弯曲部件时获得或多或少的良好的帐幔特性。图 7.18 以空客飞机的压力舱壁为例显示了缝合纤维网的帐幔。

图 7.18　压力舱壁的帐幔③

## 7.4.4　编织网

一种日趋重要的工艺是编织技术。长久以来，编织软管作为生产管状部件的半成

① 图片来源：Saertex 股份有限公司。
② 图片来源：Saertex 股份有限公司。
③ 图片来源：空客。

图 7.19　编织原理

品而广为人知。原理是将绕在纺锤上的纤维对向绕到环形轨道所谓的叶轮上（图 7.19）。

在所有纤维集中的位于设备中央的编织点进行编织。与机织类似，其中会产生两个相互交织的纤维方向。通过编织和牵拉速度之比，编织物可在 25°～80°的范围内变化。根据需要可集成第三个纱线系统（填充纱线系统），沿着纵向穿过编织物。以这种方式可形成一个 3 向编织网（图 7.20）。

一个避免编织线系统交织而产生起伏的特殊编织方式是所谓的单向编织。这种工艺用一条极细的线替代两个纱线系统中的一条，因此每层只产生一个纤维方向。这样可明显改善机械特性。它达到了预浸渍部件的水平。

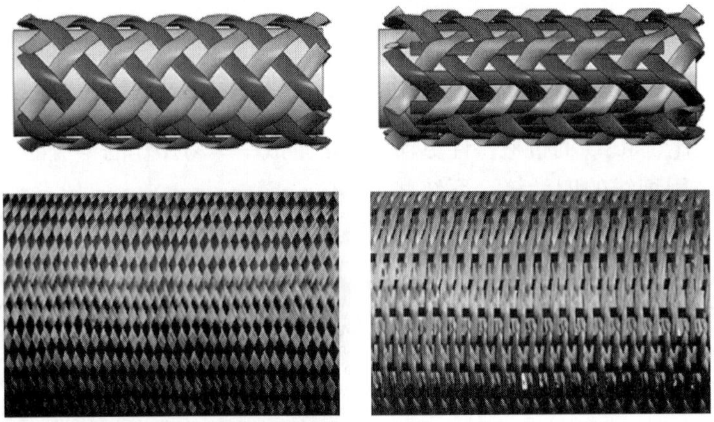

图 7.20　双轴编织（左侧）和三轴编织（右侧）①



近年来开发出了计算机辅助的编织技术。这种工艺通过计算机操控位于编织点的编织型芯并自动围绕进行编织。原理请参见图 7.21。以这种方式可生产极为复杂的近终型管状纤维结构，同时具有优化的耐负荷纤维结构特性。相关示例请参见图 7.22。

图 7.21　编绕原理②

① 图片来源：斯图加特大学飞机设计研究所（IFB）。

② 图片来源：慕尼黑工大碳复合材料研究所（LCC）。

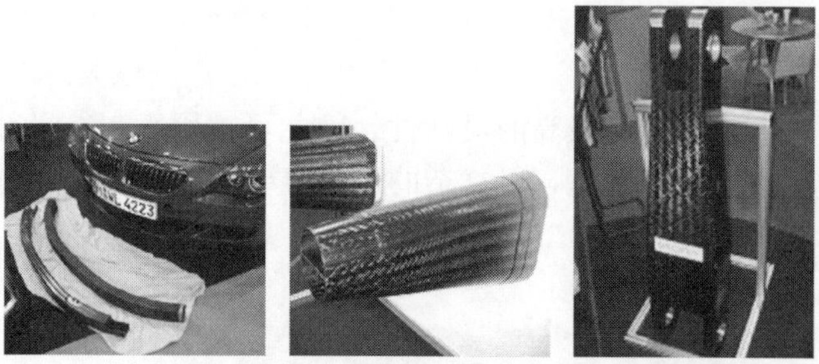

图 7.22 编绕部件的示例

(a) 宝马 M6 保险杠支架[①]；(b) SLR 碰撞吸能盒[②]；(c) 飞机起落架支柱[③]

图 7.23 采用编织技术制造的自行车[④]

如果在一个产品生产之初就考虑编织技术，则可通过符合生产情况的设计最佳利用其潜力。自行车车架的结构非常复杂，由 4 个部件组成，其中 3 个部件是借助编绕技术生产的（图 7.23）。与已知的车架方案相反，注射和硬化连接后，单个零件数量减少了 50%。

另一种特殊的编织技术是所谓的 3D 编织。这种工艺的纺锤和叶轮不在一个圆上，而是排列成一个平面矩阵。因此，纤维几乎可以任意移动，借此可以在编织点产生极其复杂的纤维结构（图 7.24）。借助这种高灵活性可全自动自主生产可变横截面的型材。到目前为止，由于生产率较低且可实现的型材横截面较小，因而 3D 编织的应用范围很小，例如被用于制造电缆填料、型材强化板等。

图 7.24 3D 编织原理

① 图片来源：SGL Kümpers 股份有限公司。

② 图片来源：Eurocarbon，McLaren Mercedes。

③ 图片来源：DLR。

④ 图片来源：斯图加特大学飞机设计研究所（IFB）。

### 7.4.5　针织物

针织物在纤维定向上具有极高的灵活性，因此可被用于制造局部强化、力传递或复杂小部件的型坯。其原理是，以复杂的道数穿引加强纤维并缝合到一个织物底布上（图 7.25 和图 7.26）。

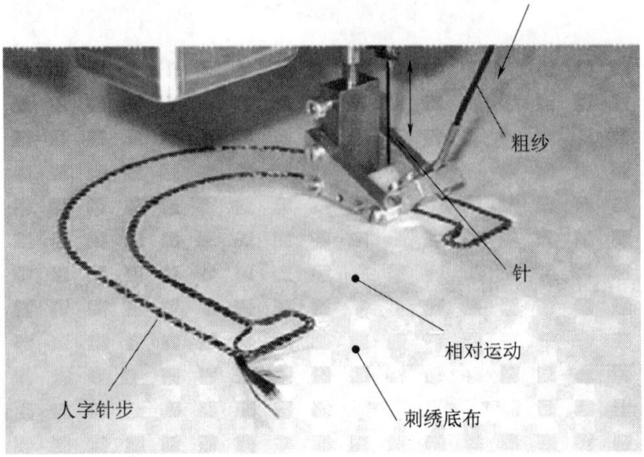


图 7.25　刺绣技术原理①



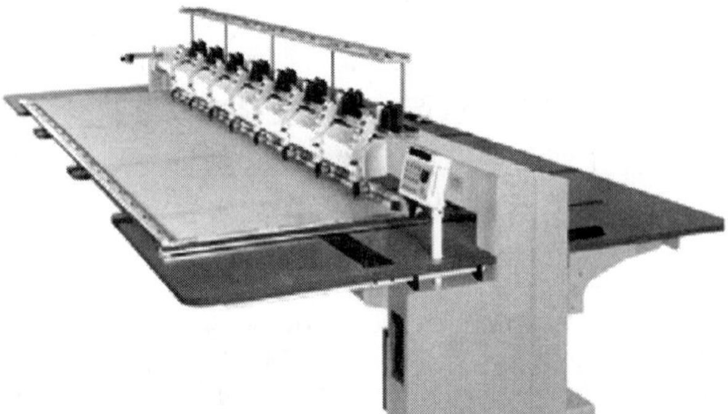

图 7.26　田岛公司的多头刺绣设备②

除了可自动化之外，刺绣技术的优点在于纤维方向可最佳地匹配负荷和几何形状，因而可充分利用纤维的特性和无边角料的特性。生产率自然要低于多轴纤维网或织物，但是新的研发成果通过使用大型刺绣设备可发掘更大的潜力。

一个令人关注的可说明采用刺绣工艺技术潜力的例子是自行车的制动助力器。

---

① 图片来源：斯图加特大学飞机设计研究所（IFB）。

② 图片来源：Tajima 有限公司。

图 7. 27 比较了采用刺绣工艺的部件、铝制部件和用准各向同性板制造的普通纤维复合件。该图显示借助针织技术可实现 3 倍的重量比刚度。

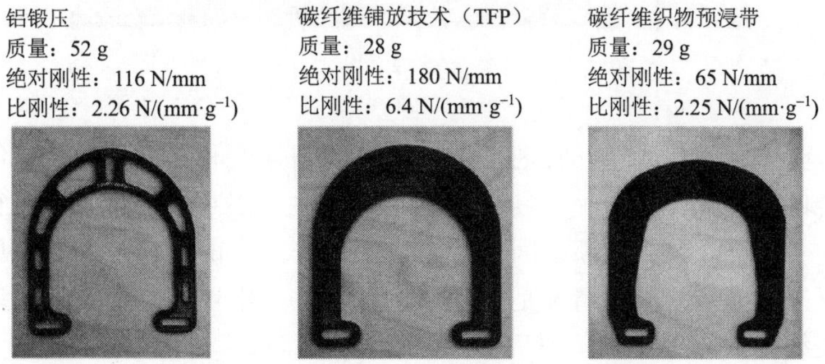


图 7. 27　纤维织物制动助力器和铝制以及碳纤维增强塑料预浸带材质制动助力器的比较①

针织物的设计是一个巨大的挑战。传统的层压材料理论在这里没有什么帮助。有益的方案基于仿生学发展的原理。在这种情况下，在一个交互过程中根据几何边界条件和外部负荷计算部件中的主要应力方向。首先按照材料特性设置为各向同性后，再将纤维沿着这些方向放置并启动一个新的计算过程。几步后重复这个方法，然后得到一个最佳纤维定向的依据（图 7. 28）。



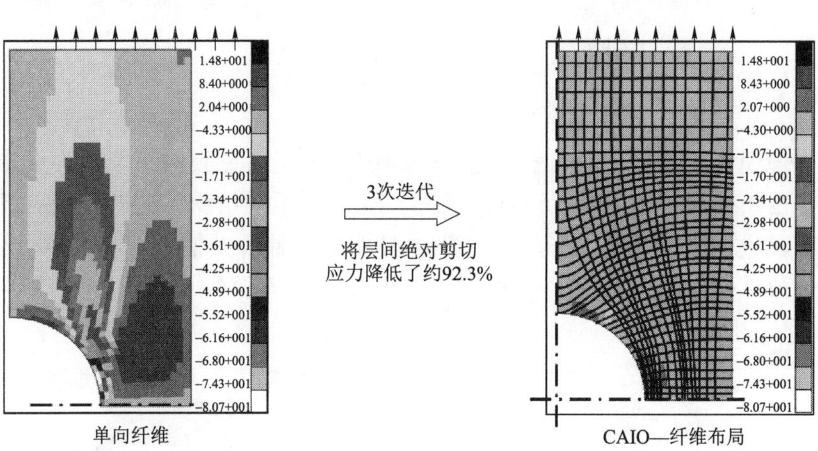


图 7. 28　纤维优化计算示例②

该工艺可与拓扑法和成型优化法结合起来。图 7. 29 所示为自行车鞍座最佳的纤维定向。

对于针织品来说，纤维以网眼的形式存在于织物结构中（图 7. 30）。

① 图片来源：斯图加特大学飞机设计研究所（IFB）。
② 图片来源：Moldenhauer 股份有限公司。

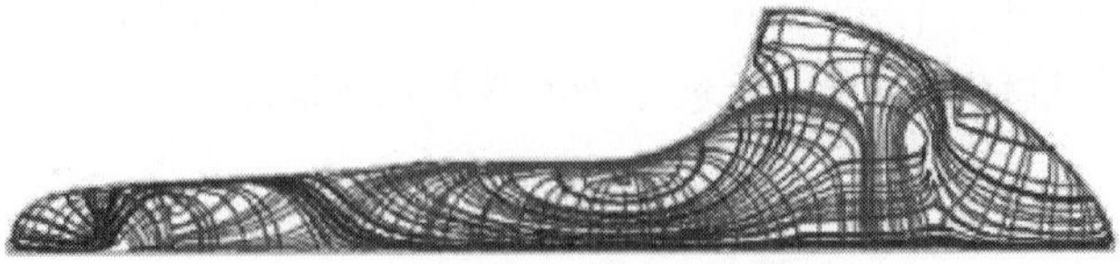

图 7.29 计算的自行车鞍座纤维走向①

因此，无法利用其特性并实现复合材料中的高强度和刚性，但是在特殊应用条件下还是会使用纤维针织物。它具有极佳的装饰性并在冲击负荷下具有很高的击穿强度。因此，这会导致纤维渐渐因拉力的作用而失灵之前，位于网眼中的纤维从基质上脱离下来。典型的应用情况是头盔结构。为此，用现代化计算机控制的平针针织机直接在终型上进行针织（图 7.31）。

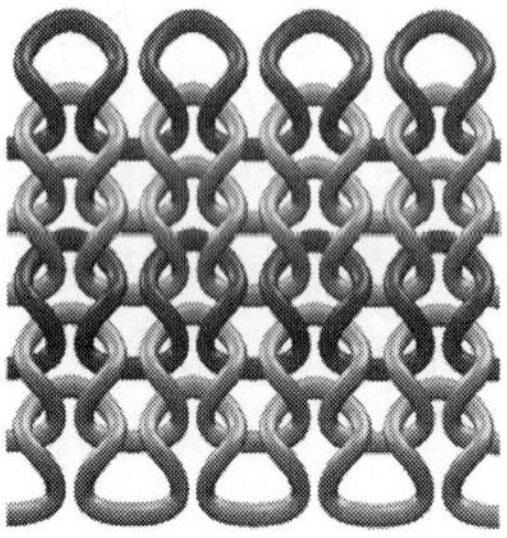

图 7.30 一种织法的示意②

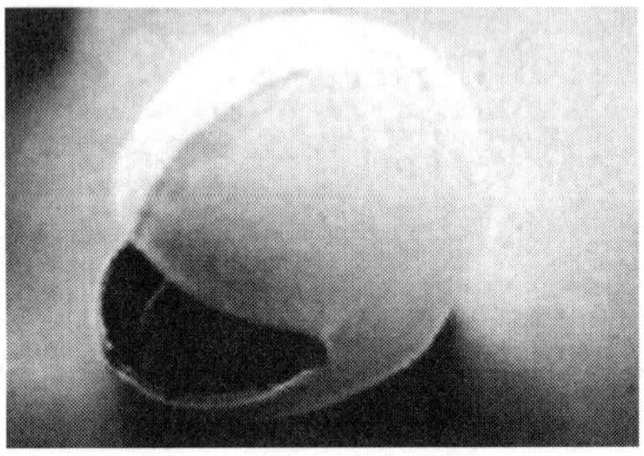

图 7.31 头盔结构的纤维针织



### 7.4.6 纤维补片预成型

准确地说，纤维补片预成型工艺不是纺织工艺，而更倾向于归类为纤维铺放工艺，但是由于它同样产生干式纤维半成品，并且是不同纺织工艺的理想补充，因而在这里对其进行简短说明。将展开的粗纱带切割为补片并借助一台 Delta 运动机器人将其铺放在任意位置和任意方向上（图 7.32 和图 7.33）。

图 7.32 纤维补片预成型原理③

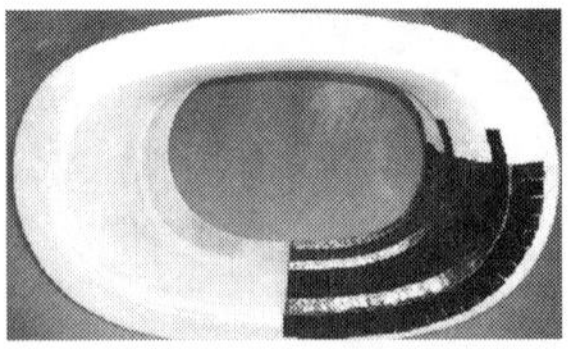

图 7.33 纤维补片预成型的窗形喇叭口预成型件④

① 图片来源：Moldenhauer 股份有限公司。

② 图片来源：斯图加特大学飞机设计研究所（IFB）。

③ 图片来源：慕尼黑工大碳复合材料研究所（LCC）。

④ Meyer 2008/EADS。

因此，纤维补片预成型在可实现的几何形状、部件厚度和纤维定向方面是最灵活的工艺。纤维补片预成型纤维复合结构的机械特性也极佳。一方面，可实现的单位面积重量极低；另一方面，纤维可最佳定向且不起伏地铺放。生产率自然明显低于其他工艺。因此，纤维补片预成型主要被用于制造较小的复杂结构。就如何实现特殊型坯这一问题进行基础理论研究是有益的。

### 7.4.7 缝制技术

借助缝制技术基本上可实现两项任务：缝制，也就是说将多个型坯连接成为一个复杂的集成结构，或者实现三维纤维增强，用于改善损伤容限和结构完整性。在第一种情况下使用细线（例如用聚酯制成）作为缝合线。结构缝制要使用玻璃纤维、碳纤维或者芳纶纤维。

一般情况下将缝制分为2D缝合和3D缝合。使用2D工艺时，缝合设备由上部和下部组成，主要使用链式双针作为缝合缝。2D或双面缝合工艺成本相对低廉，生产率高，并几乎可用于所有大小的缝合区域尺寸；但是，基本上它仅适用于平面二维结构。近年来，为三维结构开发出了各种不同的所谓的单面缝合法。最重要的是簇绒工艺、暗缝线迹工艺和双针工艺。图7.34所示为不同的缝纫机头和相应的线缝。

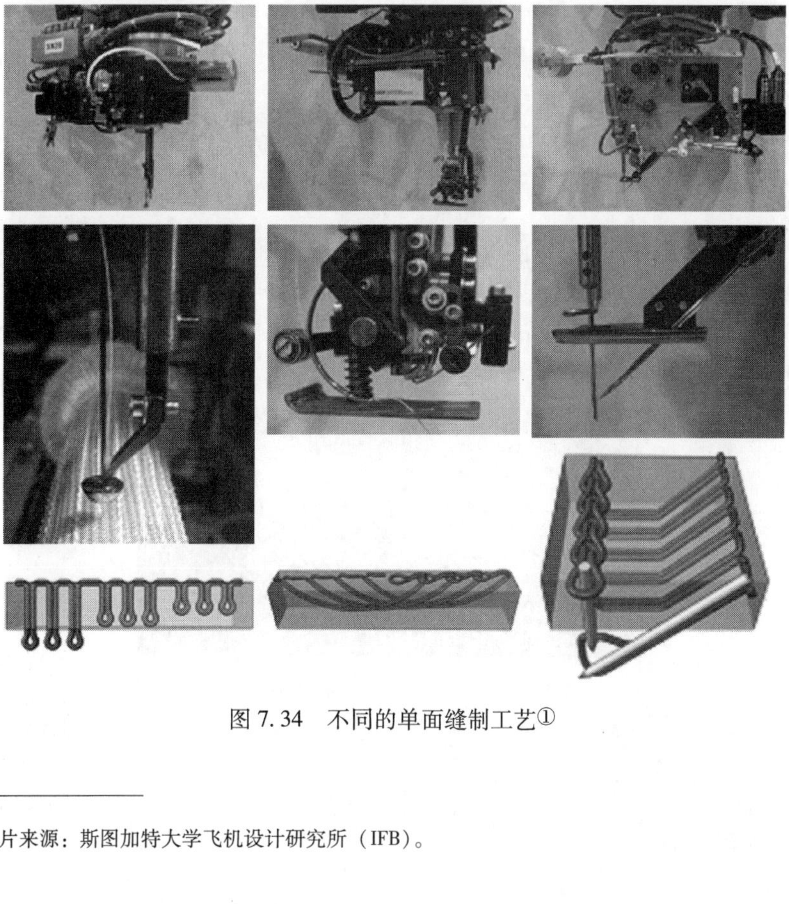

图7.34 不同的单面缝制工艺①



① 图片来源：斯图加特大学飞机设计研究所（IFB）。

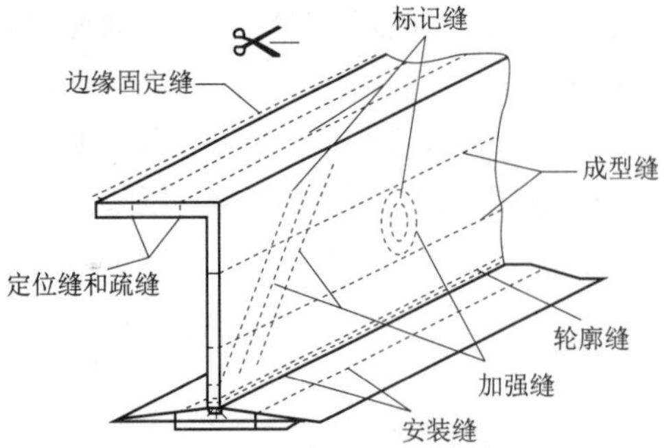


图 7.35　不同的缝制方式①

图 7.35 所示为一个批量生产的例子。其中线缝用于连接、标记、定位和边缘固定。在这些情况下主要使用尽可能少干扰纺织结构的细纤维。特别令人关注的是使用浸渍后会溶化在基质中的缝纫用线。

缝制和相关的三维纤维增强对损伤容限也有影响（图 7.36）。将未缝制的 3 mm 厚试样板以 3.3 mm 或 5.5 mm 的缝合间距进行缝合。然后在一个标准化的冲击后压缩试验（CAI）中首先施加动态负荷，随后施加压力负荷。结果表明，分层面会迅速降低，剩余压力强度可提高 2 倍。

（a）　　（b）　　（c）

图 7.36　冲击作用后不同多轴纤维网的分层表面②

（a）多轴纤维网未缝合；（b）5 mm×5 mm 的多轴纤维网；（c）3 mm×3 mm 的多轴纤维网



图 7.37 给出了一个通过缝制提高结构完整性的示例。为了避免在承受冲击式负荷后强化型材从面层上脱落而将型材与面层缝制在一起。图 7.38 汇总了采用不同缝制配置的所谓 T 型拉力试验的结果示意图。在采用最佳设计的情况下，即便在高冲击能量下，也能阻止型材脱落。

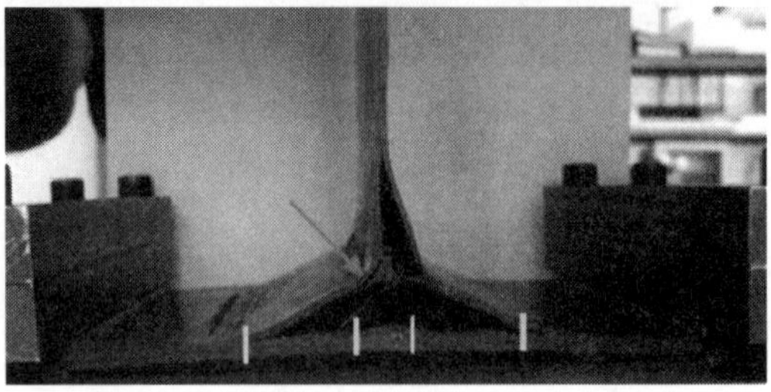

图 7.37　加强壳体的 T 形拉力试验③

① Körwien 2002。

② Weiland 2003。

③ INTEX 总结报告。

缝制技术的缺点一方面是成本较高，另一方面是会破坏基础织物的结构。因此，缝合缝应局限在三维纤维增强所需的范围内。此外，缝制密度还应尽量低。在一般情况下，在使用典型的40~200 tex 缝合线的情况下，缝合间距为5.5 mm 就足够了。

飞机制造中典型的缝制技术应用情况请参见图7.39。采用暗缝工艺可将多个多轴纤维网辐缝合成一个大的平面预成型件，然后以一个整体通过空客A380压力舱壁的模具进行悬垂。

飞机制造的另一个例子请参见图7.40。在机身壳体演示件上，多轴纤维网面层、编织物加强型材和针织物窗开口加强件相互缝制在一起，目的是为了改善可操作性，例如为了使用机器人抓取系统，改善损伤容限，改善结构完整度。

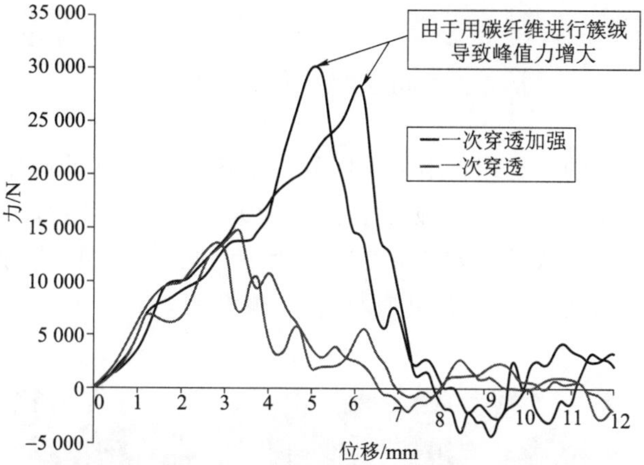


图7.38 未缝合和缝合T形拉力试验的力变化曲线①

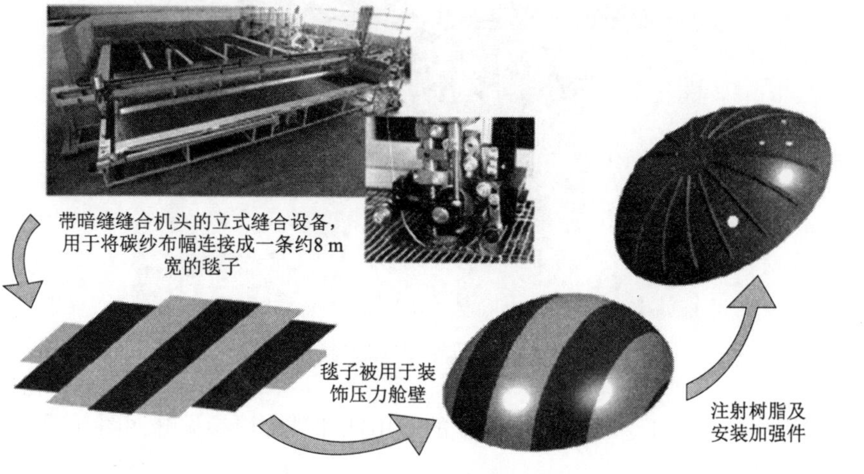


图7.39 压力舱壁的制造②

① 图片来源：EADS，Manuel Herk。

② 图片来源：EADS。

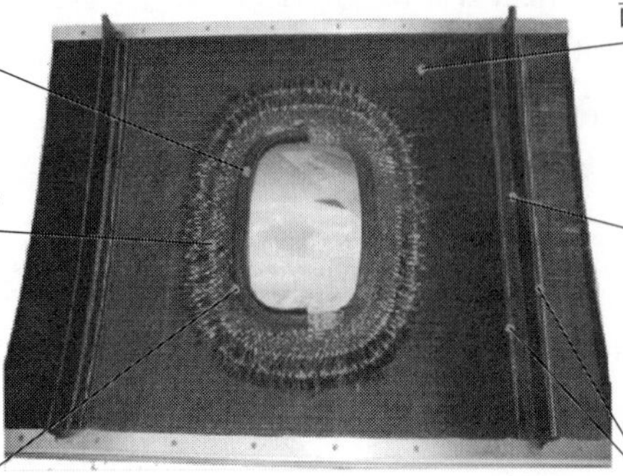


图 7.40　机身壳体演示件①

缝制技术与不同的基础织物组合使用的一个极令人关注的应用情况是在量产奔驰迈凯轮中。图 7.41 所示为碰撞吸能盒。这种编织的圆锥形管件与一个采用 45°纤维定向的多轴纤维网制成的 3D 加强腹板缝合在一起。由此可进行自动化生产。此外，在正面碰撞和斜面碰撞时可达到极佳的碰撞性能。

图 7.41　迈凯轮 SLR 碰撞吸能盒②

不同织物预成型工艺在不同标准下的适用性和潜力请参见蛛网图（图 7.42）。

① 图片来源：斯图加特大学飞机设计研究所（IFB）。
② 图片来源：奔驰。

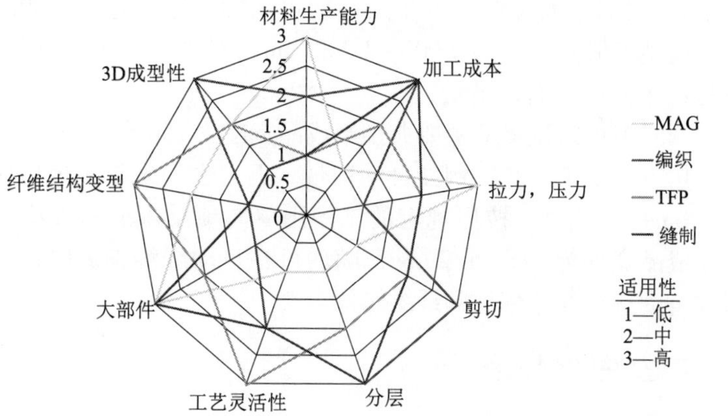


图 7.42　织物预成型工艺的适用性①

### 7.4.8　粘接技术

在对易弯织物预成型件进行后续加工时，最好用所谓的粘接剂进行固定。这将使操作变得容易，例如使用抓取系统时，但是，与缝制技术类似，粘接技术可被用于连接不同的基础织物。有热塑性和热固性基的粉末、纤维网或液体粘接剂。一般情况下可通过压力涂覆或者加热涂覆活化粘接剂。这可以在循环空气加热炉内，通过红外线、微波或者使用简单的熨斗进行。重要的是粘接剂数量不应过多，否则会过快加大半成品的渗透性。这可能会影响后续的浸渍处理。一般来说，明显低于5%的质量百分比足以保证稳定性。特别是对于多功能粘接剂，除了稳定作用外，为了增加韧性也可以进行树脂改性。

## 7.5　浸渍的半成品

预浸这个名称（英语是“preimpregnated”而其德语是“vorgetränkt”）指将平面纤维织物和纤维垫在前面的饱和过程中与基质进行浸渍处理，然后作为半成品提供给加工者进行部件生产。一般情况下，根据目的用途和所需的部件性能使用不同纤维类型（玻璃纤维、碳纤维、芳纶纤维）、纤维结构和纤维规格的平面纤维半成品。

为了利用这种材料所有的特性范围，可以将这些平面纤维半成品事先与热塑性或热固性基质材料进行预浸渍。热固性塑料预浸带因其具有多种规格且具有突出的机械和热特性，因此对生产纤维复合材料的结构部件来说极其重要。

根据使用情况和后续的加工工艺，半成品制造商已考虑并安排了这些特性，应对预浸带进行预成型，以确保具有典型工序所需的加工特性，例如所需的黏度和温度特性。根据纤维增强情况和最终应用情况，树脂质量百分比最高为55%（例如玻

① 图片来源：慕尼黑工大碳复合材料研究所（LCC）。

璃纤维预浸带）。根据平面编织纤维半成品的可用性，作为卷装织物的所谓织物预浸带可供货的典型半成品宽度为 1 000 ~ 1 300 mm，同时一个滚轮可承载 60 ~ 80 $m^2$ 的材料（根据纤维的单位面积重量）。

单向织物预浸带可以供货的主要典型半成品宽度为 150 mm，300 mm 或600 mm。此外，还可采用下列加工工艺，例如自动铺带。近来也越来越多地供应航空业使用的所谓的 Slit-Tape（窄带），按照规定的工序用单向预浸半成品成型并缠绕在线轴上。常见的半成品宽度为 1/8 ~ 1/2 in①，随后可在自动纤维铺放时使用，以尽量符合负荷路径并自动进行复杂部件的纤维铺放。

### 7.5.1 热固性塑料系统

热固性塑料预浸带可按照下列标准进行进一步划分：

- 进一步加工方式：不可流动或可流动（Neitzel，2004）。
- 纤维结构规格：织物、纤维垫、纤维网。
- 纤维类型或纤维材料：玻璃纤维、碳纤维、芳纶纤维。
- 热固性材料、环氧树脂、酚醛树脂、BMI 或 UP 树脂。

由于在生产热固性塑料预浸带时要借助规定的树脂/硬化剂混合物浸渍纤维增强件，从而在原理上已进行了化学交联，因此在储存和运输时都要在低温下（在≤ -18 ℃的温度下）进行。因此，预浸半成品尚处于具反应能力的 B 状态，因而在低温储存的条件下仍具有 6~12 个月的有限加工时间。



与湿压膜法相比［湿压膜法中纤维增强件和树脂体系相互独立存在，因而加工者可直接决定纤维复合部件特性（主要指纤维体积含量和气孔含量）］，预浸带具有决定性优势。基于这种优势，一方面可提供在预浸生产期间自动进行的具有规定纤维体积含量、气孔含量和纤维方向的单层。另一方面，借此可确保部件质量可重复并由此确保具有一致的高机械特性。为此，自然要根据结构机械要求在实际纤维复合结构生产中通过涂覆不同的预浸单层来实现。例如，常见单向织物的单层厚度为 0. 125 ~ 0. 25 mm。在机织品上可以使用跟湿式层压类似的纤维结构和单位面积重量。其中将航空应用情况下的纤维体积比例调节到约 60%（主要是碳纤维预浸带）。

相对于树脂注射或注塑过程使用的液体树脂体系，典型热固性预浸树脂的另一个优点是可改变韧性，以提高此后纤维复合部件的损伤容限（通过降低脆性）。

**预制整体模塑料（BMC/CIC/ZMC）**

原来是用片状模塑料（SMC）发展的，目的是可通过较短的纤维长度在注塑和注射压缩模塑过程中加工材料，以经济地较大批量地生产较小的部件，因此 BMC 配方基本是一致的。但是，一般来说纤维长度代之以 1"（25. 4 mm），1/2" 或 1/4"（12. 7 mm 或 6. 4 mm），而纤维含量从 20% ~40% 降低到 10% ~25%。与 SMC 相比，另一个典型差异在于填料含量提高了 50%（Guillon，1993）。生产 BMC 常用的方法请参见第 3 册第 6 章。

① 1 in = 2. 54 cm。

**片状模塑料（SMC）**

它指一种平面半成品，由大多是不饱和聚酯基的可交联树脂、矿物填充剂、玻璃纤维和所需的附加料组成。SMC 半成品生产分为两个步骤（图 7.43）：

- 生产树脂填充剂混合物；
- 生产 SMC 半成品。

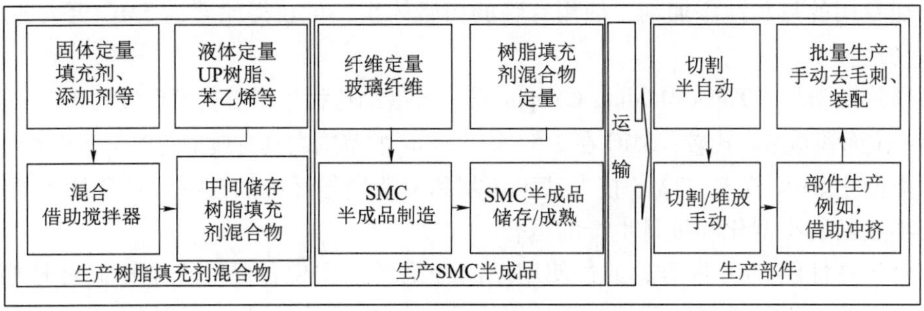


图 7.43　SMC 半成品的生产和加工

在生产树脂填充剂混合物时，首先借助溶解器混合液体原料，然后加入固体填充剂。随后在生产 SMC 半成品时将树脂填充剂混合物送至两个刮刀流道中。在这里，在刮到上、下承载膜（由一个具有规定厚度的非苯乙烯致密的 PE 膜或者一个苯乙烯致密的 PE/PA 复合膜组成）的上、下两面之前，将树脂填充剂混合物液流用一个静态和/或动态混合器与稠化剂拌在一起。其中要注意，刮刀流道内树脂填充剂混合物的高度保持不变。原因是该高度会影响混合物在承载膜上的厚度，从而影响 SMC 单位面积重量以及玻璃纤维含量。

纤维要在一个切割机内切割到所需的长度，一般情况下为 1"（25.4 mm），然后不规则地落到涂覆在下方承载膜上的树脂层上。在将上、下承载膜合并到一起后，将 SMC 半成品穿过挤压机辊道并卷成可堆放的至少 1 500 mm 宽的卷，每卷的质量不超过约 400 kg 或者以锯齿形放入木箱内。

根据配方情况，在 SMC 半成品制造结束后交送加工者之前要进行多天的熟化（图 7.33）。配方也决定了半成品在规定的温度范围内可储存的时间窗口。根据 SMC 各种各样的使用可能性，有大量的不同的专门根据所需的应用特性而调节的 SMC 配方，因而下面我们只能就其中的主要类别进行说明。

对于高级 SMC 来说，通过使用碳纤维以单向纤维增强或准各向同性的层结构（0/90/45/-45/90/0°）可明显提高比机械强度（即也与密度相关）。研发的目的是将碳素纤维增强复合材料的轻量化潜力和 SMC 技术的经济性结合起来，以使这种材料可用于中小批量汽车工业生产中（Stachel，2003；Reuther，2004）。

碳纤维片状模塑料用切割的碳纤维代替玻璃纤维。借此可达到极高的比刚性和强度。同时，与连续碳素纤维增强的高级 SMC 一样，短切纤维允许不必近终型地嵌入 SMC，而是通过较大的流道长度填充空腔。

低密度 SMC 可通过添加玻璃空心球将约 1.85 $g/cm^3$的密度降低到 1.35 $g/cm^3$。

再生 SMC 在降低填充料比例的同时，混入粉末状、细棍或小片状的 SMC 再生材料比例。为了降低成本，大多数 SMC 配方添加了少量的再生材料。

标准 SMC 不使用 LS 或 LP 添加剂，因此由于它在技术应用中的稳定性不够（在 0.12% ~0.20% 波动），故仍在扮演次要角色。

为了提高损伤阈值（龟裂极限）并由此使机动车保险分级更合理，韧性 SMC 通过添加专用的热塑性添加剂，使用特殊的树脂体系，可获得比普通 SMC 更大的伸长率和韧性。

厚片模塑料（Thick Molding Compound）可借助这种生产工艺实现最大 30 $kg/m^2$的较高单位面积重量。比较：SMC 在 2.5~4.5 $kg/m^2$的范围内具有典型的单位面积重量。

类似于 SMC 技术，TMC 技术基于切割和浸渍增强纤维的改进的 CIC 技术与随后平面半成品的小型化和批量生产的组合。

对于高性能 SMC 配方，通过使用单向纤维增强实现各向异性地提高弹性模量。借此主要适合用在承载负荷的应用情况下，例如被用于乘用车或商用车的保险杠。

## 7.5.2　不可流动的（连续纤维增强）热固性预浸带

在航空业内一级和二级结构中所使用的热固性预浸带可能具有不同的连续纤维结构、单位面积重量和纤维类型，属于不可流动的预浸半成品。从原理上来说，在一个连续过程中浸渍纤维增强件，这个过程在涂覆方式或浸渍方式（圆柱形热熔胶法或溶剂法）上有所不同（图 7.44 和图 7.45）。



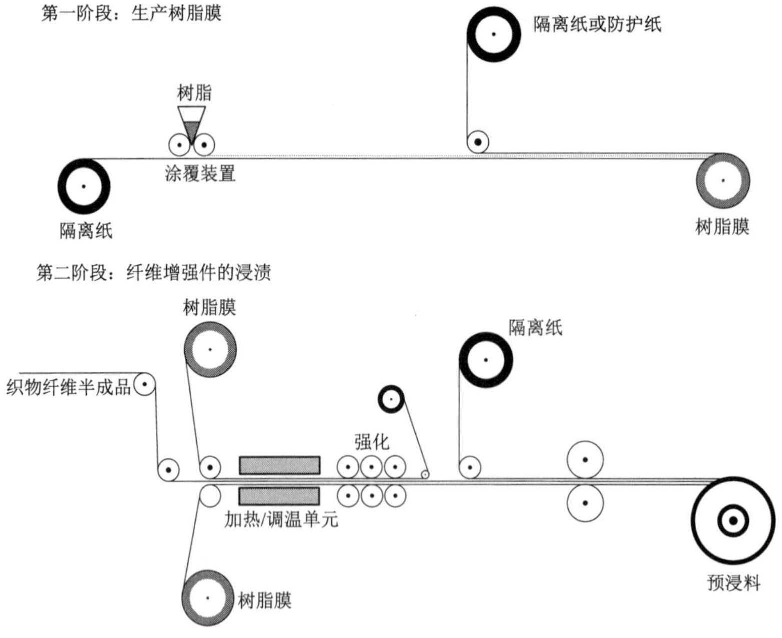


图 7.44　按照热熔胶法生产热固性预浸带的原理①

① 根据文献（Hexcel，1997）。

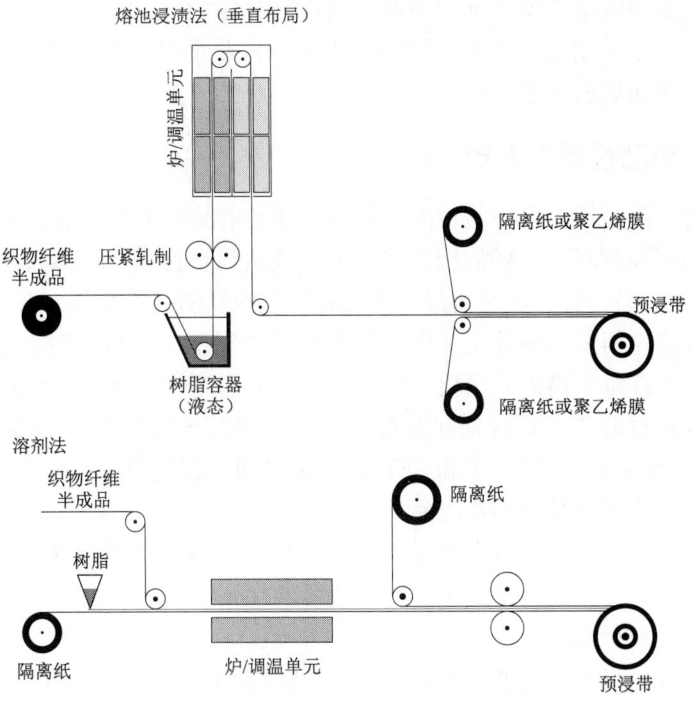


图 7.45　按照溶剂法生产热固性预浸带的原理①



从原理上来说，所谓的圆柱形热熔胶法或者熔化膜法是一种两阶段工艺。首先，在第一阶段中持续在 50 ℃～110 ℃的规定温度下将树脂/硬化剂混合物分布到平面承载纸或隔离纸上，然后卷绕到辊子上并进行中间存储。在后面的步骤中（第二阶段）进行纤维半成品的实际浸渍。为了迅速均匀和无气孔地浸透织物纤维半成品，一方面通过加热树脂膜降低黏度，另一方面紧接着通过轧制尽量无杂质地浸渍预浸半成品。然后，连续不断地输送隔离膜的上侧和/或下侧将浸渍后的半成品卷绕到辊子上。这种方法主要被用于制造单向预浸带。在这种情况下由于相比织物预浸带具有较低的纤维单位面积重量（=较小的单层厚度），因而可实现用高黏性树脂的可重复浸渍。

与此不同，生产织物预浸带主要采用所谓的溶剂法（图 7.45）。为了获得均质无气孔的纤维增强件的浸渍结果，必须借助溶剂明显降低树脂体系的黏度。随后将树脂半成品连续不断地拉过树脂容器。相应地，紧凑化轧制被用于形成近乎完全的浸透。它朝厚度方向将主要黏附在纤维半成品表面的基质压到单丝之间。紧接着穿过一个复杂的调温单元，在该单元内主要在规定的温度下使用抽吸装置再次将大部分溶剂去掉。应严格注意将预浸带半成品中的剩余溶剂比例尽量保持在低水平。这不仅是为工作安全性考虑，也是为了确保树脂/硬化剂系统的化学计算的比例（因此关系着以后的聚合度）。

① 根据文献（Hexcel，1997）。

长期来说必须解决技术状况与不断提高的环保意识之间的目标冲突。因此，改变过程和树脂以不采用溶剂来生产预浸带成为一种非常明确的趋势，并且生产工艺也集中在圆柱形热熔胶工艺上。

### 7.5.3　热塑性塑料系统

在一个常见的挤压工序中，在插入短切玻纤的情况下生产纤维长度可达 0.6 mm 的短纤维增强颗粒材料，主要借助拉挤法生产棒状颗粒材料（Lücke，1997）（参见第3册第6章）。另一种方法是通过一个旋转浸渍池浸渍纤维粗纱，在这种情况下通过一个多孔面将塑料从内向外压并借此湿润旋转的粗纱。在拉挤时，通过热塑性塑料熔体拉制连续纤维，借助一个模具浸渍并根据工艺部分或全部进行加强。

市面上颗粒材料的主要区别在其浸渍品质和纤维分布均质性方面（Edelmann，1998）。这种半成品在 GMT 工艺和 LFT-D 工艺之间存在竞争。

**玻璃垫强化的热塑性塑料半成品**

玻璃垫强化的热塑性塑料主要基于采用长纤维增强件和热塑性塑料基质的半成品基的生产工艺。常见玻璃垫强化热塑性塑料半成品的制造过程分为以下两步：

1）生产玻璃纤维垫

在这个过程中将连续玻璃纤维和/或短切玻纤放在传送带上，用一个针织机缝合起来，然后缠绕成纤维网（图 7.46）。



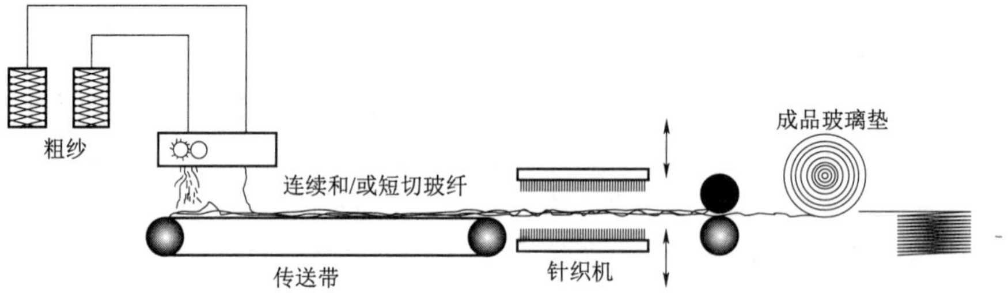


图 7.46　玻璃纤维垫的生产①

2）浸渍和强化

在这个过程中，用单喷嘴熔化膜法将热塑性塑料熔化膜涂覆到两个玻璃纤维垫之间。通过上部或下部热塑性塑料膜中的一个或者在三喷嘴熔化膜工艺中（图 7.47）借助两个热塑性塑料熔化膜喷嘴涂覆两个覆盖层；然后在一个双带压机中通过温度和压力的作用固化玻璃纤维垫，随后进行冷却、整修，并进行托盘化运输。

玻璃垫强化热塑性塑料在重量降低、比刚度和噪声抑制方面的一个后续研发成果是 Quadrant Plastic Composites 公司所谓的 SymaLITE 或者 Azdel 公司的 SuperLite®。它们是一种由三维定向玻璃纤维和聚丙烯制成的纤维复合材料半成品。它们特别适

① N. N，2002。

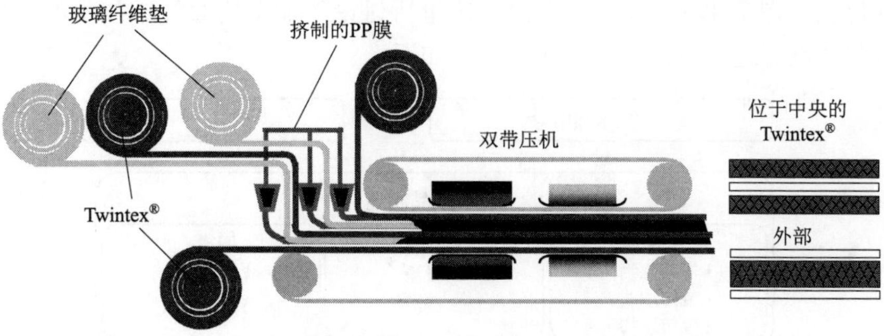


图 7.47　用三喷嘴熔膜法生产不带 Twintex® 的玻璃垫强化热塑性塑料和带 Twintex® 的 GMTex①

于制造大平面的轻型和刚性部件，例如轿车底板饰板。根据成型时的固化程度，在相应损失强度和刚性的同时从 1.1 g/cm$^3$（质量百分比为 30% 的玻璃纤维的玻璃垫强化热塑性塑料）降低到 0.3 g/cm$^3$（Breuer/ Neitzel）。SuperLite® 是基于一种造纸技术生产的。在这种情况下用水将 PP 和添加剂混合起来并与短切纤维一起制成一种 PP/玻璃料浆，然后铺在一个多孔传送带上。在经过真空和热空气干燥后可选择在单级研光机中涂覆一层表面织物面层或者一层 PP 膜并成型为半成品（图 7.48）。



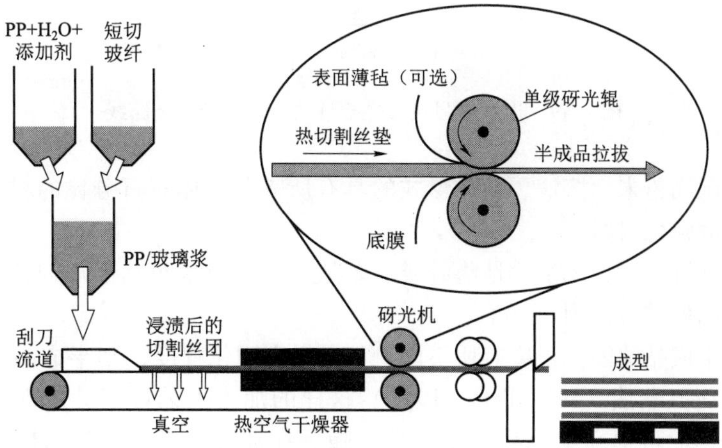


图 7.48　SuperLite® 的生产②

**热塑性塑料预浸带（连续纤维复合半成品）**

生产连续纤维增强件的第一步是形成织物加强结构。工业上使用的纺织品主要有织物和纤维网，而针织品、编织品尚处于研发阶段，在大批量技术应用中扮演着

① Broo，2004。

② Bristow，2004。

次要的角色（图 7.49）。以下用于说明这里所讨论的加工连续纤维技术的两个术语由于目前还没有统一使用，因此在此定义如下：

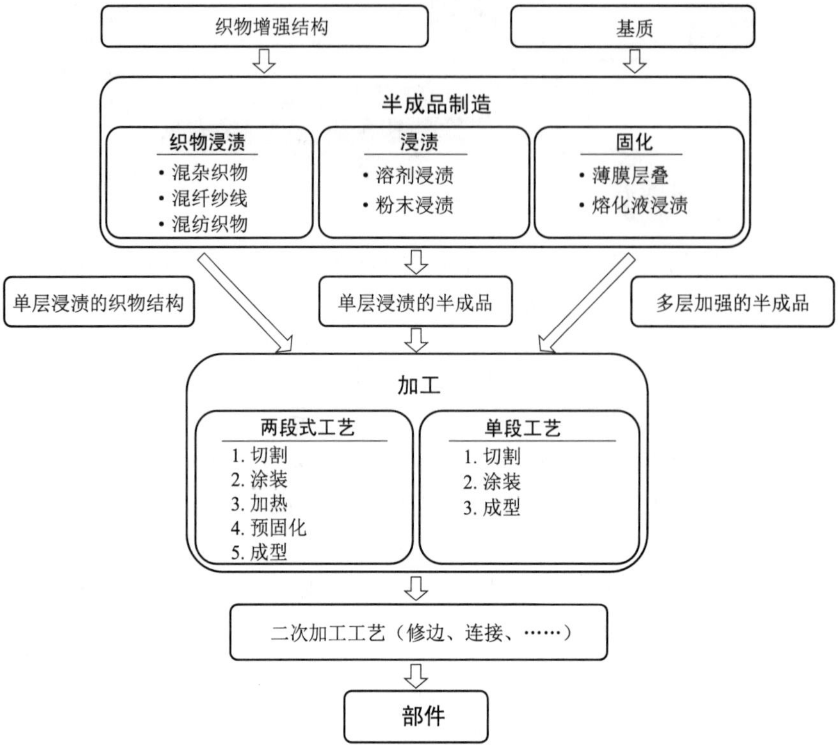


图 7.49　连续增强热塑性部件的不同生产工艺路线



**浸渍**是湿润粉末、溶液、熔体形式的具有所需基质体积百分比的材料或者借助混合结构湿润强化材料。

**固化**可理解为尽量无杂质地将纤维、基质，必要时也包括添加剂结合在一起并对纤维复合部件进行加固。

市面上半成品的固化程度有所不同。如果提高固化程度，则半成品的韧性就会降低。诸如压煮器法（Benedicts，1993）这样的加工工艺可有针对性地定位浸渍增强织物，因此可提高半成品的悬垂性。随后在部件生产期间进行固化。热塑性塑料高效基质的黏度（在 102~104 Pa · s 的范围内）在加工温度下约为热固性基质黏度的 100 倍（Hancox，1988）。由于黏度高以及与此相关的湿润单丝的时间成本原因，要将按大批量生产工艺加工连续纤维增强热塑性塑料时进行的固化过程与部件成型过程分开进行。生产半成品时的浸渍工序以溶剂浸渍或者粉末浸渍的形式进行。

**溶剂浸渍**

溶剂浸渍只能用于热塑性塑料，因此应使用合适的不危害健康的溶剂。这在多数情况下与半成品制成组件所需的耐溶剂性相冲突。将表面加强织物穿过一个热塑性塑料溶解在其中的浸渍池中，然后将溶剂蒸发掉。这需要一个高成本的工艺封装。溶剂浸渍半成品具有极佳的浸渍质量，特别适用于精细的致密织物上，因此主要用于航空航天业（Weghuis，1990）。

**粉末浸渍**

特别针对聚合物（例如 PP，PA12 或 ABS）使用粉末浸渍。这种浸渍在生产过程中可产生适当粒度的粉末。图 7.50 所示为粉末浸渍过程。其中，在涡流池中将粉末热塑性塑料涂布到织物上，然后经过加热通道后在研光机中通过焊接进行固定（Eyerer，2000；Benedicts，1993）。

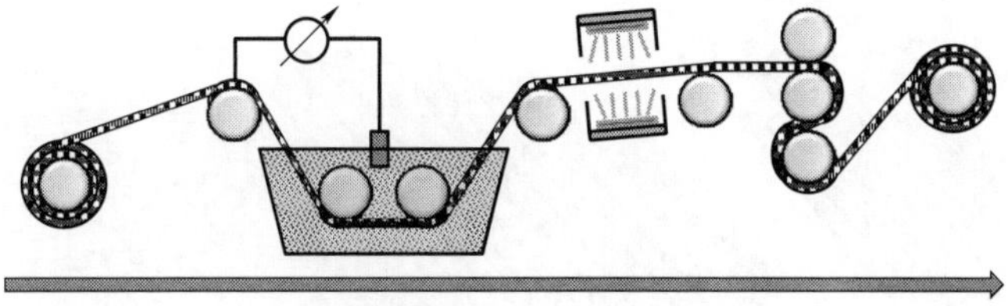


图 7.50　织物面料粉末浸渍示意

另一种类型是水状粉末层，随后在加热通道中将水蒸发掉，熔化塑料并通过喷嘴将复合结构固化为成型半成品，然后进行校准。



**织物浸渍**

织物浸渍，或被称为 FIT® 工艺，指的是，展开粗纱并在长丝上撒上粉末颗粒，在粗纱再次聚集在一起之前借助一种特殊挤出工艺用聚合物软管包裹起来，然后继续加工成一个织物预浸带（Ganga，1984；Cutolo，1994）。对混纺织物这样的织物进行浸渍可产生比粉末浸渍更为紧密的接触。图 7.51 所示为不同类型的织物浸渍。在将聚合物加工成不具方向性的聚合物长丝后，可以继续对其进行加工（与增强纤维混合制成织物或针织物）（Kaldenhoff，1993；Vogelsang，1989）。织物浸渍的半成品在均匀的基质分布下表现出突出的悬垂特性，且无须溶剂，在采用织物加工工艺的情况下也适用于大批量生产。

除了非连续间断挤压机之外，连续工作的双带压机（DBP）是织物表面阻止浸渍和固化的最重要设备。生产的半成品也被称为有机金属板。这间接说明加强元件被完全浸润并尽量无气孔地固化各个层板。固化从而完全湿润各个长丝可明显缩短加工时部件的工艺周期时间（Vogelsang，1989）。

从塑料颗粒材料开始，熔体可与织物结构直接接触，然后穿过一个固化单元，或者用宽口喷嘴校准并加工成塑料膜。在后面的浸渍过程中可再次加热这种塑料膜并涂装或挤压到织物结构上。图 7.52 所示为双带压机持续按照所谓的薄膜层叠原理工作（Effing，1994 和 1995）。

在加热区内，在高于熔化温度的情况下对材料进行加压，直至长丝完全湿润。

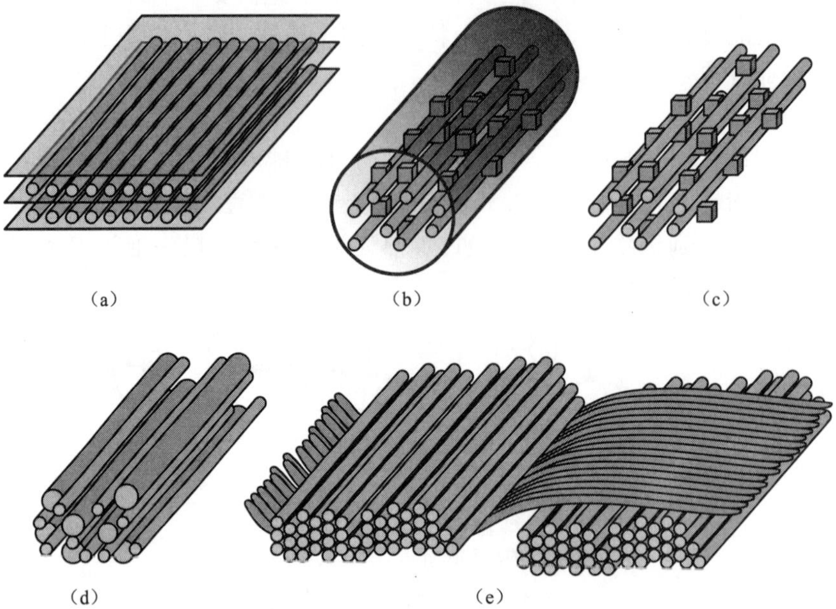


图 7.51　织物浸渍的类型①

(a) 薄膜浸渍；(b) 用基质包裹的粉末浸渍；(c) 粉末浸渍；(d) 混纺纤维；(e) 混纺织物

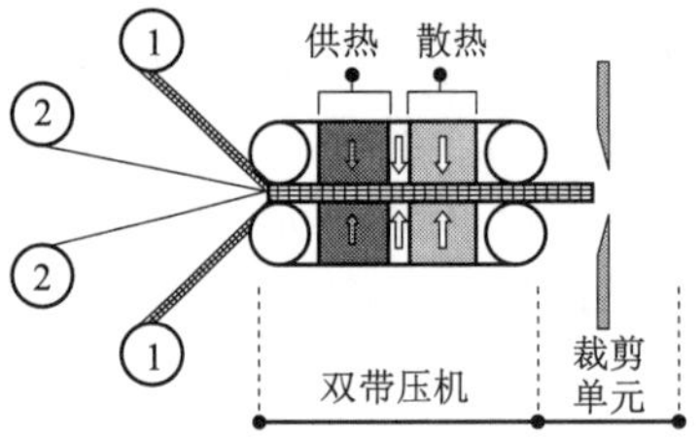

图 7.52　双带挤压过程中的薄膜层叠②

1—玻璃纤维织物；2—热塑性材料；↑—压力作用

然后在冷却区冷却、下料并进行固化。双带压机可分为等容和等压工作设备。由于施加恒定的压力，借此可实现较高的温度并获得相对接近无气孔的半成品（Ostgathe，1997），所以等压双带压机在市场上得以普及。借助这种双带压机可产生最高 60 bar③ 的压力。不过该设备极昂贵（Tadros，1994），成本很高。

① 根据文献（Vogelsang，1989）。

② 右侧图片由 Bond 层压板股份有限公司提供。

③ 1 bar = $10^5$ Pa。

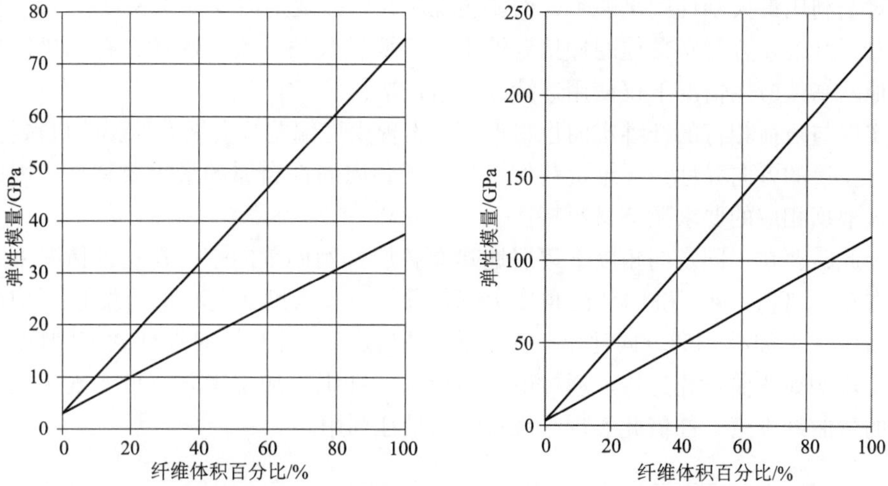


| | 弹性模量/GPa | 强度/MPa |
|---|---|---|
| 弯曲 | 50 | 780 |
| 拉伸 | 58 | 800 |

| | 弹性模量/GPa | 强度/MPa |
|---|---|---|
| 弯曲 | 21 | 600 |
| 拉伸 | 25 | 500 |

图 7.53　用热塑性塑料有机金属板可实现的刚性的比较，左侧的 PA/玻璃和右侧的 PA/碳素纤维增强塑料各占 50% 体积百分比①

## 7.6　纤维增强塑料的特性

纤维增强塑料是一种包括多种单个产品的材料类别。其特性取决于：

- 纤维的类型和长度。
- 纤维的机械特性。
- 基质的类型和初始组分。
- 基质的技术特性。
- 纤维的比例和方向。
- 纤维的表面处理。
- 基质中的添加剂，例如颜料。
- 加工工艺。

从大量参数可以看出，规定纤维增强塑料的技术特性值或者说明一般特性是极其困难的，而且并未考虑到诸如原料价格和设备需求这些经济方面的因素。

实现良好机械特性的一个重要标准是纤维长度。只有超出了临界长度，作用力才会在纤维之间传递，从而得以充分利用复合材料中的纤维特性。约 1 mm 的纤维

① Obermann，2009 b。

长度对于利用最大刚性就足够了，而要实现最大的强度则需要纤维长度在 10 mm 左右。对于纤维复合材料最佳的冲挤韧性来说需要较长的纤维。因此，在飞机制造中和其他的高效应用情况下仅使用连续纤维增强塑料。

实现与负荷相符的纤维定向也很重要。出现少许偏差就会极大地影响机械特性。借此可获得的各向异性是纤维负荷材料相对于各向同性金属的最重要特性，因此可最佳地根据相应的要求调节材料特性。

为此，要在不同定向角度下逐层地建立各层，例如单向带。在这种情况下一般局限在 0°，90°，-45°和+45°的角度上（图 7. 54）。借助非对称的可能也不均衡的复合结构（例如沿+45°方向比沿-45°方向的层数多）可有针对性地调节刚性基质，从而实现例如弯曲钻孔连接。通过诸如刺绣等特殊织物加工工艺也可实现主应力线优化的弯曲纤维束，并借此实现纤维特性的最佳利用。

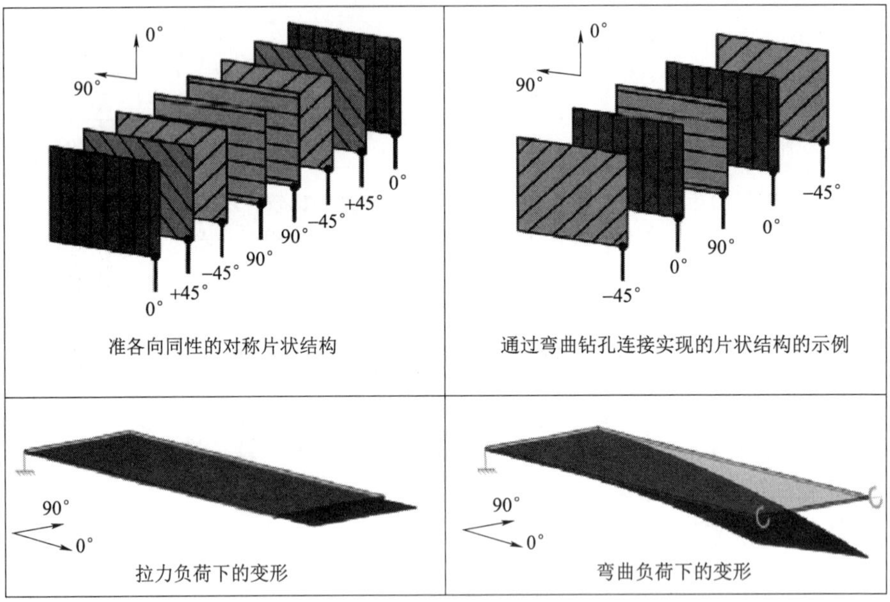


图 7. 54　不同的片状结构

对负荷材料结构特性起决定性作用的当然是纤维。借助碳纤维可实现轻量化，但与最大轻量化潜力仍有一定的差距。此外，纤维还具有有针对性地沿着高强度或高刚性方向对其进行调节的优势。因此，可根据相应的要求优化调节复合材料特性。当然也可进行混合，也就是说在一个部件里组合多种不同的纤维类型。为降低成本，例如也可用玻璃纤维建立基本结构，然后有针对性地仅在高负荷区域使用碳纤维。这在许多应用情况中都是有利的，因为玻璃纤维的成本只有碳纤维成本的 1/3 左右。另一方面，玻璃纤维本质上要更重，并且与碳纤维的高刚性相比其刚性很差；相反，较脆的碳纤维与韧性的芳纶纤维相混合可形成具有高吸能能力的复合结构。

但是刚性和强度不是决定轻量化潜力仅有的两个标准。一般情况下必须根据使用寿命进行结构设计。因此，由于整个使用寿命期间的介质影响或循环负荷的影响，材料特性才是最关键的。在这里纤维复合材料具有比金属更大的优势。尤其是在孔或者断面区域内裂纹扩展的程度极低。

该效应与极高的吸能能力一样要归因于非均质的材料结构（图 7.55）。当金属结构只能借助塑性变形降低总能量时，复合材料会由于纤维、基质和界面缺陷而损坏。在最佳设计结构下，例如借助三维纤维增强，可实现超过 100 kJ/kg 的单位重量吸能能力。金属结构位于约 20 kJ/kg 的范围内。

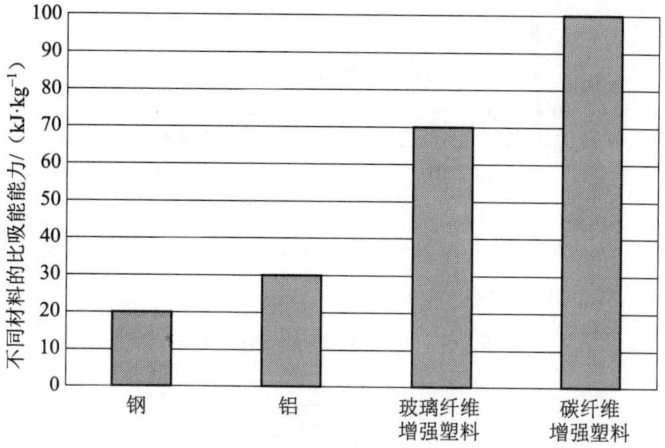


图 7.55　金属和纤维增强塑料的比吸能能力对比

但是，在为相应的应用情况选择合适的材料时不仅机械特性很重要，功能特性（像热膨胀率）通常也很重要。碳素纤维增强材料可通过纤维定向在一个很大的范围内进行特性调节（图 7.56）。碳纤维沿纤维方向具有一个负热膨胀率值，即 $-0.5\times10^{-6}\ K^{-1}$，垂直于纤维方向为 $7\times10^{-6}\ K^{-1}$。

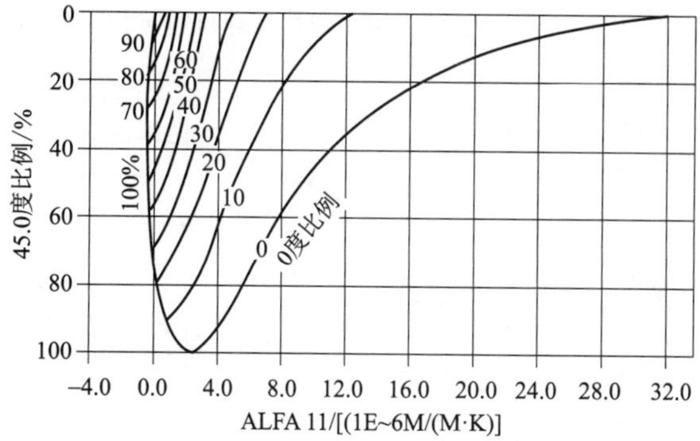


图 7.56　热膨胀率与纤维定向的关系①

① 斯图加特大学飞机设计研究所（IFB）。

本文仅涉及基质和纤维之间黏附的重要方面和特定类型的强化对特性的一般性影响（图7.57至图7.59，表7.10）。

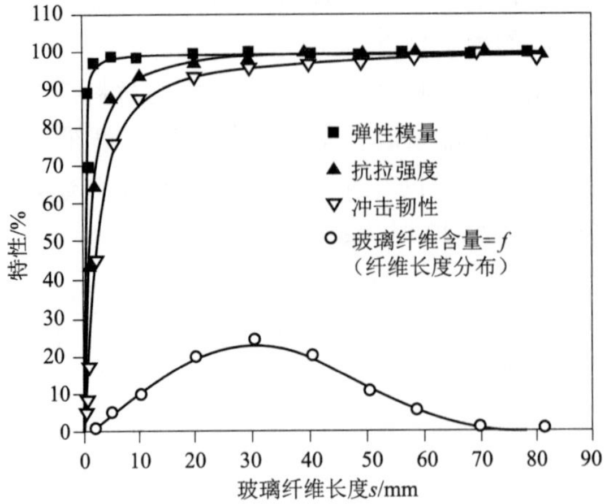


图7.57　玻璃纤维长度对热塑性塑料复合材料机械特性的影响

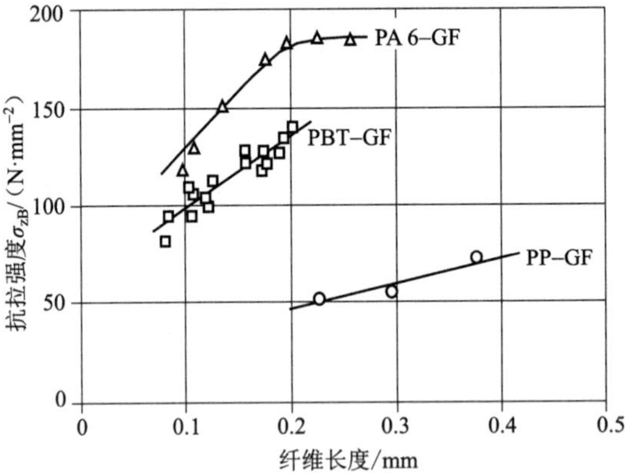


图7.58　玻璃纤维长度对热塑性塑料复合材料抗拉强度的影响

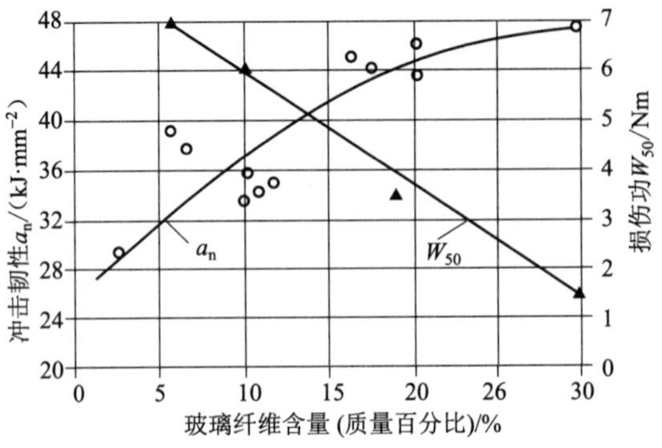


图7.59　纤维含量对冲击韧性和损伤功的影响

表 7.10 增强纤维影响下纤维增强塑料的特性

| 特性 | 增强纤维 | | |
|---|---|---|---|
| | 玻璃纤维 | 芳纶纤维 | 碳纤维 |
| 密度 | +- | ++ | + |
| 抗拉强度 | + | + | + |
| 弹性模量 | - | + | ++ |
| 抗压强度 | + | - | + |
| 冲击韧性 | + | + | - |
| 减振 | - | + | - |
| 动态和静态性能 | + | + | ++ |
| 介电性能 | ++ | ++ | - |
| 黏附性 | ++ | - | + |
| 吸湿性 | + | - | + |

### 7.6.1 基质和纤维之间的黏附

只有当出现的作用力可传导到纤维中时，复合材料才具有最佳的特性。前提条件是用增附剂相应地预处理加强纤维，以获得纤维和基质之间良好的黏附性。应向铸型涂料添加增附剂和有机硅烷。这些化合物一部分与基质发生反应，另一部分与纤维表面发生反应，从而在两者之间形成化合。



使用的化学制品的高反应性对于良好的黏附性具有决定性的影响，而对硅烷的极性或者硅烷化纤维的可湿润性没有影响。由于热固性塑料反应树脂本来就含有反应性的分子团，因而可毫无问题地连接在硅烷上。

原则上，极性热塑性塑料与增附剂也会形成更佳的黏附，借助增附剂会形成另一种热塑性塑料的扩散层。含反应基的热塑性塑料原则上同样可与硅烷的功能基进行反应，而非极性热塑性塑料（像聚烯烃）则无法实现这种反应（图 7.60）。

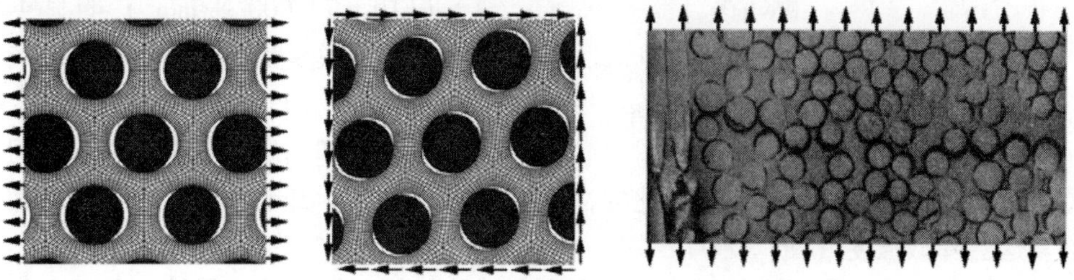

图 7.60 峰值时基质从纤维上脱落

### 7.6.2 对强度和刚性的影响

一般来说，材料的强度和抗拉强度是最易测量的参数，但是尤其对于长纤维增强塑料来说，由于与负荷类型相关性较大，仅这两种强度是不够的（图 7-61 和图 7-62）。抗拉强度和抗压强度之间的差异可能会很大。对于紧密的均质塑料来说，如果存在有助于提高应力的缺陷部位或裂纹，则抗拉强度可能会低于（例如）裂纹可完全传递的抗压强度（当将两个裂纹边缘挤压到一起时）。对于单向玻璃纤维增强的环氧树脂来说，可确定抗拉强度和抗压强度与纤维含量有很大关联性（图 7.63）。

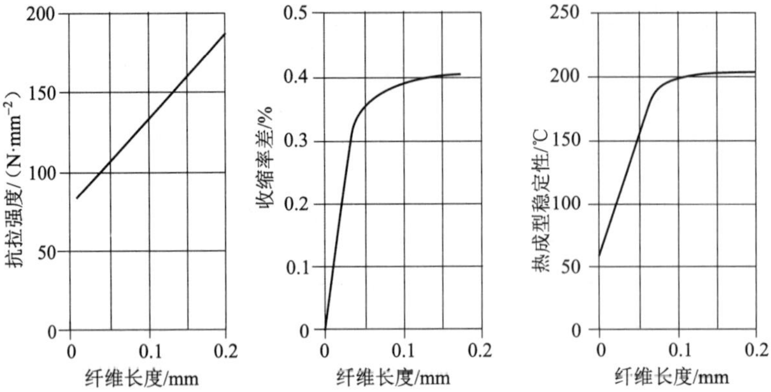


图 7.61 玻璃纤维长度对 PA-GF（干式）的抗拉强度、加工收缩率差和热成型稳定性的影响

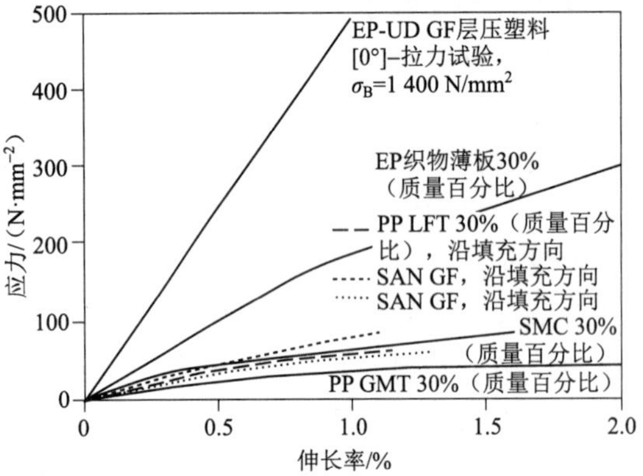


图 7.62 带热固性塑料和热塑性塑料基质的纤维增强塑料的应力—伸长率关系



与拉力相反，在压力下，较低的复合强度要归因于辅助角铁的作用。此外，还应归因于在垂直于纤维方向的方向上，树脂的横向变形要明显大于玻璃纤维的横向变形，而树脂的横向收缩系数要低于碳素或芳纶纤维的横向收缩系数。此外，与碳纤维（EII = 250.000 | 500.000 N/mm$^2$）相比，玻璃纤维（EIIf = 73.000 N/mm$^2$）明显更低的弹性模量是有所助益的。它产生较大的变形（与碳纤维相比），并且纤维和基质横向收缩系数之间的差异可能会更明显地发生作用。此外，可发现芳纶纤维会出现垂直于纤维的轻微撕裂。这会降低强度（图 7.64）。

在压力下纯环氧树脂的强度几乎为拉力下的两倍，但是沿着纤维方向只有当纤维含量低时才会发生作用。在垂直于纤维的方向上，其抗压强度要高于未强化的树脂；相反，抗拉强度较低（原因在于黏附性、干扰应力和伸长率增大）。此外，随着纤维含量增加，抗拉强度甚至会更低。原因是嵌入物的楔效应消失，而在压力负荷下抗拉强度几乎保持不变（图 7.63 和图 7.64）。

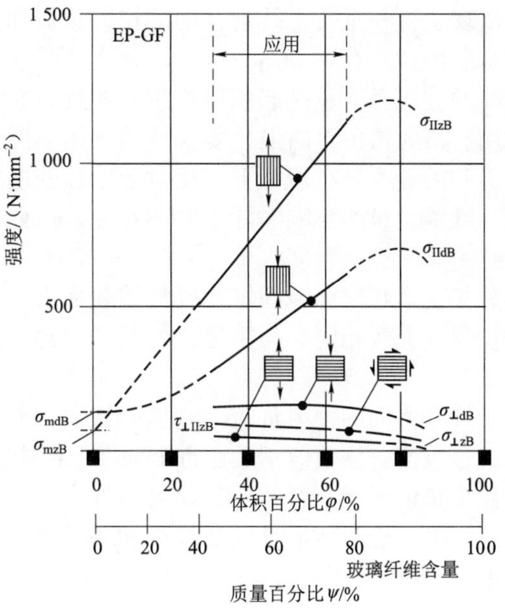


图 7.63　在拉力、压力和剪切负荷下单向玻璃纤维增强环氧树脂的强度

B＝断裂

m＝基质

z＝拉力　　　⊥＝ 垂直于纤维方向

d＝压力　　　II⊥＝ 平行和垂直于纤维方向



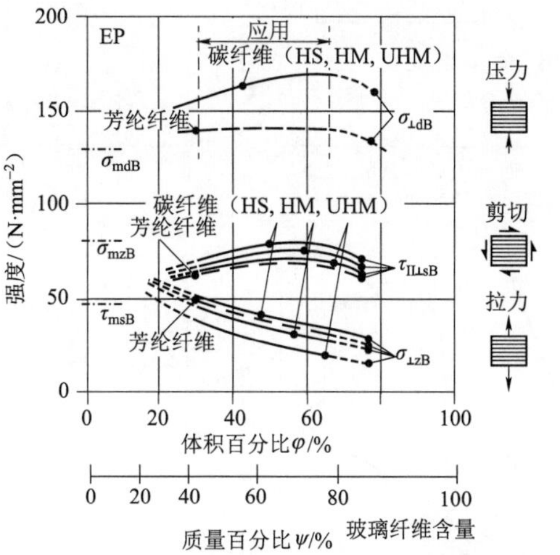


图 7.64　与玻璃纤维含量相关的单向复合结构的强度

B＝断裂　　⊥＝垂直于纤维方向

m＝基质　　II⊥＝平行和垂直于纤维方向

z＝拉力

d＝压力

s＝剪切

HS＝高强度；HM＝高模量；UHM＝超高模量

在剪切负荷下会出现平行和垂直于纤维方向的拉力负荷和压力负荷。首先认为基质的抗剪强度约为基质抗拉负荷的50%～60%，而这又明显低于抗压负荷。纤维的强化作用在剪切负荷的分压力下总是起积极作用；相反，在分拉力下仅在沿着纤维的方向上起积极作用。借此得出单向强化复合结构抗压强度和抗拉强度之间的抗剪切强度。只有在最不利的纤维分布情况下，相对于单纯的基质强度要平行和垂直于纤维提高抗切强度。纤维含量的影响实际上并不存在。因此，在承受垂直于纤维的负荷时，抗压强度总是高于抗拉强度。

环氧树脂较少部分甚至形状配合地固定在碳纤维表面上，且其较大的横向变形会导致抗压强度和抗拉强度大致相同。与未强化的基质相比，在平行或垂直于纤维增强件的负荷下：

这意味着在垂直于纤维方向的拉力负荷下基质会变弱，而在压力负荷下始终如一，虽然偶尔会低。就这点而言该数值不是在每个部件上都能实现。

与强度不同，弹性模量说明无论纤维的走向是沿哪个方向，刚性纤维的嵌入总会导致复合结构的刚性升高。受几何形状以及纤维和基质之间弹性模量的差异所限会出现明显的应力集中/升高，从而使得会引起损坏的作用在复合结构内部的叠加应



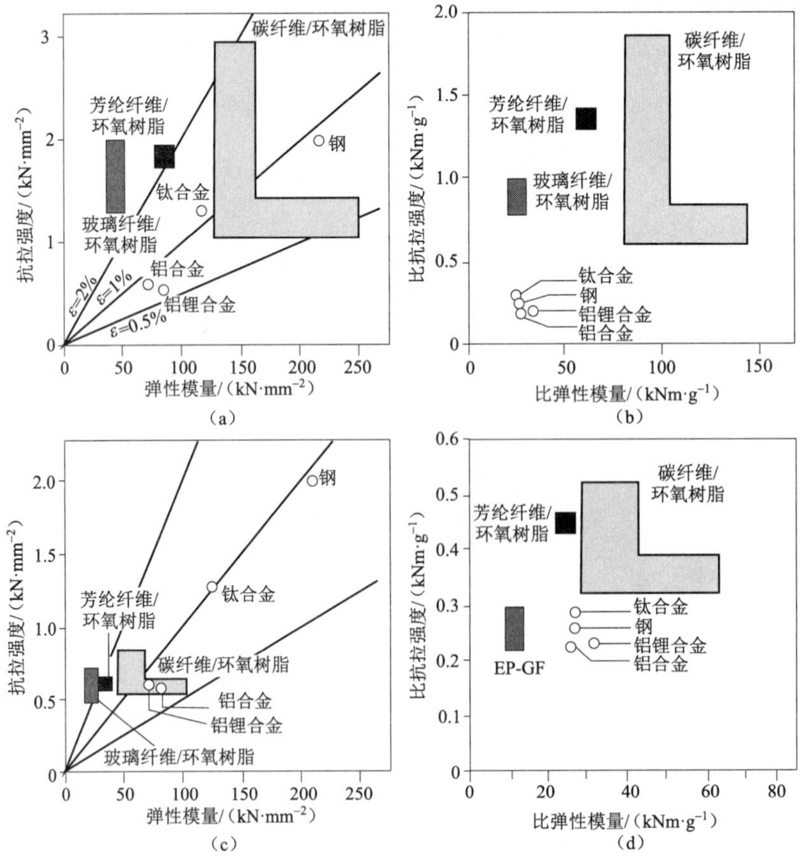


图7.65　高效复合塑料与高强度金属的绝对特性值与比特性值的比较

(a)(b)：单向高效复合材料　　(c)(d)：准各向同性复合材料

力比外部传导的应力要高很多。对于弹性模量来说，这种过高的情况不会发生作用。结果是，叠加第二层较刚性的组件总是会使总弹性模量高于纯基质的弹性模量。

对于玻璃纤维增强环氧树脂来说，纤维的弹性模量约为基质的 20 倍。最高的弹性模量出现在沿着纤维的方向上。根据纤维和负荷之间的角度，弹性模量会有所变化。垂直于纤维时弹性模量最低，但是仍比未强化基质高。纤维方向和负荷方向之间的相互作用在进行拉力/压力和剪切负荷比较时很明显。在拉力和压力作用下，在纤维方向的模量最大，而沿着纤维方向剪切时最低。原因是负荷是借助基质传递的。

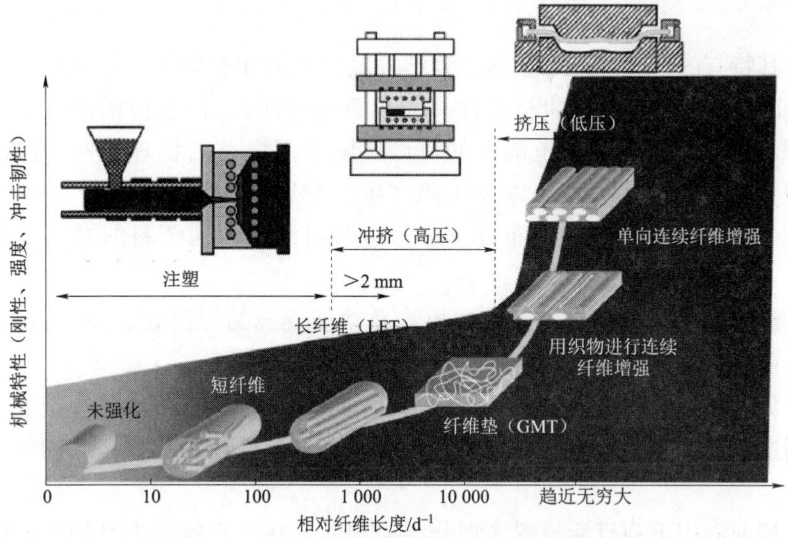


图 7.66　与纤维长度相关的机械特性的定性示意[①]

与强度试验相比，在很低的负荷下测量弹性模量，从而在实际情况下不会造成损坏或形成裂纹。

一个较重要的方面是损伤容限，也就是说损伤发生后结构的特性。对于金属结构来说，例如在发生碰撞时，相对小的能量就会出现明显的塑性变形，因而更容易发现。纤维负荷结构有所不同：在这种情况下，由于缺少增塑作用，只有在类似高的能量下才能在表面上显现出损坏，但是内部可能出现分层。这会大大降低抗压强度。图 7.67 所示为受到 40 J 冲击的碳纤维增强塑料板的超声波图。

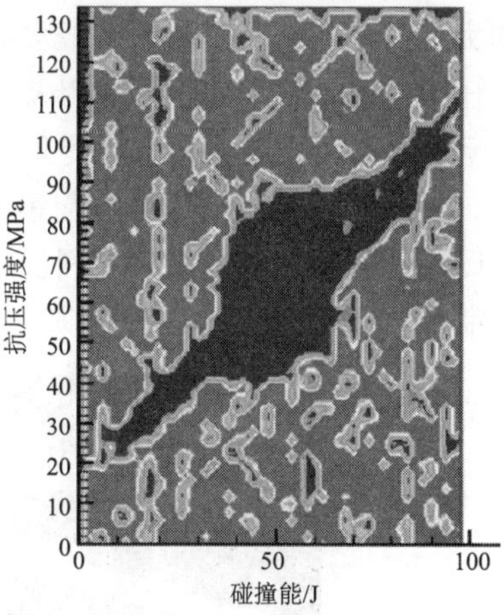


图 7.67　超声波（碰撞能 $E=40$ J）[②]

---

① Obermann，2009 a。

② Erber，2009。

在设计负荷材料时必须通过相应的安全系数对损伤容限进行考虑。因此，一般情况下只允许不超过0.4%的伸长率。损伤容限主要取决于基质系统的韧性以及纤维结构。通过三维纤维增强可完全避免出现分层。

在考虑上述所有的要求和边界条件的情况下开发出了不同的生产工艺。它们在可实现的形状、生产率和特性方面具有极为不同的潜力。

## 7.7 应用领域

由于其特有的性能，纤维塑料复合结构具有比均质材料更大的优势，主要包括在低重量的同时获得良好的机械特性（单位重量特性），但也包括像X射线的穿透性，电磁场屏蔽，规定温度范围内的可调热膨胀率之类的物理特性，像根据选用的基质对大量介质的耐抗性，以及由此产生的耐腐蚀性这样的化学特性。后者也说明了化工设备制造和建筑业布设供应管道时对纤维增强塑料的要求不断增加的原因。

但是纤维复合材料的应用领域主要涉及功能集成的轻量化，主要包括运输业、航空航天业，且越来越多地被用在一般汽车生产制造中。

最常见的目标设置是降低移动质量。这导致人们越来越多地将纤维复合材料用在设备制造中，例如：风力设备，用于提高效率；或者自动化设备，用于提高效率和精确性。



在运输业内用下列目标设置来划分结构部件：在工程技术上利用材料的各向异性，使得在尽量小的重量和少使用材料的情况下可承受所需的作用力。在汽车上包括车身一级结构段、碰撞吸能盒、碰撞吸收器、保险杠横梁，以及像车顶这样的受剪切力部件。航空航天业拥有最多的高负荷纤维增强材料，此外也包括支承面连接件、压力舱壁、支承面组件，以及飞机底板段和机身段。

碳纤维增强塑料（CFK）是最具轻量化潜力的材料。在许多应用条件下，与铝相比，它可降低25%的重量；与钢相比，它可降低60%的重量。因此，在飞机制造中，CFK成为最重要的结构材料。从20世纪60年代开始，滑翔机完全由纤维复合材料制成（图7.68），近20年来也越来越多地被用在客机制造中（图7.69）。

图7.68 1957年的FS 24 Phönix①

① 图片来源：斯图加特大学学术飞行小组（Akaflieg）。

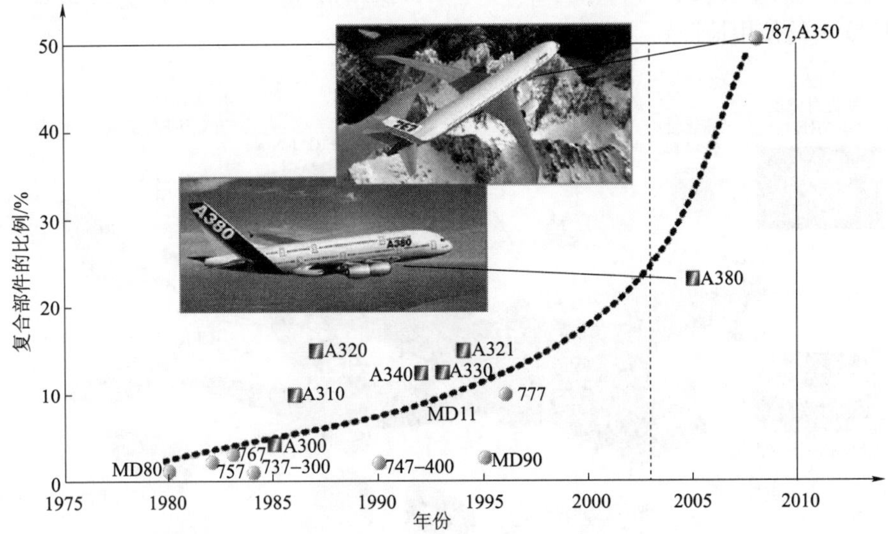


图 7.69 飞机制造中纤维增强塑料所占比例的发展①

开始时仅用于低负荷的二级结构中，后来才在像尾翼和压力舱壁这样的一级结构中使用纤维复合材料。图 7.70 是空客 A300 的飞机尾翼示意图。首次在此部分使用 CFK，宣告了复合材料应用突飞猛进的开始。与铝结构相比，降低 20% 的重量以及明显减少单个部件的数量（从而降低安装成本）是主要的优点。



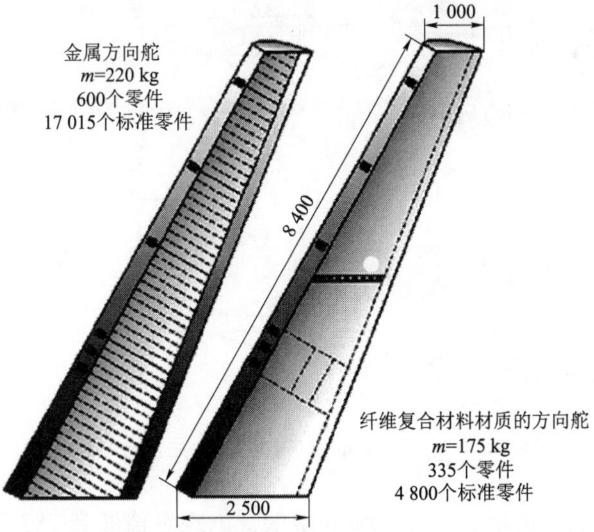


图 7.70 铝材和纤维复合材料制成的方向舵的比较②

① 图片来源：DLR Braunschweig，Lars Herbeck。

② 图片来源：斯图加特大学飞机设计研究所（IFB）。

图 7.71 所示为复合材料在空客 A380 中的使用情况。图 7.72 所示为在运输直升机 NH90 中的使用情况。

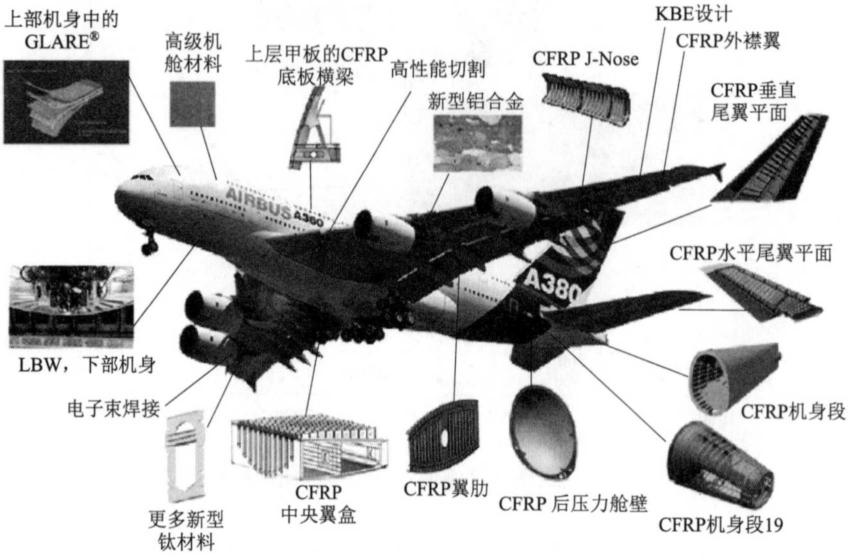


图 7.71　A380 内复合材料的比例①



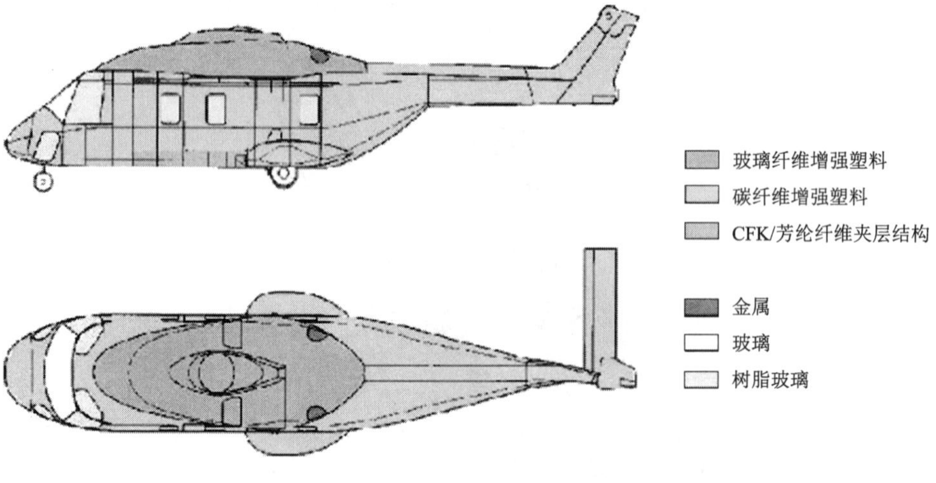


图 7.72　在 Eurocopter NH 90 中使用复合材料②

另一个 CFK 比例剧增，达到 50% 的示例，出现在像波音 787 和空客 A350 这样的最现代化的飞机上。它们首次采用 CFK 机翼和 CFK 机身（图 7.73）。

① 图片来源：空客。
② 图片来源：Eurocopter NH 90。

图 7.73　空客 A350①

优点不仅在于与降低重量相关的较低的燃油消耗，也在于相对于铝材，纤维复合材料可提供更高的机舱压力，更高的空气湿度和较大的机窗（选装），从而可以改善乘坐舒适性。不腐蚀，良好的抗疲劳特性，加上品质良好的裂纹形成特性，使维护成本较低，从而可使航空公司获得更大的盈利。

但是，尽管飞机制造业进步迅猛，但也还有大量的研究和发展需求，特别是考虑将 CFK 用于制造架数比 A350 和 B787 多得多的未来短途飞机中。图 7.74 所示为对隔框、纵梁、蒙皮这样的结构元件的巨大需求。



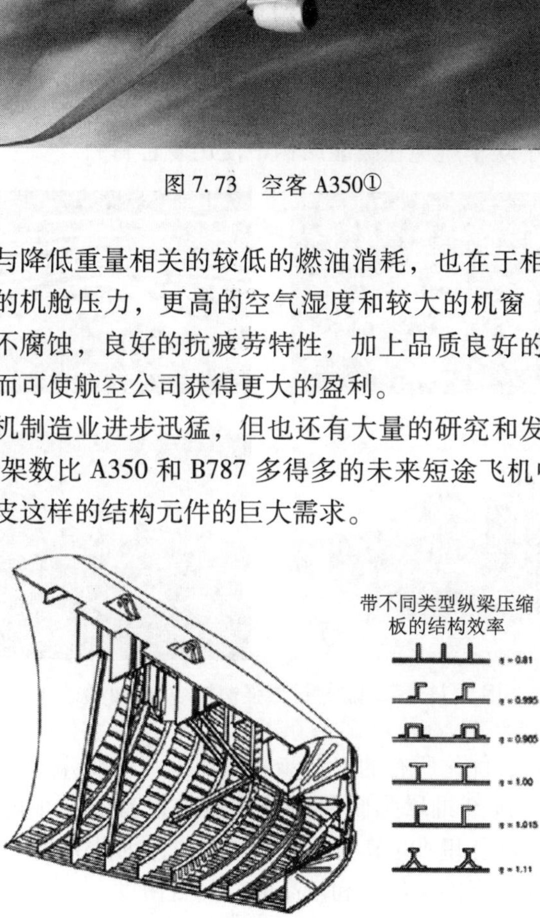


图 7.74　飞机机身中的隔框和纵梁②

这不仅涉及结构形式（例如是否将机身制成管状或者壳体状的基本问题），还涉及材料系统（例如热固性塑料基质或热塑性塑料基质）和生产工艺。单向预浸渍碳纤维带基的所谓的预浸料技术目前占主导地位。它通过手糊工艺或者自动铺带机

---

① 图片来源：空客。

② 图片来源：斯图加特大学。

将纤维带逐层放入模具中，随后在压煮器中压缩和硬化，而基于干燥纤维半成品的生产工艺变得越来越重要。这种工艺在第二个工作步骤中用树脂进行浸渍。

相对于预浸料技术，这种技术具有一些决定性的优势，特别是在使用现代化高生产率的和自动化的纺织技术生产纤维半成品的情况下。随后的浸渍可通过不同的树脂注塑工艺完成。根据模具技术和树脂输送方式，树脂注塑工艺在周期、成本和复合材料的质量方面的潜力有很大不同。

这些新技术也是在大批量汽车制造和设备制造中使用纤维复合材料的一个前提条件。市场上的小众车，像保时捷卡雷拉 GT 或者奔驰迈凯轮 SLR，虽然早已采用碳纤维增强塑料降低了重量和模具成本（对于汽车生产来说生产件数太少），但是它们基本上基于飞机制造和一级方程式赛车制造的生产技术（图 7.75）。此外，除了 SLR 之外，这些小众车避免在吸能结构中使用复合材料。

图 7.75　采用碳纤维增强塑料结构的小众车①



最佳的结构形式、优化所有的工艺步骤，以及成本低廉模具系统的可用性，是在大批量生产中利用碳纤维增强塑料轻量化潜力仅有的几个前提条件。如果降低 100 kg 的重量，则每百公里②可节约 0.5 L 的汽油，因此开发相应技术的动力将极高。其他优点是具有较高的灵活性和较高的设计自由度。

在汽车制造中采用碳纤维增强塑料技术时有不同的策略（图 7.76）。目标最明确且最有前途的策略是开发纤维复合方式的结构方案。它可最佳地在相应的制造方式和生产技术中加以实施。这一般情况下会形成具有很少大型模块的高集成设计。在结构层面或组件层面上实现混合结构更无风险。两种方案基本上均基于常见的钢材或铝材结构。结构中的一些组件或者完全被碳纤维增强塑料组件代替，或者通过碳纤维增强塑料有针对性地对金属组件进行加强。例如，借此可极为有效地提高吸能能力或使用强度。

---

① 图片来源：保时捷，奔驰。

② 1 公里=1 000 米。

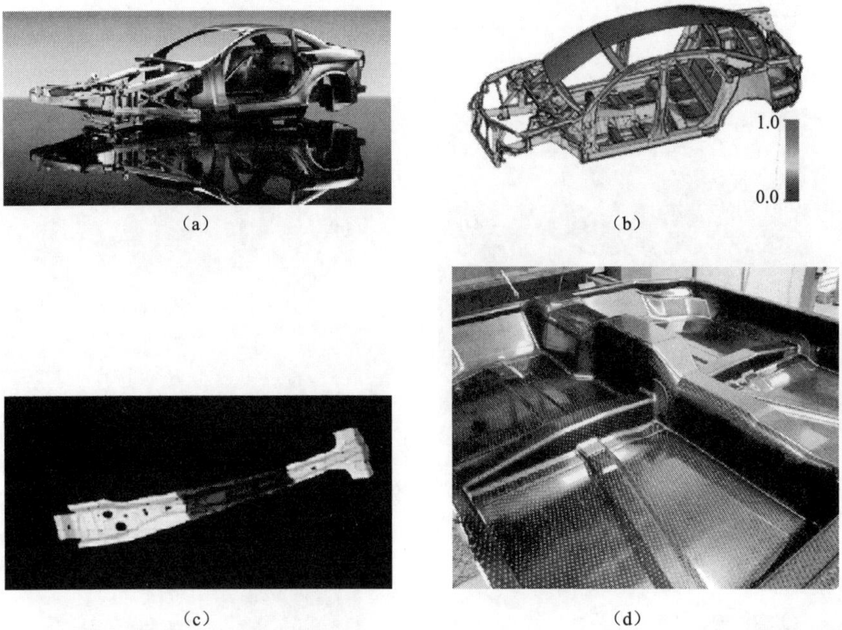


图 7.76　碳纤维增强塑料技术策略

（a）全碳纤维增强塑料，传统方案（奔驰）；（b）金属/碳纤维增强塑料混合结构（奥迪）；
（c）金属/碳纤维增强塑料混合材料（本特勒西格里公司）；
（d）全碳纤维增强塑料，适合碳纤维增强塑料的方案（大众汽车股份公司）



电动驱动装置和纤维复合结构的组合变得更加令人关注。一方面，蓄电池导致的较大车重由于碳纤维增强塑料所具有的减重潜力使得行驶里程得以提高；另一方面，电动汽车可采用全新的结构设计方案，而不受传统汽车组件的约束。图 7.77 所示为几种具有引人关注结构方案的采用碳纤维增强塑料部件的车辆。但是，它们尚处于方案设计阶段，只进行了极小批量的生产。

在一般性机器和设备制造中，碳纤维增强塑料也越来越受欢迎。其中，减重仅是一个动力。通常令人关注的还有，材料几乎不会热膨胀，因此可用于尺寸敏感的结构（例如大型印刷机压辊）（图 7.78）。

在风电设备转子叶片的生产中已开始采用生产极大型结构的成本较低的方法（图 7.79）。在这种应用情况下良好的疲劳强度特性和不腐蚀同样也具有优势。

但是，开发纤维复合结构方案和结构形式只是实现高轻量化潜力的第一步。对生产过程也提出了很高的要求。

一方面要实现尽量高的纤维体积含量。在飞机制造中力争达到 60%。这一般需要在压煮器中用高压进行强化。不进行附加强化的手工铺叠率仅能达到约 30%。相反，不采用压煮器压缩的不同注塑工艺在保持低于 2% 的较低缩孔比例的同时，可实现超过 55% 的纤维体积含量。当前研发的目标在朝无压煮器加工的方向发展。目的是在生产极大型结构（例如风电设备或机身结构）和大批量生产时实现较短的周期时间。

（a）

（b）

（c）

（d）

图 7.77　带碳纤维增强塑料部件的汽车

（a）布加迪威龙；（b）VW 1l（概念车）；（c）迈凯轮 MP 4-12c；（d）KTM X-Bow

图 7.78 压辊①

图 7.79 风电设备②

## 7.8 详细信息



### 参考文献


[1] Benedicts, M. A.; Muzzy, J. D. Glass Fiber/Polypropylen Prepregs Produced by Electrostatic Fluidized Bed Powder Coating. Annual Technical Conference Society of Plastics Engineers, New Orleans, 1993.

[2] Blumberg, H. Stand und Entwicklungstendenzen für Hochleistungspolymer-und Kohlenstofffasern. 27. Internationale Chemietagung, Dornbirn, September, 1989.

[3] Breuer, U.; Neitzel, M. Processing Technology for Mass Production of Fabric Reinforced Thermoplastic Parts. Proceedings International Man-Made Fibres Congress, Dornbirn, 1996.

[4] Bristow, P. AZDEL Innovation in Action-Thermo-Plastic Composites, Guide to AZDEL SuperLite®. AZDEL, Inc., Forest, 2004.

[5] Broo, R.; Dittmar, H. Advanced GMT Applications in the Automotive Industry. In: SPE Automotive Composites Conference, 14./15. September 2004. Society of Plastics Engineers, Automotive & Composites Divisions, MSU Management Education Center, Troy, 2004.

[6] Cutolo, D.; Savadori, A. Processing of Product Forms for the Large-Scale Manufacturing of Advanced Composites. Polymers for Advanced Technologies. John Wiley & Sons Ltd., 1994.

[7] Drechsler, K. Vorlesungsmanuskript: Werkstoffe und Fertigungsverfahren der Luft-und Raumfahrttechnik. Universität Stuttgart, 2004.

[8] Edelmann, K. Charakterisierungsmöglichkeiten glasfaserverstärkter thermoplastischer Pressmassen.


① 图片来源：海德堡印刷设备股份公司。

② 图片来源：ENERCON 有限公司。

Vortrag 1. AVK-TV Tagung, Baden-Baden, 1998.
[9] Effing, M.; Eckenberger, J.; Staub, B.; WalraveA. TEPEX. The Revolution in Mass Production of Advanced Composites. Proceedings, 4th Japan International SAMPE Symposium, Tokio, 1995.
[10] Effing, M.; Hopkins, M. The Tepex-System: Cost Effective High-Volume Production of Parts and Profiles for Recreation, Protection and Transportation Markets. Proceedings of the 39th SAMPE Symposium and Exhibition, Anaheim, 1994, S. 2637-2654.
[11] Engelen, H. Dow Automotive Product Offering PP/ Long Glass Fiber Granulates for Injection Molding and PP- "systems" (PP + Combi-masterbatches) for d-LFT Processes, Updated Version (# 18). Dow Automotive, Terneuzen, 2006.
[12] Eyerer, P. Vorlesungsmanuskript: Kunststoffe in der Anwendung. Universität Stuttgart, 2000.
[13] Eyerer, P. Kunststoffkunde WS/SS 2005/2006-Gesamtmanuskript zur gleichnamigen Vorlesung für Studenten und Doktoranden. 13. Aufl., Universität Stuttgart, Institut für Kunststoffprüfung und Kunststoffkunde IKP, 2005.
[14] Flemming, M.; Ziegmann, G.; Roth, S. Faserverbundbauweisen, Fasern und Matrices. Springer-Verlag, Berlin/Heidelberg, 1995.
[15] Forsdyke, K. L.; Starr, T. F. Thermoset Resins: A Rapra Market Report. Rapra Technology Limited, Shawbury, 2002.
[16] Gächter, R.; Müller, H. Taschenbuch der Kunststoff-Additive: Stabilisatoren, Hilfsstoffe, Weichmacher, Füllstoffe, Verstärkungsmittel, Farbmittel für thermoplastische Kunststoffe. 3. Ausg., Carl Hanser Verlag, München, 1990.
[17] Ganga, R. Fibre Impregnée de Thermoplastique (FIT). Composites et Nouveaux Materiaux, 5, 1984.
[18] Hancox, N. L. High Temperature High Performance Composites. Advanced Materials & Manufacturing Process, 3, 1988, S. 359-389.
[19] Hexcel Composites "Prepregtechnologie". Publikation Nr. FGU 017, August, 1997.
[20] Jäger, H.; Verderhalven, J. Carbon Fibers as Strategic Future Materials—The European Position. Eucomas, Augsburg, 1./2. Juli, 2009.
[21] Kaldenhoff, R.; Wulfhorst, B. Textile Prepregs aus Friktionsspinnhybridgarnen für Faserverbundwerkstoffe. TechnischeTextilien, 36, 1993.
[22] Körwien, T. Konfektionstechnisches Verfahren zur Herstellung von endkonturnahen textilen Vorform-lingen zur Versteifung von Schalensegmenten, 2003.
[23] Lamond, T. G. Fillers [for Sheet Molding Compounds]. In: Hamid G. Kia (Hrsg.): Sheet Molding Compounds Science and Technology. Carl Hanser Verlag, München, 1993, S. 95-115.
[24] Li, W.; Lee, L. J. Shrinkage Control of Low-profile Unsaturated Polyester Resins Cured at Low Temperature. Polymer, 39, 1998, S. 5677-5687.
[25] Li, W.; Lee, L. J. Low Temperature Cure of Unsaturated Polyester Resins with Thermoplastic Additives II. Structure Formation and Shrinkage Control Mechanism. Polymer, 41, 1999, S. 697-710.
[26] Lücke, A. Thermoplaste mit Rückgrat.. Kunststoffe, 87, 3, 1997, S. 279-283.
[27] Lücke, A. Langfaserverstärkte Thermoplaste. Vortrag: Langfaserverstärkte Thermoplaste im Automobil-Stand der Technik und zukünftige Perspektiven. Tagung, Würzburg, 1999.

[28] Meyer, O. Kurzfaser-Preform-Technologie zur kraftflussgerechten Herstellung von Faserverbundb auteilen. Diss., 2008.

[29] Michaeli, W. Einführung in die Kunststoff verarbeitung. 5. Aufl., Carl Hanser Verlag, München, 2006.

[30] Montagne, M.; Bulliard, X.; Michaud, V.; Mänson, J-A. E. An Explanation of the Low Profile Mechanism in Unsaturated Polyester Resins. In: COMPOSI-TES 2005, Convention and Trade Show, American Composites Manufacturers Association, Colum-bus, 2005.

[31] Neitzel, M.; Breuer, U. Die Verarbeitungstechnik der Faser-Kunststoff-Verbunde. Carl Hanser Verlag, München, 1997.

[32] Neitzel, M.; Mitschang, P. Handbuch Verbundwerkstoffe-Werkstoffe, Verarbeitung, Anwendung. Carl Hanser Verlag, München, 2004.

[33] N. N. Langfaserverstärkte Polymere; Celstran, Compel, Fiberod. Firmenschrift der Ticona, ein Unternehmen der Hoechst Gruppe, 1998.

[34] N. N. Glasmattenverstärkte Thermoplaste, Verarbeitungs-Richtlinien für GMT Teile. 2. Aufl., Quadrant Plastics Composites, Lenzburg, 2002.

[35] Obermann, C. IKV Kolloquium, Aachen, 2009.

[36] Obermann, C. Werkstoffsymposium Leichtbautechnik, Stuttgart, 2009.

[37] Ostgathe, M. Zur Serienfertigung gewebeverstärkter Halbzeuge für die Umformung. Diss., Universität Kaiserslautern, IVW, 1997.

[38] Pohl, C. Konsolidierungsgrad. Schriftliche Mitteilung des Instituts für Kunststoffverarbeitung IKV, Aachen, 1998.

[39] Reuther, E. Kohlefaser SMC für Strukturzeile. In: 7. Internationale AVK-Tagung für verstärkte Kunststoffe und duroplastische Formmassen, Kongresshaus Baden-Baden, 27-29. September, 2004.

[40] Schwarz, O.; Ebeling, F. W. Kunststoffkunde. Vogel Verlag, Würzburg, 2007.

[41] Stachel, P.; Schäfer, C.; Stieg, J. Advanced SMC, ein kohlenstofffaserverstärkter Verbundwerkstoff für die Automobilindustrie. In: 6. Internationale AVK-TV Tagung für verstärkte Kunststoffe und duroplastische Formmassen, Kongresshaus Baden-Baden, 7./8. Oktober, 2003.

[42] Stassen, P.; Koppes, M.; Tijhuis, J. Stabilisation of Polymer Matrix Polypropylene in LFT & New Directions. In: 6th Annual SPE Automotive Composites Conference & Exposition (ACCE), MSU Management Education Center in Troy, 12. -14. September, 2006.

[43] Tadros, A. Mass Production of Advanced Composite Materials Technology and Economics of Consolidated Sheet Manufacturing. Proceedings of 2nd Japan International SAMPE Symposium, Proceedings of 2nd Japan International Symposium, Kyoto, 1994.

[44] Vancso Szmercsanyi, I.; Voo, E. Interaction Between Unsaturated Polyester Resins and Fillers. Kunststoffe, 58, 12, 1968, S. 907-912.

[45] Vancso Szmercsanyi, I. Zur Wechselwirkung zwischen ungesättigten Polyesterharzen und Metalloxiden. In: Vortrag auf der 9. öffentlichen Jahrestagung der Arbeitsgemeinschaft Verstärkte Kunststoffe, Freudenstadt, 6. -9. Oktober, 1970.

[46] Vogelsang, J.; Greening, G.; Neuberg, R. Hybridgarne aus HT-Thermoplasten/Carbonfasern: Neues Halbzeug für Hochleistungsverbund. Chemiefasern/Textilindustrie, Industrie Textilien, 31, Frankfurt/Main, 1989.

[47] Vöö, E.; Szommer, L.; Polhammer, M.; Hirschberg, P. Erfahrungen bei der Verarbeitung von Polyester Preßmaterialien. Kunststoff-Rundschau, 10, 1974, S. 447-452.

[48] Wacker, M.; Liebold, R.; Ehrenstein, G. W. Charakterisierung des Eindickverhaltens von Class-A SMC mittels unterschiedlicher Untersuchungsmethoden. In: 5. Internationale AVK-TV Tagung für verstärkte Kunststoffe und duroplastische Formmassen, Kongresshaus Baden-Baden, 17./18. September, 2002.

[49] Weghuis, M.; Dreumel, W. van Continuous Fibre Re-inforced Thermoplastics in Daily Use. Reinforced Plastics, 34, 1990, S. 38-41.

[50] Weiland, A. Nähtechnische Herstellung von dreidimensional räumlich verstärkten Preforms mittels Einseitennä htechnik. Diss., Pro Business GmbH, Berlin, 2003.

## 公司文献

[1] Schmidt & Heinzmann: Firmenprospekt SMCProduktionsanlagen. Schmidt & Heinzmann GmbH & Co. KG, Bruchsal, 1984.

[2] Schmidt& Heinzmann: Produktinformation CIC-Produktionsanlagen für Faser-Formmassen.

[3] Schmidt & Heinzmann GmbH & Co. KG, Bruchsal, 1984.

# 8

# 工业陶瓷

*Walter Krenkel*

没有其他材料能像陶瓷材料这样将低材料密度与高热机械强度结合在一起，但是到目前为止实际情况下只有很少的几例轻量化结构部件是由整块陶瓷材料组成的（图 8.1）。选择材料时它所具有的高质量比特性是决定性的。让轻量化结构设计者烦恼的主要是基于一种陶瓷微结构的特性：高共价键及离子键结合力几乎不允许结构组织发生塑性变形，因而在过载情况下陶瓷结构会突然损坏。这种固有的脆性断裂特性也导致了陶瓷的另一种特性：特性值会高度分散，从而必须预设较高的安全系数或者必须采取较复杂的质量保障措施。

图 8.1　陶瓷材料制成的结构部件①

① ©照片：奥迪股份公司，德国弗劳恩霍夫硅酸盐研究所陶瓷合成材料研究组，Snecma Propulsion Solide 集团，Schunk 集团。

尽管为了进行极端轻量化而充分利用了陶瓷材料的低密度，但是还要始终结合这种材料的其他固有特性，例如高刚性（结构的低柔韧性）、高硬度（低摩擦）或者低热膨胀特性（低热应力）。

纤维强化陶瓷，即采用嵌入式短或长纤维（可使裂纹停止扩散并明显提高断裂韧性）的陶瓷，是专门为高温轻量化而研发的，并大大扩大了陶瓷的设计潜力。这种陶瓷基复合材料（CMC）因其所具有的准塑性断裂特性而呈现出明显更高的损伤容限，因此也可用陶瓷材料制成大面积的薄壁和极轻的结构部件。采用原本为航天飞机的热防护层而研发的 CMC 材料使设计人员首次可以将极轻量化和高耐温性和高热冲击性结合起来。纤维复合陶瓷的生产和加工与传统陶瓷工艺有实质性的不同，而与聚合物纤维复合材料的纺织加工技术密切相关。

本节介绍了单片陶瓷（Salmang、Scholze，2007；Kollenberg，2009）以及纤维强化（Krenkel，2003；Krenkel，2008）陶瓷中的重要代表，并以示例的方式说明了结构轻量化的应用情况。

## 8.1　轻量化应用的结构陶瓷

### 8.1.1　与其他结构材料相比的特性



被用作结构陶瓷的单片陶瓷不仅包含氧化物，也包含非氧化物。单片陶瓷大多用粉末状的原始产品通过烧结制成。三氧化二铝（$Al_2O_3$）和二氧化锆（$ZrO_2$）是最重要的氧化陶瓷。硅（$Si_3N_4$，SiC）、硼和钛的氮化物和碳化物属于最重要的非氧化物。氧化陶瓷的机械高温特性大多较低，因此即使在高使用温度下其耐氧化性也保持不变。这种结构材料的特性在极大程度上取决于生产条件。原始粉末的制备对于最终产品的质量起着决定性的作用。必须用极细和极纯的粉末加工高效陶瓷，用合成的方式生产粉末。其颗粒尺寸处于亚微米范围内，从而可以达到尽量高的烧结活性。只有采用烧结活性粉末，才可获得均质的组织结构，并避免出现不均质、气孔或微小裂纹形式的降低强度的缺陷。

陶瓷材料不能通过塑性变形降低峰值应力（突然的机械负荷或者剧烈的温度交变即热冲击）。在达到临界应力后，只能通过局部裂纹的形成降低应力，因此陶瓷几乎总是在应力—应变曲线的弹性范围内损坏。这种不足的塑性加上高弹性模量使得在设计陶瓷部件时要特别小心，尤其是在与具有更高断裂伸长率的材料组成的结构连接时。另外，对于设计人员来说较难的是陶瓷大多被用在高温的场合。由于陶瓷的热膨胀系数明显小于金属或聚合物，因此在进行刚性且不可伸长地连接时，会在陶瓷中诱发较高的热应力，从而可能会由于热应力而导致结构缺陷。

从轻量化的角度来说，陶瓷材料具有一些突出的特性。陶瓷的密度为 2～4 $g/cm^3$（除 $ZrO_2$外），与金属轻量化材料（镁、铝和钛）的密度范围相同。根据制造工艺，其强度可达 1 500 MPa，与高强度钢的强度差不多（图 8.2）；但是，其固有脆性阻碍了在结构设计上对这种高应力水平的充分利用。因此，通常只允许利用压应力。

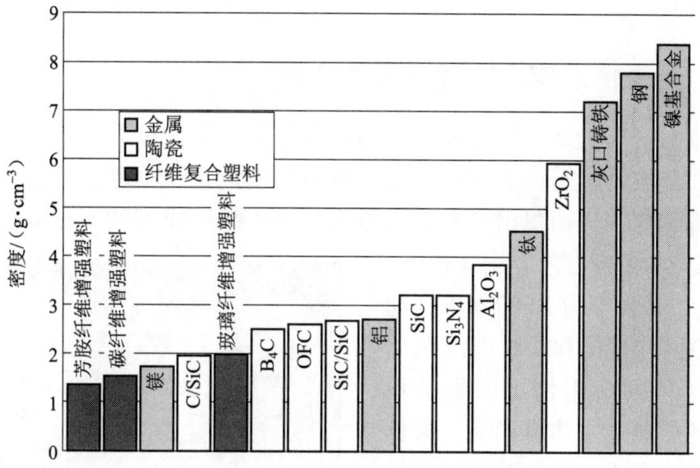


图 8.2　各种结构材料密度的比较

纤维复合陶瓷（CMC 材料）是可根据拉力负荷进行设计的陶瓷结构材料。这种被称为 C/C，C/SiC 或 SiC/SiC 的陶瓷（参见第 8.2 节）具有高达 350 MPa 的抗拉强度，并主要被用作高温范围内的轻量化材料。图 8.3 所示为这种材料与其他结构材料相比的质量比强度（所谓的断裂长度）。当可用聚合纤维复合材料制造最轻的部件时（在使用温度最高 200 ℃下，断裂长度最高可达 40 km），在超过 1 100 ℃的温度时 CMC 材料是轻量化结构的不二选择。由于耐熔金属过重，单片陶瓷过脆，纤维复合材料可被用在最高约 1 500 ℃（短时也可更高）的特定条件下。示意图也表明，随着温度负荷的增加，材料的比强度将降低，也就是说对最轻的结构提出了最低的温度要求。

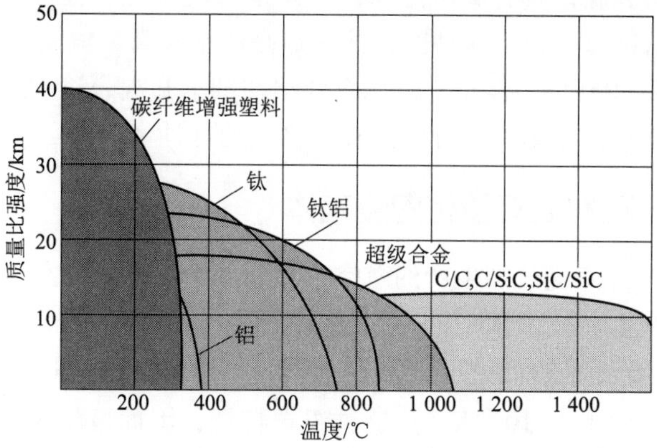


图 8.3　各种材料与温度相关的质量比强度

陶瓷复合材料特别适用于高温轻量化结构，也就是说适用于将高耐温性与尽可能低的重量相结合的结构形式。

通常只结合其他有利的特性（例如高弹性模量、低伸长率或特殊轻量化应用情况下的高硬度）使用单片陶瓷。下面将通过示例介绍单片陶瓷的成功应用和相应产品。

### 8.1.2 用于传动技术的陶瓷滚动轴承

采用比钢材密度更低的陶瓷高效材料，再加上其高硬度和耐磨强度，可开发出重量较低的陶瓷滚动轴承。滚动轴承是一种极精密的批量产品，对径向振摆、噪声等级、可靠性和使用寿命提出了很高的要求。热等静压成型的氮化硅和二氧化锆特别适合用在这种摩擦工艺应用条件下。特别是 $Si_3N_4$，其硬度为 1 600 MPa，超过传统滚动轴承钢材 100Cr6 硬度两倍左右。对于不同的应用情况（发动机制造、燃气轮机制造、体育用品、医药技术、食品技术等），陶瓷滚动轴承扩大了驱动技术目前的界限。结构形式或者是全陶瓷轴承（其中滚动体和环由陶瓷材料制成），或者是金属—陶瓷混合结构（其中陶瓷滚动体在钢环中滚动）（图 8.4）。

图 8.4 全陶瓷滚动轴承
（左侧：$Si_3N_4$。右侧：$Si_3N_4$滚珠及 $ZrO_2$环）和混合滚动轴承（中间）①



低密度使旋转部件的离心力较低并可提高允许转速。材料对的低摩擦系数同时降低了轴承中的热输入。将摩擦力矩降低最多 40% 及通过与传统滚动轴承相比较低的功率损失使使用寿命增长是有利结果。此外，这种高效轴承具有改善的自润滑特性和干燥运行特性、最大 800 ℃ 的高耐温性，且其对酸和腐蚀具有高耐抗性，因此也可被用在腐蚀性介质中。像其他工业陶瓷通常存在的缺点一样，这种陶瓷的缺点是成本较高。根据质量和规格的不同，其成本比钢材高 2～100 倍。但是，采用陶瓷滚动轴承和混合滚动轴承的设备因维护成本低、停机时间短，而基本上可以弥补价格上的这种劣势。

### 8.1.3 氮化硅材质轻量化陶瓷壳体

我们将 FCT 单片陶瓷公司生产的航空监控照相机壳体结构作为复杂单片陶瓷材质轻量化结构最新生产技术水平的一个例子（Berroth、Devilliers、Luichtel，2009）。由于 $Si_3N_4$陶瓷具有所需的低密度（3.26 $g/cm^3$）、高弹性模量（320 GPa）和极低的热膨胀系数（室温下 $1\times10^{-6}\ K^{-1}$）这种组合特征，因而可将这种陶瓷用在这种创新的照相机方案上。由于飞机起飞和降落时作用在部件上的高机械负荷（加速度可达 75 *g*），并且由于较高的重量和公差要求，因而应按照整体结构形式进行制造。在这种情况下将一个管状或块状的半成品（所谓的基体）在车床和铣床上切削加工成

① Cerobaer，2010。

极复杂且壁厚差异极大（3~70 mm）的部件（图 8.5）。通过这种机械中间加工可将冷均衡挤压基体的质量减少 80% 以上。像其他陶瓷材料一样，在这种部件上最终加工应局限在尽量少的功能面上，在烧结前必须设置相应的研磨余量。一个特殊的挑战是，在后续烧结期间，部件会收缩 20% 左右，所需的变形公差不得超过 ± 0.2%。只有在原始和燃烧状态下通过磨削加工技术及优化的烧结技术，才能用此类单片陶瓷制成复杂形状的轻量化结构。

图 8.5　氮化硅材质的轻量化陶瓷壳体①



## 8.2　通过纤维复合陶瓷实现的轻量化

### 8.2.1　陶瓷复合材料

大约 25 年前，应航空航天技术对轻量化的极高要求开发出了陶瓷纤维复合材料。这种 CMC 材料与聚合物和金属复合材料（PMC，MMC）一起构成了尤其对于轻量化来说越来越重要的纤维复合材料类别。由于微孔和微小裂纹附着基质，陶瓷复合材料与所有其他复合材料和单片陶瓷结构材料（图 8.6）有所区别。一方面，因工艺所限几乎不可能实现绝对致密的基质；另一方面，在部件生产期间或者在高温下使用期间由于纤维和基质的膨胀系数不同会在陶瓷基质中产生热感应微裂缝。微裂缝会导致 CMC 材料产生开口气孔，根据制造工艺和使用的纤维结构最多可达 20%。

像在用聚合物材料生产纤维复合部件时常见的一样，也采用类似的技术生产陶瓷复合材料（参见第 2 册第 7 章）。与碳纤维复合材料或玻璃纤维复合材料相反，纤维的主要任务不在于提高强度和刚性，而在于大幅提高基质的断裂韧性。目前，采用 CMC 材料可达到最大 1% 的断裂伸长率，因而比未强化基质的相应数值高出一

① Berroth、Devilliers、Luichtel，2009。

个量级左右（图 8.7）。这种相对于单片陶瓷明显改善的裂纹阻力基于在纤维/基质界面上能量消耗的过程。在纤维和基质连接力不过高的情况下，在外部作用力的影响下，在过载情况下出现纤维断裂和纤维拉出并由此消除其他断裂能量之前，纤维绕道和桥接效应会使基质裂纹停止生长。因此，借助这种基质，即便个别组件较脆，CMC 材料也可获得一种准塑性断裂特性，从而使部件达到高损伤容限和可靠性。当发生前述不可逆的变形时则说明部件损坏，但在传统的具有纯线性弹性特性的陶瓷上不会出现这种变形。

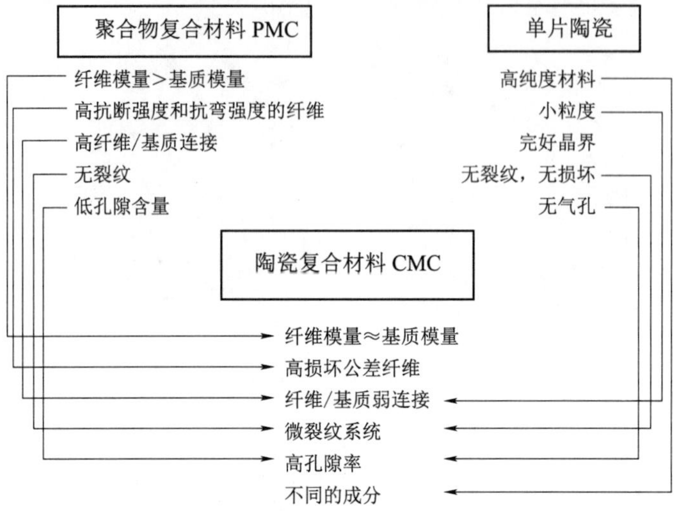


图 8.6　陶瓷复合材料相对于单片陶瓷和聚合物复合材料的微观结构特性

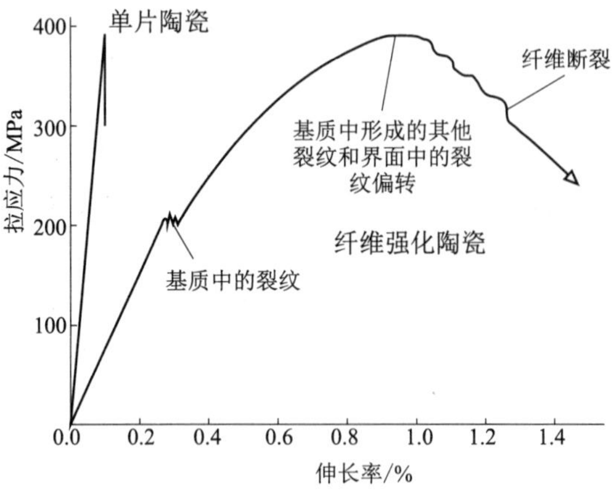


图 8.7　强化和单片陶瓷的典型应力—应变曲线

这种在纤维和基质界面（英语：Interphase）上出现的能量消散效应只会发生在连接力相对较弱的情况下，从而使纤维可在基质中滑动。然而，连接力必须足够高，以在纤维和基质之间传递剪切力。一般情况下根据相应的要求通过纤维表面涂覆调整这种界面特性。为此，用气相离析碳素或六边形氮化硼（CVD 工艺）被证明是可行的。备选方案也可以用液态前驱体（形成陶瓷的聚合物）浸渍纤维束，然后在形成基质的前驱体渗透纤维预成型件之前通过热解形成薄的纤维保护层。对于所有的制造工艺来说，这种纤维涂层极费时费力且比较昂贵。这也是目前 CMC 材料成本较高的一个根本原因。

### 8.2.2 强化纤维

像聚合物和金属纤维复合材料一样，陶瓷复合材料也是纤维主导材料特性。为了在高刚性基质上实现纤维的裂纹停止功能，纤维必须同样具有高弹性模量。由于会出现高工艺温度（超过 1 000 ℃），因此还要具有耐高温特性。如果纤维尚可以进行纺织加工，则纤维选择应局限在碳纤维和很少的几个 SiC，$Al_2O$ 或莫来石基的陶瓷纤维上。图 8.8 所示为在选用这些纤维时要考虑的温度与抗拉强度之间的关系。

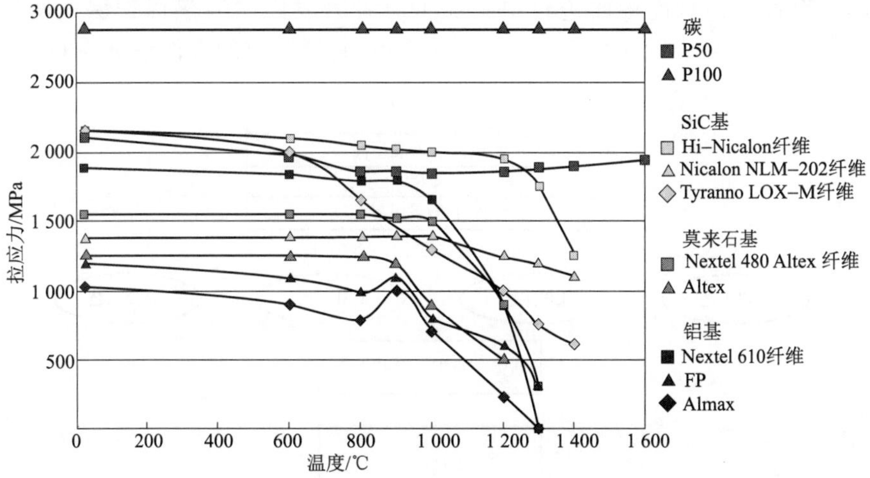


图 8.8 不同强化纤维温度与强度的关系①

有机纤维材料和软化温度约为 700 ℃的传统硅玻璃纤维都适用于 CMC 材料。由于具有所需的耐温性，独特的氧化和非氧化的多晶体和非结晶材料制陶瓷纤维和碳纤维也适用；但是，碳纤维的限制在于，在空气或氧气中，在相对低的温度下（约 400 ℃起）就会发生氧化。因此，在高温下必须通过周围的基质或事先涂覆在纤维表面的氧化层对其进行保护。但是，由于在循环热负荷下各向异性纤维和氧化保护层之间的膨胀系数不同可能会产生微裂纹，因此此类氧化层仅在静态使用条件下起作用。陶瓷纤维本质上更耐氧化，但是因微观结构变化（再结晶、晶粒增长）的原因，其长期稳定性限定在 1 100 ℃左右。

目前可提供的和使用较多的碳纤维主要被用于制造航空航天应用的碳纤维增强

① Wielage、Mucha、Odeshi，2002。

塑料结构部件以及风电设备的风机。由于安全要求高，大多数碳纤维在其特性和航空生产工艺方面获得了认证。对于 CMC 材料来说，这是一种相当昂贵的原材料。一般情况下以二维织物或者短纤维的形式使用碳纤维。对于 2D 复合材料，平行于纤维方向具有最高的强度，而纤维长度为几个毫米的短纤维则被用于近终型的成型工艺（例如热挤压技术）并可使复合物的成分具有高可变性。

### 8.2.3　CMC 部件的生产工艺

纤维强化复合陶瓷的生产对工艺技术提出了较高的要求。除了氧化 CMC 材料之外，所有的制造工艺都需要使用真空炉或惰性气体炉。它们必须工作在超过 1 000 ℃的温度下。出发点是相应填充有陶瓷基础块（基质）的织物纤维预制件（预成型件）。为了获得尽量高的断裂韧性，事先应使纤维的表面功能化，也就是通过化学或热处理或者涂装产生一个对相应工艺有利的纤维/基质界面。在尽可能近终型的制造部件后，对连接面进行中间加工或者为表面涂装热保护层或防腐蚀层（TBC 或 EBC 涂层）。图 8.9 所示为非氧化 CMC 材料制成的部件最重要的工艺和生产步骤。

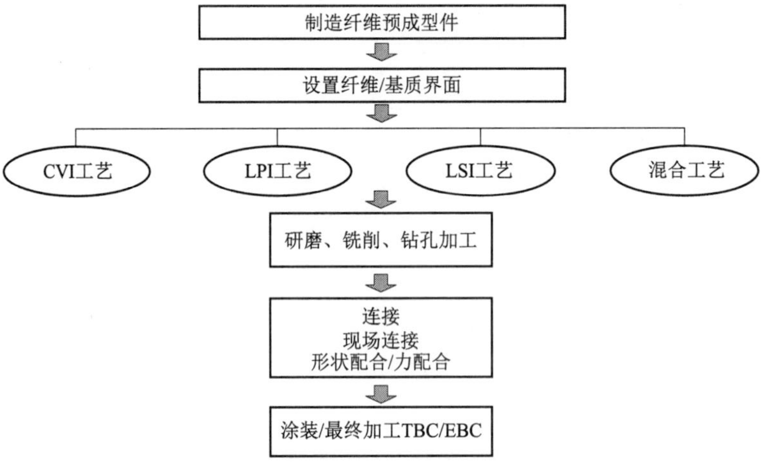


图 8.9　非氧化 CMC 材料的重要生产工艺



在气相渗透（Chemical Vapor Infiltration，CVI）时气体前驱体会形成基质。此外，通过加热的多孔纤维预成型件输送工艺气体（例如甲基三氯硅烷）。通过气相中的化学反应，在足够的高温下陶瓷基质会离析在纤维表面。这种工艺适用于建立简单化学成分的陶瓷基质，例如 C，SiC，$B_4C$，TiC，BN 或 $Si_3N_4$。CVI 工艺主要被用于生产碳基复合材料（C/C，C/SiC，SiC/SiC），从而可制成极昂贵的基质；但是，在建立基质时必须选择相应的工艺条件。这些条件可避免提供的纤维本体的外表面提前磨损并可让有反应能力的气体分子也浸入纤维结构的深度。根据工艺条件气相渗透可分为等温/等压工艺、梯度法或快速 CVI 工艺。

液态聚合物渗透工艺（LPI 工艺），也被称为聚合物浸透和热解工艺（PIP 工艺)，用聚合物前驱体渗透纤维结构的方式建立基质。在经过交联后，在一个热分解步骤（热解）中将聚合物转换为一种非结晶的或结晶的陶瓷。大多数含硅的聚合前驱体热解为陶瓷是在相对低的工艺温度下（约 1 000 ℃）进行的，且体积收缩较大，从而会在基质内形成微裂纹。作为辅助可以在聚合物悬浊液中添加惰性（陶瓷）或活性（金属）添加剂，通过体积膨胀在热解之前或热解期间抵御收缩。通过多次再渗透填充裂纹网并提高基质密度，但是这需要花费大量的时间和成本。LPI 工艺特别适合用在具有复杂几何形状的大面积部件上，借助同类的聚合物并采用力配合或形状配合连接各个组件成为复杂的部件，可制成不同的结构形式。

液态渗硅法（LSI），英语也称 Melt Infiltration（熔体浸渗法），基于将液态硅渗入多孔碳纤维结构中并局部将碳素基质转换为碳化硅。第一步进行碳纤维增强塑料预制件的成型。在这种情况下很大程度上像 LPI 工艺一样使用纤维复合技术中知名的成型技术（例如树脂注塑工艺、缠绕或挤压工艺）。但是，与 LPI 工艺不同，本工艺使用的是富含碳的聚合物（碳前驱体）。在聚合物交联后，在第一个高温步骤中通过在惰性气体中约 900 ℃温度下的热解将碳纤维增强塑料预制件转换为 C/C 结构体。

在 C/C 结构中，根据纤维/基质的连接力形成一种带相应开口气孔的穿层微裂纹系统。在第二个高温步骤中，这种裂纹结构使得在真空以及至少 1 420 ℃的温度下用熔液硅进行气孔 C/C 体毛细渗透成为可能。在这种情况下，液态硅在 C/C 体的气孔腔内与占多数的非结晶基质碳发生反应形成 SiC。碳纤维复合材料（CMC）的最终微观结构具有不连续的 C/C 段，纤维和周围碳基质的连接较弱，且具有相对硬的 SiC 结构。其中，较少部分由未发生反应的硅制成。因此，这种材料也被称为 C/C-SiC 材料。在损坏情况下出现的裂纹会沿着纤维表面蔓延并在非结晶的碳基质中分支，从而导致断裂韧性提高（图 8.10）。



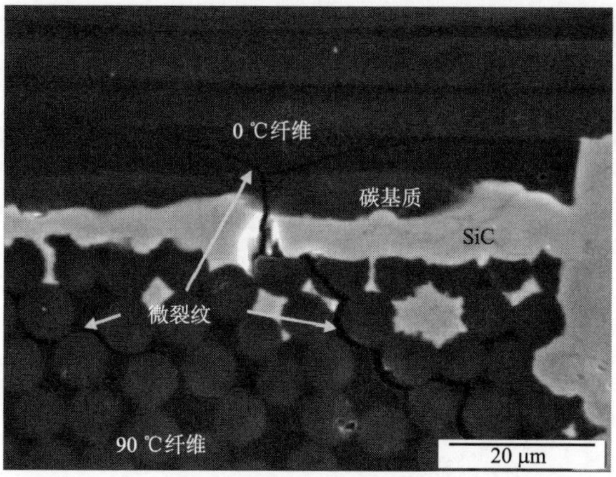


图 8.10　C/C-SiC 复合材料中层内的裂纹扩展和层间的裂纹分支

在所谓的混合工艺中尝试将各个工艺的优点结合起来。因此，例如在 CVI/LSI 混合工艺中，为了设置合适的纤维/基质边界层，第一步按照 CVI 工艺建立界面，而填充基质通过较快速的LSI工艺进行。其他混合工艺将LPI工艺与CVI工艺或者LSI工艺结合在一起。到目前为止，这种工艺组合尚未被用于工业品的生产。

氧化纤维复合陶瓷（OFC）大多通过后水状泥浆（高固体含量的悬浊液）浸渍（氧化的）纤维结构制成。在干燥后实施实质性的烧结工艺，其中要将基质压缩成一种微气孔结构。OFC材料的这种多孔微结构一方面由一种损伤容限特性决定，另一方面可在烧结后对部件顺利进行机械最终加工（锯断、钻孔、铣削等）。这种泥浆技术的缺点在于离轴强度较低。这会导致层间剪切强度或者横向拉伸强度较低。

### 8.2.4　CMC材料的特性

除了纤维复合材料物理和机械特性典型的方向依赖性之外，很大程度上与使用温度无关的强度特性是CMC材料的一个特点。至少在短时应用情况下，陶瓷材料所具有的这种异乎寻常的高温稳定性让设计人员可将大多数室温下的参数在初步部件设计时就可移植到高温应用条件下。采用织物强化的碳纤维强化CMC材料的密度在1.8~2.2 g/cm$^3$。也就是说，这种结构的材料是一种极轻的材料（表8.1）。加上最大可达350 MPa的抗拉强度产生的质量比强度，在超过1 000 ℃左右的温度下其他材料都达不到这一强度（图8.3）。

**表8.1　采用双向碳纤维增强的非氧化CMC材料的特性①**

| 项目 | | | 气相渗透（CVI工艺） | | 液相渗透 | | |
|---|---|---|---|---|---|---|---|
| | | | CVI（等温） | CVI（p，T-梯度） | LPI | | LSI |
| 特性 | | 单位 | C/SiC | C/SiC | C/SiC | C/SiC | C/C-SiC |
| 抗拉强度 | | MPa | 350 | 300~320 | 250 | 240~270 | 80~190 |
| 断裂伸长率 | | % | 0.9 | 0.6~0.9 | 0.5 | 0.8~1.1 | 0.15~0.35 |
| 弹性模量 | | GPa | 90~100 | 90~100 | 65 | 60~80 | 50~70 |
| 抗压强度 | | MPa | 580~700 | 450~550 | 590 | 430~450 | 210~320 |
| 抗弯强度 | | MPa | 500~700 | 450~500 | 500 | 330~370 | 160~300 |
| 层间抗剪强度 | | MPa | 35 | 45-48 | 10 | 35 | 28~33 |
| 孔隙度 | | % | 10 | 10~15 | 10 | 15~20 | 2~5 |
| 纤维含量 | | %（体积百分比） | 45 | 42~47 | 46 | 42~47 | 55~65 |
| 密度 | | g/cm$^3$ | 2.1 | 2.1~2.2 | 1.8 | 1.7~1.8 | 1.9~2.0 |
| 热膨胀系数 | ∥ | $10^{-6}$ K$^{-1}$ | 3$^{(1)}$ | 3 | 1.16$^{(4)}$ | 3 | -1~2.5$^{(2)}$ |
| | ⊥ | | 5$^{(1)}$ | 5 | 4.06$^{(4)}$ | 4 | 2.5~7$^{(2)}$ |

① Schäfer/Vogel，2003；Krenkel，2001；Mühlratzer，1999；Desnoyer/Lacombe/Rouges，1991。

续表

| 项目 | | | 气相渗透（CVI 工艺） | | 液相渗透 | | |
|---|---|---|---|---|---|---|---|
| | | | CVI（等温） | CVI（p，T-梯度） | LPI | | LSI |
| 特性 | | 单位 | C/SiC | C/SiC | C/SiC | C/SiC | C/C-SiC |
| 导热率 | ∥ | W/(m·K) | 14.3~20.6(1) | 14 | 11.3~2.6(2) | — | 17.0~22.6(3) |
| | ⊥ | | 6.5~5.9(1) | 7 | 5.3~5.5(2) | — | 7.5~10.3(3) |
| 比热 | | J/(kg·K) | 620~1 400 | — | 900~1 600(2) | — | 690~1 550 |
| ∥ = 平行于织物方向；⊥ = 垂直于织物方向 | | | | | | | |
| (1) = 室温~1 000 ℃；(2) = 室温~1 500 ℃；(3) = 200 ℃~1 650 ℃；(4) = 室温~700 ℃ | | | | | | | |

这种材料的另一个特点是热膨胀系数低。碳纤维将其突出的各向异性转递到整个复合材料的特性上，因此在低温下甚至必须预计到会产生负膨胀系数。在带非结晶或结晶陶瓷纤维的复合材料中，各向异性的特性较不突出。图 8.11 表明，CMC 材料的 CTE 值一般情况下要低于单片材料，尤其是金属结构材料。在实际情况下，这意味着对于陶瓷复合材料和金属材料部件之间可靠持久的高温连接来说，仅使用材料配合或力配合进行连接是不行的。更多的是必须采用形状配合并采用可沿着 3 个空间轴移动的连接件均衡不同的膨胀率并充分保障膨胀兼容性。



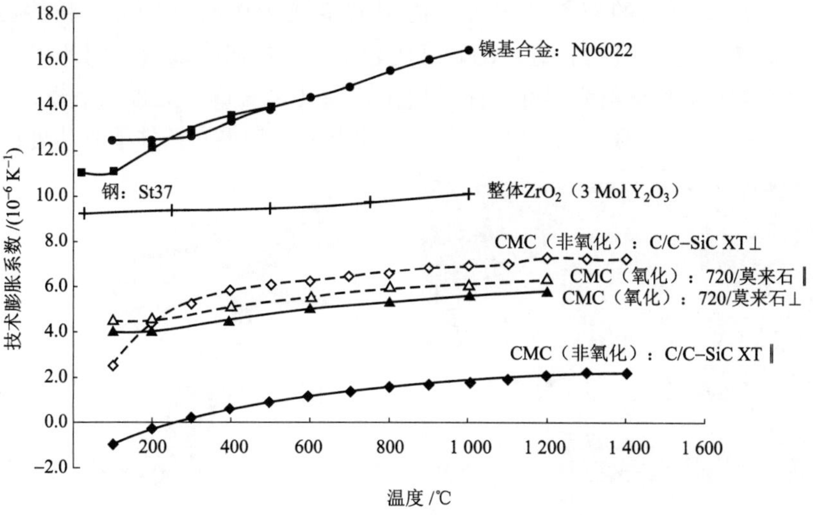


图 8.11　取决于温度的不同材料的热膨胀系数

## 8.2.5　航天工业中的高温轻量化

陶瓷复合材料是航天工业的关键技术。不仅在推进装置领域（燃烧室、推进喷嘴等)，而且在燃料箱的热保护中，在实现重量最小化的同时，对实现最高耐温性也提出了要求。航天飞机在再入大气期间会短时承受最高达 1 700 ℃ 的温度负荷(图 8. 12)。暴露在驻点范围内的组件（例如机头罩或者翼前缘）需要极大程度的轻量化。在美国航天飞机中，这个范围虽然只占所接触表面的 3. 5% 左右，但是恰恰是这些承受最高热机械负荷部件的设计决定了航天飞行器是否能够运输所需的有效载荷(起飞质量的 2% ~4%)。在航天飞机中使用具有平均单位面积质量为 37 $kg/m^2$ 的氧化保护 C/C 材料。对比来看：该单位面积质量与约 4. 5 mm 厚的超级合金外壳的单位面积质量相当，但是超级合金的耐温性要明显低很多（最高 1 000 ℃)。

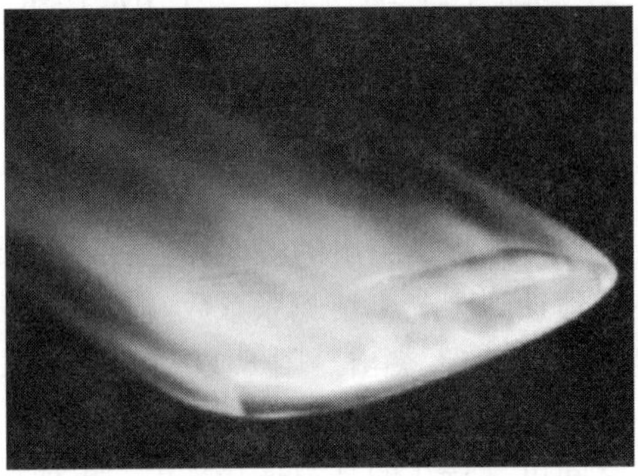

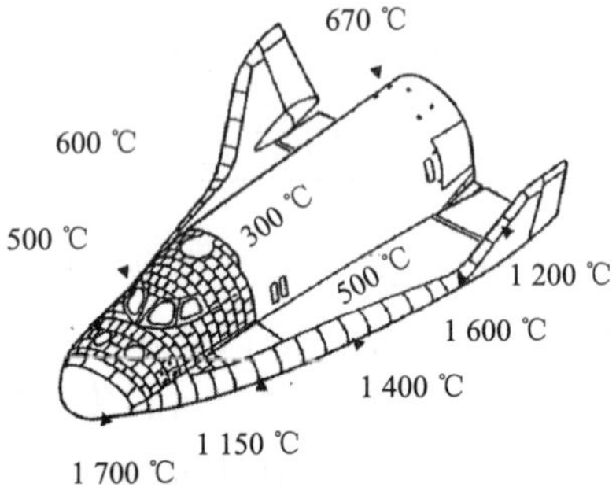


图 8. 12 航天飞机再入地球大气时的温度分布情况①



在未来的空间运输系统中，这种所谓的热结构应使用 C/SiC 材料来生产。相对于 C/C，它具有更高的质量比强度。德国航空航天中心（DLR）和德国工业界(EADS，MT 航空航天公司）进行的研发代表了最新的研发成果。图 8. 13 以示例的方式显示了由 C/SiC 材料制成的各种轻量化结构（机头罩、侧板和下板，以及机身控制翼)。它是为技术载具 X 38 研发的，并由 NASA 在再入条件下成功进行了测试。

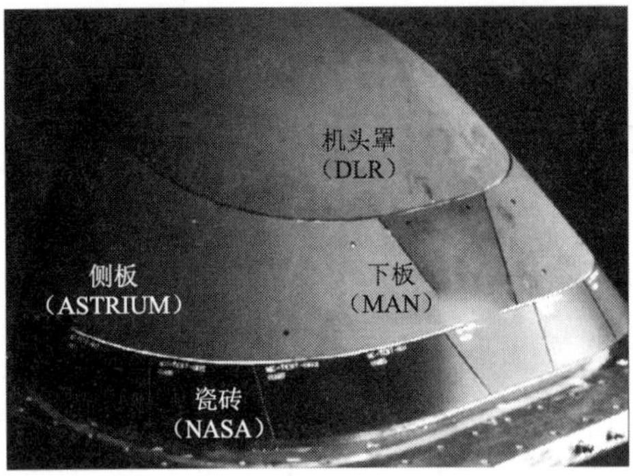

图 8. 13 C/SiC 极轻型复合陶瓷结构部件，按不同生产工艺生产
(DLR 的 LSI-C/SiC 机头罩，Astrium 的 LPI-C/SiC 侧板和 MT 航空航天公司的机身襟翼)②

① Krenkel，2003。

② Kochendörfer/Hald/Krenkel，2003；Leuchs，2008。

## 8.2.6 陶瓷轻量化制动器

在各种运输系统（汽车、轨道车辆、飞机、电梯等）中，制动圆盘属于最重要的安全部件。由于它属于底盘中的非簧载质量，因此对其重量特别敏感。制动效率大多明显高于发动机的驱动功率，因此目前常用的灰口铸铁或铸钢总是越来越多地受到其热负荷极限的影响。陶瓷复合材料不仅具有极低的密度，也具有较高的耐热冲击性和耐腐蚀性。近年来，在功率特别大的汽车（例如保时捷、奥迪和法拉利）中已使用 C/SiC 材质的轻量化制动圆盘，在高性能电梯安全制动器中已采用 C/SiC 摩擦片（图 8.14）。

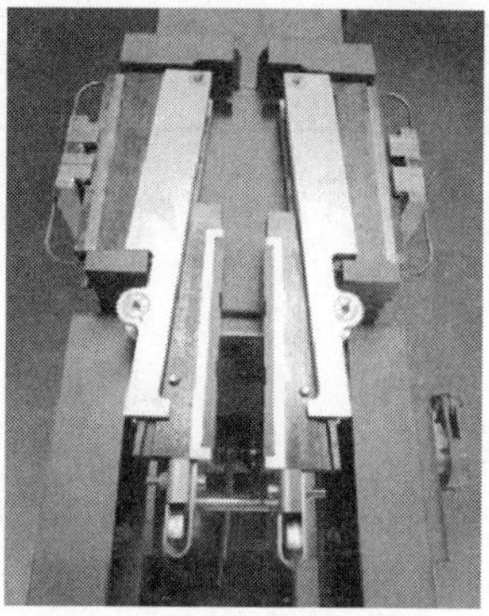

图 8.14　带 C/SiC 材质制动圆盘或摩擦片的汽车制动器（左侧）和电梯制动器①



根据按 LSI 工艺制造的复合陶瓷的成分（梯度强化，短纤维强化或织物强化，采用或不采用添加剂），依据相应的摩擦要求调节摩擦和磨损性能。同时，相对于灰口铸铁，复合陶瓷的质量比热容量明显更高（表 8.2）。但是，由于密度约低 2/3，因此与体积相关的热容量更小，以至于在实际情况下陶瓷制动圆盘的尺寸必须略大一些。因此，与金属制动器相比，其重量优势不是很明显。此外，陶瓷制动圆盘必须与金属轮毂固定件膨胀相容地进行连接。总起来说，陶瓷制动系统的结构约轻 50%。陶瓷轻量化制动器的最大缺点是目前生产成本仍非常高。此外，还需对制动摩擦片与制动圆盘表面不均质结构的优化进行研发。

**表 8.2　金属与陶瓷制动圆盘材料的比较（室温下的特性）②**

| 特性 | 单位 | C/SiC | GG-20 |
|---|---|---|---|
| 密度 | $kg/dm^3$ | 2.3~2.45 | 7.25 |
| 比热容量/重量 | J/(kg·K) | 800 | 500 |
| 比热容量/体积 | $J/(dm^3 \cdot K)$ | 1 800 | 3 600 |

① Krenkel，2008。

② Krenkel/Renz，2008；Neudeck/Wüllner/Dietl，2006。

续表

| 特性 | 单位 | C/SiC | GG-20 |
|---|---|---|---|
| 热膨胀系数 | $10^{-6}\ K^{-1}$ | 1（室温）<br>2（300 ℃） | 9（室温）<br>12（300 ℃） |
| 导热率 | W/(m·K) | 40 | 54 |
| 抗拉强度 | MPa | 20~40 | 150~250 |
| 弹性模量 | GPa | 30 | 90~110 |
| 弯曲断裂强度 | MPa | 50~80 | 150~250 |
| 断裂伸长率 | % | 0.3 | 0.3~0.8 |
| 抗热裂纹性 | W/m | >27 000 | < 14 000 |
| 最高温度 | ℃ | 1 350 | 700 |

## 8.3 总结和展望

虽然这种材料大多具有极佳的质量比特性，但是采用陶瓷材料的轻量化尚处于起步阶段。上述特性加上这种材料的脆断特性和相对低的热膨胀系数使得连接时有膨胀兼容的要求，且通常需要改变设计思想。像为延性材料研发的设计规则，对于陶瓷轻量化来说只能在有限的范围内使用。此外，研发人员和使用者通常仍缺乏使用陶瓷结构材料的实际经验。为保护资源，提高效率，采用合适的耐温性和适度的轻量化变得更重要。常规设计人员在采用陶瓷轻量化方案时也必须进行深入分析和研究。由于陶瓷复合材料具有极佳的磨损特性以及极耐温性和耐热冲击性，因而它将来会是一种传统轻量化材料中特别具有吸引力的选择。



## 8.4 详细信息

### 参考文献

[1] Berroth, K.; Devilliers, C.; Luichtel, G. Silicon Nitride for Lightweight Stiff Structures for Optical Instruments. In: J. L. Robichaud und W. A. Goodman (Hrsg.): Optical Materials and Structures Technologies IV. Proceedings of SPIE, Bd. 7425, 2009.

[2] Desnoyer, D.; Lacombe, A.; Rouges, J. M. Large Thin Composite Thermo-Structural Parts. In: Proc. Int. Conf. Spacecraft Structures and Mechanical Testing. ESA/ESTEC, Noordwijk, 1991.

[3] Hegermann, R. Herstellung von Hochleistungsverbundwerkstoffen mit Hilfe des rapid-CVI-Verfahrens, in: cfi-Berichte DKG, 82, Nr. 13, 2005, S. 10-12.

[4] Kochendörfer, R.; Hald, H.; Krenkel, W. Gestaltungsrichtlinien für CMC-Bauteile. In: W. Krenkel: Keramische Verbundwerkstoffe. Wiley-VCH Verlag, Weinheim, 2003, S. 149-172.

[5] Kollenberg, W. Technische Keramik. Vulkan Verlag, Essen, 2009.

[6] Krenkel, W. Ceramic Matrix Composites. Wiley-VCH Verlag, Weinheim, 2008.

[7] Krenkel, W. Anwendungspotenziale faserverstärkter C/C-SiC-Keramiken. In: W. Krenkel: Keramische Verbundwerkstoffe. Wiley-VCH Verlag, Weinheim, 2003, S. 220–241.
[8] Krenkel, W. Keramische Verbundwerkstoffe. Wiley-VCH Verlag, Weinheim, 2003.
[9] Krenkel, W. Cost Effective Processing of CMC Composites by Melt Infiltration (LSI-Process). Proceedings Ceramic Engineering and Science (Ed. ACerS), 22, 3, 2001, S. 443–454.
[10] Krenkel, W.; Renz, R. CMCs for Friction Applications. In: W. Krenkel: Ceramic Matrix Composites. Wiley-VCH Verlag, Weinheim, 2008, S. 385–407.
[11] Leuchs, M. Chemical Vapor Infiltration Processes for Ceramic Matrix Composites: Manufacturing, Properties, Applications. In: W. Krenkel: Ceramic Matrix Composites. Wiley-VCH Verlag, Weinheim, 2008, S. 141–164.
[12] Mühlratzer, A. Production, Properties and Applications of Ceramic Matrix Composites. cfi-Ber. DKG, 76, 4, 1999, S. 30–35.
[13] Neudeck, D.; Wüllner, A.; Dietl, H. Bremsen mit nichtmetallischen Bremsscheiben. In: B. Breuer und K. H. Bill: Bremsenhandbuch. Vieweg-Verlag, Wiesbaden, 2006, S. 420–426.
[14] Salmang, H.; Scholze, H. Keramik. Hrsg. v. R. Telle. Springer Verlag, Berlin/Heidelberg, 2007.
[15] Schäfer, W.; Vogel, W. D. Faserverstärkte Keramiken, hergestellt durch Polymerinfiltrationen. In: W. Krenkel: Keramische Verbundwerkstoffe. Wiley-VCH Verlag, Weinheim, 2003, S. 76–94.
[16] Wielage, B.; Mucha, H.; Odeshi, A. G. Verstärkungsfasern für Verbundwerkstoffe-Herstellung, Struktur und Wechselwirkung mit metallischen und keramischen Matrices, in: Verbundwerkstoffe, Tagungsband zum 5. Werkstofftechnischen Kolloquium, 24./25. 10. 2002 (Hrsg. Wielage, B.), Schriftenreihe Werkstoffe und werkstofftechnische Anwendungen, Band 11, Chemnitz: Eigenverlag, 2002, 98–104.

## 网址

[1] www. cerobear. de.

# 9

# 混合复合材料

*Frank Henning*, *Kay Weidenmann*,
*Bernd Bader*

## 9.1 复合材料与材料复合



传统复合材料是一种由不同类的相互牢固连接的材料组成的并且其化学和物理特性超过单个组件的材料（Lee，1989）。相反，材料复合由具有不同特性、特征的不同材料组件组成，借助负荷材料的连接技术将它们组合成为一个具有新特性、特征的部件（Moeller，2003）。实际上，界限是变化的，主要是从连接工艺开始，例如像黏合，它也可能是直接生产工艺的一部分。例如，如果在强化复合材料时直接将一个金属嵌入物嵌入复合材料中，则复合材料和材料复合的界限将变得模糊。

因此，一个合理的界限是在不同的尺度上对均质性的要求。如果一个部件在显微层面上可区分强化组分和基质，那么这就是一种复合材料；但如果用裸眼就能区分开不同的组分，则更倾向于是一种材料复合。德语的术语混合（Hybrid）源自于拉丁语“Hybridia”，意思是“交杂”“混合”或者“成束成捆”。因此，从材料科学的严格意义上来说，每种复合材料或者材料复合都是一种混合材料。

但通常“混合”这个术语还有其他意思：除了已存在的复合特征之外还包括其他方面，例如一种新的功能性（对结构机械特性进行补充的物理特性）。在此，重要的是与复合材料的界限：从材料复合的外观就可以明显看出它是一种“构建起来的结构”。

因此，也会有一些混合复合结构。其中的某种复合材料自身就是这种混合复合结构的一种组分。例如带强化塑料面层的夹层复合结构就属于这种结构（图 9.1）。夹层复合结构的原理尤其基于上下面层［通过一个芯材（例如蜂窝纸板、泡沫）保持一定距离］的负荷。面层的任务是承受夹层复合结构弯曲时出现的拉应力和压应力。此外，型芯需要一定的剪切强度，以确保负荷路径自上而下的连续性。由于型芯大多由一种不同于面层的材料组成，因此这种结构形式通常也被称为多材料设计。

具体而言，混合材料组合结构主要可分为两类：

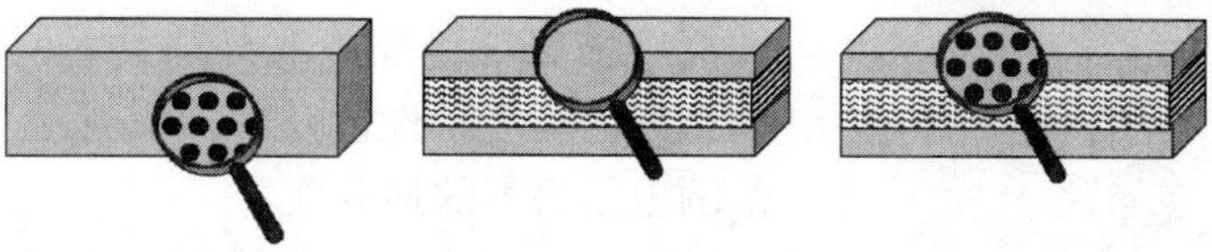


图 9.1 复合材料—材料复合结构—混合复合结构的示意

（1）作为材料混合结构形式的混合结构，这种结构不采用冷或热连接技术。可单独通过在成型生产时将至少一种材料（例如注塑、铸造、烧结）与另一种材料组件相连接，形成材料复合结构。这种连接既可以采用形状配合方式，也可以采用材料配合方式。

（2）作为部件混合结构形式的混合结构，需要使用冷或热连接技术。

下面主要说明的是那些符合定义（1）的混合复合结构。

## 9.2 材料混合的基本原理

多材料设计中的部件基于一种材料混合的思路，在这种情况下将不同的材料用于一个整体结构中或从经济和技术角度考虑可将多数优点集中在单个的部件中。优点如下：

- 功能集成的潜力较高；
- 生产和投资成本较低；
- 安装费用较低；
- 部件重量降低。

为了实现这种策略性的目标设置，必须不断将最新技术水平的高性能材料、可靠设计和生产方式，以及创新性的连接和生产技术汇总起来。结果是形成一种混合复合结构。其中，在不同的部位上由不同的材料承担不同的任务。挑战在于要同时确保集成为一个部件的系统在老化、抗疲劳强度、耐腐蚀性、化学耐抗性和耐温性方面所谓的适用性或者进一步改善这种所谓的适用性。因此，开发和集成成功的混合结构要同时基于材料科学和工程学多个领域的专门知识和“系统性”思维。也就是说，要跳出组件的框框，考虑整个系统（例如对汽车的考虑和对系统的考虑）。因此，可以借助有针对性的材料研究、设计、工艺研发和工艺认证，同时进行模型制造和模拟来实现要求的鲁棒流程。

金属、塑料、玻璃、陶瓷或者合成和天然（例如木材）复合结构材料主类的特性和它们的性价比差异有时是巨大的。此外，材料还要承受不同程度的强烈成本波动。在选用材料时，要一并考虑到这些情况。但是，只要能成功将相应应用优化的材料组合到一个部件内，这些差异也会具有巨大的潜力。潜力有多大，我们能从金属和塑料的几个最重要材料特性的对比中看出。例如，如果金属的弹性模量接近于

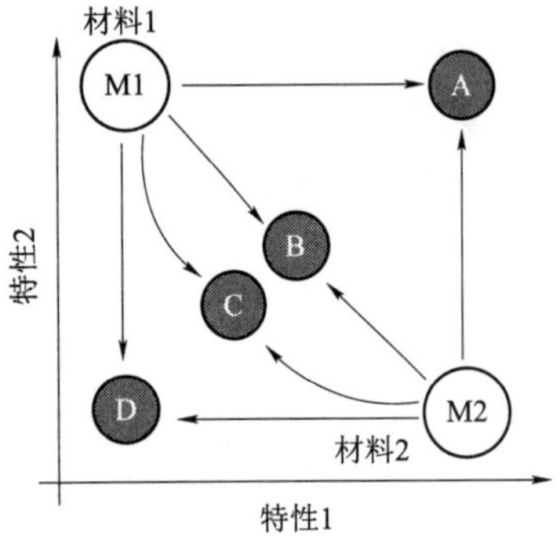


图 9.2 基于单个组件特性的复合结构可能的特性①

塑料的 100 倍，则抗拉强度为塑料的 10~100 倍；相反，塑料的密度仅为金属值的 15% 左右。在特殊应用情况下，较差的导热性和导电性是优势，而良好的可成型性以及可提供几乎无限制的型号范围也是另外的加分项。

原则上可分为 4 种情况。按照这些情况可将两个组分组合成一个复合结构（图 9.2）。4 种情况的区别如下：

A："两者最佳"情况

如果将一个配合对的体积特性与第二个配合对的表面特性组合起来，通常会达成这种理想的状况，例如镀锌钢板。

B：混合定律

复合结构能实现的最佳情况是达到复合材料对特性的算术平均值，例如单向纤维强化复合结构。

C：薄弱材料主导

复合结构特性比 B 情况略差，原因是复合材料并不是理想化组合，例如粒子强化复合结构。

D："两者最差"情况

例如，将这种型号用在自动灭火装置的金属—蜡复合结构上。蜡较低的熔点决定了功能。

如果仅考虑轻量化，则一般情况下两种复合材料对于相同的机械参数和特性来说很重要。通过混合定律通常可实现 B 情况；但是，以夹层复合结构为例，这种复合结构在弯曲负荷下也可实现设计性能。这比相应的复合组件更佳。如果要优化的特性必须满足多个功能（例如导电性以及高强度下同时达到低重量。也就是说，当一种结构特性与一种功能特性相联系时），就会实现该效应。将两种具有"较强"特性的材料合成为一种具更强特性的复合结构，是制成具有定制特性和具有目前未知产品质量的新部件的一个可能性。

一个例子是冷藏车的车厢壁，不仅要求弯曲刚性尽可能高，还需具有良好的隔热性能。在这里一般使用夹层复合结构作为结构元件。由于一般情况下高刚性的面层与抗剪的但刚性略差的芯材连接在一起，并且在整个复合结构中只含有很少比例真正的且大多较贵的高性能材料，因此夹层复合结构是混合形式中应用最广泛的工业材料复合结构，然而应根据负荷优化利用材料体积。

借助下面所述的数学相关性，可以根据单个组件的特性值计算出以上述方式应用的夹层复合结构的特性值（图 9.3）。

① 图片来源：Ashby，2006。

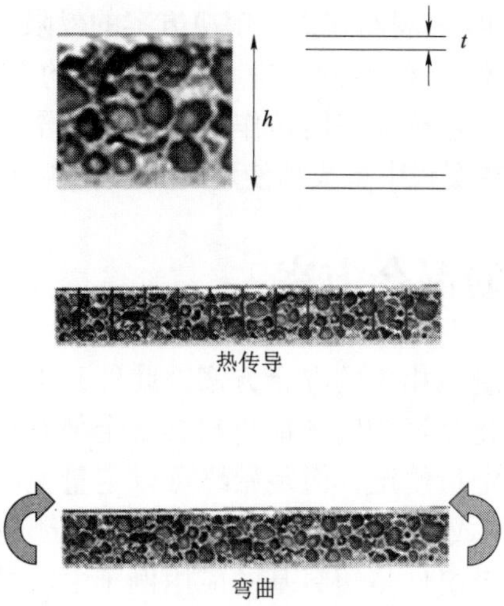


有效密度：

$$\rho_{有效}=\left[\frac{2t}{h}\right]\rho_{面板}+\left[1-\frac{2t}{h}\right]\rho_{芯材}$$

有效导热率：

$$\lambda_{有效}=\left(\frac{\left[\frac{2t}{h}\right]}{\lambda_{面板}}+\frac{\left[1-\frac{2t}{h}\right]}{\lambda_{芯材}}\right)^{-1}$$

有效弹性模量：

$$E_{有效}=\left[1-\left(1-\frac{2t}{h}\right)^{3}\right]E_{面板}+\left[\left(1-\frac{2t}{h}\right)^{3}\right]E_{芯材}$$

图 9.3　以冷藏车的车厢壁为例计算有效性能（$\lambda$：导热率。$\rho$：密度。$E$：弹性模量）

在考虑多材料设计复合结构时应假设用 PVC 硬泡沫作为芯材，盖板由铝制实芯材料组成。在复合结构规定的总高度下通过变化盖板的厚度（适应一定的安装空间）可调节弯曲刚度和导热率。目标是竞争性的：提高弯曲刚性将增加铝制实芯材料的比例并由此提高导热率。对于此处所讨论的应用情况是不希望如此的。相反，PVC 泡沫芯层比例增加会改善隔热性，但是会降低弯曲刚性形式的机械负荷能力。如果要描绘刚性的倒数，即有效弹性模量与导热率的比值，则可得出图 9.4 所示的示意图。该示意图表示的是用聚合实芯材料或泡沫和泡沫或铝板构成的整体解决方案。该区域在特性图上与未有解决方案的范围有明显的界限。但是，由于在低导热率的同时寻求的高弯曲刚度最佳值位于示意图的左下角，因此该范围在技术上是有利的。

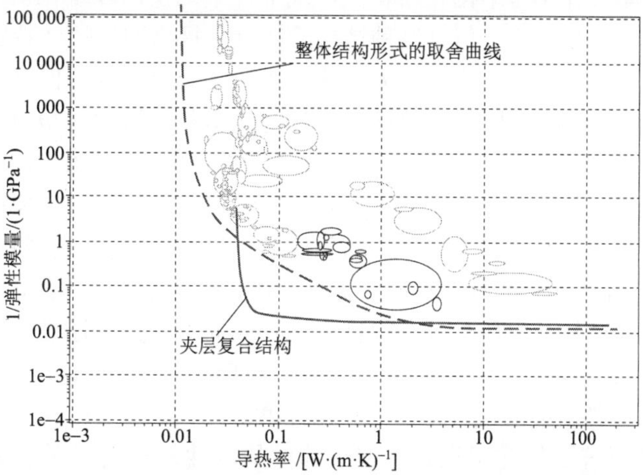


图 9.4　冷藏车车厢壁情况示例：混合方案（夹层复合结构）与整体方案①

① 图片来源：CES Edu Pack，Granta Design。

PVC 硬泡沫和铝制面层的组合打破了相应的实芯材料非混合解决方案的界限。因此，某些具有特定比例面层和芯层的混合方案要优于采用普通实芯材料可实现的方案。

这个简单的例子说明了混合轻量化的效果。它首次应用是作为金属板和塑料组合制成的汽车车身的高强度轻量化结构，同时在实践中也成功使用了其他材料组合。

## 9.3 轻量化相关的混合方案

下面将借助选择的材料组合介绍不同的轻量化相关的混合方案。此外，由于只有根据对相应部件不同的要求进行上述“系统化”考虑时才能得出具有全部专有特性的定制方案，因此无法专门对材料特性进行定量规定，但是始终可以定量说明相对于整体结构方式（也就是说实芯材料部件）或者其他方案的混合方案有哪些优势。此外，我们的说明局限在所举的至少有一个组件是塑料基的应用例子上。虽然也有例如金属陶瓷混合或者其他的混合，但是它们一方面在市场上分布不是那么广，另一方面大多不是专为轻量化设计的。考虑的重点在于材料的特性。有关生产技术方面的内容请参见第 3 册第 9 章。

### 9.3.1 塑料—金属混合技术

**车身构件**



根据德国联邦统计局的数据，德国每年道路交通死亡人数仍达 4 000 人左右。道路交通事故受伤人数约为 40 万人。汽车业致力于开发价格低廉但安全的方案，但这尤其受到价格压力和原材料价格走势和能源价格走势这些全球经济负担因素的影响。在这方面需要有利于生产率，以及材料和原料的一体化系统和轻量化方案。

相反，具有越来越多装备的汽车表现出每推出一个新车型，重量就会有增加的趋势。作为对应策略，在车身结构和加装组件或部件中则使用轻量化组件。直接的方法是使用较低壁厚的板材结构，但是这种结构的缺点是每个构件的（特别是）弯曲刚性会随着壁厚而降低。因此，结论是施力位置是主要的弱点。为了使轻量化板材组件的稳定性足够，1989 年 Bayer 股份公司推出了具有注塑和机械加固塑料筋条的所谓的混合结构（Klocke，2006）。通过这种简单注塑的方法可用另外的很少的重量有效固定并由此强化“薄板部件”。在此类混合部件中有针对性地结合了塑料和钢材或铝材的优势。金属复合材料对具有高弹性模量、高强度和延展性的特性。塑料选用聚酰胺 6 型（PA6）材料。这是由于它在高温和低温下具有很高的动态强度和良好的冲击韧性。必须用玻璃纤维强化塑料，以使其具有很低的蠕变倾向和较高的刚性，且在具有高耐变形性的同时保持尺寸稳定。因此，这是一种由玻璃纤维增强塑料（也是一种复合材料）和一个金属零件组成的复合结构。它符合第 9.1 节定义（1）的混合复合结构。

这种组合的系统优势在于提高了整个部件的刚性，从而相对于实芯材料解决方案可降低金属的比例。借此降低的重量在 30%～40%，然而不必以损失结构刚度或刚性为代价。图 9.5 所示的是这种金属/塑料混合部件被用作轿车车顶横梁的应用情况。相对于单纯的由两块焊接钢板组成的金属型号，采用混合技术可降低 500 克左右的重量（Klocke，2006）。除了强化肋条之外，混合技术可在一个工作步骤中集成任意的附加功能（例如作为固定元件、轴承座、卡钩、螺栓连接件、接线柱等），以此节约时间并省去成本较高的再加工和安装过程。

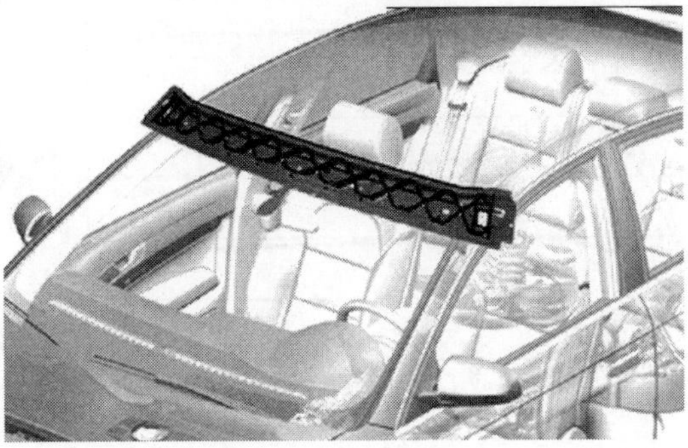

图 9.5　采用混合技术的奥迪 A6 车顶框架①

在负荷能力方面，混合部件与钢制部件的性能相当。这可从简单的 U 形支架的变形情况看出。

在进行三点式弯曲［图 9.6（a）］和墩锻［图 9.6（b）］时，混合型材的刚性与封闭式钢制型材差不多，但本质上更坚固些。与其相比，开放式钢制型材的结果明显要差。在发生扭转变形时［图 9.6（c）］混合型材的刚性要比开放式钢制型材高得多，仅略低于封闭式钢制型材。

一般来说，与钢制方案相比，混合结构型式的优点在于可以进行更为灵活的设计。负荷极大的区域可有针对性地用塑料筋条加强。

塑料—金属复合技术是在生产车辆前端的同时发展起来的（图 9.7）。目前已生产了超过 3 000 万件轻量化且具负荷能力的部件。它们被用于超过 60 个由钢板和不同类型聚酰胺材料制成的车型。另外，轿车的车顶框架、制动踏板和踏板轴承块也是由这些材料复合结构制成的。

**滑窗导向件**

对于滑窗导向件来说，减重和功能集成都很重要。导向件采用最新汽车设计方案制造。在这些车辆上预先考虑将侧窗嵌装到公共汽车或厢式汽车的车身中（图 9.8）。除了防盗固定外，滑窗导向件还须承担导向和支承车窗玻璃的任务，并建立与钢板车身的连接。确切地说，是在−30 ℃～+70 ℃的温度范围内（KC，2009）。滑窗导向件是金属/塑料混合部件。其中央组件是一条 400～1 500 mm 长（根据车型）的金属型材。像前面所述的车身结构部件一样，使用塑料筋条对导向件进行固定。混合部件与另外一个壳体部件配套形成一个组件。在进行成型件设计时必须考虑塑料和金属材料特性的巨大差异。尤其是在热膨胀系数方面，塑料的热膨胀系数要高于金属的 3～20 倍。因此，一般情况下不用塑料直接包裹金属零件，而是事先在金属型材上涂覆一层能够吸收胀差的弹性中间层。

① Klocke，2006。

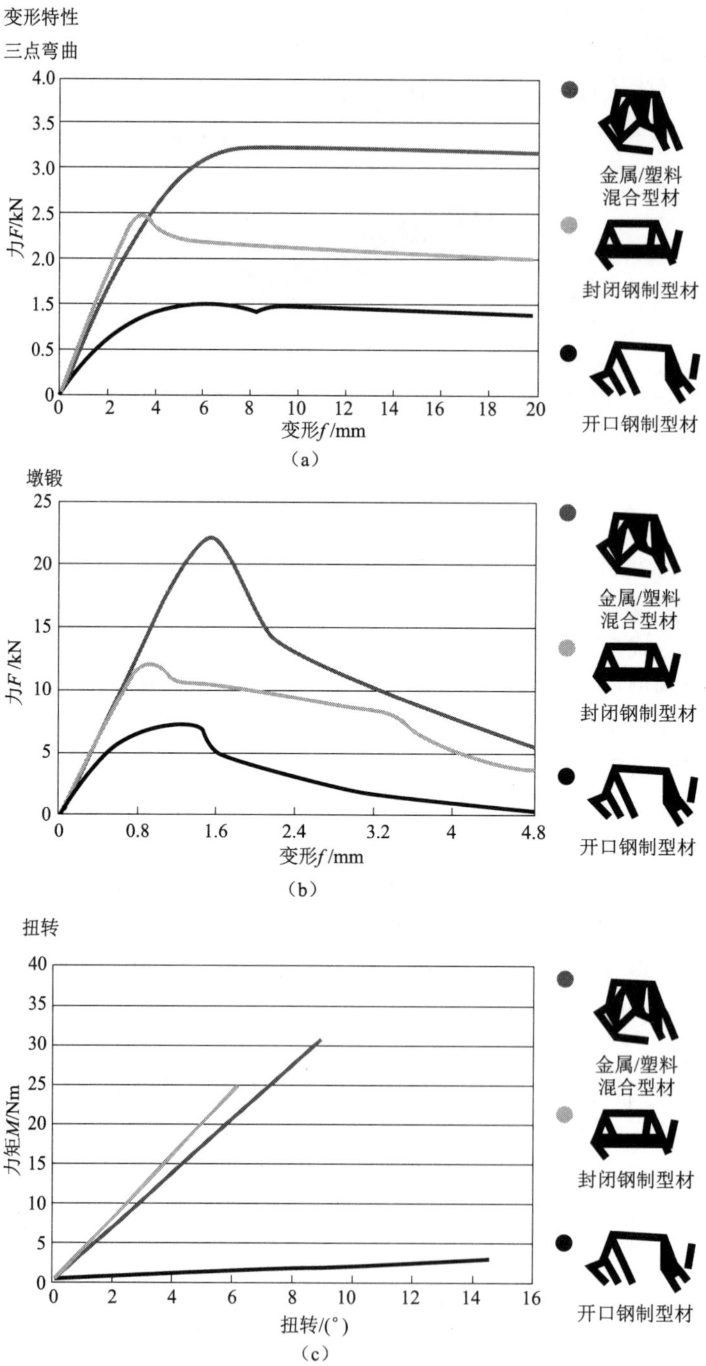


图 9.6 对 U 形支架（7 mm 壁厚）所做的处理

（a）三点式弯曲；（b）墩锻；（c）扭曲变形时的力矩—扭转曲线①



① Klocke，2006。

图 9.7 福特福克斯 C-MAX 混合前端[①]

图 9.8 混合结构的滑窗导轨是传统的多功能组件[②]



**车门锁壳体**

汽车车门锁组件是一种略有不同的特性组合。它是一个高度集成的功能单元，在狭窄的空间内用大量的电子组件组合成真正的车门锁机构（KC，2009）。所有组件的精确相互作用是很重要的，因此对“壳体”有实质性的要求（图 9.9）。根据这些要求可推导出壳体的方案。除了轻量化之外，在本例中长期的精密性是混合材料结构的决定性标准。应使用一块金属板稳定尺寸。它由两个塑料组件组合而成，也就是玻璃纤维强化的聚丁烯对苯二甲酸酯制支座和导向件以及热塑性合成橡胶密封条（负责车身密封和公差补偿）。

图 9.9 由 3 个组件组成的混合部件示例[③]

① Klocke，2006。

② KC，2009。

③ KC，2009。

**汽车之外具潜力的应用**

在“大型家用电器”应用（即大家电）和家具业应用中，目前应考虑模块化结构的趋势，以获得更大的设计自由度。目的是制造少量的基础组件，然后借助很多结构可能性进行装配。例如目前已开发出诸如支架、洗涤剂盒和承载性壳体部件等洗衣机结构部件。家具制造商对具高负荷能力的混合轻量化架子比较关注。对于旋转椅来说，应以混合结构形式制造旋转机构和十字底座。此外，塑料的使用开启了很多组合可能性。这涉及表面（哑光、光亮、带花纹等）和颜色（Klocke，2006）。在“大型家用电器”领域内使用带金属面层和用于隔声的聚合中间层的夹层板材（特别是在洗衣机上）。

### 9.3.2　塑料—塑料混合技术

根据 9.3.1 中所述的金属和塑料组合，为了拓宽混合化的应用潜力和性能潜力并降低重量，原料制造商和汽车制造商现在致力于用所谓的有机金属板（图 9.10）替代金属组件（即钢板和铝材）（Lanxess，2009）。有机金属板是由专用的按照一定的方向嵌在热塑性基质中的织物制成的平面复合材料部件。这些织物由玻璃、芳族聚酰胺或者塑料纤维制成（参见第 2 册第 7 章）。将聚酰胺用作热塑性基质会表现出与纤维良好的黏附性。另外，根据用途也使用聚丙烯、硫化聚苯醚或热塑性聚氨酯类。“有机金属板”的名称是由这种复合结构材料可像金属板一样进行加工而引申出来的。使用热塑性基质可使这种复合结构具有热变形能力。

图 9.10　带成型和后注塑支架的有机金属板半成品①

在组合增强塑料（有机金属板）和非增强塑料时相应地完全由塑料基组件组成（塑料—塑料混合）的混合部件比金属板制成的部件重量更轻，并呈现出更高的表面刚性及明显更高的强度。除了“传统的”混合部件之外，应用潜力主要体现在组件必须具有高表面强度这一方面，例如备胎凹槽、发动机舱壁和汽车底板组件。此外，它还提供了通过注塑集成像加强件、支架、导向件或夹具等加装件的机会。

此外，不要求防腐蚀，在使用金属板时防腐蚀是另外的一个成本因素。在汽车业之外还有很多有机金属板的应用领域。在这些应用中减重非常重要，例如运动或军事领域中的防护头盔或者自行车的制动杆。

使用有机金属板的一个最突出的例子是宝马 M3 的保险杠支架（图 9.11）。从 2001 年开始共制造了 14 万件保险杠支架。从 2007 年开始生产出了 M3 的优化新版本（Industrieanzeiger，2006）。

① 图片来源：Lanxess，2009。

图 9.11　宝马 M3 首次采用的有机金属板保险杠支架①

作为混合工艺领域中的另一个例子，EDAG 在 2009 年的 IAA 上展示了载重车车厢的储藏箱门。它由一个传统的钢制蒙皮加上有机金属板制的内部部件组成（图 9.12）。这种技术提供了巨大的轻量化潜力并最多可降低 60% 的重量。EDAG 将这种技术扩展到所有的加装件上，例如车门、盖板和后门。



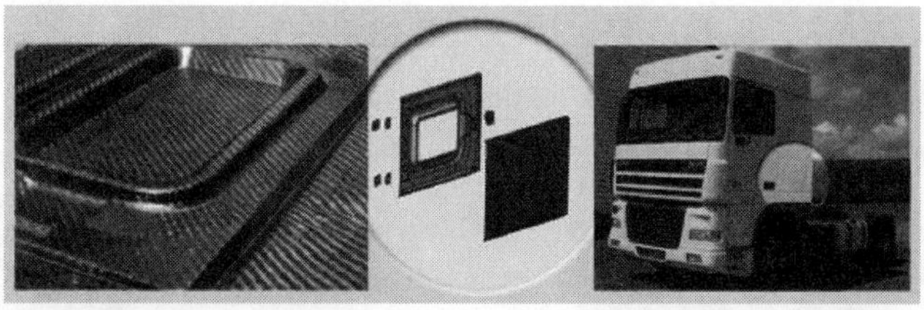

图 9.12　混合结构形式的商用车车厢杂物箱门②

总之，混合结构形式可能具有下列优势：

- 减重 60%。
- 碰撞性能经检验。
- 将保险杠支架的质量减半（从约 7 kg 降低到 3 kg）。
- 可规定的材料特性。
- 基本厚度：2~2.5 mm。
- 吸能能力至少比同类金属板结构高 3 倍。
- 无须像金属板一样采取额外的防腐蚀措施。
- 集成有诸如加装件、支架、导向件或夹具等加装件。

---

① 图片来源：Jacobplastics。
② 图片来源：EDAG。

### 9.3.3 塑料—陶瓷混合技术

如第9.2节所述，陶瓷材料的轻量化潜力主要是从系统化的角度得出的。对于在结构轻量化中经常出现的像拉力—循环负荷或者动态负荷（碰撞）这样的负荷情况，因为陶瓷材料具有的特性，单靠陶瓷几乎不可行。但是如果将陶瓷作为防磨损材料或者因其具有的高硬度而用其提高抗压强度或者将其用作切削工具材料，或将其与较轻的塑料组件组合使用，则可再次形成具轻量化潜力的混合部件。在最新一代的脱毛器（具体在脱毛刮头的“镊片”上）上就使用了这样一个解决方案。到目前为止，脱毛器都是由碳钢圆盘和注塑塑料（ABS）组成的，而在最新一代装置上采用的是没有金属部件的双组分混合注塑零件。圆盘的中部由非注塑的PA 6.6组成并具有良好的承载特性。包边采用PA 6.6，二氧化锆和玻璃纤维的复合物，从而具有所需的强度和抗磨损功能（图9.13）。本例概述了特性组合的可能性：当镊轮的核心部件设计为无磨损地在金属轴上运行时，会对外部零件的硬度和耐磨性提出要求。与金属解决方案相比，陶瓷镊盘更轻且更坚固。接下来可通过在新部件中集成改进的轴承结构对脱毛器的组件直至驱动机构进行重新设计，从而使整个脱毛器变得更轻，舒适性更佳。借此，间接通过采用混合部件实现了轻量化效果。

虽然目前还很少应用真正的陶瓷—塑料混合部件，例如与塑料柄注塑包封的设计刀具或者纺织设备的引线装置（图9.14），但是这些例子体现了如何将陶瓷材料突出的特性（即高硬度和高刚性，高抗压强度和耐热性，极佳的耐磨性和耐腐蚀性）与塑料突出的特性（即舒适的手感，较低的加工成本和简单的成型能力）结合起来。



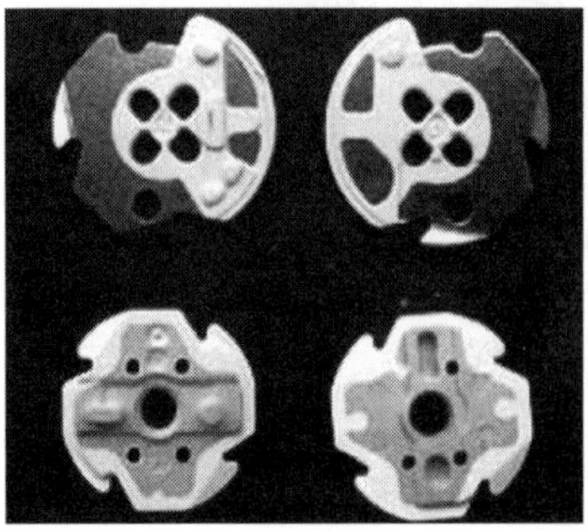

图9.13 塑料与陶瓷注塑包封复合物（下），先前的模型为金属件与塑料件的组合（上）①

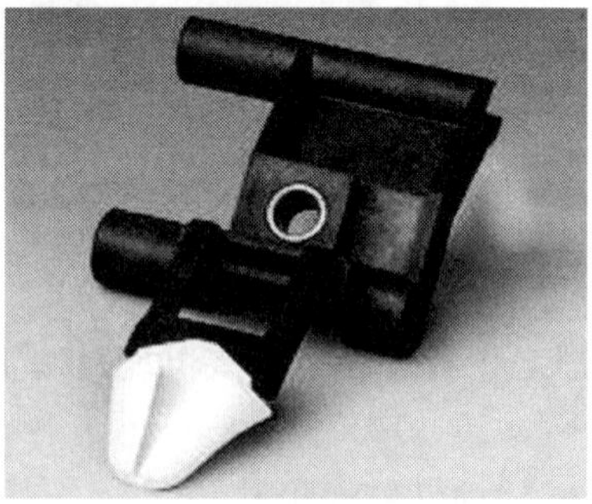

图9.14 用作耐磨件和承载元件的引线单元；使用的材料是陶瓷和带金属插口的聚酰亚胺②

### 9.3.4 塑料—木材混合技术

如图9.15所示，合成材料只能通过使用价格较高的芳族聚酰胺纤维或碳素纤维

① KC，2009。

② 图片来源：Rauschert。

达到最大的轻量化潜力；相反，木材是一种天然的具有极佳轻量化特性的纤维复合材料。轻量化特性主要是因木材具有高强度和低密度的特性。在这方面，高品质木材通常超过传统的轻量化材料（铝、纤维复合塑料）。木材可承受高负荷交变数而不发生疲劳断裂。此外，还可吸收冲击能和减震。通过组合不同的木材，特别是有针对性地定向木材纤维，可制成极轻且牢固的部件。生产钢材（10 000 kWh/t）时要耗费比生产胶合板（500 kWh/t）高 20 倍的天然能源，而生产铝材甚至要高 15~100 倍。此外，木材的 $CO_2$ 平衡和能量平衡较好，金属和塑料则明显较差（Woodbike）。

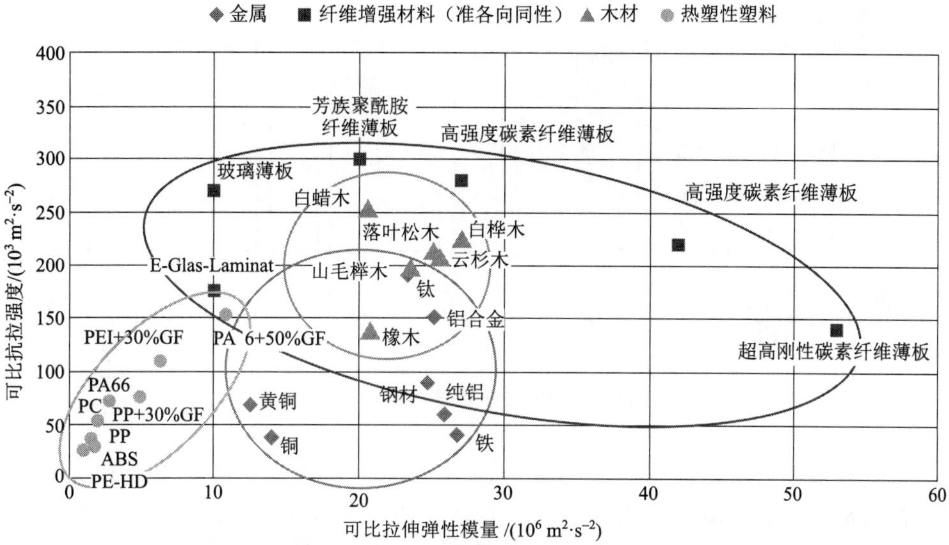


图 9.15 不同材料的比强度和比刚性①

目前研究的目的在于按照紧凑结构形式或者也可按带泡沫核心的夹层结构形式为轿车车身部件和车内部件研发结构或半结构塑料木材混合部件。相对于迄今使用的金属材料，混合部件具有决定性的优点。这绝对不是新想法。从汽车车身制造之初，特别是在商用车领域内，以前就是基于木材进行生产的，随着采用大批量生产方式和设计牢固性要求提高才受到了排挤。由于木材的缺点（例如低变形性和碎片效应），从 20 世纪 30 年代开始大多数汽车用钢材替代了木材（HEDAB）。只有摩根公司在 Z 型材框架上安装了白蜡木制框架结构。根据车型和制造年份，该结构装镶有钢板或铝板（Heel，2005）。此外，目前使用木质饰板用于外观设计目的。为此，汽车工程师使用一种专门为饰板研发的三维立体技术。借助这些 3D 平面涂装工艺可以在车门或驾驶室内安装诸如木质中控台等部件。将这些木质部件制成 3D 层压木质成型件并设置一个铝制型芯，以确保满足碰撞安全性的要求（Grünweg，2010）。

除了明显降低重量的目的之外，采用这种新的研发成果可实现高负荷范围内的最佳强度并可借助塑料元件的注塑实现功能集成，并改善隔绝噪声、隔热和表面品

① 图片来源：Steiner。

质方面的特性。对比各种材料的性价比表明，木材是一个在经济上有利的轻量化选项（图 9.16）。也基于这个原因而将木质组件用作混凝土结构的模板元件。但是，木材具有的不是均质的而是纤维状的、具有突出方向相关性的结构。可通过一层层不同方向的组合木材形成复合木板，以有针对性地利用这个特性。

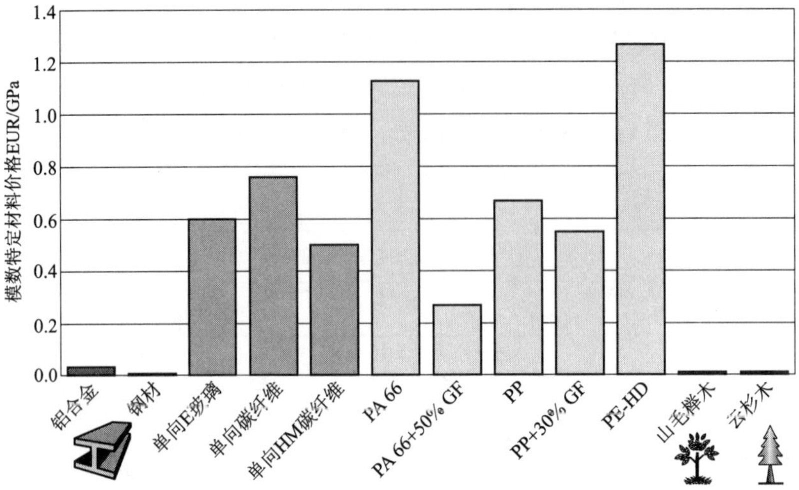


图 9.16 弹性模量特定材料价格①



虽然具备较高研发程度的加工技术，但是纤维末端（板材侧边上和支承梁末端）在机械应力和受潮方面始终是一个弱点（KC，2009）。只有在板材上加边框或者在 T 形支架上用双组分聚氨酯进行末端覆盖（用高压注塑工艺涂装），才能有效克服这些弱点（图 9.17）。

图 9.17 木材 PUR 制镶板支架

## 9.4 总 结

由于将来借助于整体材料满足从设计角度提出的要求会变得越来越困难，因此复合材料和材料复合结构在将来的材料领域内会扮演越来越重要的角色，故而需要

① Steiner。

改善目前阻碍此类解决方案进一步扩散的不佳特性。例如，应改善这种材料组的可回收利用性或者大批量自动化生产工艺。但是目前很难借助材料机械建模来描述材料复合结构的机械特性，以进行与材料相符的尤其是优化轻量化的设计。如果能够借助建模来描述材料复合结构的机械特性，则多材料设计会成为未来材料技术的关键方案。

## 9.5 详细信息

### 参考文献


[1] Ashby, M. F. Materials Selection in Mechanical Design. Das Original mit Übersetzungshilfen. 1. Aufl. , Spektrum Akademischer Verlag/Elsevier, München, 2006.

[2] Endemann, U. et al. Kunststoff und Metall im festen Verbund, Verbindungstechnik für Kunststoff-Metall-Hybridstrukturen; Kunststoffe 92, S. 110-113, 2002.

[3] Klocke, M. Hybridtechnik-intelligenter und kosteneffektiver Leichtbau. Wissensportal baumaschine. de. 1, 2006.

[4] Lee, S. M. Dictionary of Composite Materials Technology. Technomic Publishing, Lancaster, 1989.

[5] Lutter, F. Leicht und hoch belastbar-Organoblech-Composite-Bauteile. Kunststoffe 11, 2010, S. 74-77.

[6] Moeller, F. Verbunde von Keramik mit anderen Werkstoffen [online] . Seminarreihe Technische Keramik in der Praxis, Mai 2003. Verband der Keramischen Industrie e. V. .

[7] N. N. Hybridteile: Eigenschaften nach Maß. KC-aktuell, Informationen aus dem Kunststoff-Cluster, Ausgabe 2/2009.

[8] N. N. Organoblech-Alternative zu Stahl und Aluminium. Industrieanzeiger, KEM, 16. Oktober, 2006.


### 公司文献和互联网址


[1] Grünweg, T. Mercedes F 800 Style, E-Klasse von übermorgen. Spiegel online, Februar, 2010.

[2] Ganzstahlaufbauten für die Busse von Daimler-Benz. MBVCOE © 2004 visions network operated by HEDAB Verwaltung.

[3] Lanxess AG: Organoblech-die Innovation in der Hybridtechnik. Technische Information, Ausgabe 25. 2. 2009.

[4] www. lanxess. de.

[5] www. doka. com.

[6] www. edag. de.

[7] www. jacobplastics. com.

[8] www. rauschert. de.

[9] www. woodbike. de.

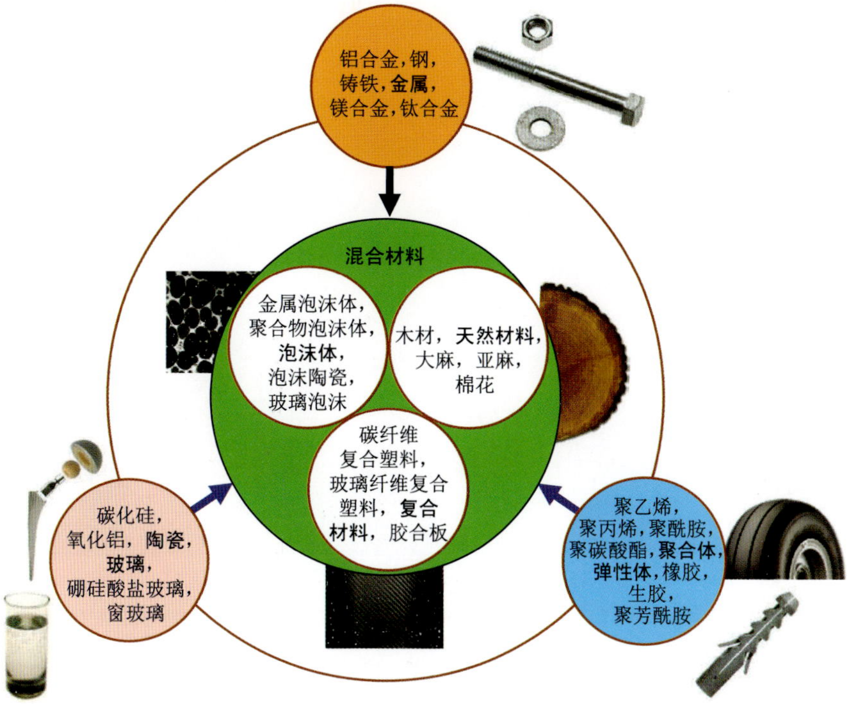


图 1.1　材料等级概览

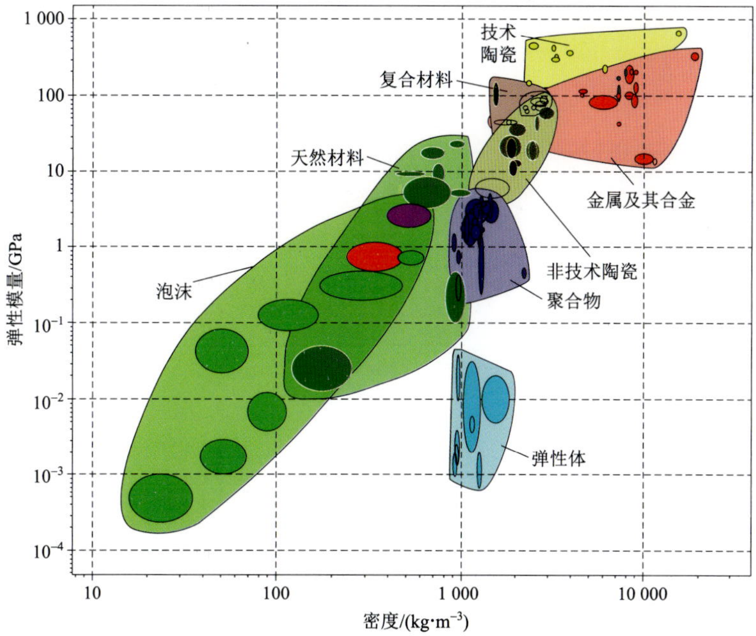


图 1.11　材料选择图表的例子（双对数弹性模量密度卡）①

① 图片来源：CES Edu Pack 材料科学软件，格兰塔设计公司。

1

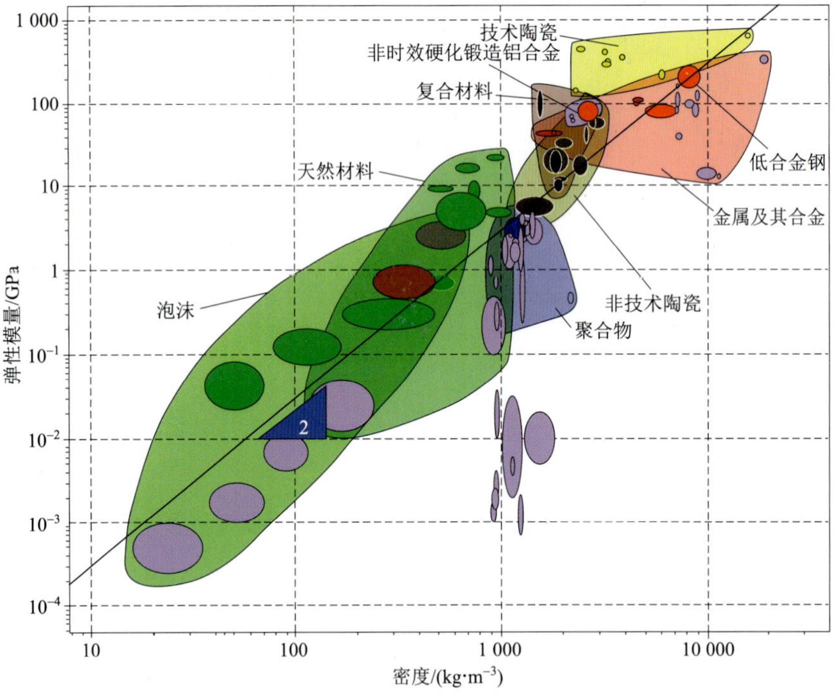


图 1.12 材料选择图表的应用（在以斜率为 2 绘制的直线上的所有材料本身具有与钢相同的材料指数 $M_2 = E^{1/2}/\rho$。位于这条线左侧和上方的所有材料具有更高的 $M_2$ 值，因此更适合于刚性的轻量化零部件。这其中包括例如铝合金和纤维增强塑料，也包括许多受到其他标准限制的材料，例如金刚石（价格及可用性）和铍（非常不利于健康））①

① 图片来源：CES Edu Pack 材料科学软件，格兰塔设计公司。

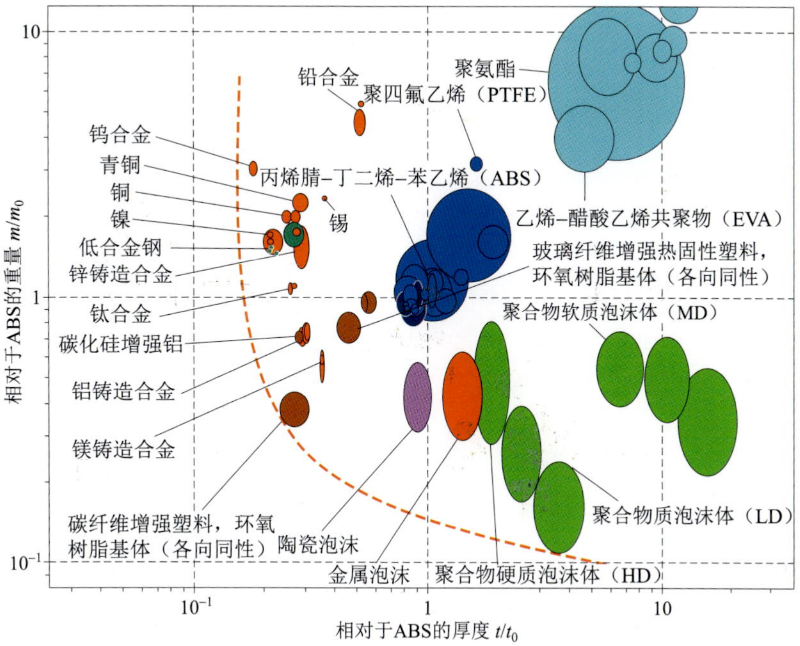


图 1.16　给定刚度下，尽可能轻同时壁又薄的壳体的材料选择存在着目标冲突，因为目标“壁尽可能薄”和“质量尽可能轻”会导致不同的材料指数①

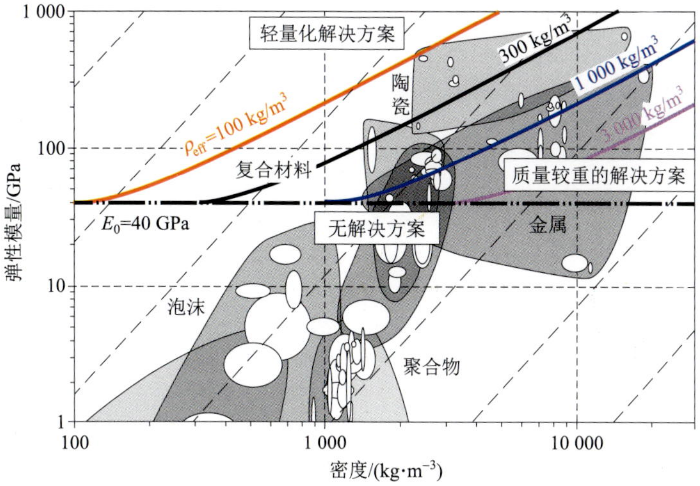


图 1.21　结构空间限制下的材料选择。边界 $E_0$以下没有解决方案。选择曲线向左偏移越远，质量也就越轻②

---

① 图片来源：CES Edu Pack 材料科学软件，格兰塔设计公司。

② 图片来源：CES Edu Pack 材料科学软件，格兰塔设计公司。

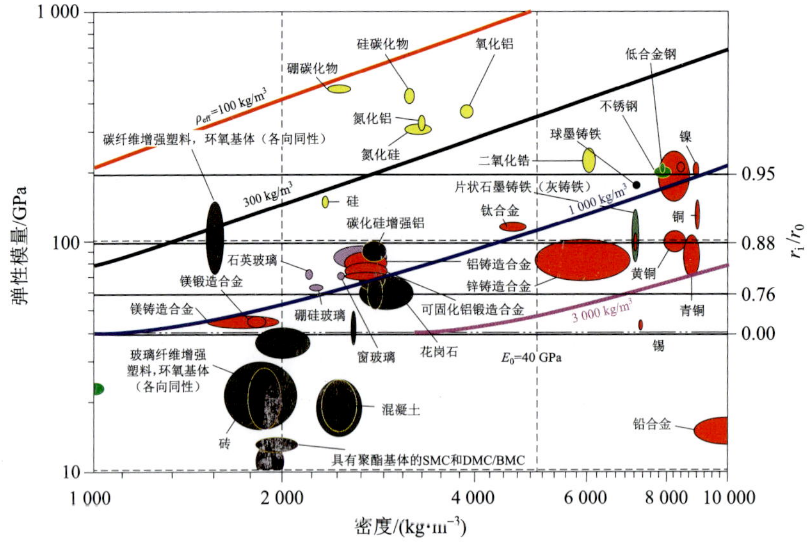


图 1.22 结构空间限制下的材料选择。薄壁钢管具有的有效密度小于 1 000 kg · m$^{-3}$；与其相反，几乎完全实心的镁材超过了 1 000 kg · m$^{-3}$①



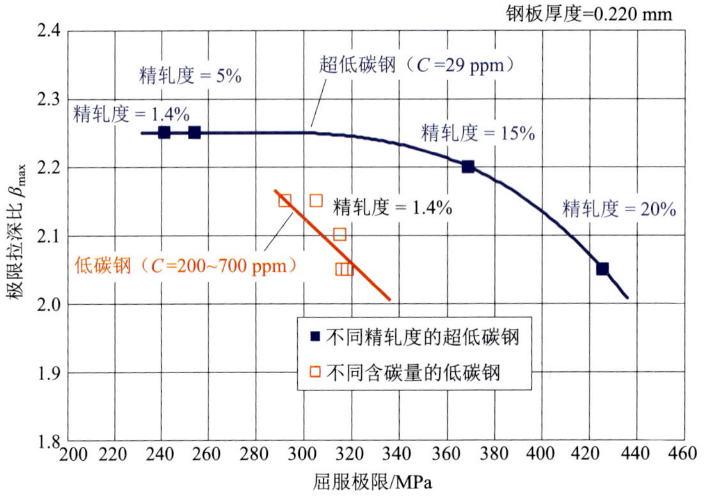


图 2.3 极薄钢板极限拉深比 $\beta_{max}$ 与屈服极限的函数关系

① 图片来源：CES Edu Pack 材料科学软件，格兰塔设计公司。

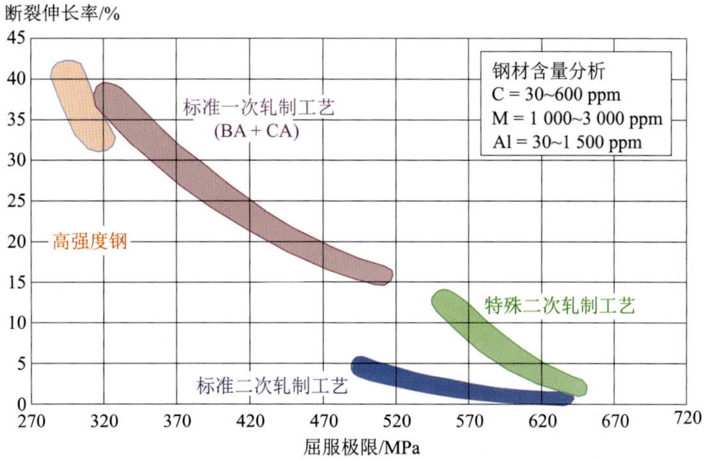


图 2.5　极薄钢板的特性（厚度约为 0.25 mm）

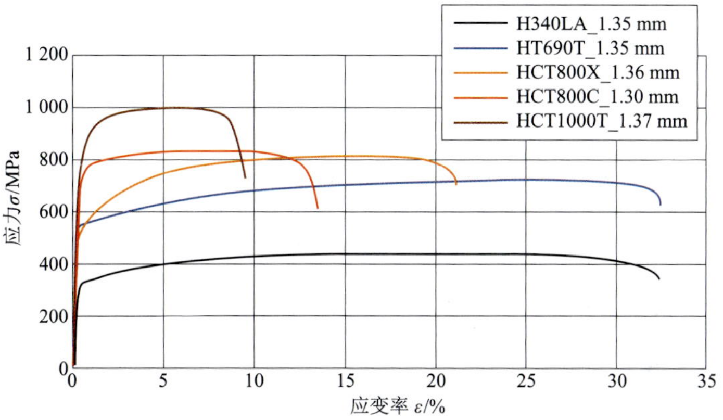


图 2.14　高强度薄板钢的应力—应变曲线

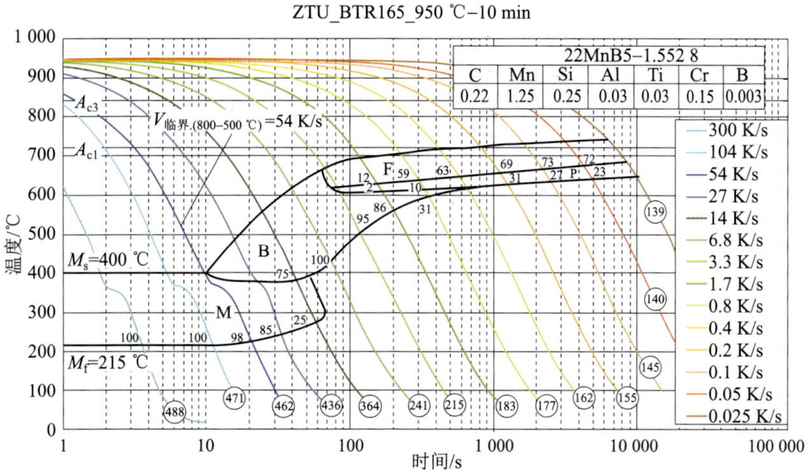


图 2.24　模压淬火钢 22MnB5 的化学成分和转变特性
（给出了调整到 100% 马氏体组织结构的临界冷却速度）

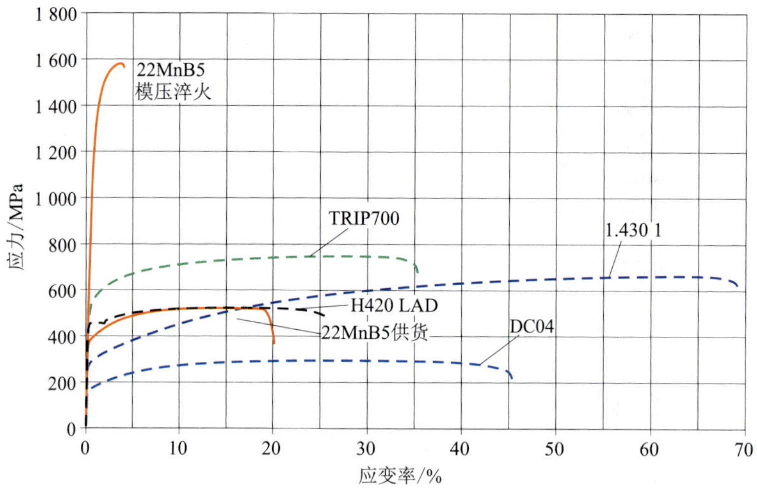


图 2. 25　对比冷成型钢，钢 22MnB5 在交付状态和模压淬火状态下的应力—应变曲线

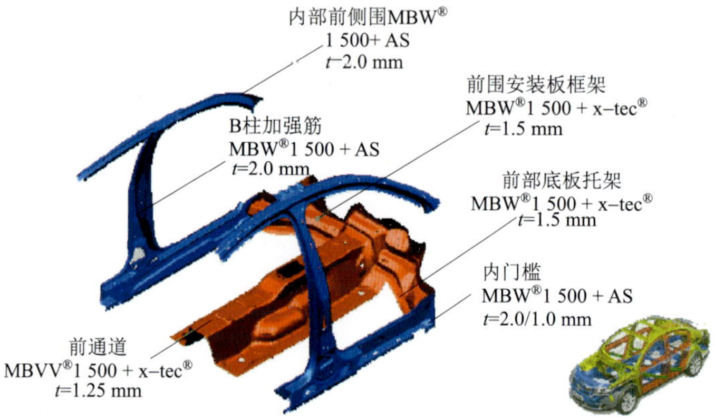


图 2. 26　大众帕萨特 B6 中模压淬火部件的应用①

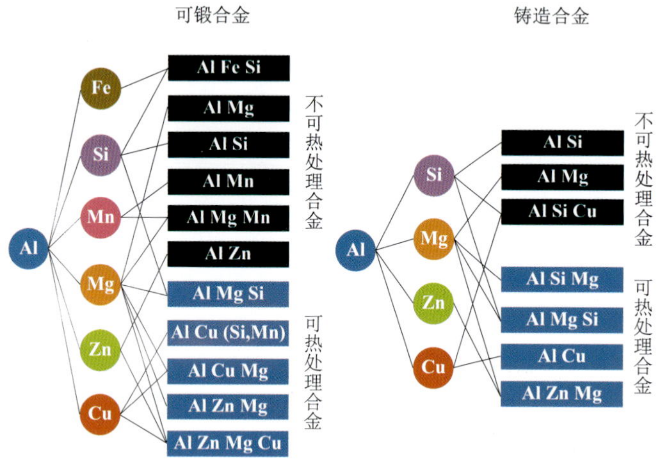


图 3. 3　可锻材料和铸造材料铝合金元件和铝合金类型

① 图片来源：蒂森克虏伯钢铁公司。

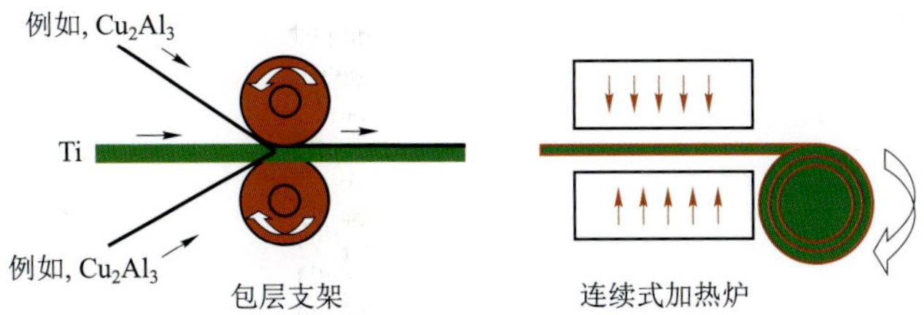


图 5.12 滚压包层与随后的反应性退火①

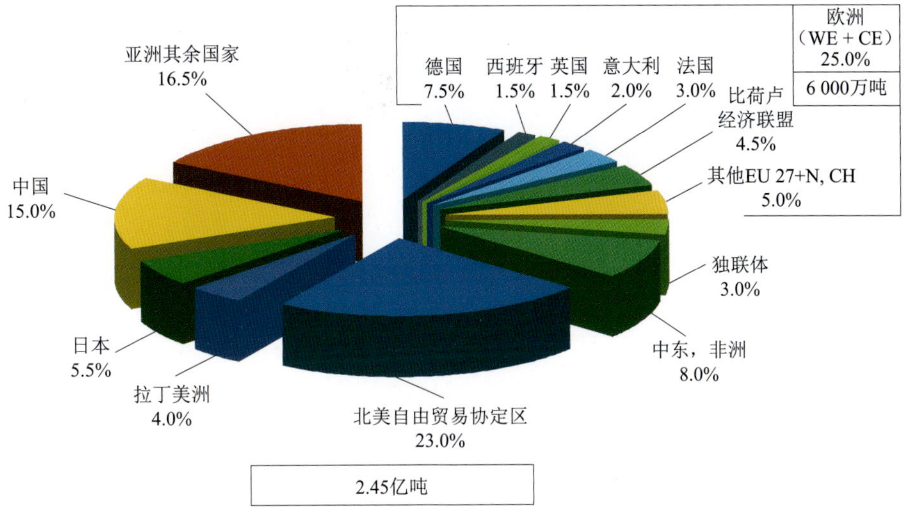


图 6.1 2008 年全球塑料产量②

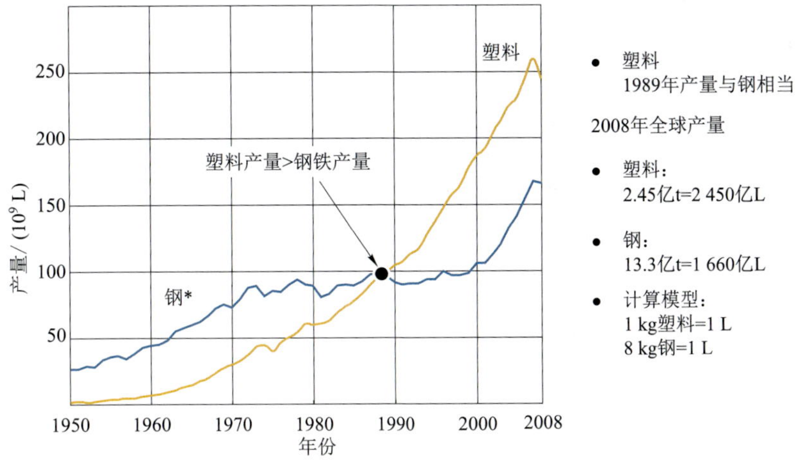


图 6.2 2008 年塑料和钢的全球产量③

① 图片来源：Wickeder Westfalenstahl，Wickede。

② Plastics Europe，2008。

③ Plastics Europe，2008。

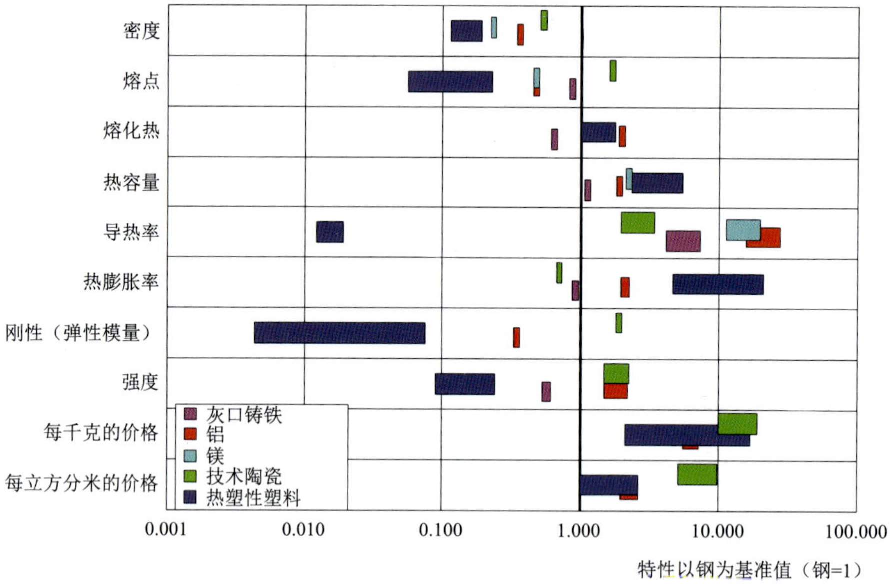


图 6.5　塑料特性的分类①

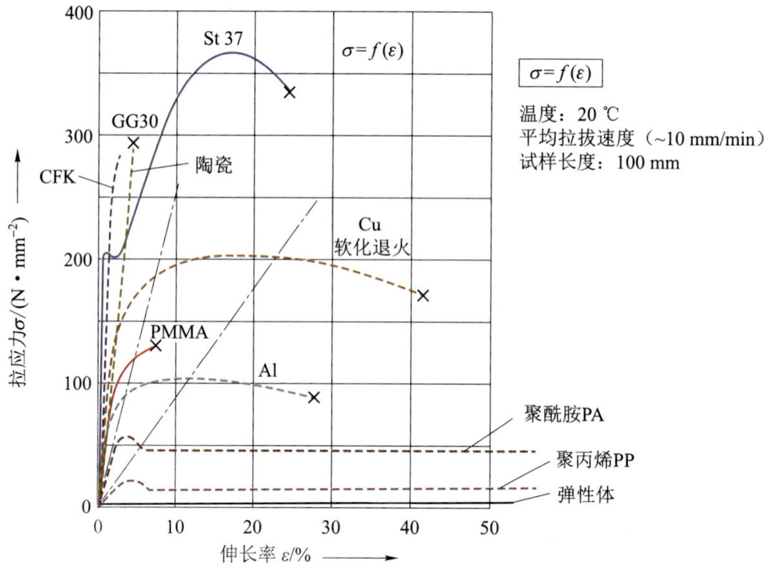


图 6.6　在室温下相对于金属和陶瓷的不同塑料的应力—膨胀示意图②

① 图片来源：塑料技术大学教授科研工作小组——WAK。
② Eyerer，2005。

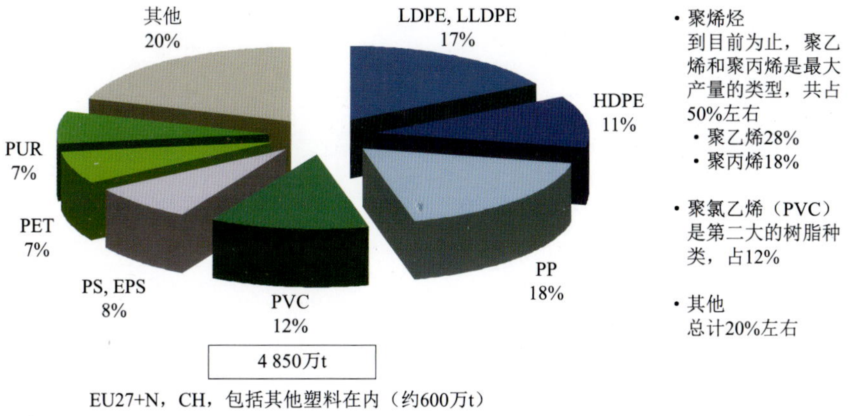


图 6.10　欧洲 2008 年塑料/塑料种类的需求情况①

图 7.24　3D 编织原理

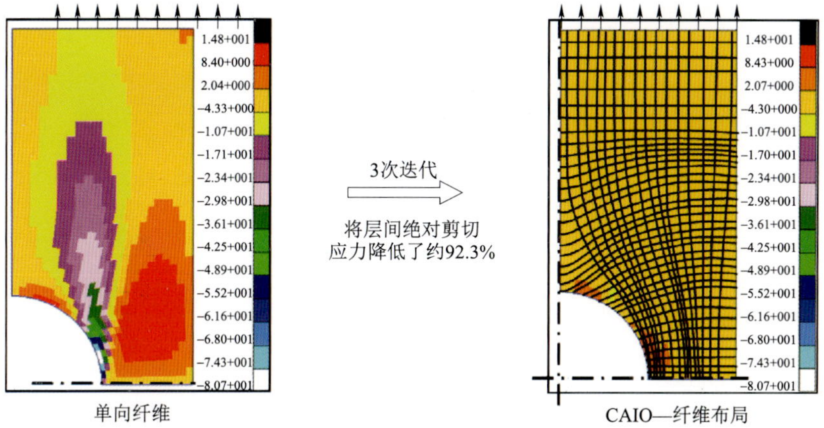


图 7.28　纤维优化计算示例②

---

① 图片来源：Plastics Europe，2008。

② 图片来源：Moldenhauer 股份有限公司。

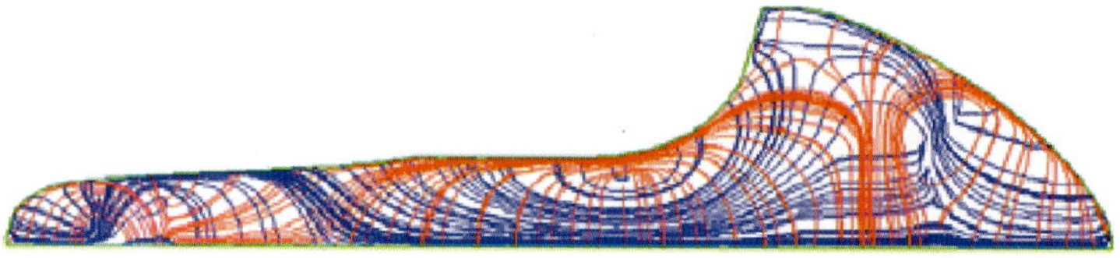

图 7.29　计算的自行车鞍座纤维走向①

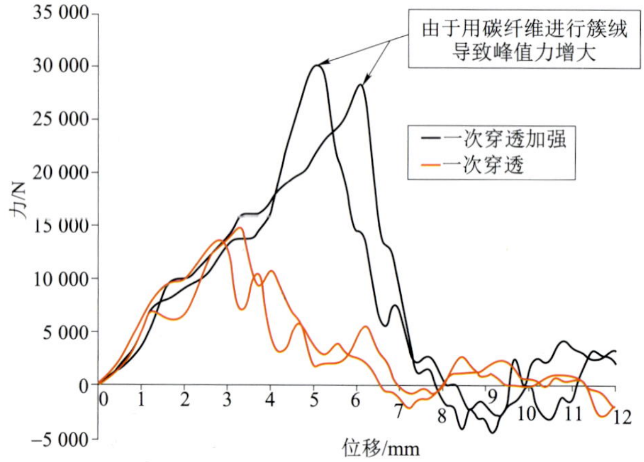


图 7.38　未缝合和缝合 T 形拉力试验的力变化曲线②

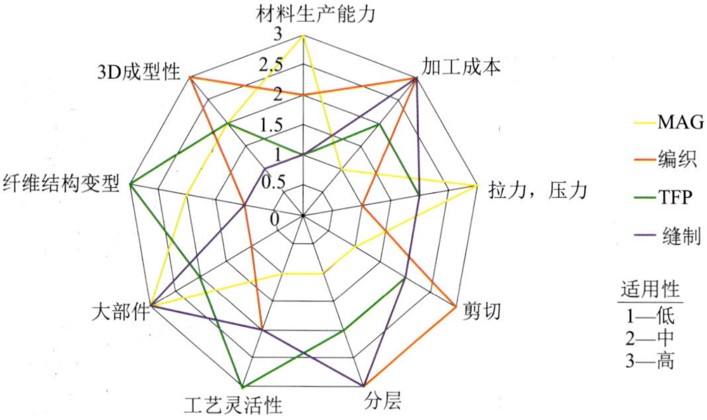


图 7.42　织物预成型工艺的适用性③



① 图片来源：Moldenhauer 股份有限公司。

② 图片来源：EADS，Manuel Herk。

③ 图片来源：慕尼黑工大碳复合材料研究所（LCC）。

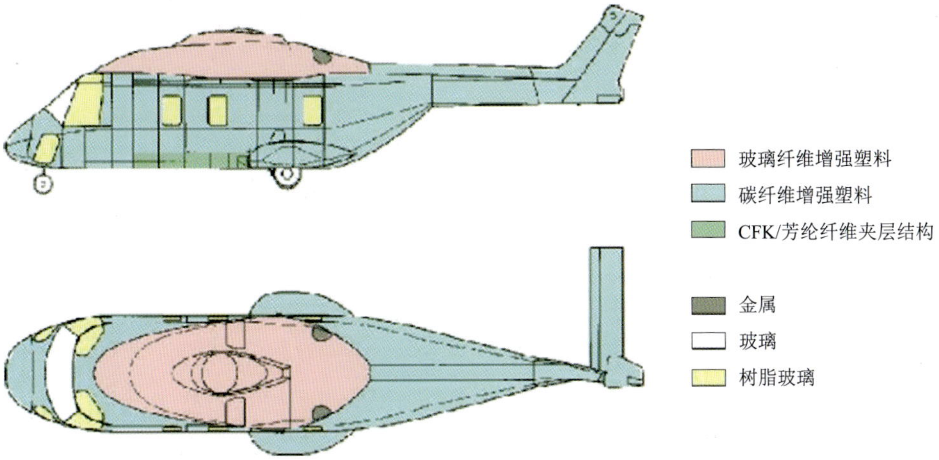


图 7.72　在 Eurocopter NH 90 中使用复合材料①

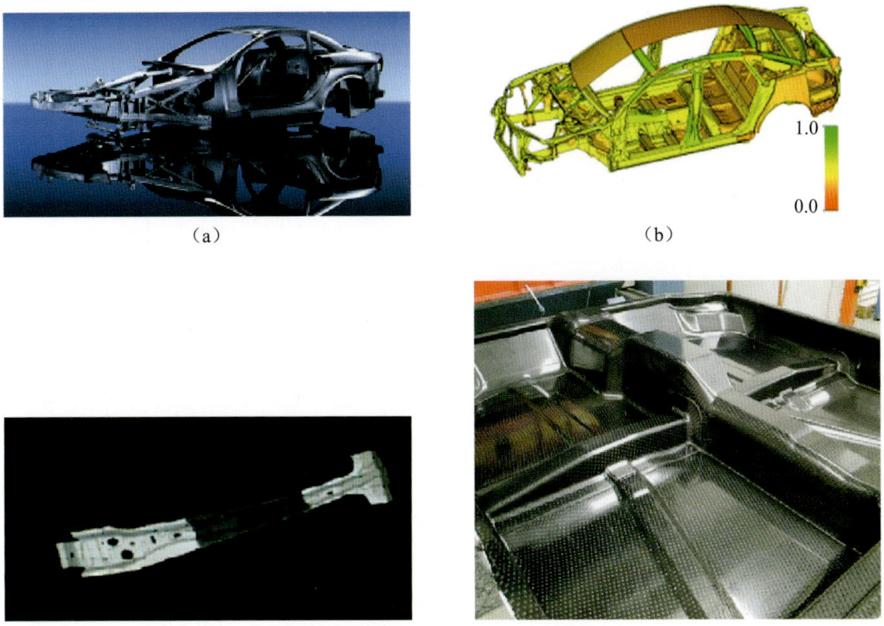


(a)　(b)　(c)　(d)

图 7.76　碳纤维增强塑料技术策略

(a) 全碳纤维增强塑料，传统方案（奔驰）；(b) 金属/碳纤维增强塑料混合结构（奥迪）；
(c) 金属/碳纤维增强塑料混合材料（本特勒西格里公司）；
(d) 全碳纤维增强塑料，适合碳纤维增强塑料的方案（大众汽车股份公司）

① 图片来源：Eurocopter NH 90。

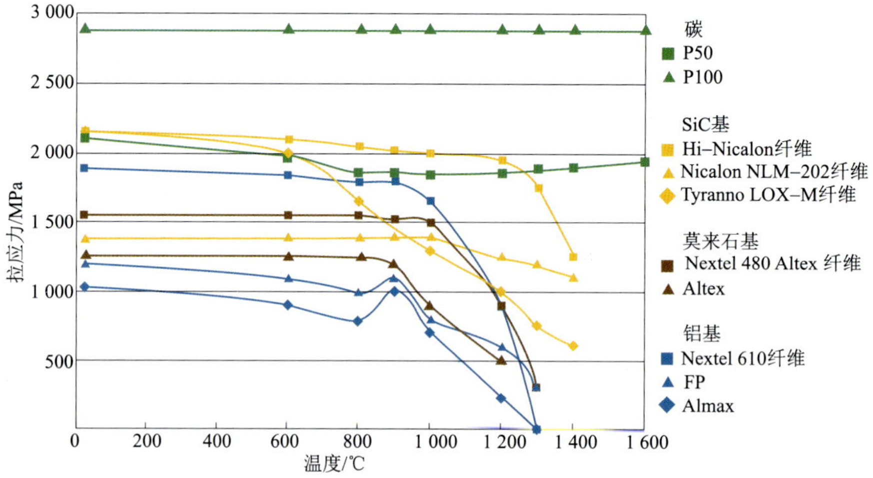


图 8.8　不同强化纤维温度与强度的关系①



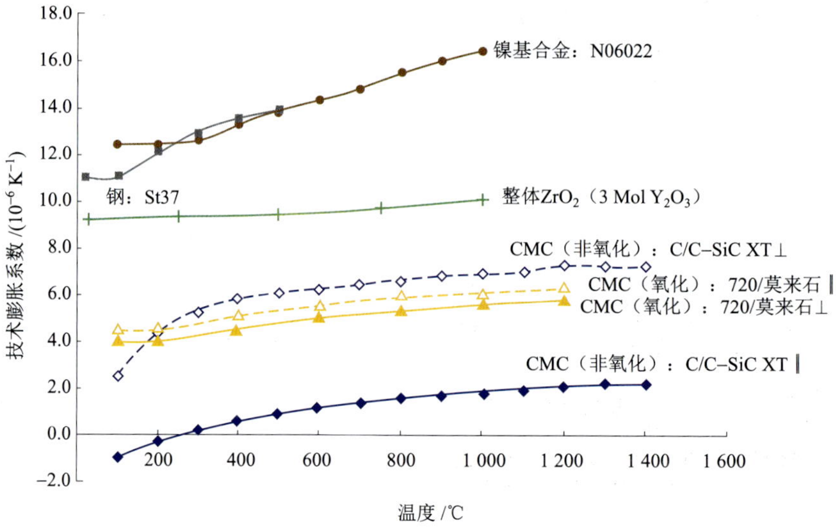


图 8.11　取决于温度的不同材料的热膨胀系数

① Wielage，Mucha，Odeshi，2002。

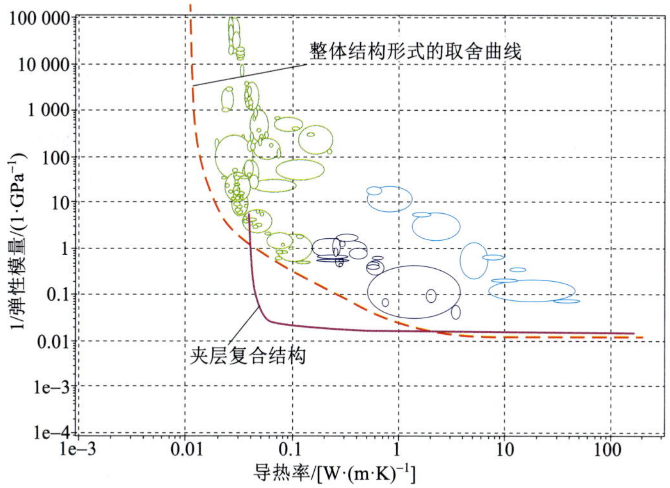


图 9.4 冷藏车车厢壁情况示例：混合方案（夹层复合结构）与整体方案①

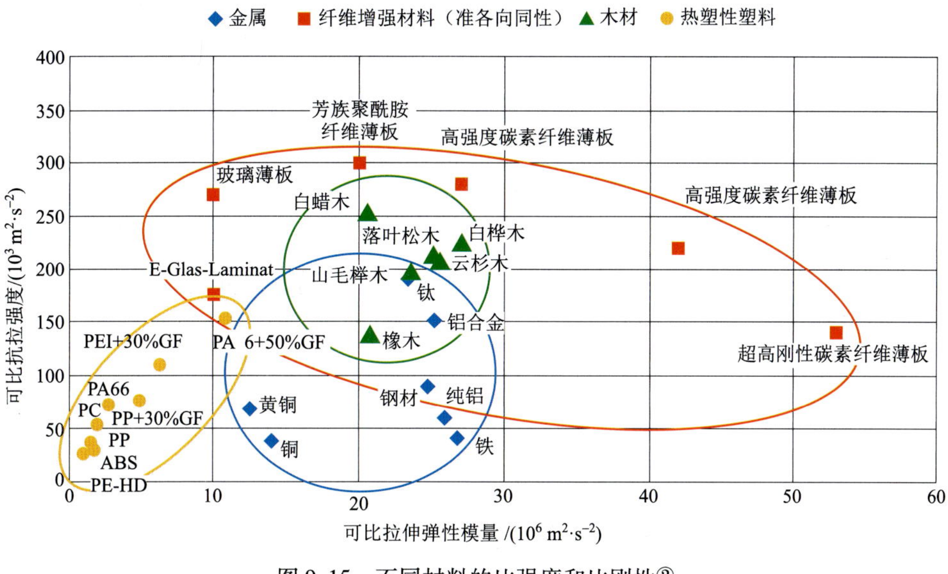


图 9.15 不同材料的比强度和比刚性②

---

① 图片来源：CES Edu Pack，Granta Design。

② 图片来源：Steiner。